人力资源管理

陈洪安　费鸿萍　董临萍　顾　剑　编著

華東理工大學出版社
EAST CHINA UNIVERSITY OF SCIENCE AND TECHNOLOGY PRESS

内容提要

"人力资源管理"是高等院校人力资源管理专业及工商管理类专业的主干课程，本书作为"人力资源管理"课程的配套教材，系统地介绍了人力资源管理的普遍规律和一般方法，循序渐进地介绍了人力资源管理的原理和方法，在管理理论内容的取舍与安排上，力争做到系统完整而又突出重点，并注重用案例反映当代现实人力资源管理工作，用知识点的逻辑顺序来阐述管理过程中的有关知识与应用。全书分为导论、组织中的人员配备、人力资源培训与开发、人力资源薪酬管理、员工和劳动关系管理、新经济条件下的人力资源管理六篇，共十八章。

图书在版编目(CIP)数据

人力资源管理/陈洪安等编著. —上海：华东理工大学出版社，2009.3

ISBN 978-7-5628-2500-5

Ⅰ.人… Ⅱ.陈… Ⅲ.劳动力资源-资源管理-高等学校-教材 Ⅳ.F241

中国版本图书馆CIP数据核字(2009)第022994号

人力资源管理

编　　著/陈洪安　费鸿萍　董临萍　顾　剑
责任编辑/徐知今
责任校对/金慧娟
出版发行/华东理工大学出版社
　　　　地址：上海市梅陇路130号，200237
　　　　电话：(021)64250306(营销部)
　　　　传真：(021)64252707
　　　　网址：www.hdlgpress.com.cn
印　　刷/江苏通州市印刷总厂有限公司
开　　本/787 mm×1092 mm　1/16
印　　张/18.5
字　　数/482千字
版　　次/2009年3月第1版
印　　次/2009年3月第1次
印　　数/1-5 050册
书　　号/ISBN 978-7-5628-2500-5/F·208
定　　价/29.00元

前　言

进入 21 世纪，随着全球经济一体化的到来，竞争的范围迅速扩大，竞争的程度空前加剧。那么，谁将是竞争中的胜者？是那些占据人力资源优势的地区、国家和企业。因为经济竞争说到底是人才的竞争，是人力资源综合素质的竞争。人力资源管理课程是人力资源专业及工商管理类专业的主干课程，本书的主要特点是理论知识与人力资源管理实践活动的紧密结合。书中引用了大量的人力资源管理实践活动来说明理论的应用性，以便使读者在学习每章内容时做到有的放矢，提高学习兴趣和学习效果。本书思考题可以加深读者对人力资源管理相关知识的理解和认识，案例分析和应用性练习可以使读者对人力资源管理的实际工作有感性客观的认识和了解，学会在实际工作中运用人力资源管理的理论与技巧，边学边练，学用结合，知行统一。本书不仅吸收了国内外人力资源管理理论研究领域的最新成果，而且融入了编者在教学科研中的理论思考和最新体会，在理论上具有创新性和前瞻性，在实践上具有适用性和可操作性，同时还考虑了人力资源管理理论如何同中国企业的实际相结合的问题。

本书内容共分六篇。

第一篇：导论部分。主要介绍了人力资源管理的基本概念、基本理论和基本原理，人力资源管理的发展历程以及人力资源管理所处的环境。

第二篇：组织中的人员配备问题。主要介绍了工作分析与工作设计，人力资源管理规划，人员招聘、选择与录用，人员再配置的基本方法和技巧。

第三篇：人力资源培训与开发问题。主要介绍了员工培训、职业生涯设计和管理、绩效管理、员工激励管理的基本方法和技巧。

第四篇：人力资源报酬管理问题。主要介绍了工资薪酬、员工福利的内容。

第五篇：员工和劳动关系管理问题。主要介绍了劳动关系、员工安全与健康问题。

第六篇：新经济条件下的人力资源管理问题。探讨了跨文化人力资源管理、网络化人力资源管理以及人力资源外包问题。

本书由费鸿萍副教授编写第七、十四、十五章，董临萍副教授编写第十七、十八章，顾剑博士编写第十六章，其他章节由陈洪安教授编写。全书由陈洪安、董临萍统稿，陈洪安、费鸿萍任主编，董临萍、顾剑任副主编。华东理工大学商学院的研究生邓亚男、孙艾菊、郑俊虎、曾招荣、张蕾、胡佳、邱继婷对本书的编写做了大量的基础性工作并提出了许多意见和建议。华东理工大学商学院黄维德教授对本书写作提出了宝贵的建议。

本书课程教学备有多媒体讲授课件，需要者可与本书作者联系，联系电子邮箱：chen1989@ecust.edu.cn。

本书借鉴、引用了国内外许多学者的有关研究成果，在此表示衷心感谢。由于时间的仓促和理论与经验的局限，书中难免出现错漏之处，敬请各位专家和读者不吝赐教，以使本书在将来修订时更加完善。

编著者

2008 年 10 月

目录

第一篇 导论

第一章　人力资源管理概述

□ 学习目的

通过对本章内容的学习，应了解和掌握如下知识点：

- 人力资源的概念及其特征
- 人力资源的作用和意义
- 人力资源管理的内涵
- 人力资源管理的目标和任务
- 人力资源管理的职能

□ 引入案例

某私营企业H公司，主要业务是作为某著名品牌的新产品在中国地区的总经销。由于管理人才的缺乏，公司成立之初，市场业绩一直不理想。后经过公司内部员工推荐，老板未经过人力资源部履行必要的人事手续，引进了一位高层管理人员作为主管销售和市场工作的副总裁。

副总裁来公司两周后，公司委派其带领公司一部门的几名员工去参加外地一个展会。员工A和该副总裁分别向财务部预支了部分费用。在参展期间，员工A预支的费用不够买回程的车票，请求副总裁支援，但副总裁怀疑员工A与展会主办单位有黑幕交易，拒绝支援并于展会结束后自己直接乘飞机回总部，并说服老板不安排汇款。参展的另外几名员工滞留当地一日，自行凑钱买了火车票回公司。员工A由于尚未结清参展费用，又无钱购买火车票，在当地滞留三日才辗转回到总部。

此事情发生后，在一段时期内给公司造成了很大的负面影响。老板征求公司人力资源部的意见，希望能采取合适的措施消除该事件的消极影响。

问题：

1. H公司的人力资源管理有什么问题？
2. 该公司人力资源部应该如何处理这样的事件？

随着社会经济的发展，人的决定性作用日益显示。企业的管理工作已经进入到以人为中心的时代。今天，对于走向世界、参与国际经济分工、投入国际市场竞争的中国企业来说，能否吸引、留住人才，保持一个适合人才成长的良好环境，造就一支高素质、高凝聚力的企业员工队伍，将成为事业成败的关键。人们也越来越认识到人力是一种资源，是社会活动中具有特殊重要意义的因素。

第一节　人力资源概述

一、人力资源的定义

人力资源是“资源”这一大范畴下的一个分支，在解释其含义之前，有必要先对资源进行简要的说明。

资源是人类赖以生存的物质基础。从经济学的角度来看，资源是指形成财富的来源。自从人类出现以来，财富的来源有两类：一类是来自自然界的物质，可以称之为自然资源，例如森林、矿藏、河流、草地等；另一类是来自人类自身的知识和体力，可以称之为人力资源。在相当长的时期里，自然资源一直是财富形成的主要来源，但是随着科学技术的突飞猛进，人力资源对财富形成的贡献越来越大，并逐渐占据主导地位。研究表明，现在实物资本的收益只是人力资本收益的1/4，科技进步对经济增长的贡献率从20世纪初的5%～20%提高到90年代的70%～80%。

从财富创造的角度来看，资源是指为了创造物质财富而投入生产过程的一切要素。法国经济学家萨伊认为，土地、劳动、资本是构成资源的三要素；马克思认为，生产要素包括劳动对象、劳动资料和劳动者，而劳动对象和劳动资料又构成了生产资料，因此，"不论生产的社会形式如何，劳动者和生产资料始终是生产的要素"；著名的经济学家熊彼特认为，除了土地、劳动、资本这三种要素之外，还应该加上企业家精神；随着社会的发展，信息技术的应用越来越广泛，作用也越来越大，现在很多经济学家认为生产要素中还应该再加上信息；目前，伴随知识经济的兴起，知识在价值创造中的作用日益凸显，因此也有人认为应当把知识作为一种生产要素单独加以看待。

但是无论如何划分，人力资源都是财富创造中一项不可或缺的重要资源。

资料研究表明，"人力资源"(human resource)这一概念曾经先后于1919年和1921年在康芒斯(J. R. Commons)的两本著作《产业信誉》和《产业政府》中使用过，康芒斯也被认为是第一个使用"人力资源"一词的人。但当时他所指的人力资源和现在我们所理解的人力资源在含义上相去甚远，只不过使用了相同的词语而已。

我们目前所理解的人力资源概念，是由管理学大师彼得·德鲁克(Peter Druker)于1954年在其名著《管理实践》中首先提出并加以明确界定的。德鲁克之所以提出这一概念，是想表达传统观念所不能表达的意思。他认为，与其他资源相比，人力资源是一种特殊的资源，它必须通过有效的激励机制才能开发利用，并为企业带来可观的经济价值。

20世纪60年代以后，随着舒尔茨(T. W. Schultz)提出人力资本理论，人力资源的概念更加深入人心，对人力资源的研究也越来越多。到目前为止，对于人力资源的含义，学者们给出了多种不同的解释。根据研究的角度不同，可以将这些定义分为两大类。

第一类主要是从能力的角度来解释人力资源的含义，持这种观点的人占了较大的比例。例如：

(1) 指能够推动整个经济和社会发展的劳动者的能力，即处在劳动年龄的已直接投入建设和尚未投入建设的人口的能力。

(2) 指人类可用于生产或提供各种服务的能力、技能和知识。

(3) 指包含在人体内的一种生产能力，它是表现在劳动者的身上，以劳动者的数量和质量表示的资源，对经济起着生产性的作用，并且是企业经营中最活跃、最积极的生产要素。

(4) 指社会组织内部全部劳动人口中蕴涵的劳动能力的总和。

(5) 指劳动过程中可以直接投入的体力、智力、心力的总和及其形成的基础素质，包括知识、技能、经验、品性与态度等身心素质。

(6) 指企业员工天然拥有的并自主支配使用的协调力、融合力、判断力和想象力。

第二类主要是从人的角度来解释人力资源的含义，例如：

(1) 指一定社会区域内所有具有劳动能力的适龄劳动人口和超过劳动年龄的人口的总和。

(2) 指企业内部成员及外部的顾客等人员，即可以为企业提供直接或潜在服务及有利于企业实现预期经营效益的人员的总和。

(3) 指能够推动社会和经济发展的具有智力和体力劳动能力的人的总称。

我们认为，所谓人力资源，是指包含在人体内的一种生产能力，它是表现在劳动者身上的、以劳动者的数量和质量表示的资源，它对经济起着重要作用，并且是企业经营中最活跃、最积极的生产要素，即是指人所具有的对价值创造起贡献作用并且能够被组织所利用的体力和脑力劳动的总和。人力资源的最基本方面，包括体力和智力两个方面。如果从现实的应用形态来看，则包括体力、智力、知识和技能四个方面。

人力资源有两种存在形式：正在使用的人力资源和尚未被使用的人力资源。人力资源在宏观意义上的概念是以国家或地区为单位进行划分的，但在本书中，则是将组织中的全体人员均视为企业所拥有的人力资源。

具有劳动能力的人，不是泛指一切具有一定的脑力和体力的人，而是指能独立参加社会劳动、推动整个经济和社会发展的人。所以，人力资源既包括劳动年龄内具有劳动能力的人口，也包括劳动年龄外参加社会劳动的人口。

关于劳动年龄，由于各国的社会经济条件不同，劳动年龄的规定不尽相同。一般国家把劳动年龄的下限规定为 15 岁，上限规定为 64 岁。我国招收员工时规定一般要年满 16 周岁，员工退休年龄规定男性为 60 周岁，女性为 55 周岁，所以我国劳动年龄区间应该为男性 16～59 岁，女性 16～54 岁。

从宏观意义上来看，人力资源是以国家或地区为单位进行划分和计量的；从微观意义上来看，人力资源则是以部门或企事业单位进行划分和计量的。

二、人力资源的数量与质量

作为一种资源，人力资源具有量和质的规定性。由于人力资源是依附在人身上的劳动能力，和劳动者是密不可分的，所以可以通过劳动者数量和质量来反映人力资源的数量和质量。

（一）人力资源的数量

1. 人力资源的数量构成(图 1-1)

(1) 在劳动年龄之内、正在从事社会劳动的人口——人力资源的大部分，可称为“适龄就业人口”。

(2) 尚未达到劳动年龄、已经从事社会劳动的人口——“未成年劳动者”或“未成年就业人口”。

(3) 已经超过劳动年龄、继续从事社会劳动的人口——“老年就业人口”。

(这三部分人口，构成就业人口的总体。)

(4) 处于劳动年龄之内、具有劳动能力并要求参加社会劳动的人口——“求业人口”或“待业人口”。(它与前三部分一起构成进行经济活动人口。)

<table>
<tr><td>② 未成年就业人口</td><td colspan="4">① 适龄就业人口</td><td>③ 老年就业人口</td></tr>
<tr><td rowspan="3"></td><td colspan="4">④ 求业人口(待业人口)</td><td rowspan="3"></td></tr>
<tr><td>⑤ 就学人口</td><td>⑥ 家务劳动人口</td><td>⑦ 服役人口</td><td>⑧ 其他人口</td></tr>
<tr><td colspan="4">病残人口</td></tr>
</table>

0岁　少年人口 16岁　　劳动适龄人口　　60/55岁老龄人口

图 1-1 人力资源构成图

(5) 处于劳动年龄之内、正在从事学习的人口——“就学人口”。

(6) 处于劳动年龄之内、正在从事家务劳动的人口——“家务劳动人口”。

(7) 处于劳动年龄之内、正在军队服役的人口——“服役人口”。

(8) 处于劳动年龄之内的其他人口。

2. 影响人力资源数量的因素

从上面的分析可以看出,人力资源的数量受到很多因素的影响,概括起来主要有以下几个方面:

(1) 人口的总量。人力资源属于人口的一部分,因此人口的总量会影响到人力资源的数量。人口的总量由人口基数和自然增长率两个因素决定,自然增长率又取决于出生率和死亡率,用公式表示如下:

$$人口总量=人口基数\times(出生率-死亡率)$$

(2) 人口的年龄结构。人口的年龄结构也会对人力资源的数量产生影响,相同的人口总量下,不同的年龄结构会使人力资源的数量有所不同。劳动适龄人口在人口总量中所占的比重比较大时,人力资源的数量相对会比较多;反之,人力资源的数量相对则会比较少。

(二) 人力资源的质量

人力资源是人所具有的体力和智力,因此劳动者的素质就直接决定了人力资源的质量。

劳动者的素质由体能素质和智能素质构成。就劳动者的体能素质而言,又有先天的体质和后天的体质之分;智能素质包括经验知识和科技知识两个方面,而科技知识又可分为通用知识和专业知识两个部分,如图 1-2 所示。

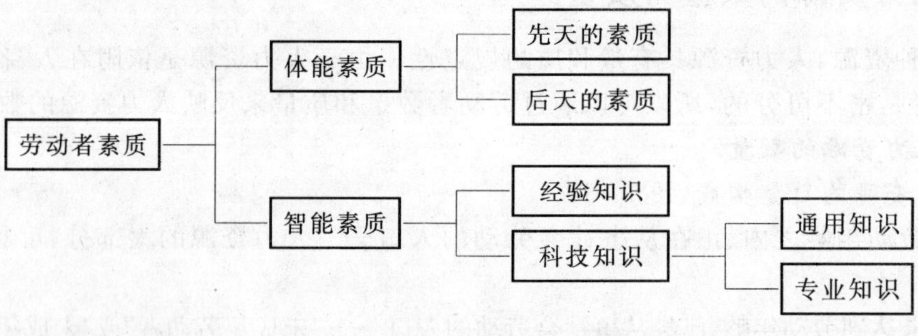

图 1-2 劳动者素质的构成图

三、人力资源的特点

人力资源与自然资源相比,具有生物性、能动性、时效性、智力性、特殊的资本性、增值性、再生性和社会性等特点。这些特点决定了人力资源在社会财富创造过程中具有决定性作用。同时对人力资源管理,也要适用一些基本原理,比如投资增值原理、互补合力原理、激励强化原理、个体差异原理及动态适应原理等。

1. 生物性

人力资源存在于人体之中,是一种“活”的资源,与人的自然生理特征相联系。这是人力资源的基本特点。

2. 能动性

人具有主观能动性,能够积极主动地、有目的地、有意识地认识世界,改造世界。在改造世界的过程中,人能通过主观意识对所采取的行为、手段及结果进行分析、判断和预测。由于人具有社会意识和在社会生产过程中所处的主体地位，使得人力资源具有能动作用，所以说，人是生产力中最活跃的因素。

3. 时效性

人力资源的形成、开发和利用都要受到时间因素的限制。从个体角度来看，作为生物有机体的人，有其生命的周期，如幼年期、青壮年期、老年期，且各阶段的劳动能力有所不同；从社会角度来看，人才的培养和使用也有培训期、成长期、成熟期和老化期。因此，人力资源开发必须尊重其内在的规律性，使得人力资源的形成、开发、分配和使用处于一种动态的平衡中。

4. 智力性

人是科学文化的载体，这是人区别于其他资源的重要特征。人在改造世界时可以通过智力使自己能力得以扩大，人的智慧还可以传播，人的行为方式与价值具有社会性，组织中的人不仅在生产过程中实现自身的价值，也可通过在组织中的人际交往获得社会需要的满足。社会性决定了对人力资源的管理还应关注员工态度、心理满足等方面的指标。

5. 特殊的资本性

人力资源是特殊的资本性资源。人力资源作为一种经济性资源，它具有资本属性，与其他物质资本有共同之处。即：(1) 人力资源是公共社会、企业等集团和个人投资的产物，其质量高低主要取决于投资程度。从根本上说，人力资源的这个特点起因于人的能力获得的后天性。因为任何人的能力都不可能是先天就有、与生俱来的，为了形成能力，必须接受教育和培训，必须投入财富和时间。(2) 人力资源也是在一定时期内可能源源不断地带来收益的资源，它一旦形成，一定能够在适当的时期内为投资者带来收益。(3) 人力资源在使用过程中也会出现有形磨损和无形磨损。例如劳动者自身的衰老是有形磨损，劳动者知识和技能的老化是无形磨损。

但是，人力资源又不同于一般资本，对一般实物资本普遍适用的收益递减规律，不完全适用于人力资源。在现代社会的经济发展中，呈现的是人力资本收益递增规律。这使得当代经济的增长应当主要归因于人力资源。

6. 增值性

人力资源是增值性资源。目前在国民经济中，人力资源收益的份额正在迅速超过自然资源和资本资源。在现代市场经济国家，劳动力的市场价格和人力资源投资收益率不断上升，同时劳动者的可支配收入也不断上升。与此同时出现的还有一种变动，就是高质量人力资源与低质量人力资源的收入差距也在扩大。

人力资源的经济作用日益强化，不仅仅是提高人力资源质量的结果，同时也是人力资源的使用过程是由一个不断自我补偿、更新、发展和丰富化的过程所决定的。

7. 再生性

人力资源是再生性资源。人力资源的再生性，主要基于人口的再生产和劳动力的再生产，通过人口总体内个体的不断更替和“劳动力耗费—劳动力生产—劳动力再次耗费—劳动力再次生产”的过程得以实现。当然，人力资源的再生性不同于一般生物资源的再生性，除了遵循一般生物学规律外，它还受人的意识的影响。

8. 社会性

从一般意义上说，人口、人力资源、劳动力都是人类社会活动的结果，又都是构成人类社会活动的前提。从社会经济活动的角度看，人类劳动是群体性劳动，不同的人一般都分别处于各个劳动集体之中，这是构成人力资源社会性的微妙基础；从宏观上看，人力资源是处于一定社会范围的：它的形成要依赖社会，它的配置要通过社会，它的使用要处于社会经济分工体系之中。从本质上讲，人力资源是一种社会资源，它的所有权主要应当属于社会，而不是属于某一个社会经济单位。

四、人力资源对经济活动的作用

人力资源是经济活动中最活跃的因素，也是一切资源中最重要的资源。它对经济增长具有特殊的重要性，同时也对企业生存和发展具有重要意义。

1. 人力资源在经济增长中的作用

现代经济理论认为，经济增长主要取决于四个方面的因素：(1) 新的资本资源的投入；(2) 新的可利用的自然资源的发现；(3) 劳动者的平均技术水平和劳动效率的提高；(4) 科学的、技术的和社会的知识储备的增加。显然，后两项因素均与人力资源密切相关。因此，人力资源决定了经济的增长。经济学家也因此将人力资源称为第一资源，如芝加哥大学教授、诺贝尔经济学奖获得者舒尔茨(T. T. Schultz)认为，人力资本是国家与地区的富裕源泉。

当代发达国家占有资本资源优势，自然资源也得到充分的利用。但是它们对这两种资源进一步追求的难度不断增大，而且获取这两种资源对科学技术和知识的依赖程度也越来越大，同时也越来越依赖于具有先进生产知识和技能的劳动者的努力。因此，当代发达国家经济增长主要依靠劳动者的平均技术水平和劳动效率的提高以及科学的、技术的和社会的知识储备的增加。

美国人力资本经济分析专家爱德华·丹尼森用因素分析法论证指出：1929—1957 年间美国国民经济的增长有 23%的贡献来自教育发展，即人力资源开发方面的贡献。近年来，美国经济的稳定持续发展也充分证明知识、信息科技的承载体——人力资源的重要性。在实践中，发达国家也将人力资源发展摆在头等重要地位，通过加大本国人力资源的开发力度，提高人力资源素质，同时不断从发展中国家挖取高素质人才，来增加和提高其人力资源的数量和质量。

对发展中国家而言，初期经济发展的辉煌主要建立在不断增加资本资源投入、开发和利用更多的自然资源基础之上。但这已经被许多国家证明并非一条持续发展的道路。原因是：(1) 资本和自然资源作用的发挥离不开与之相适应的劳动者技能和科学技术知识的掌握及运用；(2) 自然资源的进一步开发和更多资本资源的取得也需要与其相适应的科学技术、知识信息的应用以及劳动者的努力。不解决这两个相适应的问题，发展中国家就无法有效利用它们可能获得的宝贵的资本和有限的自然资源。不少发展中国家花巨额外汇购买高科技技术、设备、工艺流程，最终却以失败告终，这也从反面证明了这个道理。

劳动者平均技术水平和劳动效率的提高、科学技术的知识储备和运用的增加是经济增长的关键，而这两个因素与人力资源的质量呈正相关关系。因此，一个国家和地区的经济发展的关键制约因素是人力资源的质量。有人通过对美国、韩国、泰国、坦桑尼亚、中国五国经济发展的比较研究也发现，经济发展的程度与国民小学、中学、大学的入学率呈正相关。

2. 人力资源对企业生存和发展的重要意义

企业要从事经济活动以实现其既定的目标，就必须使用各种资源作为投入。通常认为这些基本资源可以分为五类，即人、财、物、信息与时间。这五类资源就其根本性质而言，还可以进一步分为人与物这两大类。财(资金)、物(设备与物料等硬件)、信息与时间都可以归入“物”这一大类，因为它们都是被动的、理性的、“硬”的、“死”的；只有“人”才是能动的、感性的、“软”的和“活”的。这里“理性的”一词，是指它们是机械性的，是服从简单的物理性规律的，是较易被界定与测量的。这是相对于人的特点来说的，人是受制于多种因素的复杂规律的，其中包括心理性、感情性及价值观的因素，是难以预计、界定和测量的。

在一定的生产力条件下，在人与物这一对因素中，只有人的因素才是决定性的，因为“世间一切事物中，人是第一个可宝贵的”。现代管理大师彼得·德鲁克曾经说过：“企业只有一项真正的资源——人。”IBM公司总裁华生也说过：“你可以搬走我的机器，烧毁我的厂房，但只要留下我的员工，我就可以有再生的机会。”可见人力资源是企业生存的关键资源。现代企业的生存是一种竞争性生存，人力资源自然对企业竞争力起着重要作用。依据美国田纳西大学工商管理学教授克雷曼(L. S. Kleiman)的观点：“为了成功，企业组织必须获取并维持其对竞争对手的优势。这种竞争优势可以用两个途径达到：一是成本优势，二是产品差异化。”人力资源对企业成本优势和产品差异化优势意义重大。

(1) 人力资源是企业获取并保持成本优势的控制因素。其一，高素质的雇员需要较少的职业培训，从而减少教育培训成本支出。其二，高素质的员工有更高的劳动生产率，可以大大降低生产成本支出。其三，高素质的员工更能动脑筋，寻求节约的方法，提出合理化的建议，减少浪费，从而降低能耗和原材料消耗，降低成本。其四，高素质员工的表现为能力强、自觉性高，无须严密监控管理，可以大大降低管理成本。各种成本的降低就会使企业在市场竞争中处于价格优势地位。

(2) 人力资源是企业获取和保持产品差别优势的决定性因素。企业产品差别优势主要表现为提供比竞争对手质量更好的产品和服务，创造出竞争对手没有的创新型产品或服务。显然，对于前者，高素质的员工，包括能力、工作态度、合作精神对创造高质量的一流产品和服务具有决定性作用；对于后者，高素质的员工，尤其是具有创造能力、创新精神的研究开发人员更能设计出创新型产品或服务。两者结合起来就能使企业持续地获取和保持相对于竞争对手的产品差别优势，使企业在市场竞争中始终处于主动地位。

(3) 人力资源是制约企业管理效率的关键因素。“管理出效率，人才是关键”。这里的人才是管理人才。企业效率离不开有效的管理，有效的管理离不开高素质的企业经营管理人才。例如，前述竞争优势的获取和保持，其前提条件是通过科学的人力资源管理手段，包括选人、用人、育人、培养人、激励人以及组织人、协调人等职能，使组织内部形成互相配合、取长补短的良性结构和良好气氛。企业发展依赖一大批战略管理、市场营销管理、人力资源管理、财务管理、生产作业管理等方面的高素质管理人才。

最后，人力资源是企业在知识经济时代立于不败之地的宝贵财富。20世纪70年代以来，知识经济时代的来临将人们对人力资源的认识提高到人力资本的高度，而且将智力资本视作为人力资本的核心。知识经济是以知识为基础的经济，在知识经济时代，社会发展的方方面面均依赖于知识，企业经营生产活动也不例外。在企业经营生产活动中，信息、知识、科技、创造力成为最重要的战略资源，而产生这些资源的唯一来源就是人。所以，在知识经济时代经济竞争的重点必然由物质资源、金融资本的竞争转向人才、人力资源、智力资本的竞争。

管理学大师们均对此表达了类似的看法。德鲁克认为：未来的工作者大部分是知识工作者，企业成败的关键依赖于那些既掌握高深专门知识，又能利用前沿信息快速决策的人才。麦克·哈默和詹姆斯·钱皮则主张知识经济条件下企业需要的是“know why”而非“know how”的人，员工必须能运用信息科技、信息知识和自己的判断力对企业面临的复杂问题作正确决策。彼得·圣吉则强调了现代企业需要具有整体思维、系统思维、权变思维能力的员工，他们必须拥有洞察力、创造力、判断力，具有“整合式创新才能”，能创造性地解决企业所面临的“动态性复杂问题”。

值得注意的是，“健康人格”也成为知识经济条件下企业的竞争性资源。因为，企业间竞争的成败也取决于员工的敬业精神，敬业的前提是乐业，员工持久的工作热情成为必要。为适应后工业社会的经济竞争，企业必须再造，而再造要求提倡实验精神。实验精神依赖于持之以恒的探索，理性地对待失败，以及坚韧不拔的意志力。信息社会是开放的社会，企业成功取决于对各种信息的开放接受程度，因而对员工兼收并蓄的开放态度、愿意广纳各种观点尤显必要。后工业社会的企业所面临的趋势是“抛弃分工”、“再造”作业流程，在新的流程系统下更需人际协调和合作。因此，包括持久的工作热情、坚韧不拔的意志力、兼收并蓄的开放态度、人际协调沟通技能、团队合作精神等在内的健康人格均对企业竞争力具有重要意义。由此可以得出结论：在知识经济时代，企业的生存和发展依赖于智能型和心理健康型的人才。

第二节 人力资源管理概述

一、人力资源管理的含义

人力资源管理这一概念的出现，是在德鲁克 1954 年提出了人力资源的概念之后，虽然它出现的时间不长，但是发展的速度却非常快。对于它的含义，国内外的学者们也给出了诸多的解释，综合起来，可以将这些概念归纳为五类。

第一类解释主要是从人力资源管理的目的出发来解释它的含义，认为它是借助对人力资源的管理来实现组织的目标。例如：(1) 人力资源管理就是通过各种技术与方法，有效运用人力资源来达成组织目标的活动。(2) 人力资源管理就是通过各种管理功能，促使人力资源的有效运用，以达成组织的目标。(3) 人力资源管理是利用人力资源实现组织的目标。

第二类解释主要是从人力资源管理的过程或承担的职能出发来进行解释，把人力资源管理看成是一个活动过程。例如：(1) 人力资源管理是负责组织人员的招聘、甄选、训练及报酬等功能的活动，以达成个人与组织的目标。(2) 人力资源管理指对全社会或一个企业的各阶层、各类型的从业人员从招工、录取、培训、使用、升迁、调动直至退休的全过程管理。(3) 人力资源管理是用来提供和协调组织中的人力资源的活动。

第三类解释主要揭示了人力资源管理的实体，认为它就是与人有关的制度和政策等。例如：(1) 人力资源管理是对人力资源进行有效开发、合理配置、充分利用和科学管理的制度、法令、程序和方法的总和。(2) 人力资源管理包括一切对组织中的员工构成直接影响的管理决策和实践活动。(3) 人力资源管理包括要影响到公司和员工之间关系性质的所有管理决策和行为。(4) 人力资源管理是指影响雇员的行为、态度以及绩效的各种政策、管理实践与制度。

第四类解释主要是从人力资源管理的主体出发解释其含义，认为它是人力资源部门或人力资源管理者的工作，持这种观点的人所占的比例不多。例如：

人力资源管理指那些专门的人力资源管理职能部门的专门人员所做的工作。

第五类解释则是从目的、过程等方面出发综合地进行解释，持这种观点的人占较大的比重。例如：(1) 人力资源开发与管理是指运用现代化的科学方法，对与一定物力相结合的人力进行合理的培训、组织与调配，使人力、物力经常保持最佳比例，同时对人的思想、心理和行为进行恰当的诱导、控制和协调，充分发挥人的主观能动性，使人尽其才、事得其人、人事相宜，以实现组织目标。(2) 人力资源管理是对人力资源的取得、开发、保持和利用等方面所进行的计划、组织、指挥和控制的方法，是通过协调社会劳动组织中的人与事的关系和共事人的关系，以充分开发人力资源，挖掘人的潜力，调动人的积极性，提高工作效率，实现组织的目标。

总的来说，从综合的角度来解释人力资源管理的含义有助于揭示它的内涵。所谓人力资源管理是指企业为了获取、开发、保持和有效利用在生产和经营过程中必不可少的人力资源，通过运用科学、系统的技术和方法进行各种相关的计划、组织、领导和控制活动，以实现企业的既定目标。

二、人力资源管理的意义

在人类所拥有的一切资源中，人力资源是第一宝贵的，自然成了现代管理的核心。不断提高人力资源开发与管理的水平，不仅是当前发展经济、提高市场竞争力的要求，也是一个国家、一个民族、一个地区、一个单位长期兴旺发达的重要保证，更是一个现代人充分开发自身潜能、适应社会、改造社会的重要措施。

人力资源管理的主要意义在于：

(1) 有利于组织生产经营活动的顺利进行。组织中的人与人、人与事、人与组织的配合与效率，直接影响组织生产经营活动的顺利进行。只有通过科学的人力资源管理，合理组织人力资源，不断协调人力资源同其他资源之间的关系，并在时间和空间上使人力资源同其他资源形成最优配置，才能保证组织生产经营活动有条不紊地进行。

(2) 有利于调动组织员工的积极性，提高劳动生产率。美国学者通过调查发现，按时计酬的职工每天只需发挥自己20%～30%的能力，就可以保住自己的饭碗，但若充分调动其积极性和创造性，其潜力可以发挥80%～90%。组织人力资源管理的重要任务就是要设法为员工创造一个适合他们的劳动环境，使员工和工作岗位相匹配，充分发挥每个人的专长，并且正确地评价每个员工的贡献，根据员工的贡献和需要进行有效的激励，使员工安于工作、乐于工作、忠于工作，积极主动地奉献自己的全部能力和智慧，从而达到提高劳动生产率的目的。

(3) 有利于开发人力资源，树立组织长期的竞争优势。组织人力资源管理的一个主要任务就是对企业员工的培训和开发。通过对员工的培训，不断提高员工的素质，使一线员工能够有效地掌握和运用现代化技术和手段，生产出一流的产品；使管理人员能够掌握现代化的管理理论与方法，提高企业管理的能力与水平，从而树立组织的长期竞争优势，促进组织的发展。

(4) 有利于减少劳动消耗，提高组织经济效益。组织经济效益是指组织在生产经营活动中的支出和所得之间的比较。减少劳动消耗的过程，就是提高经济效益的过程。因此，通过科学的人力资源管理，合理配置人力资源，可以促使组织以最小的劳动消耗，取得最大的经济效益。

三、人力资源管理的目标和任务

1. 人力资源管理的目标

美国学者经过多年研究，认为人力资源管理包括四大目标：(1) 建立员工招聘和选择系统，以便能够雇用到最符合组织需要的员工。(2) 最大限度地挖掘每个员工的潜质，既服务于组织目标，也确保员工的事业发展和个人尊严。(3) 留住那些通过自己的努力促进组织目标实现的员工，同时淘汰那些无法对组织提供帮助的员工。(4) 确保组织遵守政府有关人力资源管理方面的法令和政策。

在此基础上，我们认为组织人力资源管理的目标应包括以下三个方面：(1) 保证组织人力资源管理的需求得到最大限度的满足。(2) 最大限度地开发和管理组织内外的人力资源，促进组织的持续发展。(3) 维护与激励组织内部的人力资源，使其潜能得到最大限度的发挥，不断提升其人力资本的价值。

2. 人力资源管理的任务

人力资源管理关心的是“人的问题”，其核心是认识人性、尊重人性，强调现代人力资源管理“以人为本”。在一个组织中，人力资源管理的任务必须围绕人，主要从关心人本身、人与人的关系、人与工作的关系、人与环境的关系、人与组织的关系等方面来回答。

目前比较公认的观点是，现代人力资源管理就是人力资源的获取、整合、保持激励、控制调整及开发的过程。通俗地说，现代人力资源管理主要包括求才、用才、育才、激才、留才等内容和工作任务。归纳起来，人力资源管理有以下三项主要任务：

(1) 吸引及选聘组织真正需要的各类人才。吸引选聘人才，是一件很重要的事情。人力资源管理部门必须与组织内的高层管理人员一起制订明确的政策。如当职位空缺时，在什么情况下优先考虑内部现有的员工，在何种情况下才向外招聘；提供的待遇与外界一般水平差距多少，是偏低还是偏高；选聘的条件中，知识、经验及性格等因素的比重如何，等等。类似的问题都需要经过深思熟虑，一方面要考虑到组织对各方面人员素质的需要，另一方面也要考虑到财政上的限制，明确地制订合理政策，才能较有把握地选聘到适当的人才。

(2) 保证所聘人才能在组织内充分发挥所长。影响员工能否发挥其所长的因素是多方面的。例如：安置是否适当，分工是否合理，有无客观的工作评估制度，赏罚是否分明等。

(3) 为人才提供训练和发展机会，使他们不断增强能力。应以战略眼光来看待人力资源，特别是注重培训工作，把培训工作作为一种智力投资，为组织的未来发展做好准备。

第三节　人力资源管理的内容

一、人力资源管理活动

人力资源管理活动是指企业影响员工态度、行为和绩效的各种具体政策、规章的管理过程。根据人力资源管理活动对员工—工作的匹配关系的影响方式不同，分为支持性的人力资源管理活动和功能性的人力资源管理活动。

支持性管理活动是指不直接影响员工—工作的匹配水平的管理活动，相反，它们为企业人力资源管理中的功能性活动提供必要的信息、计划和评价等项服务。支持性管理活动主要可分为三类：分析企业员工与工作特性；评估人力资源管理成果；人力资源规划。功能性管理活动是指直接影响员工—工作的匹配，进而影响人力资源管理成果的活动。功能性管理活动的成功在很大程度上取决于支持性管理活动的效率和效果。主要的功能性管理活动包括：外部人员配备、内部人员配备与开发、薪酬制度等。

当然，企业人力资源管理的所有活动都是息息相关的，对每一项活动的划分更多的是出于知识整理和传播的需要，在管理中管理者应当从系统的角度全面分析人力资源管理活动，才能有效地选择相应的人力资源策略。

二、人力资源管理活动的内容

人力资源管理活动的内容主要是通过其基本职能表现出来的，即通过承担的各项职能和从事的各项活动来实现的。对于人力资源管理的基本职能，存在着各种不同看法。

美国人力资源管理协会将人力资源管理职能划分为六种：(1) 人力资源规划、招募和选择；(2) 人力资源开发；(3) 报酬和福利；(4) 安全和健康；(5) 员工和劳动关系；(6) 人力资源研究。这六种职能的每一个方面又是由一系列的活动组成的，见表 1-1。

表 1-1 人力资源的职能所包括的活动

人力资源管理的职能	所包括的活动
人力资源规划、招募和选择	进行工作分析以便为组织内特定的工作确定具体要求 预测组织为实现其目标所需人力资源的要求 制订和实施满足这些要求的计划 招募组织为实现其目标所需的人力资源 选择和雇佣填补组织内具体职位的人力资源
人力资源开发	员工上岗引导和培训 设计和实施管理及组织开发方案 在组织内部建立有效的工作团队 设计评价员工个人绩效的系统 帮助员工制订职业生涯
报酬和福利	设计和实施针对所有员工的报酬和福利制度 确保报酬和福利公正、一致
安全和健康	设计和实施确保员工健康和安全的方案 对自身存在影响工作绩效问题的员工提供帮助
员工和劳动关系	在组织和工会之间起到调解人的作用 设计惩罚和抱怨的处理系统
人力资源研究	提供一种人力资源信息库 设计和实施员工沟通系统

而美国培训和开发协会对人力资源职能的划分是九种，见表 1-2。

表 1-2 人力资源管理的职能与活动

人力资源管理的职能	活动
组织和工作设计	确定如何对任务、权力和制度进行组织以及如何把它们在组织中的单位和具体的工作结合起来
人力资源规划	确定组织的主要人力资源需要、战略和哲学
人员选择和安排	把人员的职业需要和能力与其工作和职业生涯匹配起来
人事研究与信息系统	确保建立一种完备有效的人事信息库
报酬和福利	确保报酬和福利的公正、一致
员工帮助	向员工提供个人问题解决和咨询的帮助
工会/劳动关系	确保健康的工会组织关系
培训与开发	通过确定、评价和有计划的学习来帮助开发使个人具备完成当前或未来工作的关键能力
组织开发	确保与内外部单位的健康关系并帮助组织了解和应对变化

综合考察上述各种划分方法，我们可以发现，它们之间存在着一些共同之处。结合这些共同之处，我们把人力资源管理的职能划分为以下七个方面。

1. 工作分析与设计

工作分析与设计包括两个部分的活动，一是对组织内各职位所要从事的工作内容和承担的工作职责进行清晰的界定；二是确定各职位所要求的任职资格，如学历、专业、年龄、技能、工作经验、工作能力以及工作态度等。工作分析的结果一般体现为职位说明书。

2. 人力资源规划

这一项职能包括的活动有：对组织目前的人力资源状况进行分析后，对组织在一定时期内的人力资源需要和供给做出预测；再根据预测的结果制订出平衡供需的计划等。

3. 人员聘用

这一职能包括招聘、选择与录用三个部分。招聘是通过各种途径发布招聘信息，将应聘者吸引过来；接着根据各种相关的标准对应聘者进行筛选；最后则是对从应聘者中选择出来的符合要求的人员进行录用。

4. 人力资源培训与开发

该职能包括建立培训体系，确定培训的需要和计划，组织实施培训过程以及对培训效果进行反馈总结等，同时还要求对员工的职业生涯进行设计与管理。

5. 绩效管理

这一职能要求根据既定的目标对员工的工作结果做出评价，发现其工作存在的问题并加以改进，包括进行绩效计划、绩效考核以及进行相关的绩效沟通等活动，同时还应对员工进行有效的激励管理。

6. 薪酬管理

此职能所要进行的活动有：根据职务确定薪酬的结构和水平，实施工作评价，制订福利、社会保障和其他待遇的标准以及进行薪酬的测算和发放等。

7. 员工和劳动关系管理

这一职能主要是进行劳动关系协调，包括劳动合同管理、工会等组织协调、劳动争议处理等，同时也要求对员工的安全和健康进行管理，从而营造融洽的人际关系和良好的工作氛围。

思考题：

1. 什么是人力资源的概念，它有哪些特征？
2. 人力资源有哪些作用和意义？
3. 什么是人力资源管理？目前对其定义有几类看法？
4. 人力资源管理意义有哪些？它所包括的目标和任务有哪些内容？
5. 人力资源管理所包含的内容和职能有哪些？

第二章　人力资源管理的历史与发展

□ 学习目的

通过对本章内容的学习，应了解和掌握如下知识点：

- 人力资源管理的演变过程
- 发达国家的人力资源管理发展实践
- 人力资源管理目前面临的问题
- 人力资源管理的发展趋势

□ 引入案例

小王是Z公司新进的大学生，他的专业是人力资源管理，所以录用后被安排进了人力资源部门，任招聘专员。随着对公司招聘流程的不断熟悉和了解，他深深感叹如今的人力资源管理实践越来越趋向于精细化。

一般的企业安排面试是电话了解—意向确定—约定时间—面谈，在此过程中不同企业的面试流程安排有着很大的区别。小王发现Z公司在做面试管理的时候，与其他企业不同。比如在这个流程中的一个应聘者来到公司这一个环节，在电话约定面试日期后，在距离应聘者该到的前一小时，要求与应聘者电话确认；与部门重新确认面试时间以保证面试时间的准确性和流程性；保证面试人员来到公司有茶水；有面试指引（或者是书面的指引）；让面试者在面试前充分了解公司的基本情况；让面试者知道一共有几轮面试，面试官的姓氏和职务，大约面试时间是多长；面试者填完表格后的空余时间的安排；指引洗手间的位置；部门面试完毕的安排等。

在人类跨入21世纪的今天，人力资源管理也经历了一个多世纪的发展。随着时代的变化、社会经济的发展、科学技术的进步、组织形式的不断革新以及作为人力资源管理的对象——“人”——的变化，人力资源管理在管理理论、管理实践和管理方式方面也在不断发生变化。经济的全球化趋势改变着各个领域的管理哲学与管理实践，其中人力资源管理首当其冲，传统的人力资源管理受到挑战，人力资源管理实践必须符合并且适应现代管理理论的新趋势。

第一节　人力资源管理的演变过程

人力资源管理发展到目前这个阶段，经历了长期的演变过程，为了对目前的人力资源管理有更加深入的了解，首先对它的发展进程进行一下简要的回顾。作为系统化和理论化的管理最早产生于西方社会，作为管理重要构成部分的人力资源管理同样如此，因此对人力资源管理发展历程的考察也就主要集中于西方发达国家。

关于人力资源管理的发展阶段，有代表性的观点主要有四类：六阶段论、五阶段论、四阶段论和三阶段论。

一、六阶段论

以华盛顿大学的弗伦奇(French,1998)为代表,一些学者从管理的历史背景出发将人力资源管理的发展分为六个阶段。

(1) 第一阶段:科学管理运动阶段。这一阶段以泰勒和吉尔布雷斯夫妇为代表,关注重点主要是工作分析、人员的选拔和报酬方案的制订。

(2) 第二阶段:工业福利运动阶段。在这一阶段中,企业出现了所谓的社会秘书或福利秘书,专门负责员工福利方案的制订和实施。员工的待遇和报酬问题成为管理者关心的重要问题。

(3) 第三阶段:早期工业心理学阶段。以雨果·芒斯特伯格(1913)等人为代表的心理学家的研究成果推动了人事管理工作的科学化进程。关于个人的心理特点与工作绩效关系的研究和人员选拔中预测效度的提出,使人事管理开始从规范化步入科学化的轨道。

(4) 第四阶段:人际关系运动时代。以霍桑实验为起源的人际关系运动推动了整个管理学界的革命,也影响了人力资源管理。早期工业心理学的研究为这种思潮提供了理论依据,人力资源管理开始从以工作为中心转变到以人为中心,把人和组织看成是社会系统。

(5) 第五阶段:劳工运动阶段。雇佣者与被雇佣者的关系一直是人力资源管理的重要内容之一,从1842年美国马萨诸塞州最高法院对劳工争议案的判决开始,美国的工会运动快速发展,1869年形成了全国性的网络。1886年,美国劳工联合会成立,大萧条时期,工会也处于低潮,到1835年,美国劳工法案即瓦格纳法案(Wagner Act)的颁布,工会才重新兴盛起来。罢工现象此起彼伏,缩短工时、提高待遇的呼声越来越高,因此出现了集体谈判。到20世纪60年代和70年代,美国联邦政府和州政府连续颁布了一系列关于劳动和工人权利的法案,促进了劳工运动的发展,人力资源管理成为法律敏感行业。对工人利益和权利的重视,成为组织内部人力资源管理的首要任务。

(6) 第六阶段:行为科学与组织理论时代。进入20世纪80年代,组织管理的特点发生了变化,人的管理成为主要任务。从单个的人到组织人,把个人放在组织中进行管理,强调文化和团队的作用,成为人力资源管理的新特征。

需要强调指出,对人力资源管理的发展阶段进行划分,其目的并不在于这些阶段本身,而是要借助这些阶段来把握人力资源管理的整个发展脉络,从而可以更加深入地理解它。因此,对于阶段的划分并没有绝对的标准,所以一些学者也将人力资源管理的发展划分为另外六个阶段。

(1) 萌芽阶段:即工业革命时代,时间大致从18世纪末到19世纪末。工业革命的出现,使社会生产方式发生了根本性的变化。由于劳动分工思想的提出,个体劳动在工厂中消失,工人的协同劳动成为主体,因此对工人的管理问题就逐渐凸显出来。这一阶段,在工人的管理方面产生了各种朴素的管理思想。例如,在劳动分工的基础上对每个工人的工作职责进行界定,实行具有激励性的工资制度,推行职工福利制度,对工人的工作绩效进行考核等。这些管理思想基本上都以经验为主,并没有形成科学的理论,但是却奠定了人力资源管理的雏形。

(2) 建立阶段:即科学管理时代,时间上大致从20世纪初至1930年左右。科学管理思想的出现,宣告了管理时代的到来。管理从经验阶段步入科学阶段。这在管理思想发展史上有着划时代的意义。人力资源管理的一些基本职能在这一阶段初步形成,如工作分析、招聘录用和员工培训等;同时,专门的人事管理部门在这一阶段也出现了,负责招聘录用、抱怨处理和工资行政等事务,所有这些都标志着人力资源管理的初步建立。

(3) 反省阶段：即人际关系时代，时间大致从20世纪30年代到第二次世界大战结束。从1924年开始到1932年结束的霍桑实验引发了人们对科学管理思想的反思，将员工视为“经济人”的假设受到了现实的挑战。霍桑实验发现了人际关系在提高劳动生产率中的重要性，揭示了对人性的尊重、人的需要的满足、人与人的相互作用以及归属意识等对工作绩效的影响。人际关系理论开创了管理中重视人的因素的时代，是西方管理思想发展史上的一个里程碑。这一理论同时也揭开了人力资源管理发展的新阶段，设置专门的培训主管、强调对员工的关心和理解、增强员工和管理者之间的沟通等人事管理的新方法被很多企业采用。人事管理人员负责设计和实施这些方案，人事管理的职能被极大地丰富了。

(4) 发展阶段：即行为科学时代，时间从20世纪50年代到70年代。从20世纪50年代开始，人际关系式的人事管理方法也逐渐受到了挑战，“快乐的员工是个好员工”并没有得到事实的证明，组织行为学的方法逐渐兴起。组织行为学是“一个研究领域，它探讨个体、群体以及结构对组织内部行为的影响，以便应用这些知识来改善组织的有效性”。它的发展使人事管理从对个体的研究与管理扩展到了对群体和组织的整体研究和管理，人力资源管理也从监督制裁到人性激发，从消极惩罚到积极激励，从专制领导到民主领导，从唯我独尊到意见沟通，从权力控制到感情投资，并努力寻求人与工作的配合。

(5) 整合阶段：即权变管理时代，时间大致从20世纪70年代到80年代。在这一阶段，企业的经营环境发生了巨大的变化，各种不确定性的因素增加，企业管理不仅要考虑自身的因素，还要考虑外部各种因素的影响。在这种背景下，权变管理理论应运而生，它强调管理的方法和技术要随企业内外环境的变化而变化，应当综合运用各种管理理论而不只是某一种理论。在这种理论的影响下，人力资源管理也发生了深刻的变化，同样强调针对不同情况采取不同的管理方式、实施不同的管理措施。

(6) 战略阶段：即战略管理时代，时间大致从20世纪80年代至今。进入20世纪80年代以后，西方经济发展过程中的一个突出现象就是兼并。为了适应兼并发展的需要，企业必须制订出明确的发展战略，从而战略管理逐渐成为企业管理的重点，而人力资源管理对企业战略的实现有着重要的支撑作用，所以从战略的角度思考人力资源管理的问题，并将其纳入企业战略的范畴。这已成为人力资源管理的主要特点和发展趋势。

二、五阶段论

同样是依据管理发展的历史，以罗兰和费里斯为代表的学者则将人力资源管理的发展历史划分为五个阶段。

第一阶段：工业革命时代；第二阶段：科学管理时代；第三阶段：工业心理时代；第四阶段：人际关系时代；第五阶段：工作生活质量时代。

在这种观点中，前四个阶段的划分并没有什么特别之处，比较独特的是它把工作生活质量作为一个独立的阶段提出来。

所谓工作生活质量，可以从两个不同的角度来理解：一方面可以等同于组织的客观重要条件和活动，如内部晋升政策、民主管理、员工参与、安全工作条件等；另一方面可以等同于员工个人对于自己在组织中生活的感受和认识，主要是员工的需要是否获得了满足。多数情况下，这两种角度是相互影响的。因此，我们可以对工作生活质量下个定义：工作生活质量是员工对自己在工作环境中的生理和心理健康状况的知觉，工作生活质量的核心是参与，参与的方法有很多，并且还在不断地推陈出新，如工会—管理者协作项目、参与式工作设计、利益分享、利润分享、员工股份所有制或员工持股方案等。因此，20世纪80年代以来，参与管理、民主管理、全面质量管理、学习型组织、企业文化以及授权管理等成为管理的时髦课题。而人力资源管理也受到了深刻的影响。

三、四阶段论

持这种观点的学者以科罗拉多(丹佛)大学的卡肖(W. F. Cascio)为代表,他们从功能的角度将人力资源管理的发展历程划分为四个阶段。

1. 档案保管阶段

从人事管理出现一直到20世纪60年代。这一阶段,人事管理的主要工作就是招聘录用、培训和人事档案。随着雇主对员工关心程度的增加,新员工的录用、岗前教育、个人资料的管理等工作都由人事部门或专门的人员负责,但在这一阶段缺乏对工作性质、目标的明确认识,也没有清晰的条理和制度。

2. 政府职责阶段

20世纪60—70年代前后。这一阶段的特点是政府介入和法律规定开始在各个方面影响雇佣,但企业的高层领导人仍将人力资源管理的成本视为非生产性消耗。

以美国为例,继1964年通过《民权法》之后,政府相继通过了《反种族歧视法》、《退休法》和《保健安全法》等涉及公民雇用的多种法规,企业如果违反这些法规就会造成巨大的经济损失。这迫使企业各层领导对劳动人事管理工作给予了足够的重视,要求日趋严格,不允许任何环节有丝毫的疏忽,力求避免和缓解劳资纠纷,并在出现劳资纠纷时能争取主动。

美国电话电报公司曾于1973年与联邦政府达成一项协议,同意将晋升到管理职位上的女员工的起点工资与晋升到同样职位上的男员工的工资拉平。这本属于纠正性别歧视的合理之举,但在当时的企业中却被认为是“错误的人事管理”。

正是在上述背景条件下,企业人事管理工作不得不强调规范化、系统化和科学化。工作内容逐渐形成了主要包括吸收、录用、维持、开发、评价和调整的工作链,为完成上述各种任务所需要的各类人事专家也纷纷进入企业。而为此所支出的一切费用,仍然被许多企业的高层管理者视为整个组织的非生产性消耗,企业不过是为了应付政府不得已而为之。所以,这个阶段称为政府职责阶段。

3. 组织职责阶段

20世纪70年代末到80年代。进入20世纪80年代以后,企业领导人对人事管理不再认为是“政府的职责”,而把它真正视为企业自己的“组织的职责”,人力资源的管理和开发成为企业人事部门的职责。

这种认识的转变是有其历史背景的。首先,心理学、社会学和行为科学日益渗透到企业管理领域,在这种学科交融的基础上形成的理论日益受到企业的重视,并被广泛接受。其次,1972—1982年间,美国的生产率平均年增长0.6%。而同期日本、原联邦德国和法国则分别增长了3.4%、2.1%和3%,员工的懒散和管理的平庸使企业高层领导日益忧虑。第三,劳资关系日益紧张。第四,政府官员对企业进行了非公正的干预,再加上劳动力的多样化、教育水平的提高,使对人的管理更加困难。因此,企业高层领导被迫从企业内部寻找出路,发现人力资源管理是重要的突破口。

许多企业的高层领导人相信,调动人的积极性和掌握处理人际关系的技能非常重要,它既是保证企业排除当前困境的有效方法,也是保证企业未来成功的关键因素。通过对一些大型企业的经理人员进行调查,可以看出人事问题越来越受到重视。40%的经理表示,他们一周要花费5~20个小时来处理人事问题,这比5年前增加了50%。这些经理迫切需要人事部门的协助，因为人力资源管理工作的复杂性正在日益增加，做好人力资源管理工作远比做好财务管理工作更加重要。美国人力资源管理专家卡肖说，“人力资源管理不仅是个战术问题，而且是个战略问题”。为此，企业开始吸收人事经理进入企业领导高层，共同参与企业的经营决策，认为人力资源是一种最重要的战略资源，是企业成败兴衰的关键。20 世纪 80 年代初期，美国和欧洲一些国家纷纷出现了人力资源开发和管理组织，人事部门改名为人力资源管理部，企业从强调对物的管理转向强调对人的管理。

4. 战略伙伴阶段

20 世纪 80 年代开始。把人力资源战略作为公司重要的竞争战略，或者从战略的角度考虑人力资源管理问题，把人力资源管理与公司的总体经营战略联系在一起，是 20 世纪 90 年代后企业人力资源管理的重要发展趋势。这个阶段，人力资源管理成为整个企业管理的核心，其原因在于人们已经达成共识：在国际范围的市场竞争中，无论是大公司还是小公司，要想获得和维持竞争优势，核心的资源是人力资源。20 世纪 80 年代后期，美国各行业开始对这一趋势给予重视，有影响的商业杂志和学术期刊纷纷发表有权威的文章，讨论这种变化和可能带来的问题，诸如《人事主管成为新的公司英雄》(Meyer，1976)、《人力资源管理进入新时代》(Briscoe，1982)、《人力资源经理不再是公司无足轻重的人》(《商业周刊》，1985)以及《人力资源总监影响首席经营官的决策》(Penezic，1993)等充满诱惑性的著作和文章，成为反映这个时期特征的重要指标。

这里我们引用《商业周刊》发表的文章中的一段话，从中不难管中窥豹：“自从 20 世纪 60 年代进入大企业时代由财务总监掌管公司的大权以来，管理功能上最巨大的变化就是人力资源管理的崛起。在这个变革的时代，公司不断地兼并、收购、压缩部门、裁减人员，以及进入新的业务领域而抛弃旧的业务，管理的战略决策必须比以往任何时候都更多地考虑人力资源，使技能与工作相匹配，兼并后留住优秀人才，解决由于引进新技术或关闭一座工厂而引发的人的问题。”

四、三阶段论

根据不同的标准，可以将人力资源管理的发展划分为不同的三个阶段。

1. 依据人力资源管理所扮演的角色

以福姆布隆、蒂奇和德兰纳为代表的学者根据人力资源管理在组织管理中所扮演的角色和所起的作用，把人力资源管理的发展分为三个阶段。

(1) 操作性角色时代：这一阶段，人力资源管理的内容主要是一些简单的事务性工作，在管理中发挥的作用并不是很明显。

(2) 管理性角色时代：人力资源管理在这一阶段开始成为企业职能管理的一部分，承担着相对独立的管理任务和职责。

(3) 战略性角色时代：随着竞争的加剧，人力资源在企业中的作用越来越重要，人力资源管理开始纳入到企业的战略层次，要求从企业战略的高度来思考人力资源管理的相关问题。

2. 依据人力资源管理的内容

根据管理的内容，可将人力资源管理的发展划分为现场事务管理、档案业务管理和指导协调管理三个阶段。

(1) 现场事务管理阶段：主要指以保证工作任务的完成而在现场进行的人力资源管理，它没有专门的人力资源管理部门和人员，主要由现场管理人员来处理人事矛盾，进行人员调配和劳动监督。

(2) 档案业务管理阶段：指在办公室而非现场进行的一种间接性的人力资源管理，这一阶段有专门的工作场所和专业的工作人员，管理的内容是比较专业化的人员招聘、甄选、配置、培训、考核和薪酬等。

(3) 指导协调管理阶段：指导协调管理属于一种专家型的咨询式管理，在这种方式下，人力资源部门的所有人员都是专家，主要负责人力资源管理政策、制度和技术的研究与制订；负责对制度、政策的执行情况进行监督检查；负责人力资源管理技术和方案的咨询与指导；负责人力资源发展战略的咨询与贯彻。

3. 国内学者的观点

付亚和、孙健敏(1995)等人的观点具有一定代表性。他们的划分也是三个阶段，即初级阶段、人事管理阶段和人力资源管理阶段。

(1) 初级阶段：以早期的工业心理学和以泰勒为代表的古典科学管理学派的观点，管理的中心是如何通过科学的工作方法来提高人的劳动效率。

(2) 人事管理阶段：以工作为中心。

(3) 人力资源管理阶段：强调人与工作的相互适应。

实际上，这种阶段理论的划分也可以从流行的专业术语中反映出来。早期的人事管理，主要围绕劳工关系展开，所使用的术语主要是劳工关系、工业关系、雇佣关系、劳动管理、人力管理和人事管理等。在人事管理阶段，强调人对工作的适应，借助心理学的研究方法和研究结果，工作分析、心理测验、绩效考核、职业生涯和管理开发等成为主题。进入 20 世纪 80 年代后期，人力资源管理转变为人与工作的相互适应，或者是以人为中心的管理，强调工作为人服务(包括客户和员工)，人是最大的资本和资源，人力资源战略、组织变革、企业文化、员工权利、灵活的报酬制度和管理制度以及全员持股方案等成为流行术语。

第二节　国内外人力资源管理的实践与发展

认真比较和研究各国企业在人力资源管理实践中的模式特点，借鉴其成熟的经验、策略和规律，对于推进我国企业组织的人力资源管理实践，提高人力资源质量，促进社会进步和经济发展，具有十分重要的战略意义和实践意义。

而人力资源管理实践的做法，因国家、行业、企业或具体组织而异。在分析过程中，我们可以忽略各种实际做法的细节差异，从人力资源管理的基本思想、基本特点的角度出发，概括划分出几个重要的模式来加以讨论和比较。

一、美国的人力资源管理的实践

1. 重视教育

第二次世界大战后的美国，大批军人复员，成批地涌向生产部门，许多地方政府成立了人事管理部门，来处理劳动力的安置、培训等一系列人事管理工作。20 世纪 60 年代初，美国生产力迅猛发展，产业结构变化迅速，人力资源的结构性矛盾加剧，于是出现了人才管理部门。20 世纪 70 年代中期，美国面对日本、欧洲日益激烈的竞争，对高质量技术人才、管理人才的需求日益高涨，对人才培养、开发和调配的要求更高、更强烈，许多地方政府和企业纷纷设立人力资源开发部门。目前，美国中央政府、地方政府以及 1/3 的企业都设有人力资源开发的专门机构。在企业中，人事经理的地位大大提高，在教育系统，美国许多大学设置了人力资源开发专业。如：美国加利福尼亚州雷兰大学人力资源开发专业，其必修课包括：① 人力经济学；② 财政预算与平衡；③ 交际学；④ 人事工作职能；⑤ 管理制度；⑥ 社会经济分析；⑦ 人力资源开发；⑧ 社会行为开发；⑨ 人才流动学；⑩ 德学。其选修课包括：① 经营管理学；② 逻辑学；③ 自我设计学。

2. 重视人才培养

美国企业重视对员工的培训。他们认为对在职职工的培训是技术发展、设备更新、生产力提高所必需的。全美有97%的企业为职工制订了培训计划，另外选送5%的职工接受正规的大学教育。美国对现职科技人员的"继续教育"常抓不懈。据统计，美国一家最大的工业企业用于科技人员更新、拓宽及深化专业知识的经费每年增长25%，其中国际商用机器公司、通用汽车公司、德州仪器公司、麦道飞机公司、西屋电器公司、杜邦化工公司和福特汽车公司在这方面的开支均有增长。

3. 重视引进人才

美国十分注意引进和吸收外国科技人才。首先，它以立法形式为达到此目的铺平了道路。美国曾两次修改《移民法》，对于有成就的科学家，不论其国籍、资历和年龄，可优先进入美国。第二次世界大战后的20年间，美国接收的各国高科技人才达40多万名，至今仍以每年1万名的速度递增。在美国各大学深造的外国留学生多达30万人，有25%的留学生在取得科学家或工程师职称后定居美国，纳入美国的"人才库"。美国把在世界范围争夺科技人才作为国策。第二次世界大战后，美国曾一度吸收了多名著名科学家，其中包括伟大的物理学家爱因斯坦，核物理学家、氢弹之父费米，电子计算机奠基人诺依曼和航天工业专家冯·卡门等。冷战后，美国又把挖掘前苏联的杰出人才当作一项战略任务，专门制订了接待和安置前苏联赴美学者的计划。

曾有一位世界闻名的前苏联天体物理学家及同是知名物理学家的夫人到达日内瓦。欧洲核子研究中心只聘用了这位物理学家，没有为其夫人安排工作。美国斯坦福大学得知后，立即为这对科学家夫妇双双提供了职位，当欧洲有关方面意识到失策之时，这两位科学家已离开日内瓦，抵达斯坦福大学。在这方面，美国行动之快，令欧洲自叹不如。

美国前总统克林顿曾大声疾呼，要提高美国产品的竞争力，提高美国企业的竞争力，提高美国的竞争力。这三个竞争力，归根到底是靠美国在培养、开发、引进人才，特别是在全球人才竞争中的优势地位作为保证的。

二、日本的人力资源管理实践

如果说美国人力资源开发得益于教育、人才培养以及全球范围内的人才引进，一句话，得益于"聚才"优势，那么日本在人力资源开发上的优势则是"激励"，即善于使一般员工人才化、团队化，形成高度的劳动热情、团队精神和敬业风气，发挥人力资源整体的竞争优势。

日本的"激励"优势是建立在其特殊的劳动人事制度基础上的。这种制度可以简化为"终身雇佣制及年功序列制"，与此相联系的还有"企业内工会"、"自主管理"、"集体决策"、"企业内教育培训制"和"企业办福利"等制度。日本的大中型企业，基本上都实行终身雇佣制，其人数约占全部日本职工的1/3，它确保了支撑着日本经济的这些骨干企业在人力资源上的超稳定和高素质。终身雇佣制是在日本社会传统的家族主义观念和社会文化环境中，在特定的历史条件下形成的。资本主义萌芽时期的日本企业是按照家族主义方式建立和经营的。明治维新后，日本资本主义迅速发展，急速的产业革命使技术、文化薄弱的日本显得人才严重不足。企业除了自行招募员工进行培养之外，并无其他解决办法。为稳定员工队伍，企业开始采用定期提薪、发放奖金、改进福利等做法。到大正昭和年间，终身雇佣制和年功序列制已经形成。二战后，日本社会生活极度穷困和混乱，人们渴望过安定的日子，终身雇佣制恰恰能满足人们的这一要求，因而得到延续和加强。

战后日本终身雇佣制经久不衰，主要基于以下几个原因：

第一，日本社会固有的儒家文化传统保护了这一制度，家族式的团体意识、归属意识与终身雇佣制相得益彰。忠于企业大家庭成为一种道德风尚，中途跳槽的员工会被社会舆论斥责为"不忠于企业大家庭"，其他企业也不敢聘用；对企业而言，如果它轻易解雇员工，则其社会形象将受到严重损害。因为不能保护自己家族的成员，可见缺乏经营能力，优秀的应届毕业生也不愿向该企业提出就职申请，这样该企业在竞争中将处于十分不利的地位，所以一位日本管理学家说："如果只需考虑利润而不必顾及职工饭碗，那就用不着要求经营者有这么高的素质了。"

第二，日本政府对大企业的优惠政策为大企业实行终身雇佣制创造了条件。日本政府的产业政策有利于大企业。在资金来源、人才来源、信息来源以及政府的咨询指导等方面，大企业都能优先得到保障。特别是当大企业遇到经营困难时，日本政府会大力予以扶持和帮助。这就使得日本的大型企业有足够的实力推行终身雇佣制。

第三，"年功序列制"为维持终身雇佣制创造了有利条件。根据这种制度，应届毕业生作为新员工进入企业后，在相当长一段时期内(一般5～10年)，工资待遇只按照资历逐年平稳上升，不产生明显的个人差异，在以后的职业生涯中，工资待遇也是随着工龄增加而持续上升。而且在职位提拔使用和晋升制度中都规定有必需的资历条件。因此，日本企业中各级干部的地位高低与年龄长幼之间呈现较为整齐的对应关系。

"年功序列制"虽然保障了职工待遇逐年提高，但是并不会造成待遇上的平均主义，因为工作能力和绩效上的差别将导致员工在提薪速度上的较大差别。由于有了年功序列制，员工明显感到在同一企业长期工作的好处，而一旦转入新企业，往往得从较低的岗位做起，经济上损失惨重，而转到中小企业，待遇也远远赶不上大企业。可以说，"年功序列制"是"终身雇佣制"的真正支柱。作为日本人力资源开发管理主要特点的终身雇佣制，产生了一系列积极的后果。

(1) 企业与职工建立了长期稳定的关系，形成了"利益共同体、命运共同体"，这是"团队精神"产生的基础，而"团队精神"正是日本企业在竞争中取胜的法宝。

(2) 由于员工队伍的超稳定性，便于日本企业从长远需要出发，系统而有计划地对员工进行教育和培训，使人力资源的潜力得到较大程度的开发。

(3) 员工队伍的整体素质较高。终身雇佣制有利于在企业内部形成大家庭格局，培育家族式的企业文化，造成"内和外争"的良好气氛。"内和外争"，内部团结，一致对外，并不会造成不思进取的局面。因为"报效企业"的价值观和敬业精神会促使员工奋发努力；同时，工作绩效也会明显地影响收入的多少和职位提升的速度。因此，日本大企业内部也存在着一种长达几十年、持久的竞争，但由于"团队精神"和"共同体意识"的作用，这种竞争不是你死我活的恶性争斗，而是"争先恐后"的良性竞争，以不影响员工之间的协作和友情为前提。这种既团结又充满活力的局面，以及家族式的感情纽带，强化了团队精神和敬业精神。

从以美、日为代表的发达国家实践中，可以清楚地看到，随着市场经济的发展，随着社会化大生产的突飞猛进，人力资源开发管理的作用越来越大。这从各类管理人员地位沉浮变迁中也可看出。第二次世界大战后的10年，由于物资短缺常使工业工程师升任企业的最高职位；20世纪50年代中期后的10年，由于生产过剩而常使营销人才担任企业的最高职务；20世纪60年代中期后的10年，由于合并公司、多元化经营以及成为跨国公司引起的财务问题复杂化，而常使财务人才担任企业的最高职务；20世纪70年代中期后，随着人才竞争激化和"人才制胜"时代的到来,人力资源开发管理专家则成为企业内高职位的有力竞争者。据跨国公司海德利克与史楚格公司对欧洲几家大公司的调查发现,在联邦德国、斯堪的纳维亚半岛、瑞士及英国,一半以上的高级人事经理兼任公司董事。如果公司董事的接班人选不是人事管理方面的人才,都必须到人事部门工作和训练若干年后才能正式接任。企业最高职位人选的这种变化趋势不是偶然的,是人力资源开发管理重要性上升的结果,美国企业管理协会编写的一本著作中指出:"所谓企业管理就是人事管理。人事管理,就是企业管理的代名词。"这两句话虽然属于美国式的夸张,却给人以鲜明的印象。

三、德国的人力资源管理实践

德国企业以产品的高质量和生产的高效率著称。第二次世界大战后,德国在战争废墟上迅速恢复经济,重新崛起成为世界第三经济强国,经济运行质量和经济效益名列世界前茅,德国人把此归功于其高质量的人力资源开发与管理。德国的人力资源开发与管理特点可以从社会和企业两个层面进行分析,具体如下。

1. 社会层面的人力资源开发管理特点

(1) 职业教育是德国经济振兴的秘密武器。德国长期以来投入巨资,形成从学徒培训到中等、高等职业教育的完整职教体系和网络,对国民经济贡献卓著,培养了大批应用型技术人才。

(2) 发达的成人教育。德国是个极其重视国民教育的国家,其成人教育事业极为发达。在德国,成年人进修深造成为时尚。德国的成人教育同其他国家相比有以下特点:① 社会各方面参与成人教育,如行业协会、工会组织、大企业等都参与举办各种成人学校;② 经费来自各个方面,包括联邦与州政府、企业等,个人也承担一定的培训费用;③ 重视实用性教学,突出实际能力的培养;④ 现代科学技术的培训内容不断增加。

(3) 发展远程教育。德国的远程高等教育不是培养高层次的科技人员,而是重点培养应用型、实用型人才。在专业课程开发方面,十分重视职业技术教育,为边远地区的农民,城市的技工、教师、运动员、家庭主妇及残疾人,甚至监狱的犯人提供学习深造的机会,以提高他们的职业技术水平及重新择业能力。

2. 企业层面人力资源开发与管理的特点

(1)"双轨制"的人力资源开发。德国企业的人力资源开发与管理的一个很有特色的地方就是它的职工培训和考核制度实行"双轨制",这一制度在德国企业已经形成体系化、网络化,培育了大批技术型和应用型人才。德国长期坚持正规的学徒培训制度。学徒工培训统一实行双轨制,即在企业里学习实际操作,在学校里学习理论知识。国家、企业都积极参与到这种双轨制当中来。企业把培训学徒看成是对社会承担的义务之一。这种制度经过近半个世纪的实践,发展到今天依然长盛不衰,其主要原因在于它的学用一致,理论与实际相结合的运行机制和较为成功地解决了培训制度与就业制度的衔接问题,从而使大多数年轻人在就业前学到了一门从业技能和知识,为他们今后就业创造了很好的条件,也极大地降低了德国青年人的失业率,安定了社会秩序。另外,训练有素的新生劳动力源源不断地被吸收进入企业,促进了企业的发展,因此受到企业欢迎。

(2) 德国企业有效的职工综合激励制度。德国企业非常重视综合性的职工激励制度,以促使职工热爱企业、勤奋工作、保持工作高效,推动了经济快速增长,奠定了良好的人力资源基础。德国企业职工激励机制主要包括:工资激励、度假津贴、舒适而整洁的工作环境、企业精神、教育和鼓励、促进自我发展和实现、提高进修培训机会等。比如,企业为管理人员就提供了多层次的培训激励。企业对高级管理人员,主要鼓励自学,并组织他们到一个环境条件好的场所开展研修交流；对中级管理人员，大多数采取脱产培训的方法，送到培训中心去学习；对基层管理人员，往往采取晋升式的教育培训模式，这种模式不仅具有激励作用，也便于企业从中物色人才，因为这一层次人员直接组织工人进行生产经营活动，地位重要，作用也不可替代。

(3) 严格的企业劳动制度与先进的生产管理技术。德国第一、二、三产业从业人员的比例为1∶4∶5，这种合理的就业结构使劳动生产率和工作效率大大提高。德国的劳动制度非常严格，对不按要求工作的员工，企业一般采用三个步骤：个别谈话、警告、开除。这使得工人能自觉工作，上进心强，勤劳认真，遵守劳动纪律，不断提高业务能力。企业在生产管理上积极采用新技术、新设备，产品生产高度机械化、自动化。企业实行先进的生产组织、劳动组织和科学管理，职工素质高、责任明确、工作量饱满。

(4) 积极开展企业员工的继续教育。前面已经介绍，德国十分重视继续教育，而德国企业亦十分重视对在职员工进行继续教育和再培训。企业的工业现代化使工作岗位对人提出越来越高的要求，要求每个人适应所从事的岗位工作，不断进行知识和技能的再培训，以提高业务能力和技术水平，增强就业、转业的竞争能力。同时职工素质的优劣对企业的生存发展极为重要，因此企业在职工再培训方面舍得花本钱。德国的企业对职工的在职培训方法灵活，形式多样，讲究实效。从培训的内容看，有新工作工人适应性培训、有转业改行培训、职务晋升培训、专业人员培训和企业各层次管理人员培训等。对专业人员培训往往采取让他们从事需要研究解决的重要问题、举办讲座、开展交流、组织短训班等形式，其目的性、针对性、实用性非常强。企业在职培训的目的，一是提高技能，造就人才；二是更新知识和思维，发挥员工的内在潜力。正因如此，德国工人的技术水平和生产效率在世界上是首屈一指的。

四、我国的人力资源管理实践

1. 我国古代有关人事管理的思想

中国具有五千年文明史，在古代文化宝库之中蕴藏着丰富的有关人事管理的思想，对有关人才的重要性、如何选拔人才、如何用好人才等方面都有过精辟的论述。

(1) 有关人才的重要性方面。唐太宗的名言“为政之要，唯在得人”就把“得人”看做是“为政”的关键。康熙更是将人才提到治国的首要位置。认为：“政治之道，首重人才。”

(2) 有关如何选拔人才方面。汉代王符指出：“德不称其任，其祸必酷，能不称其位，其殃必大。”强调人员的品行和能力必须与其职位相符，否则会带来严重的后果。

(3) 有关如何用好人才方面，诸葛亮曾说过：“古之善将者，养人如养己子，有难，则以身先之；有功，则以身后之；伤者，泣而抚之；死者，哀而丧之；饥者，舍食而食之；寒者，解衣而衣之；智者，礼而录之；勇者，赏而劝之。将能如此，所向必捷矣。”这段话说明作为将军，如果能爱兵如子，以心换心，以情感人，满足每个士兵不同的需要，就能调动士兵的积极性，军队必将战无不胜。宋代政治家王安石指出：“一人之身，才有长短，取其长则不问其短。强调应用人之长。”

2. 我国近代人事管理的概况

鸦片战争后，中国社会演变成半殖民地半封建社会，开始兴建了一些官僚买办资产阶级和民族资本家的工厂，封建的、手工业的管理方式逐渐向资本主义、大工业的管理方式转变。在劳动人事管理方面，具有两个特点。

(1) 带有浓厚的封建色彩。在许多企业实行包工头制度：由包工头与企业签订承包合同，领取全部包工费用，并招收工人、组织生产，进行监督、检查，发放工资，直至处分和解雇工人。有的包工头还以封建行会、地方帮会来控制工人。在许多企业往往由亲戚、同乡掌握管理大权，带有浓厚的家族企业色彩。

(2) 引进了一些资本主义的管理手段和方法。其标志是1914年，一些企业派人出国留学，带回了科学管理的制度和方法，还有一些企业任用外国人员担任管理职务，对原有管理制度加以改造。特别是一些规模较大的企业，其封建色彩淡化，而资本主义色彩渐浓。它们之中有的废除了工头制，起用工程师和其他技术专家管理企业；有的建立了职能管理机构，制订规章制度；有的把包工头制改为直接考工制，由厂方直接安排工人的工作；还有一些水平较高的企业，在员工选用上实行标准化、制度化。例如：天津东亚毛纺公司按照"雇佣工人经过程序图"进行招工，手续很规范；同时取消学徒制，举办徒工训练班、职业养成所和工商中学等，培养了一批熟练技术工人和技术管理骨干；该公司还引进了"时间动作研究"，确定劳动定额，实行"差别计件工资制"；为了提高企业凝聚力，东亚公司还制订了一套企业文化，包括厂训、口号等，从精神上教育和激励员工，这在当时是难能可贵的。

与此同时，在革命根据地也开办了一些小型工厂(军工厂、药厂、服装厂等)，也积累了一些劳动人事管理经验：实行三大民主，吸收员工参加管理；坚持党的领导和思想政治工作，培养职工无私奉献和艰苦创业的精神；开展劳动竞赛，奖励先进；从1931年11月颁布《中华苏维埃共和国劳动法》开始，普遍推行了集体劳动合同制度，集体劳动合同是工厂厂长与工会之间签订的具有法律效力的企业内部劳动合同；分配上的供给制和半供给制。供给制以实物形式发放劳动报酬，大体平均，略有差别；半供给制分实物工资、货币工资两部分，实物部分大体平均，货币部分是按劳取酬(分计时、计件、津贴等形式)。这种分配制度带有"军事共产主义"性质，是由战争环境决定的，也适合当时的生产力水平。

3. 新中国成立后人力资源管理的发展

新中国成立以来，我国人力资源管理的发展可分为两大阶段：改革开放前和改革开放后。1949年至1977年间，我国实行的是计划经济，对人员的管理基本上是属于人事管理，实行低工资，高就业的制度，企业是国家所有，企业职工是企业的主人，实行职务终身制，建立统一的劳动保障制度，由职工所在单位负责医疗保障和养老。

1977年以来，我国进行改革开放，对传统的人事管理也进行了不断的改革，逐渐形成了我国自己独特的人力资源管理模式。

(1) 在职工录用方面，实行"全员劳动合同制"。从体制上基本改变了过去那种主要由政府计划直接配置人力资源、组织无用人权、劳动者不能自由支配自己劳动力的劳动人事管理制度。各类组织扩大了用工自主权，可根据具体情况自主招聘人员。现行的用工制度主要有：固定制、合同制、临时雇佣制等。

(2) 在职工培训方面，实行"先培训，后上岗"，基本废除了师傅带徒弟的培训方式，大力发展职业教育，并重视对职工的再培训，培训内容包括思想政治教育、科学文化知识和技术业务。培训工作形式多样，以专业性培训为主。

(3) 工资与奖励方面，破除了大锅饭，落实按劳分配原则，普遍实行工资总额随组织总体效益和本人绩效浮动，适当拉大个人收入的差距，做到多劳多得。组织内部实行浮动工资、岗位技能工资、结构工资等灵活多样的分配形式，恢复并建立了多种奖励形式。

(4) 在福利方面，逐步改变由国家规定内容和标准，而由企业负担几乎全部的职工福利的传统做法，逐步实行福利社会化。不断建立并完善了社会医疗、失业、养老体制。

(5) 在管理内容和方法方面，管理更加规范、内容更加丰富、方法更加科学。员工的招聘、选择、考核、培训、奖励、晋升等都制订了标准和制度，人事部改为人力资源部，部门的职责由单纯地提供人员，扩大到为人员设计安排合适的工作并帮助其职业生涯发展；由单纯地只管人，扩大到管理人与工作的关系、人与人的关系。

第三节 人力资源管理的现状与未来

一、当前人力资源管理面临的问题

在面临全球化竞争和信息技术冲击的今天，为了提高企业的竞争优势，传统的人力资源管理理论、技术和方法的有效性正面临着严峻的挑战；另一方面，由于中国企业未经历过工业革命，现代企业发展的历程较为短暂，企业管理者和员工的职业化素养较为欠缺等，诸多因素决定了中国企业的人力资源管理还面临着一系列的独特问题，并且由于中国企业生存和发展的独特文化与社会背景，许多国外的人力资源管理技术和方法在中国企业加以运用的过程中，又面临着本土适应性的问题。因此可以说，中国企业的人力资源管理所面临的问题是空前复杂和具有挑战性的，下面是对这些核心问题和矛盾的一个总结，希望阅读本书的读者带着对以下问题的探索和思考去阅读后面的章节。

(1) 如何依据企业的战略要求，来设计和开发企业的人力资源管理系统，从而使企业能够保持长期的竞争优势，获得企业的可持续成长与发展。

(2) 人力资源管理如何实现与企业的年度经营计划、业务模式、组织模式、业务流程、财务系统、研产销系统等要素所组成的整个经营管理系统的对接，从而使人力资源管理能够在操作层面上支撑企业的战略定位和日常运营与管理。

(3) 组织变革与流程再造的加速使组织的工作内容与方式发生了变化(如远程工作，弹性工作制等新的工作方式的出现)，人力资源管理如何来适应工作方式变化所带来的冲击。

(4) 在知识经济时代，变革成为企业和社会的常态，人力资源管理如何推动企业的组织与管理变革，以及如何来适应变革中的裁员、人才流动、文化融合等带来的社会问题。

(5) 组织的扁平化是企业适应激烈的竞争环境，提高对外部环境的反应速度的一大变革趋势，组织的扁平化给人力资源管理所带来的冲击是使员工承担更多的自我开发与自我管理的职责，在这种条件下，如何通过劳动契约与心理契约的建立来提高员工对组织的承诺与认同，从而有效地促进员工的自我开发与管理。

(6) 知识经济时代工作内容和方式的变化，尤其是传统的职能性工作向团队工作、固定工作向创新性工作的变化，使职位分析本身和传统的职位分析技术和方法都面临着挑战，许多人力资源管理专家已经提出了抛弃职位说明书的理论。那么对中国企业而言，职位分析是否还具有价值，我们应该如何构建适应新的环境的职位分析系统；职位分析如何与企业的战略、组织与流程相对接，真正成为从企业的战略、组织、流程向人力资源管理过渡的桥梁。

(7) 如何根据企业的战略要求进行职位评价，以及如何开发新的职位评价技术以适应知识经济时代组织与工作内容、工作方式上的转变。

(8) 人力资源管理者如何投入到企业的战略规划过程之中，并且在这一过程中既要考虑到与人有关的一些管理问题，同时又要考虑到人力资源储备是否具备执行某种特殊战略的能力，即如何根据企业不同的战略类型提出对企业的人力资源要求，并在企业的人力资源规划、开发和管理中得以落实。

(9) 如何根据企业的竞争要求构建分层分类的素质模型，即企业需要何种类型的员工技能、行为、态度、价值观、个性和内驱力来支持组织的战略规划；人力资源部门如何制订方案来确保员工具备这些技能、行为、态度、价值观、个性和内驱力。

(10) 企业如何根据战略和人力资源规划的要求进行人员的招聘、甄选和录用；企业如何正确处理内部招聘与外部招聘之间的关系，尤其是如何处理“空降部队”与“地面部队”的矛盾。

(11) 如何正确处理企业的薪酬战略与人才招募之间的关系，使企业在人才招募与应用上获得价值与成本的均衡，从而在劳动力市场上具有自身独特的优势。

(12) 现代企业应该如何进行人才的分层分类，以及针对不同类型的人才采取不同的雇佣模式；如何正确处理自由雇佣政策与员工忠诚及员工终身就业能力之间的关系。

(13) 如何根据组织的整体要求和职位的个性化要求，设计企业的人员甄选系统，并进行人员甄选技术和方法的创新，以在一定成本的前提下确保人员甄选的效度与信度。

(14) 如何根据企业的职业生涯通道设计分层分类的培训体系，从而有效地支撑企业内部的晋升制度和职业生涯规划，并实现对员工有效的组织激励；如何依据组织的战略和工作的要求，开展有效的培训需要分析，并设计基于战略和工作的培训计划；如何根据培训要求和培训计划来选择培训的方式方法，并进行培训过程的有效监控和管理；如何建立培训效果的评估体系，从而为培训系统的改进和提升提供客观的依据和指导；学习型组织与企业的培训开发体系是什么样的关系，现代企业如何建立学习型的组织。

(15) 如何根据企业的战略设计企业的绩效评价指标体系；如何实现个人绩效、团队绩效和组织绩效之间的联动，从而依靠对个人绩效和团队绩效行为的改进和监控，确保组织战略目标的实现；如何设计企业的绩效管理和推进系统，以及如何安排各层次各类人员在绩效管理系统中的责任；如何实现绩效管理与薪酬管理之间的有机衔接，从而依靠利益动力机制确保绩效管理系统的落实。

(16) 如何根据企业的战略或人力资源战略设计企业的薪酬体系；如何根据对职位或者人员的分类，设计分层分类的薪酬体系(即针对不同类型的人员采取不同的薪酬模式)，并如何实现各类薪酬体系之间的比较和对接；如何进行工资结构的设计，以及实现工资结构与职位评价、薪酬调查技术与方法上的对接；如何正确处理职位、能力、业绩、资历和市场价值等因素在薪酬设计中的矛盾和关系；对企业的核心人才和中高层管理人员而言，如何正确处理短期、中期和长期收入之间的关系；如何设计员工的福利体系，以充分满足员工的个性化需求。

二、21世纪人力资源管理的特点

21世纪，人力资源管理经历着前所未有的来自全球一体化力量，如信息网络化的力量、知识与创新的力量、顾客的力量、投资者的力量、组织的快速变革的力量等的挑战与冲击。21世纪人力资源管理既有着工业文明时代的深刻烙印，又反映着新经济时代“游戏规则”的基本要求，从而呈现出新的特点。

1. 新世纪是人才主权时代

21世纪是一个人才主权时代，也是一个“人才赢家通吃”的时代。所谓人才主权时代就是人才具有更多的就业选择权与工作的自主决定权，人才不是被动地适应企业或工作的要求。企业要尊重人才的选择权和工作的自主权，并站在人才内在需要的角度，为人才提供人力资源的产品和服务，并因此赢得人才的满意和忠诚。人才不是简单地通过劳动获得工资性收入，而是要与资本所有者共同享有价值、创造成果。所谓“人才赢家通吃”包含两个方面的含义：一是越是高素质、越稀缺、越热门的人才，越容易获得选择工作的机会，其报酬也越高；二是人才资源优势越大的企业越具有市场竞争力，也就越容易吸纳和留住一流人才。

人才主权时代使得那些能够吸收、留住、开发、激励一流人才的企业成为市场竞争的真正赢家。同时，也可能给企业带来短时间的负面效应：一是会产生人才泡沫，企业一味通过高薪留住、吸纳人才，会造成热门人才的价值与价格背离；二是人才流动作为人才价值增值和价值实现的一种途径，会致使跳槽频繁、人才流动风险增大。

2. 人力资源管理者承担新职能

在21世纪员工是客户，企业人力资源管理的新职能就是向员工持续提供客户化的人力资源产品与服务。企业要以新的思维来对待员工，要以营销的视角来开发组织中的人才资源。从某种意义上说，人力资源管理也是一种营销工作，即企业要站在员工需求的角度，通过提供令顾客满意的人才资源产品与服务来吸纳、留住、激励、开发企业所需要的人才。

21世纪人才资源管理者要扮演工程师＋销售员＋客户经理的角色。一方面人才资源管理者要具有专业的知识和技能，另一方面要具有向管理者和员工推销人力资源的产品和服务方案的技能。人力资源经理也是客户经理，所谓客户经理，就是要为企业各层级提供一揽子的人力资源系统解决方案。

(1) 共同愿景　通过提供共同的愿景，将企业的目标和员工的期望结合在一起，满足员工的事业发展期望。

(2) 价值分享　通过提供富有竞争力的薪酬体系及价值分享系统来满足员工的多元化的需求。包括企业内部信息、知识、经验的分享。

(3) 人力资本增值服务　通过提供持续的人力资源开发、培训，提升员工的人力资本。

(4) 授权赋职　让员工参与管理，授权员工自主工作，并承担更多的责任。

(5) 支持与援助　通过建立支持与求助工作系统，为员工完成个人与组织发展目标提供条件。

3. 人力资源管理的重心是知识型员工的管理

21世纪，国家的核心是企业，企业的核心是人才，人才的核心是知识创新者与企业家。在21世纪，人力资源面临着新三角的结构：知识型员工、知识工作设计、知识工作系统。人力资源管理要关注知识型员工的特点，其重点是如何开发与管理知识型员工，对知识型员工采用不同的管理策略。

(1) 知识型员工由于其拥有知识资本，因而在组织中有很强的独立性和自主性。这就必然带来新的管理问题，从而要求企业在对知识型员工授权赋职的同时强化人才的风险管理，要使企业的内在要求与员工的成就意愿和专业兴趣相协调。

(2) 知识型员工具有较高的流动意愿，不希望终身在一个组织中工作，由追求终身就业饭碗，转而追求终身就业能力，因此为企业的保留人才策略带来新的挑战。

(3) 知识型员工的工作过程难以直接监控，工作成果难以衡量，使得价值评价体系的建立变得复杂而不确定，因此，企业必须建立与知识型员工工作特征相一致的价值评价体系和价值分配体系。

(4) 知识型员工的能力与贡献差异大，出现混合交替式的需要模式，需要要素及需要结构也有新的变化。一方面，在知识型员工的需要模式中，报酬不再是一种生理层面的需要，而是个人价值与社会身份和地位的象征。从某种意义上说，报酬成为一种成就欲望层次上的需要，从而使得报酬的设计更为复杂。另一方面，知识型员工出现了新的内在需要要素。这些要素是传统的需要模型难以囊括的。如利润与信息分享需要、终身就业能力提高的需要、工作变换与流动增值的需要等，从而使企业必须从更为广阔的范围和新的视角来安排对知识型员工的全面激励方案。

(5) 领导界限模糊化。知识创新型企业中，领导与被领导的界限变得模糊，知识正替代权威。一个人对企业的价值不再仅仅取决于其在管理职务上的高低，而是取决于其拥有的知识和信息量。领导者与被领导者之间的关系是以信任、沟通、承诺、学习为基本准则的。知识型员工的特点要求领导方式进行根本的变革，要建立知识工作系统和创新授权机制。

4. 人力资源管理的核心是人力资源价值链管理

21世纪，人力资源管理的核心是如何通过价值链的管理，来促进人力资本价值的实现及其价值的增值。所谓人力资源价值链，是指人力资源在企业中的价值创造、价值评价和价值分配这三个相互承接的一体化的环节。价值链管理本身就是对人才激励和创新的过程。

(1) 价值创造就是在理论上要肯定知识创新者和企业家在企业价值创造中的主导作用，企业中人力资源管理的重心要遵循2∶8定律，即要关注那些能够为企业创造巨大价值的人，他们创造了80%的价值，而数量却在企业中仅占20%，同时也能带动企业其他80%的人，注重形成企业的核心层、中坚层、骨干层员工队伍，同时实现企业人力资源的分层分类管理模式。

(2) 价值评价问题是人力资源管理的核心问题，其内容是通过价值评价体系及评价机制的确定，使人才的贡献得到承认，使真正优秀的、企业所需要的人才脱颖而出，使企业形成凭能力和业绩吃饭，而不是凭政治技巧吃饭的人力资源管理机制。

(3) 价值分配就是要通过价值分配体系的建立，满足员工的需要，从而有效地激励员工，这就需要提供多元的价值分配形式，包括职权、机会、工资、奖金、福利、股权的分配等。企业应注重对员工的潜能评价，向员工提供面向未来的人力资源开发内容与手段，提高其终身就业能力。

5. 企业与员工关系的新模式

21世纪，企业与员工之间的关系需要靠新的"游戏规则"来确定，这种新的"游戏规则"就是以劳动契约与心理契约为双重纽带的战略合作伙伴关系。

(1) 以劳动契约和心理契约作为调节员工与企业之间关系的纽带。一方面要依据市场法则确定员工与企业双方的权利关系、义务关系、利益关系；另一方面又要求企业与员工一道建立共同愿景，在共同愿景基础上就核心价值观达成共识，培养员工的职业道德，实现员工的自我发展与管理。

(2) 企业要关注员工对组织的心理期望与组织对员工的心理期望之间是否达成了"默契"，在企业和员工之间建立信任与承诺关系。要使员工实现自主管理。

(3) 企业与员工之间是双赢的战略合作伙伴关系，最终目的是实现个人与组织共同成长和发展。

6. 人力资源管理的战略地位上升和管理责任下移

(1) 人力资源真正成为企业的战略性资源，人力资源管理要为企业战略目标的实现承担责任。人力资源管理在组织中的战略地位上升，并在组织上得到保证，如很多企业成立人力资源委员会，使高层管理者关注并参与企业人力资源管理活动。

(2) 人力资源管理不仅仅是人力资源职能部门的责任，更是全体员工及全体管理者的责任。过去是人事部门的责任，现在企业高层管理者必须承担对企业的人力资源管理责任，关注人力资源的各种政策。目前的人力资源管理在某种程度上可以分为三个部分：一是专业职能部门人力资源管理工作；二是高、中、基层领导者如何承担履行人力资源管理的责任；三是员工如何实现自我发展与自我开发。人力资源管理的一项根本任务就是：如何推动、帮助企业的各层次管理者及全体员工去承担人力资源开发与管理的责任。

(3) 人力资源管理由行政权力型转变为服务支持型。人力资源职能部门的权力淡化，直线经理的人力资源管理责任增加，员工自主管理的责任增加。

(4) 由于目前组织变化速度很快（现在的组织是速度型组织、学习型组织、创新型组织），人力资源管理要配合组织不断地变革与创新，就需要创新授权，通过授权，建立创新机制；在企业中引入新的团队合作，形成知识型工作团队，将一个个战略单位经过自由组合，挑选自己的成员、领导，确定其操作系统和工具，并利用信息技术来筛选他们认为最好的工作方法。这种被称之为SMT（自我管理式团队）的组织结构已经成为企业中的基本组织单位。

7. 人力资源管理策略的全球化和信息化

这是由组织的全球化所决定的，组织的全球化，必然要求人力资源管理策略的全球化。

（1）员工与经理人才的全球观念的系统整合与管理。首先，通过人力资源的开发与培训使得经理人才和员工具有全球的概念。其次，人才流动国际化、无国界。也就是说，要以全球的视野来选拔人才，来看待人才的流动，尤其是加入WTO以后，组织所面对的就是人才流动的国际化以及无国界。

（2）人才市场竞争的国际化。国际化的人才市场与人才交流的出现，并已成为一种主要形式。人才的价值（价格）就不仅仅是在一个区域市场内体现，而更多的是要按照国际市场的要求来看待人才价值。跨文化的人力资源管理成为重要内容。人才网络成为重要的人才市场形式。人才网络真正实现它的价值，就要最终走出“跑马圈地和卖地”的方式，真正通过利用网络优势来加速人才的交流与流动，并为客户提供人力资源的信息增值服务。

8. 人才流动呈现新趋势

21世纪人才流动速率加快、流动交易成本与流动风险增加，人才流向高风险、高回报的知识创新型企业，以信息网络为工具的虚拟工作形式呈不断增长趋势。从而使人才流动呈现如下特征。

（1）员工由追求终身就业饭碗转变为追求终身就业能力，通过流动实现增值，使人才流动具有内在动力。

（2）人才稀缺与日益增长的人才需求，使人才面临多种流动诱因和流动机会。

（3）人才流动的交易成本增加，企业人才流动风险增加，需要强化人才的风险管理。在这种情况下，就需要企业留住人才策略由防止人才跳槽转变为对人才进行引导管理。而且，人力资源部门要强化对流动人员的离职调查，除了个人面谈外，还要对其所在的群体和组织进行调查，找出人才流动原因以及所反映的组织运行上存在的问题，并提出改进措施。

（4）集体跳槽与集体应聘成为人才流动的新现象。企业策略联盟与企业购并关注人才联盟与人才购并。也就是说，我们在购并一个企业时，更多的是关注它的管理团队，关注它的人才团队，对所要购并企业的管理团队和人才团队进行科学的分析，对其价值进行评估。

9. 人力资源管理遵循新准则

沟通、共识；信任、承诺；尊重、自主；服务、支持；创新、学习；合作、支援；授权、赋职将成为人力资源管理的新准则。21世纪，企业与员工之间、管理者与被管理者之间、同事之间将按新的游戏规则来处理各种关系，即如何在沟通基础上达成共识，如何在信任基础上彼此之间形成承诺，尊重员工的个性，如何在自主的基础上达到有效的管理，尤其是如何对创新型团队提供一种支持和服务，企业如何注重一种创新机制，如何变成一种学习型的组织，如何进行团队合作和授权赋职。

10. 人力资源管理的核心任务是构建智力资本优势

21世纪，企业核心优势取决于智力资本独特性及其优势。智力资本包括三个方面：人力资本、客户资本和组织结构资本。人力资源管理的核心任务是通过人力资源的有效开发与管理，提升客户关系价值，要将经营客户与经营人才结合在一起。要致力于深化两种关系：维持、深化、发展与客户的关系，提升客户关系的价值，以赢得客户的终身价值；维持、深化、发展与员工的战略合作伙伴关系，提升人才资本价值。

三、未来人力资源发展变化的趋势

据国内外有关方面专家的预测，在今后的10年内，国外和我国的人力资源都会发生较大的新变化。这些变化的新趋势主要表现在以下几个方面。

1. 员工年龄的变化

（1）世界劳动力的平均年龄将持续上升。由于世界人口出生率的下降和寿命的延长，世界的人口和劳动力正处于老龄化的过程之中。20世纪90年代，世界人口的平均年龄将由34.2岁增加到35岁，世界劳动力年龄逐渐趋于老化。年轻人只是劳动力中一个很小而且在不断变小的部分；与此同时，65岁以上退休人口的比重正在上升。一个国家的劳动力的年龄分布影响着其流动性、适应性和工作能力。比起年轻的人，年老的人比较不愿意更换工作地点或学习新的技能。比起那些主要雇佣年轻人的国家和企业组织来说，那些主要雇佣老年人的国家和企业组织在适应新技术或市场的变化方面存在着较大的困难。可以预见，在今后的10年，世界各国对年轻劳动力的争夺将会更加激烈。

（2）我国的劳动力的年龄亦呈上升趋势。我国从20世纪70年代实行计划生育政策以来，随着人口出生率的下降和人口平均寿命的延长，我国婴幼儿、少年的人口比重在缩小，而老年人口的比重在上升。虽然与发达国家相比，我国仍会有较多的年轻劳动力，但是，我国老年人口的比例也在迅速上升，远远超过一般发展中国家的比例。由此可见，我国人口的结构在起着变化，即老年人口在上升，婴幼儿、少年的比例在下降，这就必然会使我国人口的平均年龄呈上升的趋势。

国内外的实践经验都证明：首先，一个国家或一个企业的员工年龄结构必会影响到其适应环境能力和竞争能力；其次，企业会因其工人年龄结构而为老年工人付出更高的代价。一般来说，由于论资排辈制度，老员工的工资一般都比较高，在他们工作的最后年份的医疗费用、福利费用和养老金等都将急剧增加。除非这些增长着的费用能为劳动生产率的提高所抵消，否则，雇佣老年员工的企业将在那些生产技术标准化了的工业部门中丧失竞争力。为此，在我国各企业间，在争夺年轻劳动力方面也会变得日趋激烈。

2. 员工性别的变化

妇女走出家门，大量地进入劳动市场，这是世界各国工业化过程中被证实了的一种劳动力性别变化的必然现象。

（1）世界劳动力市场中性别变化的趋势

根据国际劳工组织有关的调查，至20世纪90年代初，世界范围内15～16岁之间的妇女中有一半离开家门参加了社会工作，因此女性劳动力占世界总劳动力的1/3。当然，吸收妇女参加社会劳动的程度，在世界范围内的发展也是不平衡的。一般来说，发达国家比发展中国家吸收了更多的妇女参加工作。然而，由于宗教和社会期望的原因，像西班牙、意大利和德国这样一些高度工业化的国家里，女性参与工作的比例就相当低。

在发展中国家，除了我国以外，大多数国家的劳动年龄女性参加社会工作的比率都低于40%。

可以预见，像瑞典、美国、加拿大、英国和日本等许多国家，由于已没有多少妇女会增加到劳动力队伍中来，妇女将不会对劳动力结构再产生很大的影响。当然，这些国家可以把妇女重新安置到更高生产率的岗位上去，但是经济上的好处可能不会很明显。而一些现在仍保持着妇女劳动力低利用的国家，要取得迅速的进展将有一段艰难的过程。例如，很难想象像巴基斯坦这样一个只有11%的妇女参加工作的穆斯林国家会有更多的女性参加工作。

随着妇女在世界范围内更多地进入劳动力市场，将会带来工作条件和工业模式的改变。例如，一些国家的快餐、日托、家庭护理等服务性行业将会大大地繁荣起来。儿童教育与残疾人护理亦将会日益社会化。

(2) 我国员工性别的变化趋势

随着我国经济的发展，我国许多行业，如金融、会计、秘书、服务等行业将需要越来越多的人才，这样就为吸收更多的女性就业开辟了广阔的天地。随着我国科学技术水平的提高，也将会有越来越多的女性进入以前难以进入的行业，如冶金等重工业部门。我国是社会主义国家，宪法规定了男女平等，可以预测，将来会有越来越多的女性劳动力进入我国的各个行业，她们将会在我国各条战线上发挥越来越大的作用。同时，我国全社会以及企事业单位中存在女性增加的需要，有些部门，如快餐、幼托等行业也会得到进一步的发展或进一步的社会化；企业单位的工作时间和工作方式也必然会有所改变。

3. 员工技能的变化

从国内外发展的总趋势来看，经济、社会和科学技术的发展对员工的知识和技能都提出了新的要求。各国的正规教育和各种技能培训教育也在不同程度上得到加强和发展。为此可以预见，随着世界范围内人民受教育的情况在不断改善，员工的技能亦将有不同程度的提高。

尽管由于世界各国的教育制度的差别非常之大，受教育的年限与工作技能之间的联系是间接的，难以进行准确的描述，对教育的趋势难以进行准确的预测。但根据一些有关调查统计数据也能说明其变化的趋势。根据有关的调查与分析，从世界各国人民受高中和大学教育的情况可以看出，世界劳动力所受的教育越来越好，其知识、技能水准在不断地提高。

今天，在工业化的国家中，进入高中和大学学习的年轻人的比重相当大。大多数发达国家已使绝大多数的适龄青少年接受高中教育，使1/3的适龄青年接受大学教育。在发达国家，社会或企业还设有各式各样的职业培训学校或中心，对员工进行就业前的专门教育培训、岗位培训或再教育培训。

相对发达国家而言，大多数发展中国家的劳动力受教育程度则比较低。就绝大多数的发展中国家而言，只有一半左右的适龄青年能进入中学学习，只有1/5的适龄青年接受大学教育。但是，现在正在发生着一个重大的变化：在世界的熟练劳动力中，发展中国家正在占有越来越大的份额。这个趋势已经持续了一个时期，并将在本世纪末至下世纪初进一步加速。

尽管在绝对的数字上，美国、日本和西欧等发达国家仍然是世界上各类大学毕业生最多的国家，但是越来越多的大学毕业生却来自传统教育发达的国家之外的国家，六个最大的大学毕业生来源国中有四个是发展中国家：巴西、中国、菲律宾和韩国。在理科大学毕业生数量上，中国和巴西分别居世界的第三位和第五位，而日本则在它们之后。在工科大学毕业生数量上，巴西、中国、墨西哥、菲律宾都居法国和英国之前。促使发展中国家提高教育水平的特别重要的因素，是因为教育和提高劳动力知识、技能素质与企业及国家经济效益提高、增长之间的密切联系。那些使他们的绝大多数青年接受教育、培训的发展中国家，已经取得了平均水平之上的经济增长率和较理想的经济效益。

由于我国义务教育普及程度的进一步提高，中等职业教育的稳步发展以及各种成人教育的推进，可以预见，我国企、事业单位员工的文化知识和技能水平将会有较大的提高。当然，我国的人口基数大，相对而言，我国企业中受过高等教育的员工的比例与发达国家的企业相比还有一个相当大的差距。另一方面，亦应重视提高对员工的教育和培训的质量。据有关报道，福州市曾对某厂18位八级工用五级工标准进行实际技能的考核，结果只有两个人合格。又据全国总工会1993年上半年对全国333个企业近70万职工进行的一项调查，发现技工的实际技能水平普遍下降，有的技能水平甚至低于已获得的技术等级职称二至三个级差。为此，在我国企业中今后如何切切实实地加强对青年职工的技能培训，仍是一项紧迫而十分重要的任务。

4. 员工区域分布的变化

未来的几年，我国国内和世界的劳动力将变得更具有流动性，雇主将更多地跨越省界和国界去寻求他们所需要的熟练劳动力。劳动力的这种跨地区、跨国界的大移动将受到劳动力的日益扩大的供求矛盾的推动。

(1) 世界性的大规模劳动力的流动。在未来的几年中，有以下几个因素将加速人力资源的国际大流动。① 在发展中国家占有世界上大部分熟练和非熟练的人力资源的同时，西方发达国家则发生着人力资源的严重短缺。发达国家的雇主们将跨越国界去寻求他们所需要的熟练劳动力。相对而言，发达国家的薪金报酬对发展中国家的劳动力具有一定的吸引力。这就会促进发展中国家的熟练劳动力拥向发达的国家。② 在今后的几年，各国政府在移民(迁出和迁入)方面设置的障碍会逐渐排除。东欧国家已经废除了对其公民的出境权利所施加的限制。与此同时，西欧国家正在就废除欧共体内部边界间人员流动的所有限制进行谈判。美国、加拿大，甚至日本都开始放宽它们的移民政策。除此之外，某些国家如中国、印度也更加重视其有组织的劳务出口。③ 现代的交通工具，特别是航空事业的发展也推动了国际劳动力的流动。正如汽车在过去几十年里推动了郊区化过程，大型喷气式客机也将在未来的许多年里改变着世界的劳动力市场。

当世界的劳动力市场日益趋于紧张而且变得更加专业化时，许多雇主必将扩大他们招聘的地理范围。近几年来西方国家对护士和软件设计人员的招聘趋势，就显示出正在出现的未来跨国型招揽人才的模式。20 世纪 70 年代当美国医院里的护士短缺问题变得尖锐时，人们便开始扩大招聘的范围。曾是地方性的职业，变成了地区性的，然后是全国性的，最后是国际性的。如今纽约的医院在柏林或马尼拉登广告招聘熟练护士是一种常见的现象。同样，在软件系统开发方面，美国在工程师方面的人才短缺不得不到英国、印度和中国的大学去寻找人才，以弥补美国某些特殊劳动力供给的短缺。美国、加拿大及日本政府与公司的政策和需要都集中在吸引比较年轻的、具有较高技能人员的移民上，以满足其国内对特殊人才的需要。在具有较高技能人员的流动占优势的同时，非熟练工作岗位在今后几年里也将会变得更国际化。事实上，某些大规模的劳动力的国际流动是非熟练工人移民寻找一些本国人所不愿干的工作：如土耳其人去德国，阿尔及利亚人去法国，墨西哥人拥向美国、加拿大等。20 世纪 90 年代的经济现实表明，在未来的几年里，不但较高级的、有技能的人才的国际性的流动会继续加剧，而且非熟练工人的国际化流动的数字亦将会持续增大。

(2) 我国劳动力区域分布的变化。随着我国改革开放的深入和发展，我国劳动力区域性的原格局将被打破，劳动力的区域性、乃至全国性的流动将会加速。① 由于我国现代工业和城市的不断扩大，我国推行以城市为中心带动农村发展的战略及农村改革出现的大量多余的劳动力，使我国农村多余劳动力流向城镇。② 由于我国的二元经济，即各地区的经济发展极不平衡，因此，国内劳动力的现在及未来相当长一段时期的流向仍然会是：由内地流向东南沿海地区，由较贫困的地区流向较富裕的地区，由经济较落后、资源较贫乏的地区流向经济较发达、资源较丰富的地区。③ 随着改革的深入，我国企事业的招聘亦会冲破以往由国家统一调配的单一做法，许多省市和企事业面向全国招聘人才。这一趋势今后将会更加普遍。这样就形成了合法的跨区域的流动。④ 随着农村乡镇企业的蓬勃发展和人才的缺乏，目前许多城市的人才，特别是离退休人才流向农村乡镇企业。城市有技能的离退休人员今后仍将会大量被农村的乡镇企业聘用。⑤ 将会有越来越多的三资企业的外方人员，如华侨，特别是退休后身体尚好的人员“叶落归根”，返回我国贡献余力，特别是随着我国经济和科学技术事业的发展以及国内环境的改变，海外学子将逐步回国。这些区域性、甚至是全国性的劳动力流动将对我国今后的发展产生重大的影响。这些影响主要表现在：(A) 原有的地区人才保护主义将受到更严重的冲击，原有的户籍管理制度将必须进行重大的改革。(B) 全国各省市的劳务进、出口组织将会更健全化、网络化，全国人员的劳务服务组织将纷纷涌现。(C) 各省市、地区的人才信息中心功能将更为健全。(D) 全国性的人员再配置将有力地推动我国经济的发展，特别是对输入较高技能人才的地区，其经济发展速度将加快。(E) 根据人才市场的发展需要，其宏观调控政策更加健全。

纵观现代管理思潮及其实践的演进历程，不难看出“重物”与“重人”两条主线此起彼伏的发展脉络。虽然以人为中心应当是基础，但两者均曾出现过片面性的偏差。最新的趋势肯定是两者兼顾，权变对待。但要正确把握好管理，还必须领悟和运用系统观、动态观、权变观与历史唯物观这些基本的管理观点。

我国企业正处于从传统计划经济向社会主义市场经济的转变之中，企业的人力资源管理也必须相应改革。虽然要借鉴外国的先进经验，但决不能照搬，还是要以现在的国情与实际问题为中心。着眼于马克思主义理论的运用，着眼于提高对实际问题的理论思考，着眼于新的实践和新的发展，去开创有中国特色的新的企业管理，包括人力资源管理制度。

思考题：

1. 人力资源管理的演变经历了哪些阶段？

2. 分析美国、日本、德国的人力资源管理经验，结合我国的人力资源管理发展情况，就如何建立中国特色的人力资源管理模式给出你的看法。

3. 人力资源管理现面临的问题有哪些？它会朝着怎样一种趋势发展下去？

第三章　人力资源管理环境

□ 学习目的

通过对本章内容的学习，应了解和掌握如下知识点：

- 人力资源管理的环境定义及其动态性分析
- 人力资源管理环境的分类
- 人力资源管理环境的辨认
- 内外部环境因素对人力资源管理活动的影响
- 我国人力资源管理的法规环境

□ 引入案例

受到次贷危机与资产减损的双重冲击，裁员浪潮席卷美国金融业，2008 年上半年裁员人数已达 6.6 万人，预计下半年该数字还会增加，未遭裁员者薪资也会锐减，总计将比去年减少 180 亿美元。华尔街金融业已盛况不再。

《中国时报》报道，根据金融顾问公司的调查，至 2008 年 6 月初，全美金融业的裁员人数已经达 6.6 万人，可能会打破去年 15.310 5 万人的纪录。纽约金融业裁员人数则已突破 4 万，失业者四处奔走，华尔街求职履历表遍地皆是。

金融业目前的状况比"9·11"后还要糟糕。华尔街公司的雇员多达 17.8 万人，2007 年感恩节前后，七大金融公司之一的贝尔斯登大规模裁员，已让华尔街金融业震惊；圣诞节过后，裁员潮蔓延开来，越来越多的金融公司被迫裁员。

到了 2008 年 3 月，贝尔斯登差点倒闭，后来被摩根大通公司收购，才勉强一息尚存。不过，高盛、美林、雷曼兄弟、花旗银行、美国商业银行相继大规模裁员，让金融业雪上加霜，遭遇比"9·11"恐怖攻击事件还要糟糕的惨况。2008 年被裁者找工作更为困难，专家说，2007 年下半年，裁员风潮初起时，被辞退的人还较幸运，因为当时仍未受到次级房贷危机的影响，但 2008 年则每况愈下，一旦被迫离开职场，短期内将难以翻身。

高盛是少数未被次贷风暴影响的公司之一，尽管如此，它仍因业务萎缩，宣布裁员 10%。

管理人员不可能在真空的环境中工作，广泛的经济、技术、政治以及社会的因素会影响并形成人力资源管理战略、政策以及实践。企业人力资源的发展离不开周边环境的影响，周边环境可以对企业人力资源管理起到促进作用，也可以起到阻碍作用。问题在于如何利用有利因素促进人力资源管理的发展，如何消除人力资源发展的阻碍作用。因此首先要对影响人力资源管理活动的因素进行必要的、细致的分析。

第一节　人力资源管理的环境概述

一、人力资源管理环境概述

人力资源管理的环境，主要是指能够对人力资源管理活动产生影响的各种因素。众所周知，世界上任何事物的存在都不可能是孤立的，都会受到各种因素的影响，有其生存的环境条件，当然这种环境条件并非都是自然环境，社会环境也是其中之一。人力资源管理同样如此，它的存在和发展也受到了诸多因素的影响，因此人力资源管理研究应当将这些环境因素都纳入进来，对环境条件加以明确，从而有助于实现人力资源管理活动与环境的和谐统一。

因为人力资源管理的环境是由多种因素构成的，因此对环境的分析和评价就显得非常有必要，只有对环境状况做出了正确的认识和评价才能实施具有针对性的人力资源管理活动。

对人力资源环境的辨认，即对环境的分析和评价主要是考虑两个方面的要素：一个是环境的复杂性，也就是说要辨认对人力资源管理活动产生影响的因素的数量是多还是少，以及这些因素在不同时期的相似程度是高还是低；另一个是环境的稳定性，也就是说要辨认对人力资源管理活动产生影响的因素的变化是大还是小。如果将这两个要素中的一个看做是横轴，另一个看做是纵轴，那么就会形成一个四象限的交叉图，见图 3－1。

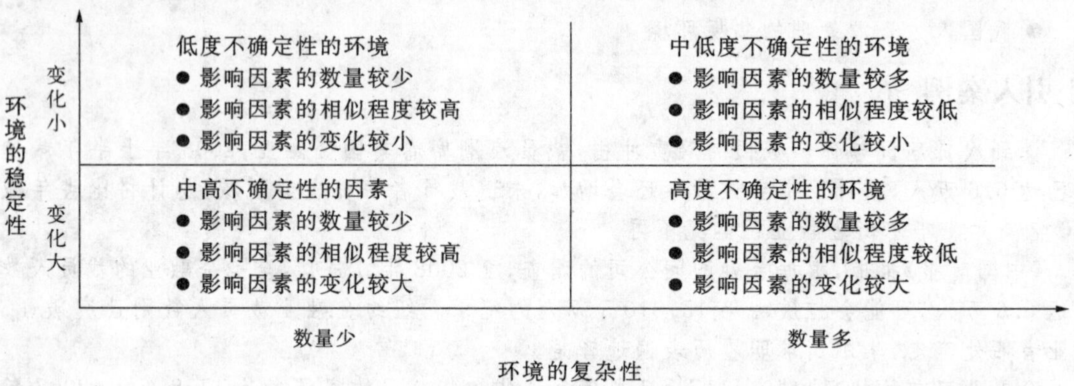

图 3－1　人力资源管理环境的辨认图

可以看出，遵循这种思路进行分析，对人力资源管理环境的辨认就会出现四种情况：

（1）低度不确定性的环境，对于这种环境，人力资源管理的活动也是最简单的，它完全可以根据以往的经验和惯例作出确定的决策。

（2）中低不确定性的环境，对于这种环境，由于影响因素变化程度不大，因此进行人力资源管理活动的关键是要确认出到底是哪些因素在起影响作用，只要能够确认出这些影响因素，也可以作出比较确定的决策。

（3）中高不确定性的环境，在这种环境下，进行人力资源管理活动的难度要大于（2）的情况，这是因为虽然影响人力资源管理的环境因素在数量上要少于上一种情况而且相似程度也要高，但是它们的变化程度却比较大，因此需要进行分析判断，需要对影响人力资源管理活动的因素的变化做出预测，而这也正是存在难度的地方。

（4）高度不确定性的环境，也是最为复杂的一种情况，在这种情况下，影响人力资源管理的因素不但数量较多、相似程度较低而且变化程度也较大，这样就不仅需要对影响因素进行确认，还要对它们的变化做出预测，因此人力资源管理的难度也是最大的，往往要作出很多新的决策，制订很多新的方案。

二、人力资源管理环境的动态性因素

1. 人力资源动态思维

动态思维就是以不断变化着的思维去把握生生不息的客观事物。它与用固定、静止的观点看待事物的静止思维相对立。

动态思维的“动”不仅表现在空间上的横向流动，还可以表现在时间上由现在追索到过去，从现在预测到将来的纵向流动，服从现在追索到过去的思维活动，叫做“后向思维”。而从现在向未来流动的思维，则称为“超前思维”。古人云：授人以鱼，只供一饭之需；教人以渔，则终身受用无穷。掌握动态思维方式正是“教人以渔”应用于人力资源动态管理的方法。

2. 人力资源动态管理

企业内外部环境是处在不断变化的过程中，“四大工作流”状态，其核心表现正是人的活动流。因此，企业必须考虑对人力资源的流动进行管理，包括对人力资源的流入、流出和组织内的流动进行管理。从而，对内、外部环境的变化作出恰当的反应。

3. 人力资源流入管理

对一个企业来说，招聘决策是人力资源获得的第一步。在进行招聘之前，企业先制订人力招聘计划，了解企业所需要的工作申请人的类型和数量，然后通过工作分析和职位说明，了解企业所需要的入职条件和申请人的个人特点。招聘者在征招到工作申请人之后，企业要通过面试或测试等方法对应聘者进行选拔，最后决定最终录用人员。企业的招聘与岗位配置是“把关口”，这是由招聘的重要性决定的。招聘可以为企业获得符合需要的人才来达到战略目标，同时，招聘还对企业未来的离职率和补缺员工的比例具有重要的影响。在企业发展初期，员工在最初的离职主要原因是企业未能达到员工最初的期望，而这与招聘过程有重要关系。应注意在招聘过程中应聘者对组织的现实情况的客观咨询和交流，有助于双方的共识和双向选择，避免在入职后，对企业失望而离职。这也有助于企业有效减少和控制人力重置成本。

4. 人力资源流出管理

对一个企业来说，人力资源流出主要通过合同期满、解聘以及员工自动辞职三种方式来进行。一个企业可能通过提前合同期满不续约和解雇两种方式来减少工资负担，促使人力资源的流出，从而能够迅速加强自己的综合能力。或由于市场环境的变化订单减少而减员。

在这种情况下，企业将面临一个平衡管理问题，那就是如何平衡员工对在职“安全”的需要与企业削减人员以降低成本，实现人事更新的需要与如何确保过程管理员工进出的相对平衡，保证质与量及人力资源开发的成本问题。

5. 人力资源的流动比率

通过企业内人力资源的流入和流出，企业可以维持员工队伍的新陈代谢，以保持企业组织的效率与活力。为了衡量一个企业资源的变动状况，考察一个企业的员工队伍是否稳定，在这里引入人力资源的流动比率审核指标：

(1) 人力资源新进率，公式是：新进人数×100%/在册平均人数，新进人员是指录用进入试用期或已完成试用期转正的员工。

(2) 人力资源离职率，公式是：月度离职率＝本月中员工离职人数×100%/本月中在册平均人数，在计算出月度离职率以后，再乘以 12 就可以得到年度的离职率。其中离职人数是指辞职辞退、自动离职人数。在册平均人数是月初人数加月末人数除以 2，离职率一般在 3%～5%属于适中的。

(3) 人力资源流动率，公式是：净流动率＝补充人数×100%/在册平均人数，其中补充人数是指补充离职人员所新招的人数。通过人力资源流动率可以测量企业内部员工的稳定性的程度。当一个企业流动率过大，说明企业内部的管理层和员工的关系出现了问题，导致企业生产率下降，从而带来招聘和培训成本；而流动率过小，又不利于保持企业的活力。

6. 人力资源内部流动管理

人力资源通过调动、晋升或降级等方式，在企业内部进行流动。其功能作用有：

(1) 以企业发展的需要产生更大上升力，内部招聘渠道可以降低人力成本；

(2) 使员工个人的能力得到有效发挥，进而提高工作业绩；

(3) 可产生标榜作用，鞭策和激励后进者。

但应注意人力资源流动的速率：即员工从一个工作换到另一个工作的速度，在动态管理中，应注意把握水平调动和垂直晋升所带来的岗位变动的得与失——主要是考虑培训和调动的成本因素。

第二节 人力资源管理的环境分类

根据不同的标准，人力资源管理的环境可以进行不同方式的分类。例如，按照环境的稳定与否，可以划分为静态环境和动态环境；按照环境与人力资源管理的关系，可以划分为直接环境与间接环境，有时也将直接环境称作具体环境，间接环境称作一般环境；按照环境的内容，可以划分为物理环境和非物理环境，此外还有其他的划分方法，就不再一一列举了。

在这里，我们综合考虑环境的各种因素，参考已有的几种划分标准，把人力资源管理环境分为外部环境和内部环境两大块，进一步的外部环境进行再细分，分为宏观环境和行业环境两类。

一、人力资源管理的外部环境

人力资源管理的外部环境就是指在企业系统之外能够对人力资源管理活动产生影响的各种因素。因为这些影响因素都处于企业的范围之外，所以企业并不能直接地控制和影响它们，大多数情况下只能根据外部环境的状况以及变化采取相应的措施。当然从长期来看，企业通过各种手段和途径还是可能会对其中的某些因素产生间接影响的。

人力资源管理的外部环境包括很多具体的内容，凡是在企业外部同时又能够对企业的人力资源管理活动产生影响的因素都在这个范围之内，因此对于不同的企业而言，其具体的外部环境是不同的，但在一般情况下，外部环境的分析基本上可以从以下两个大的方面进行考虑。

(一) 宏观环境

1. 政治因素

企业在特定的政治法律环境中运行，因此政治、法律环境状况必然要对企业人力资源产生影响。政治、法律一般由影响社会系统各方面行为的司法、政府机构和公众团体组成，其中影响到企业人力资源系统的因素有：政治体制、经济管理体制、政府与企业关系、劳动力管理活动的法令、法规和方针、政策等。

例如，政府规定的关于劳动力招聘、最低工资标准、工作时间、劳动保险、失业保险以及医疗保险等强制规定，现行的户籍管理、人事制度等各种规章制度都会对企业人力资源规划产生影响。从现行管理制度看，我国各地的政治、法律因素对一些优秀人才的限制较少，而对一些低层次的劳动力限制较多，特别当社会中存在大量失业人员的时候，许多地方往往会出台一些地方性政策法规，限制低层次劳动力的流入，这是在企业人力资源规划中需要加以考虑的因素。

2. 经济因素

企业所在地区的宏观经济发展现状会影响到企业人力资源的需求与供给，因此在企业人力资源规划中需要对所在地区的经济发展形势、劳动力市场的供求关系和消费者的收入水平进行分析，了解这些经济因素对企业人力资源供给情况的影响。

宏观经济的发展情况对企业人力资源管理的影响较为复杂，但又较为直接。例如，当经济处于萧条时期，容易获得人力资源而且获取成本较低，但是由于经济的萧条，企业对人力资源的需求也会降低。如果处于经济繁荣时期，许多企业都处于扩张阶段，人力资源的需求量将增加，导致出现劳动力短缺现象，促使劳动力成本上升。

劳动力市场的供给状况将直接影响到企业人力资源管理。如果某类人力资源供不应求，那企业从外部补充人力资源的渠道就会受到限制，企业就需要在人力资源规划中考虑是否采取自我培养方式来弥补人力资源的短缺。反之，如果某类人力资源供大于求，那么企业就容易从外部获取该类人力资源的补充。目前我国劳动力市场中的低技能或无技能劳动力的供给比较充沛，而高技能人力或者高级管理人员的供给却常常短缺。当然随着我国经济的持续发展，原先供给比较充沛的普通劳动力会逐渐出现短缺的现象。这种状况目前已经在广东、福建、浙江等地出现，值得企业人力资源管理者重视。

当某一地区消费收入水平较高时，必然会导致对商品需求的上升，使企业销售量增加，从而增加生产，导致企业人力资源需求的增加。相反，当消费收入水平下降时，将导致商品销售的下降，引起企业生产萎缩，最后导致人力资源需求的下降。因此在企业人力资源管理中也需要考虑到企业所在地区的消费收入水平因素。

3. 社会因素

在影响企业人力资源管理的社会因素中需要考虑：人口状况、教育水平和文化等社会因素。某一地区的社会状况会影响到该地区企业的人力资源管理。如果某一地区的总人口越多，企业的人力资源供给就越充沛；总人口越少，企业的人力资源供给就越少。在人口的总量中对企业人力资源供给影响最大的是那些已经进入劳动年龄的人口数量和即将进入劳动年龄的人口数量。人口的年龄结构状况对企业人力资源管理也有不同的影响，因为不同年龄的人员对收入需要、价值观念、生活方式和社会活动都有不同的看法，这就要求企业在进行人力资源管理时要考虑这些因素。例如，年轻人对进入企业后可能获得的升迁和发展感兴趣，而年龄较大的人员则对退休后的福利待遇感兴趣，对可能获得的发展没有过高的要求。这些因素将影响到企业的人力资源管理内容，如果准备招聘人员年龄过大，企业可能要在人力资源管理中侧重于补偿规划的制订；如果准备招聘人员年龄偏低，企业的人力资源管理则应集中在员工的培训和个人发展方面。

某一地区的教育水平将直接影响到该地区人力资源的素质。例如，如果某一地区重视对普通劳动者的教育和培训，那么该地区企业在制订企业人力资源规划时，就有望获得较多的受过培训的劳动力。否则，企业就需要在企业人力资源规划中注重对高级人才的吸收或加强对所招聘员工的培训。

文化是影响人类行为和欲望的重要因素。社会文化反映了整个社会的基本信念、价值观念状况。如果人们崇尚职业的新奇性，喜欢在不同的企业中变换工作，此时就会使企业人力资源具有高流动性。如果人们追求的是工作的稳定性和安全性，那么企业人力资源的流动就将大为减少。这两种不同的社会文化因素对企业人力资源规划的影响是很明显的。例如，崇尚自我价值实现，喜欢冒险的美国劳动者和我国东部地区劳动者就比较偏向于与企业保持契约的劳动关系；而喜欢稳定、追求集体主义的日本劳动者和我国内地劳动者就可能喜欢与企业保持稳定的劳动关系。

4. 技术因素

科学技术对企业人力资源管理的影响是多方面的。新技术的出现，使企业人力资源管理需要考虑如何使企业员工的科学技术能力跟上科学技术的发展,如何通过员工的培训或人员的调整,使企业的科学技术符合最新科技的发展。在科学技术的发展过程中,可能有一些新技术替代了旧技术,这将使企业中的某些岗位被淘汰,减少对这些岗位人员的需求。而新技术的出现则导致了新岗位的出现,增加了对新型技术人力资源的需求,这就需要企业对人力资源的需求结构进行调整。这些都是企业人力资源管理中需要考虑的因素。

(二) 行业环境

在企业人力资源管理的外部环境中,行业环境主要是对企业所在行业竞争环境的分析。在企业的行业竞争模型中应该考虑到企业的竞争对手、新加入者的威胁、替代品的威胁、顾客力量和供应商五个方面。以上五个方面对企业人力资源管理的影响可以分成两个方面来分析:对手和支持力量。竞争对手、加入者的威胁和替代产品的威胁都可以归纳为对手类型;顾客力量和供应商则可以归纳为支持力量类型。

1. 竞争对手分析

企业分析竞争对手的目的,在于防止其人力资源发展战略失误对本企业造成重大损失。如果对手是新加入者时,就要预防本企业的尖端技术人才被挖走,防止企业出现技术滑坡;如果对手是企业的长期竞争者,就要防止企业的关键销售人员被挖走,避免企业客户的流失。在进行对手分析时,还需要了解对手的关键人才,使企业在人力资源管理中能有更多的选择余地。例如,对手是替代产品时,就需要分析这些替代产品的设计者能否为我企业所用。总之分析对手的根本目的在于了解对手的目标和能力,并与本企业的目标和能力相比较,保证企业在人力资源的竞争中处于不败之地。

(1) 分析对手作用。在生产经营活动中,对竞争对手进行有意识的研究分析,可以了解对手的优势和弱点,这样在经营活动中可以"避其锐矛,攻其弱盾",战胜对手。通过分析对手,可以使企业获得以下好处。

一是得到同行业的比较基准,确定自己的正确位置。通过与对手的仔细比较,可以了解行业的基本状况,找出自己的优缺点。例如,自己拥有技术优势,而对手却拥有管理优势。这就可以使企业在今后的管理规划中采取合适的补救措施以弥补企业缺陷,或继续保持领先的优势,这样才能使企业的人力资源管理发挥真正的效果。

二是获得不断学习的机会。企业的竞争对手是企业最好的老师,他们在同样的市场环境下所采取的行动,实际上就是为企业准备采取的对策提供实验结果。通过对竞争对手的人力资源管理分析,可以了解企业应该采取怎样的人力资源管理才能在人力资源的竞争中战胜对手。

三是寻找发展的机遇和识别对手的威胁。对手的行为有可能对己方形成了威胁,也有可能为己方的发展提供了机会。对企业对手的分析结果将是企业在市场竞争中的警报器和侦察兵,可以使企业采取合适的对策应对竞争对手的威胁。

(2) 分析对手步骤。分析对手的步骤包含:识别对手、分析对手实力、了解对手的人力资源战略和预计对手的行动四个主要步骤。

识别对手。每一个企业在获取人力资源方面可能会面对不同的对手。在获取一些与行业特点密切相关的人力资源时,对手往往是那些企业的长期竞争对手。例如,油轮制造公司在寻找船体设计人力资源时,对手只能是那些轮船制造公司。企业在获取一些通用性人力资源所遇到的对手就比较难断定是哪些对手,例如,油轮制造公司在寻找计算机辅助设计人力资源时,对手可能是机械制造公司,也可能是软件公司。这些不同对手会对企业的人力资源获取产生不同的影响。

分析对手实力。一旦识别了对手，就需要对对手的实力进行分析。分析内容主要是对手所提供的工资水平、对手为员工提供的发展机会，通过这些分析可以了解对手对员工的吸引力有多大，了解这些吸引力与本企业对员工的吸引力相比较，是强还是弱。

了解对手的人力资源战略。为进一步了解对手对企业人力资源战略发展的威胁或可能存在的机遇，需要进一步分析对手的人力资源发展战略定位，了解对手的定位与本企业定位有什么不同，这些不同点对本企业的哪些员工会造成威胁，这些不同点为企业获取哪些类型的员工提供了机会，这些员工对本企业的重要性如何。

预计对手的行动。在市场竞争中，每个对手都会对竞争对手的策略作出反应，对手的反应可能会由于信息收集处理的缓慢而反应迟缓，也可能会因为信息灵敏而反应快速。企业在对对手进行分析的时候，必须要预料到对手可能会对本企业的人力资源战略所采取的反应，以避免可能出现的对策失误，保证企业人力资源管理的顺利实施。

2. 支持力量分析

企业在人力资源管理中的支持力量主要由顾客、供应商或关联企业构成。在企业生产经营活动中，不论是顾客还是供应商，都是对企业的生产经营活动提供支持的利润提供者或竞争同盟者。在生产经营活动中，对利润提供者和竞争同盟者进行有意识的研究分析，可以了解利润提供者需要企业人力资源在哪些方面为他们提供服务，怎么提供。使企业人力资源管理可以有针对性地对员工进行相应的培训，这样在经营活动中可以“迎合其需”，获取更多的、有价值的客户或与同盟者建立更加流畅的、牢固的联系。

(1) 通过分析支持力量，可以使企业得到以下好处：认识同盟者和客户的需求，确定他们所需要的帮助，需要哪些人员为他们提供帮助，以确定企业人力资源正确发展战略。通过对客户的详细分析，可以了解企业客户的基本状况，找出企业为客户服务的重点，企业在为客户服务中具有哪些优势和哪些缺陷。例如，了解企业所拥有的售后服务人员的技术能力，是否能够满足客户对售后服务的需要，这样就可以使企业在人力资源管理中考虑是否需要吸收更多更有经验的售后服务人员，是否需要加强对现有售后服务人员的技术培训，这样才能使企业的人力资源管理更好地为企业的经营战略提供支持。

(2) 分析企业支持力量的步骤，包含识别重要支持力量和分析支持力量的需要。

识别重要支持力量。每一个企业在市场竞争中必须依靠企业的客户来应对竞争对手的挤压，尤其是一些重要的有价值客户所提供的赢利能力，可以使企业在激烈的市场竞争中生存下来。因此在企业人力资源管理中，必须考虑如何通过企业人力资源的管理使企业能够改善与客户之间的关系，同时有助于企业判断、选择、争取、发展和保持客户，实现“一对一销售服务”，提供“一对一”个性化服务，提高企业的市场竞争力。通过掌握客户消费习惯和行为方式来留住客户、扩大市场占有率。

分析支持力量的需要。一旦识别出了企业的重要支持力量，就需要对支持力量进行分析。分析内容主要包括：支持力量需要本企业提供哪些服务，这些服务对支持力量的影响程度有多大，提供这些支持的员工是哪些，这些员工有什么特点，支持力量对这些员工的服务是否满意，支持力量需要怎样的服务，企业所提供的服务与支持力量所需要的服务有多少差距，通过什么方式可以提高企业员工的服务能力。

企业分析支持力量的目的在于使企业员工能够更好地为企业的支持力量提供服务，使企业能够通过为支持力量的服务提高企业的市场占有率、提高企业对市场的反应速度，完成企业的经营战略目标。

二、人力资源管理的内部环境

与外部环境相对应,人力资源管理的内部环境,就是指在企业系统之内能够对人力资源管理活动产生影响的各种因素。相对于外部环境来讲,内部环境的各种因素处于企业之内,因此企业能够比较直接地控制和影响它们。对于人力资源管理内部环境的分析主要是从以下几个方面进行考虑。

(一) 企业发展战略

企业战略就是“企业为了收益而制订的与组织使命和目标一致的最高管理层的计划”①。作为企业经营发展的最高纲领,战略对企业各方面的工作都具有重要的指导意义。人力资源管理是企业管理系统的一个重要子系统,它必须服从和服务于整个企业发展的需要。越来越多的实践证明,只有将人力资源管理与企业的发展紧密结合在一起,人力资源管理才具有强大的生命力;而企业的发展,目前越来越多的是在战略的指引下进行的,因此企业的人力资源管理活动必然会受到企业发展战略的影响。

简单地说,企业发展战略是用来解决企业在一定时期内的发展方向和发展目标问题,企业发展战略一共有三种类型:成长战略、稳定战略和收缩战略。成长战略又可分为内部成长战略和外部成长战略。内部成长战略是指企业主要依靠自身的资源和积累来实现经营规模或经营领域的扩大;外部成长战略则是指企业借助兼并收购,主要依靠外部的资源来实现经营规模或领域的扩大。稳定战略是指企业保持目前的经营规模或经营领域,既不扩大也不缩小,以实现企业的稳定运行。收缩战略是指企业缩小自己经营的规模或减少自己经营的领域。

针对不同的外部环境和自身状况,企业应当选择不同的发展战略,而在不同的发展战略下,企业人力资源管理的各项职能活动重点也是不同的,见表 3-1。

表 3-1 不同发展战略下人力资源管理活动的重点

企业的着眼点		成长战略		稳定战略	收缩战略
		内部成长战略	外部成长战略		
		不断增强自身力量	兼并/收购公司	做好目前的事情	紧缩
人力资源管理活动	招聘配置	雇用和晋升	人员重新配置	内部调配	留住核心员工
	培训开发	多样化的培训	冲突的解决	提高现有技能	态度和士气的提高
	薪酬管理	目标激励	管理实践的统一	内部公平	与公司业绩相联系
	绩效管理	结果导向	管理实践的统一	强调工作的质量	行为导向

在内部成长战略下,企业发展的重点是增强自身的实力,要借助内部的资源来实现企业经营规模或经营领域的扩大,为此企业就需要从外部招聘大量的人员,随着大量新员工的进入,原有的老员工要晋升到合适的位置上去;在人员大量变动的情况下,为了使员工更快地适应新的岗位,提供相应的培训就显得非常必要;同时在这一战略下,由于企业的发展任务是比较重的,因此对员工的薪酬和绩效管理都要与目标和结果联系起来,这样才能更好地激发大家的工

① [美]亨利·明茨伯格,等.战略历程.北京:机械工业出版社,2002.

作积极性和主动性，实现既定的战略目标。

外部成长战略则不同，它实现企业壮大的途径是兼并或收购其他企业，由于不同的企业具有不同的制度和文化，因此人力资源管理的各项活动都是以消除差别、整合力量为目标的。

在稳定战略下，由于企业的规模要保持不变、企业的运行要维持稳定，因此员工队伍也要保持相应的稳定，对于人力资源管理活动来说，就要提供内部公平性较好的薪酬待遇；此外，由于稳定战略关注的重点是企业运行的质量，因此对员工的绩效管理应当强调工作的质量，与此相适应，培训开发要侧重提高员工现有的知识技能水平。

至于收缩战略，由于企业的规模要缩小，因此人员必然会产生流动，但是为了企业今后的发展，必须稳定住核心的员工队伍，提高他们的士气；在企业经营规模或经营领域缩小的情况下，企业的收入肯定会产生一定的困难，为了减轻支出压力，在薪酬方面应当将员工的收入和公司的业绩挂钩；同时在这一战略下，没有了发展的压力，因此对员工的绩效管理也应当转变为行为导向，侧重对员工工作态度的评价。

（二）企业的组织结构

企业的组织结构是指企业内部部门和岗位的设置以及组合方式。不同的组织结构，其岗位和部门的设置及组合方式是不同的，而人力资源管理一个很重要的目标就是要实现人与岗位的相互匹配，因此不同的组织结构会导致人力资源管理的实践活动也不同。

对于企业来说，首先要根据自己的目标确定实现目标所必需的活动，并对这些活动进行分类，形成不同的部门；然后再将部门的活动作进一步的划分，形成不同的岗位；部门和岗位形成以后，将这些岗位和部门按照一定的方式进行组合，就形成了一定的组织结构。按照既定的组织结构，企业要将人员配备到相应的岗位上去，这样企业才能正常地运转起来。由于不同的组织结构对岗位的设置和组合方式是不同的，所以在不同的组织结构中，岗位从事的活动和相互之间的关系也是不同的，因此要实现人与岗位的匹配，人力资源管理的活动必然会存在差异。

企业的组织结构存在着各种各样的类型，如直线制、职能制、分部制、矩阵制以及网络制等，但是根据企业的复杂化、正规化以及集权化的不同，我们却可以将它们归结为两种不同性质的组织结构类型：机械式组织和有机式组织。

在机械式的组织结构中，由于各岗位的工作职责相对固定，因此需要进行清晰化的工作分析，对各岗位的工作职责和职权做出准确的界定，同时对岗位所要求的任职资格也做出明确的规定。人员的招聘录用具有相对明确的标准，要在工作分析的基础上进行，要按照岗位的职责以及要求来招聘合适的人员；由于岗位的工作职责变动不大，因此对员工培训开发的针对性也比较强，根据他们岗位的不同来实施不同的培训；岗位工作职责的界定，使得对员工的工作内容能够进行清楚地界定和区分，因此绩效管理和薪酬管理能够基于个人来实施。此外，在这种组织结构中，由于实行集权的决策，因此各种信息都要集中到最高管理层那里，基层并不能也不用掌握全面的信息；还有就是为了保证高度的正规化和正式的沟通渠道，人力资源管理必须实施制度化的正规管理，为此就要制订出完备的规章制度，严格按照规章制度来管理。

而在有机式的组织结构中，组织的特点不同于机械式组织，因此人力资源管理活动也要发生相应的变化。在这种组织结构中，打破了严格的层级关系，按照工作任务的变化来实施纵向或横向的合作，因此工作职责不再是固定的，而是处于不断的调整变化中，这样就无法进行清晰化的工作分析，只能进行概括性的工作描述，对工作的范围做出大致的界定；由于职责是变动的，因此招聘录用中更加重视对应聘人员基本能力和基本素质的考察，应当能够承担多项工作。在这种情况下，对员工的培训开发也更加强调通用性和灵活性，以适应职责变动的要求。在有机式组织结构中，由于强调合作的工作方式，因此绩效管理和薪酬管理应当以团队为基础来进行，更多的是实施团队薪酬和团队绩效。此外，由于实行分权的决策，因此要实行信息的共享机制；还有就是由于这种组织结构具有低度的正规化特点，所以人力资源管理除了要重视制度建设、实施规范管理以外，更要重视企业文化的建设。

（三）企业生命周期

生命周期是指人从出生一直到死亡所经过的由相互衔接的几个不同阶段所组成的整个过程。企业同人一样，尽管不同企业的寿命可能并不完全一样，但是它们的发展却都要经历大致相同的几个阶段，这些阶段就共同形成了企业的生命周期。

企业生命周期对人力资源管理的影响可以从静态和动态两个角度来进行理解。以静态的观点来看，在生命周期的各个阶段中，由于内外部环境的不同，企业是具有不同特点的，包括它的发展目标、组织结构和管理方式等，因此随着企业在生命周期中所处的阶段的不同，作为企业管理子系统的人力资源管理也是不同的；以动态的观点来看，生命周期是一个发展演进的过程，只有当企业能够顺利地从一个阶段过渡到下一个阶段，它才能够持续地生存并发展下去，而这种阶段的转化需要企业内部各方面的支持，这其中自然也包括人力资源管理，因此随着企业的发展，人力资源管理也必须进行相应的调整。正因为如此，所以说企业生命周期能够对人力资源管理产生影响。

一般来说，企业的生命周期包括以下四个阶段，即创业阶段、集体化阶段、正规化阶段和合作阶段，见图 3－2。

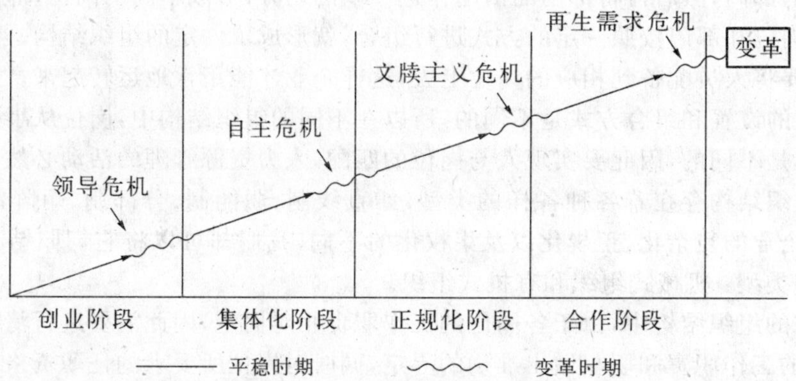

图 3－2　企业生命周期示意图

在创业阶段，企业刚刚出现，面临的生存压力比较大，因此企业发展的重点是吸引优秀的人才并迅速地开拓市场，以谋求在激烈的竞争中生存下来。与此相适应，人力资源管理的各项职能活动也比较简单，出于初创时期企业的灵活性非常大，因此不可能进行详细的工作分析；当招聘录用时也不可能有明确的标准，主要是挑选那些具有相关工作经验的应聘者；限于时间、财力等条件，培训开发的职能会比较薄弱；为了吸引人才，薪酬待遇的确定也要侧重外部的竞争性；在绩效管理方面，更多的是以结果为导向，看重员工对企业发展的贡献。同时，在这一阶段由于人员较少，因此企业的创立者能够直接控制企业，人力资源管理的决策和活动大多由企业主直接进行。

当企业生存下来以后，随着企业的不断发展壮大，员工的数量会越来越多，单靠创业者个人或几个人已不可能对企业进行有效的控制，这就出现了所谓的领导危机。企业要想继续发展下去，就必须改变目前的状态，由专业的管理人员来进行管理。为了适应这种转变，企业就需要从内部选拔或从外部招聘相应的人员，人力资源管理招聘录用的职能这时就显得非常重要。

在企业度过领导危机进入集体化阶段以后，企业的目标就是继续发展，为此就要制订明确的发展目标和方向，这时的人力资源管理要根据发展战略的不同来提供不同的支持，这一点在前面已经详细阐述了，这里就不再赘述。在这一阶段，由于企业规模的扩大、人员的增多，因此需要设置不同的部门，这就有必要进行工作分析，对各个部门以及部门内部岗位的活动进行界定；随着企业经营活动的稳定，在招聘录用时就有了标准，要根据岗位的活动以及要求来挑选人员。此外，由于新员工的大量进入，对他们的培训开发也必须加强；在薪酬方面，保持外部竞争性的同时，还必须注意内部公平性的问题，以提高员工的满意度，此外还要加强薪酬的激励性，加大与业绩挂钩的比重；由于企业在这一时期还没有完全成熟，因此还必须加强对员工行为的引导，所以绩效管理要同时注重结果和行为。这一时期，人力资源管理的各项职能是由单独的人力资源管理部门或专门的人力资源管理人员来实施的，企业领导者不再直接从事人力资源管理的专业职能活动。

在集体化阶段，企业的规章制度还很不完善，高层管理者在管理中的控制作用还比较突出，这就带来了企业发展过程中的另一个问题，即自主危机。基层人员受到高层管理者的控制较多，缺乏必要的自主性，因此会影响他们积极性的发挥，这就需要进行分权，赋予基层更多的自主权。而分权的基础则是企业各项制度的规范和完备，否则就会导致企业运行的混乱。为了解决自主危机，就人力资源管理而言，需要进行详细的工作分析，清楚地界定各个部门和岗位的工作职责和职权；需要建立完善的绩效管理体系，对基层进行有效的监督，以保证基层行为的规范性。

克服自主危机进入正规化阶段以后，企业建立起了完备的规章制度，高层更多的是思考战略性和全局性的问题，日常的管理都由中层和基层管理者来完成；同时企业发展的重点也更多地转向维持稳定的运行和提高企业的效益。与此相适应，企业的人力资源管理活动也更加规范，要依照既定的制度和程序来进行；为了提高管理的效果，培训开发需要加强对中层和基层管理者的管理知识和技能培训以及对普通员工的规章制度培训；绩效管理要加强对员工行为的考核，以保证规章制度的贯彻；薪酬管理中，要调整薪酬结构，适当增加长期性的报酬，以稳定员工队伍，同时薪酬总额要与企业利润挂钩。

虽然完备的规章制度保证了企业管理的规范，分权的管理有助于调动基层的积极性，但是随着企业的发展，规章制度会越来越多，基层的关系也会越来越复杂，企业的发展会面临新的危机，大量的规章制度和复杂的部门关系会导致官僚主义和部门利益的出现，这会妨碍企业决策的速度，降低它的灵活性。

这种危机的解决，需要人力资源管理加强企业文化的建设，培育共同的价值观念，减少规章制度的数量；还需要人力资源管理进行工作的重新设计，改变传统的分工模式，建立以流程为核心的工作程序，打破部门的界限，实施团队的工作方式。

当企业解决相关危机进入合作阶段以后，人力资源管理与前几个阶段相比也有所不同。为了配合企业文化的建设，培训开发就要强化对企业价值观念的灌输；为了有效地实施团队工作，薪酬管理和绩效管理要从以个人为基础转变为以团队为基础，实行团队薪酬和团队绩效。

随着企业的继续发展，它逐步成熟完善起来，由于人的惰性和制度的惯性，企业会不可避免地进入到一个衰退时期，这时企业就面临一个再生需求的危机，要想继续发展，就必须进行新的变革，进入新一轮的发展周期。在这种情况下，企业需要从外部招聘新的管理人员，给企业注入新的血液，带来新的活力；培训开发需要给员工灌输危机意识，为变革营造良好的环境；绩效管理也要加大对绩效优秀者奖赏和对绩效不良者惩罚的力度，配合变革的推行。

（四）企业文化

对于企业文化的含义，到目前为止存在着各种各样的定义，归纳起来可以作这样的解释：企业文化就是指企业在发展过程中逐步形成的企业成员所共同拥有的价值观念、道德准则等观念形态的总和。作为精神层面的东西，企业文化并不是抽象的，它总是以一定的具体实体为载体而表现出来，如企业的形象（CI）、企业的制度等。作为企业管理中一个重要的研究领域，企业文化越来越受到人们的重视。

企业文化对人力资源管理的影响主要表现在它能够影响甚至决定人力资源管理的方式、内容等，在不同的企业文化下，人力资源管理的具体活动是不同的。同前面所讲的社会文化不同，企业文化一般都是企业创始人或企业高层领导者价值观念的直接体现，反映了他们对事、对人的基本看法以及基本的价值取向，当这些价值观念在企业成员之间达成共识之后，就形成了企业的文化；而人们的观念意识又决定着他们的行为，因此不同的企业文化必然会导致管理方式的不同，人力资源管理作为管理的主要内容，自然也要受到企业文化的影响。

作为企业成员共有的观念系统，企业文化体现在不同的方面，归纳学者们的研究，我们一般可以从以下几个方面来对企业文化进行描述。(1) 控制程度：对员工直接监督控制的程度。(2) 开放程度：对企业外部人员以及新事物的接纳程度。(3) 个人/集体意识：在工作过程中，是更强调个人的作用还是更重视集体的力量。(4) 结果/过程倾向：管理中更看重员工工作的结果还是工作的过程。(5) 风险容忍程度：鼓励员工开拓、革新和冒风险的程度。(6) 冲突宽容程度：允许员工自由地发表不同意见和公开批评的程度。(7) 人本程度：企业对员工的关注程度。管理是从人的角度出发还是从事的角度出发。(8) 公平观念：对待企业内部的公平问题方面，是绝对主义的倾向还是相对主义的倾向。(9) 奖励导向：是以员工的工作业绩、工作能力等绩效因素为基础，还是以员工的资历、领导的好恶等非绩效因素为基础来决定报酬，这里的报酬包括内在报酬和外在报酬两类。(10) 管理关系导向：企业实行的是单向命令式的管理还是双向互动式的管理。

如果一个企业的控制程度比较高，就意味着管理者对员工更多的是进行直接的监督控制，管理者个人的因素在管理中占据着主导地位，这会大大降低人力资源管理的复杂程度。例如在这种情况下，由于管理者直接控制着员工的活动，因此就没有必要进行详细的工作分析，管理者可以直接界定和调整员工的工作内容；监督控制程度高，管理者就比较清楚员工的工作表现，就可以直接由上级来考核员工的工作绩效，简化了绩效管理系统。而当企业的控制程度比较低时，情况就会相反。

当企业的开放程度比较高时，它不会排斥外部的人员，因此在招聘录用时，就可以从内部、外部两个渠道来进行；反之，当开放程度低时，由于企业员工不欢迎外部的人员，填补职位空缺尤其是高级职位空缺就要更多地从企业内部来晋升选拔。此外，开放程度高的企业，员工接受新事物的愿望比较强烈，为了满足这种愿望，培训开发工作就必须相应的加大力度。

在更加强调个人能力的企业中，为了鼓励员工个人的行为，薪酬管理和绩效管理就必须与之相配套，要以个人为基础来设计。而在重视集体作用的企业中，工作更多是以团队的方式进行，因此薪酬和绩效也要以团队为基础，突出团队的绩效，实行团队薪酬；另外，由于团队工作需要员工相互之间的合作和协调，所以要向员工灌输团队意识，在个人的绩效考核中，也要加强有利于团队工作的指标，如协作性、知识共享等，以引导员工的行为。

如果企业更看重员工的工作结果，那么绩效考核就要以结果为导向，薪酬也要与工作结果挂钩；如果企业注重员工的工作过程，那么在考核中就要设置与之相关的指标，来引导和约束员工的行为，为了保证工作过程的有效，企业还应该提供相应的培训开发。

管理的出发点不同时，人力资源管理则会产生比较大的不同。简单地说，如果以“事”为出发点，那么人力资源管理的重点就是强调“人”要匹配“事”，例如招聘时严格地以岗位的要求来甄选人员，员工进入企业后就要从事应聘的岗位；薪酬是以岗位本身对企业的价值来确定，实行岗位工资，相同的岗位具有同样的基本工资；考核时也以岗位的工作职责来确定绩效指标。

而如果以“人”为出发点，那么人力资源管理的重点则是强调“事”要适合“人”，例如在招聘时更多的是考察应聘人员的基本素质和能力，进入企业后经过一段时间的适应再来确定新员工的具体岗位；薪酬设计以员工个人所具备的知识和具有的能力为基础来进行，实行技能工资，不同的人从事相同的岗位可能具有不同的基本工资。

公平观念的不同，也会造成人力资源管理的实践有所区别，如果企业文化以绝对的观点看待公平，那么管理就会更多地追求结果的平等，例如薪酬进行平均分配，培训机会大家轮流等。相反，如果以相对的观点来看待公平，管理就会注重过程的公平，强调付出与获得的平等，例如报酬支付以员工的贡献和业绩为基础，培训以员工的表现为依据等。

最后我们来分析一下管理关系导向对人力资源管理的影响，这主要体现在管理方式方面。单向命令式的管理中，管理者居于指挥地位，员工只是执行上级的命令，处于被管理的位置，员工不能参与人力资源管理的决策；人员配置不会征询员工个人的意见；绩效目标也由上级单方面制订；培训计划不会进行需求调查。而双向互动式的管理则注重管理者和员工的相互沟通，员工可以参与管理决策，发表自己的意见，这样人力资源管理的方式就会发生改变。绩效目标是上下级共同讨论制订出来的，考核结束后，结果还要反馈给员工个人，而且上下级还要一起寻找导致绩效不佳的原因并制订出绩效改进计划；培训计划制订前要调查员工的需求；人员调配也要参考员工的意见；各项人力资源管理在决策前都要进行充分的沟通。

除了以上列举的因素外，能够影响人力资源管理的内外部环境因素还有很多，例如人口因素、家庭因素以及企业人员状况等。

第三节　我国人力资源管理的法规环境

20世纪70年代末，中国经济开始实施市场化改革。起点较低的经济发展水平，多元的经济结构，增长潜力较大的经济状况，人口众多、规模巨大的发展中国家特征，东方大一统的文化传统，强有力的中央政府领导以及特殊的国际政治经济环境，等等。所有这些内生的或外在的因素，最终使中国在社会成员的互动博弈下，走出了一条较为成功的渐进改革道路。渐进式的市场化改革，意味着中国在一个相当长的历史时期内，处于一种从计划经济向市场经济过渡的转型社会。这是中国企业人力资源管理面临的制度大背景。

一、转型经济中的政府行为

市场化制度转型的关键在于政府职能的转换。只有明确了转型经济中的政府行为调整和政府职能转换趋向，才能很好理解转型期政府管理环境的特殊性。

转型经济中政府职能转变的大方向，简单地说，就是两个方面：一是“管什么”的转换，即从私人领域、竞争性领域、微观领域转到公共领域、非竞争性领域、宏观领域，随着市场化进程的不断深入，政府应逐渐承担起公共服务职能；二是“怎么管”的转变，即从直接的、行政的、参与式的、人治式的、随机式的管理转到间接的、经济手段为主的、裁判式的、法治的、规范程序化的管理。

从另一个层面来看,制度转型的过程就是市场调节和配置经济活动的功能不断强化,调节与配置范围不断扩大、比重不断提高。与此相适应,转型期的政府要逐渐强化的基本职能或“进入”的重要角色就是及时放松市场准入限制,积极培育市场要素、市场体系和市场机制,建立健全市场法规和操作规范,加强市场动作的日常监督管理;同时,政府应逐渐承担起社会公共服务的职责,逐步建立和提供公正、安全、文明、健康的社会公共环境,以保证整个社会经济安全和进步。

中国渐进式改革的特点,决定了从传统计划经济向市场经济转变的过程中,要经历一个很长的、复杂的双轨过渡时期。在这期间,由于双重体制混合作用的特性,使得宏观经济趋势呈现出既不同于传统计划体制下的那种“强波震荡”,又不同于完善市场经济条件下的“商业景气循环”。因此,在整个转型时期,政府宏观经济政策的有效性,亦步亦趋地依赖于不同改革开放阶段上特殊的双轨体制状态,双轨调控是政府宏观经济管理行为的基本特征。

伴随着整个经济体制改革的进行,政府自身改革也经历了“打破高度集中的计划管理体制”、“转变政府职能”、“建立新的宏观调控体系”这样三大阶段,并沿着纵向行政管理权限划分及调整、政府组织机构改革、干部人事制度改革以及加强行政法规建设这四条主线逐渐展开,取得了很大的改革成效。但是改革的路还很长,任务将更艰巨。

今后相当长时期内,政府自身改革面临的主要任务,归纳起来主要有以下几个方面:其一,以进一步完善分税制作为制度创新纽带,全面理顺和明确中央与地方政府的关系;其二,应按照“小政府、大社会”的体制模式,彻底整合政府组织机构;其三,应建立与社会主义市场经济体制相适应、相配套的干部人事制度;最后,最终走向“依法行政”、“法治行政”。

市场经济是法制经济、民主经济。建立与社会主义市场经济相适应的政府运作体制,说到底就是要建立高度民主的法制化政府。一切政府机关必须依法行政,切实保障公民权利,实行执法责任制和评议考核制,最终实现“法治行政”的最高行政建设目标。

二、转型期企业劳动问题

改革开放以来,中国企业制度趋于多元化,企业市场竞争环境日趋激烈,企业员工关系也越来越复杂。同时,由于转型期国家有关法规处于调整规范和变动之中,企业员工关系契约化规范尚未完成,员工关系矛盾和冲突有“此起彼伏”、愈演愈烈的态势。近十几年,劳动争议仲裁案件数和涉及人数平均每年以30%和23%的速度增加(见表3-2)。

表3-2 1991—2003年中国劳动纠纷总体情况

年 份	劳动仲裁案件		劳动纠纷涉及人数	
	案件数	增 长%	人 数	增 长%
1991	7 633	—		
1992	8 150	6.8		
1993	12 358	51.6	35 683	—
1994	19 698	59.4	77 794	118.0
1995	33 030	67.7	122 512	57.5
1996	47 951	45.2	189 124	54.8

续 表

年 份	劳动仲裁案件		劳动纠纷涉及人数	
	案 件 数	增 长%	人 数	增 长%
1997	71 524	49.2	221 115	16.9
1998	93 649	30.9	358 531	62.2
1999	120 191	28.3	473 957	32.2
2000	135 206	12.5	422 617	−10.8
2001	146 781	8.6	556 230	31.6
2002	184 626	25.8	608 396	9.4
2003	226 391	22.6	801 042	31.4

资料来源：《中国劳动统计年鉴》(1992—2004)，中国统计出版社。

传统国有企业的员工关系问题自不必多言，就拿历经承包和公司制改造的国有企业，"新三公"和"老三会"多头关系繁复杂乱，所有者、经营者和普通职工在企业所有权结构中角色错位，冲突不断，在"内部人控制"下员工之间复杂混乱的权责利关系难以理顺。从外部市场环境来看，国有企业又面临越来越大的外部竞争压力，企业人力资本流失频率和规模有不断加大的趋势。

非国有企业特别是三资企业和乡镇企业的快速成长和发展，是中国近 20 余年市场化改革的重要推动力及经济高速发展的支柱力量，也是推动和主导中国企业产权及人力资源管理制度朝市场契约化方向变革的主力或生力军。但是，这些企业在人力资源管理契约化配置方面也存在一系列矛盾和问题。例如，外资企业管理方式与中国传统文化及行为方式的矛盾和冲突，乡镇和个体私营企业中"资本"与"劳动"的矛盾和冲突，等等。

如同西方发达国家市场经济早期经历"血与火"的原始积累一样，转型期的一些民营企业大多沿着"资本雇佣劳动"的古典企业制度模式，凭着天然朴素的创业冲动和商业悟性，往往是通过钻法律空隙、打擦边球等非规范途径和手段发家致富的。因此，在企业经营管理和人力资源配置方面，难免出现当年西方国家工业化和市场经济发展初期那样"资本剥削雇佣劳动"的场景，诸如劳动条件恶劣、无限度延长劳动时间、打骂体罚员工、克扣工资等违反基本劳动法规的组织管理行为，导致劳资关系十分紧张，矛盾冲突不断加剧。

在这样的情况下，员工关系契约化规范、协调和控制，对于中国企业来说，乃是当务之急。为此，事关全局的人力资源战略管理要务，必须首先研究转型期企业面临的特殊环境，搞清楚劳动法律体系及其主要矛盾和问题。

三、现行劳动法规框架

劳动法律体系是指与劳动者权益相关的一切法律制度的总称，其所调节的对象是劳动关系以及与劳动关系密切相关的其他社会关系。

在中国，劳动法调节的主要对象是劳动关系。所谓"劳动关系"，是指为了实现劳动过程而在劳动者与劳动使用者之间发生的关系。同时，劳动法也涉及与劳动关系密切相关的其他社会关系,包括国家劳动主管机关、社会保险机构、劳动争议调解委员会和劳动争议仲裁委员会、工会组织以及其他政府机关因执行劳动行政管理职能、社会保险、处理劳动争议、参与企业管理和签订集体劳动合同或监督劳动法执行情况等原因而与用人单位或劳动者发生的关系。国家通过立法和政策规章等方式对这些社会关系加以调节,便形成所谓劳动法律体系。

中国现行劳动法律体系,从纵向框架结构和法律渊源来看,包括如下几点:

(1) 宪法。《中华人民共和国宪法》共 183 条,其中有关劳动的条文有 20 条之多,这在其他各国宪法中是不多见的。

(2) 法律。综合性劳动法最重要的就是 1994 年 7 月制订、1995 年 1 月 1 日起施行的《中华人民共和国劳动法》,在诸如《公司法》、《工会法》、《矿山安全法》、《全民所有制工业企业法》、《中外合资经营企业法》、《外资企业法》等单行法中,都有关于调整劳动关系的法律规范。

(3) 行政法规。这类法规占相当大比例。如 1994 年国务院颁布的《国务院关于职工工作时间的规定》,1993 年颁布的《企业劳动争议处理条例》,1988 年颁布的《女职工劳动保护规定》,1991 年颁布的《禁止使用童工规定》等。

(4) 地方法规。由省、直辖市和自治区人民代表大会及其常务委员会制订和发布的地方性法规或自治条例和单行法规,以及地方各级人民代表大会和人民政府依照法律规定的权限发布的决定和命令,其中包括劳动方面的法规条文。

(5) 工会规章。中华全国总工会制订的规章,如:《中国工会章程》(1993 年)、《工会参与劳动争议处理试行办法》(1995 年),1985 年 1 月由全国总工会书记处通过的《工会劳动保护监督检查员暂行条例》、《基层(车间)工会劳动保护监督检查委员会工作条例》、《工会小组劳动保护检查员工作条例》等 3 个劳动保护条例,经国务院国家安全生产委员会批转在全国范围实施。《关于在私营企业组建工会和开展工会工作的通知》是 1995 年 9 月由中华全国总工会、中共中央、统战部、劳动部、国家工商行政管理总局联合发布的。

(6) 国际公约。中国是 ILO 的创始国之一,国民党政府从 1930 年起先后批准了 14 个国际劳工公约。1971 年联合国恢复中国合法席位,同时 ILO 第 184 次理事会也决定恢复中国合法会员国地位,1984 年中华人民共和国政府对旧中国 14 个劳工公约全部予以承认,此后又于 1987 年、1990 年和 1994 年分别批准了《残疾人职业康复与就业公约》、《男女工人同工同酬公约》、《三方协商促进国际劳工标准公约》以及《关于安全使用化学品公约》等。

四、劳动法规具体内容体系

改革开放以来,中国劳动法律体系建设进入市场化转型新时期。特别是 1994 年 7 月 5 日全国人大常委会八届八次会议通过的《中华人民共和国劳动法》颁布实施后,逐渐形成了与市场经济体制相衔接、以《劳动法》为主体的劳动法律体系。中国现行劳动法律体系,在内容上涉及如下方面。

关于劳动就业和劳动市场管理的法规。有中共中央、国务院《关于广开门路、搞活经济、解决城镇就业问题的若干决定》(1981 年),劳动人事部《关于劳动服务公司若干问题的意见》(1982 年)和《城镇就业人员登记管理办法》(1984 年),国务院《国营企业招聘工作暂行规定》(1986 年),劳动部《职业介绍暂行规定》(1990 年)和《境外就业服务机构管理规定》(1992 年),劳动部《企业职工档案管理工作规定》(1992 年),劳动部《关于民办职业介绍机构管理问题的通知》(1993 年),劳动与社会保障部《劳动市场管理规定》(2000 年),劳动与社会保障部《招用技术工种从业人员规定》(2000 年),人事部《人才市场管理规定》(2001 年)等。

关于劳动合同制的法规。有劳动人事部《关于积极试行劳动合同制的通知》(1983 年),国务院《国营企业劳动合同制暂行规定》(1986 年),国家统计局《关于工资总额组成的规定》(1990 年),劳动部《关于违反〈劳动法〉有关劳动合同规定的赔偿办法》(1995 年),劳动部《集体合同规定》(1994 年),劳动部办公厅《关于试用期内解除劳动合同处理依据的复函》(1995 年),《关于劳动者解除劳动合同问题的复函》(1995 年),劳动部《关于劳动合同制度若干问题的通知》(1996 年),《关于用人单位不签订劳动合同员工要求经济补偿的复函》(1996 年)等。

关于劳动报酬的法规。有《中华人民共和国个人所得税法》(1999 年),国务院《关于正确实行奖励制度、坚决制止滥发奖金的几项规定》(1981 年),国务院《国营企业奖金税暂行规定》(1984 年、1985 年),国务院《关于国营企业工资改革问题的通知》(1985 年),五部委联合发布《国有企业工资总额同经济效益挂钩的规定》(1993 年),劳动部《关于加强企业工资总额宏观调控的意见》和《企业最低工资规定》(1993 年),劳动部《工资支付暂行规定》和《关于印发〈工资支付暂行规定〉的通知》(1994 年),劳动和社会保障部《工资集体协商试行办法》(2000 年)等。

关于劳动安全与卫生的法规。有《中华人民共和国职业病防治法》(2001 年 10 月 27 日),《中华人民共和国安全生产法》(2002 年 6 月 29 日),国务院《矿山安全条例》(1982 年),国务院《关于加强防毒防尘工作的决定》(1984 年),劳动人事部、国家经济委员会、煤炭工作部、农牧渔业部《乡镇煤矿安全生产若干暂行规定》(1984 年),国务院《中华人民共和国尘肺病防治条例》(1987 年),国务院《特别重大事故报告和处理规定》(1989 年),国务院《全国年节及纪念日放假办法》(1999 年)等。

关于特殊劳动保护的法规。有国务院《女职工劳动保护规定》(1988 年),劳动人事部《关于禁止招用童工的通知》(1987 年),劳动部、国家教委、农业部、国家工商总局和全国总工会《关于严禁使用童工的通知》(1987 年),劳动部《女职工禁忌劳动范围的规定》(1990 年),国务院《禁止使用童工规定》,劳动部《未成年工特殊保护规定》(1994 年),劳动部《劳动保护用品管理规定》(1996 年)等。

关于工作时间的法规。有国务院《关于职工探亲待遇的规定》(1981 年),中共中央、国务院《关于休假问题的通知》(1991 年),国务院《关于职工工作时间的规定》(1994 年),劳动部《关于企业不定时工作制和综合计算工时制的审批办法》(1994 年),国务院《关于修改〈国务院关于职工工作时间的规定〉的决定》(1995 年)(将周工作 44 小时缩短为 40 小时制),劳动和社会保障部《〈国务院关于工作时间的规定〉的实施办法》(1995 年),人事部《国家机关、事业单位〈国务院关于工作时间的规定〉的实施办法》(1995 年)等。

关于劳动监察的法规。有国务院《锅炉压力容器安全监察暂行条例》、《〈锅炉压力容器安全监督暂行条例〉实施细则》和《矿山安全监察条例》(1982 年),劳动部《劳动监察规定》(1993 年),劳动部《劳动监察员管理办法》和《矿山安全监察员管理办法》,劳动和社会保障部《社会保险费征缴监督检查办法》(1999 年)等。

关于职业培训的法规。有国家劳动总局《关于加强和改进学徒培训工作的规定》(1981 年),劳动人事部、国家教育委员会《技工学校工作条例》(1986 年),中共中央、国务院《关于加强职工教育工作的决定》(1981 年),劳动人事部《工人技术考核暂行条例(试行)》(1983 年),劳动人事部《关于技师聘任制的暂行规定》(1987 年),劳动部《关于高级技师评聘的实施意见》和《工人考核条例》(1990 年),国务院《关于大力发展职业技术教育的决定》(1991 年),劳动部《职业技能鉴定规定》(1993 年),国务院《关于加大推进职业教育改革与发展的决定》(2002 年)等。

关于社会保险的法规。有国务院《关于工人退休、退职的暂行办法》(1978 年),国务院《关于安置老弱病残干部的暂行办法》(1978 年),国务院《国营企业劳动合同暂行规定》和《国营企业职工待业保险暂行规定》(1986 年),国务院《关于企业职工养老保险改革的决定》(1991 年),国务院《国有企业职工行业保险规定》(1993 年),劳动部《企业职工生育保险试行办法》(1994 年),劳动部《企业职工工伤保险试行办法》(1996 年),国务院《关于建立统一的企业职工基本养老保险制度的决定》(1997 年),劳动部《职工基本养老保险工人账户管理暂行办法》(1997 年),国务院《关于建立城镇职工基本医疗保险制度的决定》(1998 年),国务院《事业保险条例》(1999 年),国务院《社会保险费征缴暂行条例》(1999 年),国务院《城市居民最低生活保障条例》(1999 年),劳动和社会保障部《社会保险登记管理暂行办法》(1999 年),劳动和社会保障部《社会保险费申报缴纳管理暂行办法》(1999 年),国务院《关于印发完善城镇社会保障体系试点方案的通知》(2000 年)等。

关于企业民主管理、劳动纪律的法规。有《中华人民共和国工会法》(2001 年 10 月 27 日),中华全国总工会、国家经委、中央组织部《国营工业企业职工代表大会暂行条例》(1981 年),国务院《全民所有制工业企业职业代表大会条例》(1986 年),国务院《企业职工奖惩条例》(1982 年),劳动人事部《关于〈企业职工奖惩条例〉若干问题的解答意见》(1983 年),国务院《国营企业辞退违纪职工暂行条例》(1986 年)等。

关于处理劳动争议及其处理的法规。有国务院《国营企业劳动争议处理暂行规定》(1987 年),国务院《中华人民共和国企业劳动争议处理条例》(1993 年),劳动部《关于〈中华人民共和国企业劳动争议处理条例〉若干问题的解释》(1993 年),劳动部《违反〈中华人民共和国劳动法〉行政惩罚办法》(1994 年),劳动部《劳动行政处罚若干规定》(1996 年),劳动部《劳动行政处罚听证程序规定》(1996 年),劳动部办公厅《关于处理劳动争议案件几个问题的复函》(1997 年),人事部《人事争议处理暂行规定》(1997 年),劳动和社会保障部《劳动与社会保障部行政复议办法》(1999 年),高级人民法院《关于审理劳动争议案件适用法律若干问题的解释》(2001 年),劳动和社会保障部《社会保险行政争议处理办法》(2001 年)等。

五、劳动就业基本政策

国家通过促进经济和社会发展,创造就业条件,扩大就业机会。国家鼓励企业、事业组织、社会团体在法律、行政法规规定的范围内兴办产业或者拓展经营,增加就业。国家支持劳动者自愿组织起来就业和从事个体经营实现就业。

《劳动法》规定:劳动者享有平等就业和选择职业的权利、取得劳动报酬的权利、休息休假的权利、获得劳动安全卫生保护的权利、接受职业技能培训的权利、享受社会保险和福利的权利、提请劳动争议处理的权利以及法律规定的其他劳动权利。劳动者应当完成劳动任务,提高职业技能,执行劳动安全卫生规程,遵守劳动纪律和职业道德。用人单位应当依法建立和完善规章制度,保障劳动者享有劳动权利和履行劳动义务。

劳动者有权依法参加和组织工会、作为工会代表和维护劳动者的合法权益,依法独立自主地开展活动。劳动者依照法律规定,通过职工大会、职工代表大会或者其他形式参与民主管理或者就保护劳动者合法利益与用人单位进行平等协商。

劳动者就业,不因民族、种族、性别、宗教信仰不同而受歧视。妇女享有与男子平等的就业权利。在录用职工时,除国家规定的不适合妇女的工种或者岗位外,不得以性别为由拒绝录用妇女或者提高对妇女的录用标准。残疾人、少数民族人员、退出现役的军人的就业法律法规有特别规定的,从其规定。禁止用人单位招用未满十六周岁的未成年人,文艺、体育和特种工作单位招用未满十六周岁的未成年人,必须依照国家有关规定,履行审批手续,并保障其接受义务教育的权利。

六、现行劳动市场管理体制

目前，政府对有关人力资源市场运作的基本管理规范，是按照部门管理权限来划分的，劳动力市场活动由劳动和社会保障部2000年12月发布履行的《劳动力市场管理规定》来规范，人才市场活动由人事部2001年10月发布履行的《人才市场管理暂行规定》来规范。由于历史传统和体制原因，中国劳动力市场一直处于二元分离状态：一是一般劳动力市场，通常是指传统上所说的"工人"等学历层次较低、以体力劳动为主的普通劳动者的就业活动；二是专业技术与管理人才市场，通常是指传统上说的"干部"等学历层次较高、具有专业技术或管理特长的人员。前者主要由劳动和社会保障行政部门依据其制订颁布的《劳动力市场管理规定》进行管理；后者主要由人事部系统按照《人才市场管理规定》来进行管理。

"劳动力市场"，是指劳动者求职与就业、用人单位招用人员、各类职业介绍机构从事职业介绍的活动场所。《劳动力市场管理规定》要求各级劳动保障行政部门，积极组织开展劳动力市场服务。县级以上地方劳动保障行政部门主管本行政区域内的劳动力市场管理工作；县级以上地方劳动保障行政部门可委托其所属就业服务机构，具体负责本行政区域内的劳动力市场管理有关事宜。

"人才市场"，是指人才中介服务机构从事人才中介服务、用人单位招聘和个人应聘以及与之相关的活动场所。人才市场服务的对象是指各类用人单位和具有中专以上学历或取得专业技术资格的人员，以及其他从事专业技术或管理工作的人员。人才市场管理的基本宗旨是：建立和完善机制健全、运行规范、服务周到、指导监督有力的人才市场体系，优化人才资源配置，规范人才市场活动，维护人才、用人单位和人才中介服务机构的合法权益。人才市场活动应当遵守国家的法律、法规及政策规定，坚持公开、平等、竞争、择优的原则，实行单位自主用人，个人自主择业。县级以上政府人事行政部门是人才市场的综合管理部门，县级以上工商行政管理部门在职责范围内依法监督管理人才市场。

这种劳动力与人才分而治之的市场管理体制，与要求职业介绍、信息服务、规划调控和失业保障四种基本职能完备配套的现代公共就业服务体系尚有相当大的距离。近年来，在经济自由化和全球化的氛围中，私营就业服务机构在劳动力市场中发挥越来越大的作用，同时公共就业服务面临来自人口老龄化（发达国家）、大量青年失业（发展中国家）问题，以及全球竞争和信息技术革命带来的挑战，要求公共就业服务进一步大力参与对弱势群体提供帮助，为人们提供"终身学习"通道和高透明度的信息形成以市场竞争选择为基础的服务网络。在这种背景下，许多国家的公共就业服务都面临困难和处于进退两难的境地，对于作为发展中大国和正处于体制转轨的中国来说，其所面临的挑战更是紧迫和严峻。

目前中国人力资源配置方面存在的矛盾和问题有非常复杂的原因，除了传统劳动人事制度，特别是户籍制和身份制等制度层面的根源外，也有来自传统教育培训体制和职业资格认证制度改革滞后的原因。积极推进劳动力市场一体化发展，加快教育培训和职业资格认证制度创新，以就业机会均等为基本宗旨，以职业技能振兴为核心内容，尽快建立起一套新型的、公平的、技能导向和功能完善的公共就业服务体系，是中国人力资源优化配置面临的最重要的战略任务。

七、转型期劳动规制面临的特殊问题

转型期的中国社会，各种社会经济关系异常复杂，而且处于一种"制度非均衡"状态，由于法律制度本身处于转换、调整、双轨并存和矛盾冲突状态，人们的行为预期也经常是不确定的，这就为企业人力资源配置与管理带来非常大的困难。现行劳动法律体系还存在一系列转型期特有的矛盾和问题。

首先,转型期的劳动法还不能有效约束和规制普遍存在的歧视行为,平等的劳动权利原则规定与现实中的制度性歧视存在严重冲突。虽然宪法规定,劳动既是公民权利又是公民义务,并对公民作为劳动者所应享有的基本权利作了原则性规定;《劳动法》也详细规定劳动者享有平等就业和选择职业的权利、取得劳动报酬的权利等劳动权利。但是,在实际中,由于户籍制度、劳动人事管理中的身份制等制度性歧视的存在,劳动者在平等就业、选择职业、劳动报酬、休息休假、安全卫生保护、职业技能培训、享受社会保险和福利等方面还远不能获得平等机会和权利。劳动力市场的歧视现象相当普遍和严重,招聘广告的性别歧视、年龄歧视等到处可见,法律至今对歧视性行为及其处罚的措施并没有作出比较完整和可操作性的规定,劳动法远不能有效地约束歧视性行为。

其次,社会保障及其制度供给短缺是转型期劳动法律体系建设的瓶颈约束和焦点问题。企业人力资源配置和管理要实现社会契约化,社会保障制度体系的建立和完善是基本的宏观环境和关键条件。而从单位保障制向社会保障制转化正是市场化转型的核心内容之一,社会保障从无到有、从不健全到完善需要一个相当长的过程,在这个过程中,如何逐步扩大社会保障的覆盖面,如何逐步扩大政府社会保障费用的负担比例,如何解决国有企业职工医疗、养老保险和福利待遇等历史遗留问题,如何加大社会保障整体立法力度,如何健全社会保障强制实施机制等,所有这些问题及其解决,都关系到整个劳动法律体系建设全局、决定着转型期宏观环境和微观规制秩序的稳定。

其三,由于集体谈判机制的缺失和不完善,转型期的劳动力市场处于一种企业雇主独断专行、工会组织功能缺失、劳动者雇佣大军权益没有保障、政府协调乏力的非均衡状态。劳动关系其实是指在政府中介和协调下企业与其员工通过集体谈判而就劳动条件方面达成的市场契约关系,因此,在基本劳动法律框架下,实行政府、企业和员工三方面集体协商机制来解决劳动关系问题,已成为国际惯例。我国也已批准了这方面的国际劳工公约,且在劳动争议调解、工资集体协商等规制活动中体现三方面原则和机制。但是,目前三方主体及其角色职能不很明确,政府往往不是作为中介人或者协调者的身份,而是延续传统计划体制下的行政管理者角色,居高临下以行政权威贯彻其长官意志;企业方面,真正的利益代言人是企业主管部门、企业管理协会、工商联合会或是民间"商会"组织,目前这些组织似乎担当不了此任;劳动者方面的组织似乎很明确,这就是工会,但企业的"工会"实际上成为一种准官办机构或行政机关,工会干部往往以企业代表自居甚至在劳动争议处理中与员工对簿公堂。在这种情况下,集体谈判和集体合同很难成为劳动立法的一个有效补充形式,要在劳动关系协调中贯彻三方原则、形成有效的三方协商机制,自然矛盾重重、困难很大,还有很长的路要走。

其四,现行劳动争议解决机制带有强烈的行政色彩,存在与现代法治社会精神和原则相矛盾和冲突的情况。我国现行劳动争议处理机制采用"调解——仲裁——审理"程序。劳动争议调解委员会是用人单位内部由企业工会牵头设立的群众组织,履行调解劳动争议的功能;劳动争议仲裁委员会是依法成立的劳动争议处理机构,由劳动行政部门代表、同级工会代表、用人单位方面的代表组成,负责办理调解不成的劳动争议仲裁事务;劳动仲裁是必经的司法前置程序,也就是说,只有在当事人不服仲裁的情况下,劳动争议案件才由法院审理。这种体制,一来不适当地拖长了劳动争议解决的链条和时滞,增加了当事人解决劳动争议的成本,不利于保护劳动者合法权益;二来将劳动仲裁作为必经的司法前置程序,有违现代法治社会仲裁的自由和社会公断性质,以及当事人诉讼权不受限制的原则。

另外，以成文法为唯一法源的法律形成特性，也加剧了转型期劳动法律体系滞后司法现实的矛盾和问题。中国法律制度基本属大陆法系，大陆系法律上只承认成文法为唯一的法律渊源。一般不承认判例和社会习惯的普遍法律效力。但在新方法实践中，习惯法比成文法有更大的适应社会经济变化的灵活性，特别是正处于现代化转型期的当今中国社会，一切都在变革、调整、转换、变化之中，劳动关系复杂、矛盾冲突纷乱，而以成文法为唯一法律渊源的劳动法律体系，不要说不可能通过制订一部劳动法典完全覆盖、包罗社会生活，即使可以，它也必然滞后于情况多变的劳动纠纷，比如过劳死是否算作工伤死亡等，有必要加大判例和习惯对法院判决的法律效力，以灵活、有效地处理纠纷和有利于保护公民和劳动者合法利益为原则，这样使劳动法律体系具有适应转型期情况的必要弹性。

思考题：

1. 如何划分和辨认人力资源管理的环境？
2. 人力资源管理的外部环境主要由哪些因素构成？它们是如何影响人力资源管理的？
3. 人力资源管理的内部环境主要由哪些因素构成？它们是如何影响人力资源管理的？
4. 简要了解我国人力资源管理环境的法律法规环境。

第二篇　组织中的人员配备

第四章　工作分析与工作设计

□ 学习目的

通过对本章内容的学习，应了解和掌握如下知识点：

- 工作分析的定义及其相关概念
- 工作分析的作用
- 工作分析的原则及实施步骤
- 运用各种工作分析方法
- 工作设计的定义，区分四种工作设计方法的优缺点

□ 引入案例

当夏教授到京泰钢管公司参观访问时，接待并陪同他访问的年轻人孙晋给他留下了深刻的印象。孙晋是该公司人力资源经理助理，主要负责工作分析。公司专门指派一位工业工程师到人力资源部门，协助孙晋进行工作设计，夏教授也曾被人力资源经理聘来研究该公司的工作分析体系，并提出改进的建议。他曾在人力资源办公室与孙晋一起浏览了工作说明的所有文件，发现这些说明总体上是完整的，而且与所完成的工作是直接相关的。

参观访问的第一站就是焊接分厂张岩副厂长的办公室。这是一间十几平方米的房间，位于厂房一楼，四周都装了玻璃窗。当夏教授孙晋走近时，张岩正站在办公室外。张岩打开了办公室门，进入办公室，从他们坐的地方恰好能看到工作现场的工人。在他们查阅每项工作说明时，都有可能观察到工人实际的工作。张岩很熟悉每项工作。“这儿的工作说明是怎样与业绩评价相联系的呢？”夏教授问道：“是这样，”张岩答道，“我只是根据工作说明中规定的项目来评估工人业绩，而这些项目是由具体的工作分析来决定的。用这些项目来评价业绩能使我在工作发生变化、以前的说明不再能够准确反映现有工作情况时，及时修改工作说明。孙助理已经为所有中层以上干部制订了培训计划，所以，我们都了解工作分析、工作说明和业绩评价之间的关系。我认为这是一个很好的系统。”

孙晋和夏教授继续参观了工厂的其他几个生产区，发现了类似的情况。孙晋似乎与每个分厂厂长、车间主任以及他们拜访的三位总厂领导的关系都很好。当他们回到办公室时，夏教授正考虑着他将向厂长提出些什么建议。

在这个案例中，京泰公司工作分析有哪些显著特色？而你认为夏教授应该向厂长提交一份什么样的建议呢？在对案例分析后，你认为京泰钢管公司的工作系统分析可以进一步做哪些完善呢？

工作分析与设计是人力资源管理中一项重要的常规性技术，是整个人力资源管理工作的基础。做好了工作分析就为企业设计组织结构、制订人力资源计划、员工招聘、员工培训、绩效考核、薪酬管理等工作提供了一个依据。在本章中，我们首先定义了工作分析，并说明了它在人力资源管理中的作用；其次，重点研究了工作分析的过程与方法；最后，探讨了工作设计的定义及几种设计方法。通过本章的学习，要求掌握工作分析方法，并能结合企业的具体工作岗位

编制工作说明书。

第一节 工作分析概述

在人力资源管理中经常会遇到这样一些问题，例如，营销经理的职责和权限是什么？财务部经理的职责和权限是什么？这两个职位之间怎样在权限上界定和衔接？具备什么样素质的人才能担任某一特定岗位的工作？怎样来评定该工作岗位人员的工作绩效等。要解决这些问题不是某位领导一拍脑门就能解决的，而是要依靠科学的方法进行工作分析。只有在工作分析的基础上，才能从本质上解决这些问题。

一、工作分析中的术语①

工作分析(Job Analysis)是指对某种特定的工作做出明确规定，并确定完成这一工作需要有什么样的行为的过程。在了解工作分析之前，首先必须对其中的一些专业术语作出说明，这些术语在人们的日常生活工作中常常被使用，但它们的特定含义未必人人都清楚。

工作要素。工作中不能再分解的最小动作单位。例如，削铅笔、脚踏一次空气锤、往电脑中输入一个字符等都是工作要素。

任务。为了达到某种目的所从事的一系列活动。它可以由一至多个要素组成，例如，老师上课、打字员打字就是任务。

职责。由一个人担负的一项或多项任务组成的活动。例如，大学老师的职责包括教学、科研等任务，打字员的职责包括打字、校对、简单维修机器等任务。

职位。在一定时期内组织要求个体负担的一至多项责任，职位亦称岗位。一般来说，职位与任职者是相匹配的，有多少职位就有多少任职者，职位是以“事”为中心确定的，强调的是人所担任的岗位，而不是担任这个岗位的人。

职务。一组重要责任相似的职位，根据组织规模的大小以及各种工作的性质，一种职务可以有多个职位。例如，某学校数学老师就是一种职务，可以包括数学老师王某，数学老师李某等职位个体。

职业。在不同的组织在不同的时间，从事相似活动的一系列工作的总称。例如，教师、工程师、工人、农民等都是职业。

工作簇。又称为工作类型，是指由两个或两个以上的工作组成。这些工作具有相似的特征，工作簇包括多个平行的任务，例如，生产工作和人力资源管理工作分别是两个工作簇。工作簇与职系同义。

二、工作分析的内容

由工作分析的产生、发展过程来看，工作分析这一概念包含两个方面的内容。

工作分析应先确定工作岗位的内容。即职务名称、工作地点、工作任务、工作职责、工作权限、工作对象、劳动资料、工作环境及本工作岗位与相关工作岗位之间的联系和制约方式等，对这些因素的系统表达，通常称之为工作描述(Job Description)。

工作分析应包含工作岗位对员工的要求。根据工作岗位自身特点，工作岗位会要求在本

---

① 江卫东.人力资源管理理论与方法.北京：经济管理出版社，2002.

岗位工作的员工应该具备的诸如知识水平、工作经验和身体素质等资格条件，对这些要素的系统表达，通常称为工作说明书(Job Specification)。

工作分析的内容如图 4－1 所示。

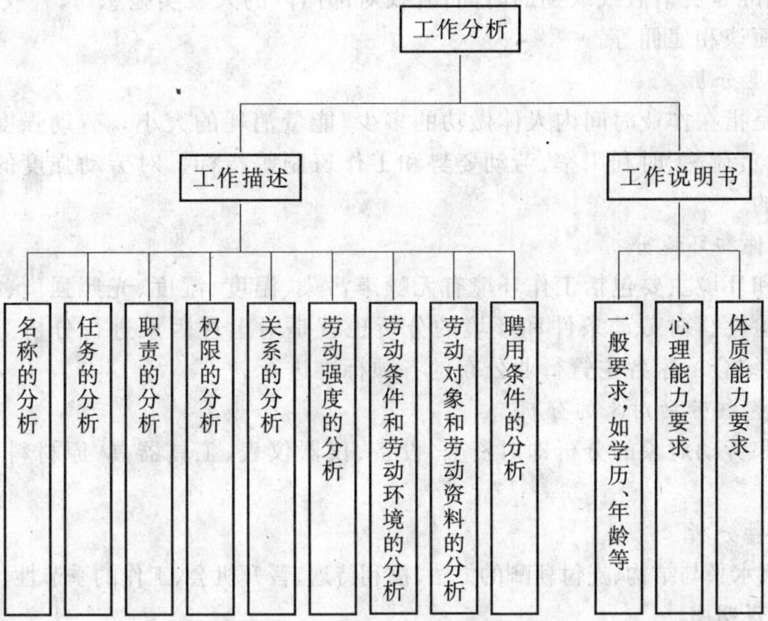

图 4－1　工作分析的内容

(一) 工作描述

工作描述主要包括以下几方面。

1. 职务名称分析

它是指组织对从事一定工作活动所规定的职务名称或职务代号，以便于对各种工作进行识别、登记、分类以及确定组织内外的各种工作关系。一个好的职务名称，不仅仅能给人们一种理念上的认识，它还能够增加人们对该项工作的感性认识。如人力资源部经理，从该职务名称上可以得出这些信息：① 该工作岗位上的人员在人力资源部工作。② 这个岗位主管人力资源工作。③ 职务是经理。职务名称必须与工作任务、职责等相匹配，不然就会给具体工作带来不便。

2. 工作任务分析

每个工作岗位都有它规定的任务，工作岗位因任务而存在。工作任务分析就是分析任务的性质、任务的内容、任务实现的形式和任务执行的步骤和程序。

3. 工作职责分析

职责是职务与责任的统一。工作职责分析，不仅包括对本工作岗位任务范围的分析，还包括对工作责任大小、重要程度的分析。分析的项目，包括在资金、设备、仪器仪表、工具器具、原材料的使用与保管上；在与他人的分工、协作和安全生产上；在完成工作任务的数量、质量以及劳动生产率上；在维护企业信誉，搞好市场开发、产品设计、生产工艺、质量检验、行政管理、员工业务素质培养上等。

4. 工作关系分析

它主要是指与其他人的正式工作关系等。接受监督以及进行监督的性质和内容，以及完成工作所要求的人际交往的数量和程度、各部门之间的关系等。

5. 工作权限分析

工作权限分析就是对工作承担者的权限范围进行分析。权限范围包括决策的权限、对其他人实施监督的权限以及经费预算的权限等。比如,工作承担者有权批准购买 5 000 元以下的物品;有权批准雇员请假或缺勤的时间;有权对部门内的人员实施惩罚;有权建议加薪;有权进行新雇员的面谈和雇佣等。

6. 劳动强度分析

劳动强度是指在作业时间内人体做功的多少,能量消耗的大小。劳动强度主要包括劳动紧张程度、劳动负荷、工时利用率、劳动姿势和工作班制等指标。对劳动强度的分析就是围绕上述指标展开的。

7. 劳动条件和环境分析

劳动条件和环境主要包括工作环境有无噪声污染、温度、湿度、光照强度、空气中含尘量、工作环境的危险性。对劳动条件和环境的分析也就是对上述因素进行分析。上述因素的定性、定量分析应结合国家各主管行业公布的各项标准进行。

8. 劳动资料和劳动对象的分析

劳动资料和劳动对象的分析即对资金、设备、仪器仪表、工具器具、原材料等的保管、使用进行分析。

9. 聘用条件分析

它包括薪酬水平与结构、支付薪酬的方法、福利待遇、晋升机会、工作的季节性、进修的机会等。

(二) 工作说明书

工作说明书又称工作规范,主要包括以下几方面。

1. 一般要求

主要包括学历、资历、专业、年龄、性别等。

2. 心理能力要求

心理能力即从事心理活动所需要的能力。不同的工作要求员工具有不同的心理能力。心理能力包括七个维度,即算术运算能力、言语理解能力、知觉速度、归纳推理能力、演绎推理能力、空间视知觉能力和记忆能力。

3. 体质能力要求

体质能力对于工作的成功是非常重要的。比如,一些工作的成功要求具有耐力、手指灵活性、腿部力量以及其他相关能力。如表 4-1 所示,体质能力包括 9 项基本能力,若能确定某一工作对这 9 项中每一项能力的要求程度,并保证从事此工作的员工具备这种能力水平,则肯定会提高工作绩效。

表 4-1 9 种基本的体质能力

力量因素	(1) 动态力量。在一段时间内重复或持续运用肌肉力量的能力 (2) 躯干力量。运用躯干部肌肉(尤其是腹部肌肉)以达到一定肌肉强度的能力 (3) 静态力量。产生阻止外部物体力量的能力 (4) 爆发力。在一项或一系列爆发活动中产生最大能量的能力
灵活性因素	(5) 广度灵活性。尽可能远地移动躯干和背部肌肉的能力 (6) 动态灵活性。进行快速、重复的关节活动的能力
其他因素	(7) 躯体协调性。身体不同部位同时进行活动时相互协调的能力 (8) 平衡性。受到外力威胁时,依然保持身体平衡的能力 (9) 耐力。当需要延长工作时间时,保持最高持续性的能力

三、工作分析的作用

工作分析是人力资源管理工作的基础。所有的人力资源方案，如甄选、绩效评估、培训与开发、薪酬政策等，都需要通过工作分析获得信息。

工作分析详细地说明了各个职位的特点及要求，界定了工作的权责关系，明确了工作群之间的内在联系，从而奠定了组织结构和组织设计的基础。

有效的工作分析是招聘和录用的基础。因为招聘及录用的过程是要发现组织最需要的同时也是将来最能胜任的人员。因此，只有明确了组织能够提供的工作的内容和任职资格要求，才能正确而合理地完成组织的招聘和录用工作。

员工的培训与开发也与工作分析密切相关。员工在培训和开发中学到的应该是在将来工作中要用到的。因此，培训中所设计的工作职责应该准确地反映实际工作的情况。有效的工作分析产生的工作说明书指明了各项工作所需要的知识和技能。据此就能设计出合理的培训计划，包括评估培训的需要，选择培训的形式，衡量培训与开发的效果。

员工的绩效考核也是以工作分析为基础的。有效的工作分析确定了对从事某种工作的员工的期望绩效，工作的要求是评价员工工作绩效的标准和依据。

从员工薪酬方面来看，工作评价是合理制订薪酬标准的基础，而正确的工作评价要求深入理解各种工作的要求。工作分析通过了解各项工作的内容、工作所需技能、学历背景、工作危险程度等因素确定工作相对于组织目标的价值，可以作为决定合理薪酬的依据。

明确的工作分析可以提高组织规范管理的力度，可以提高个人和部门的工作效率及协调性。明确的工作分析不仅仅是人力资源管理的基石，也是整个组织管理的最基本工具。

图 4-2 就形象地说明了工作分析在整个人力资源管理工作中的地位。

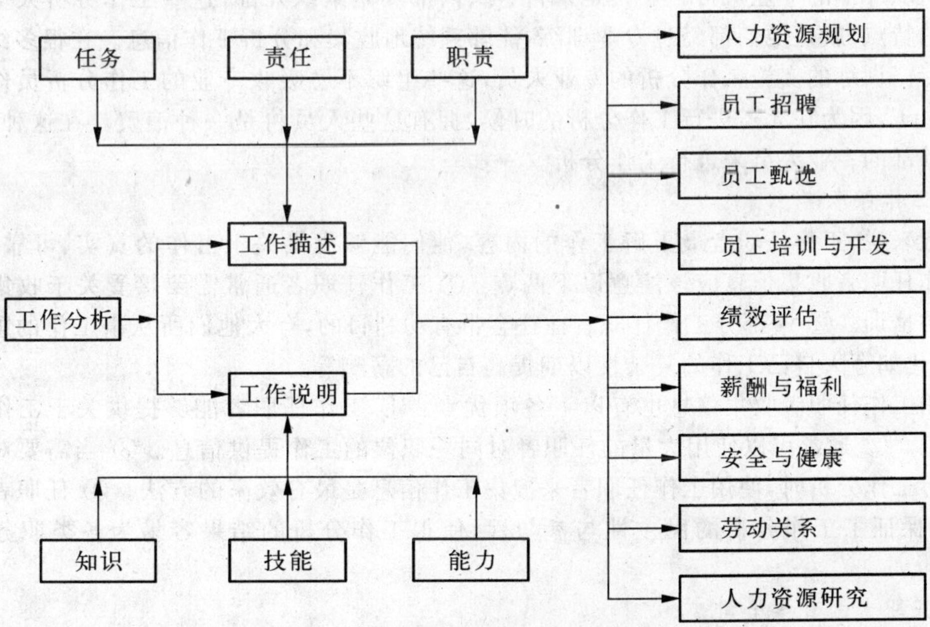

图 4-2　工作分析是人力资源管理的基石

第二节 工作分析的过程

一、工作分析的原则

1. 客观性

工作分析是人事决策的基础，因此在工作分析的各个阶段，都必须以认真细致地调查研究为基础，绝对不能凭想象去做。

2. 科学性

工作分析是一个系统工程，工作分析的每一个阶段都有自己的独特要求，所以必须依照科学的原则和方法来对待工作分析。

3. 实用性

工作分析的结果将应用于人力资源管理的各个方面，因此工作分析产生的信息必须有实用性。这就要求在实施工作分析的时候必须根据实际需要确定工作分析的内容、方法等。

4. 变动性

由于组织环境、社会环境的变化，一项工作的内容及要求是会变化的。引起变动的原因有很多，例如环境因素、技术因素及组织战略变化等。所以在实施工作分析的时候，应考虑到引起工作变化的潜在因素的影响，并对已经变化的工作及时进行再分析，以切合实际。

二、收集工作分析信息的人员选择

收集工作分析信息的人员通常有三种类型。

1. 工作分析人员

工作分析人员可以来自组织内部，通常来自于组织的人力资源部门或业务流程部门，也可以来自组织外部的专业机构。无论是来自组织内部还是组织外部，这些工作分析人员都有一个共同的特点，就是他们都经过专业训练，能够系统地收集和分析工作信息。在很多组织中没有受过专门训练的实施工作分析的专业人员，这些组织不愿吸收专业的工作分析员作为组织的正式员工，因为在无需进行工作分析的时候，拥有这些人员将是一种浪费。在这种情景下，只能请外部的专业人员来进行工作分析。

2. 工作任职者

一般来说，工作任职者最了解工作的内容，他们能够提供关于工作的真实、可靠的信息。通过工作任职者收集信息应该注意以下两点：① 工作任职者通常需要接受关于收集工作信息方法的培训。② 一部分工作任职者往往会带有功利目的，夸大他们所从事工作的重要性与复杂性，比如夸大自己工作的复杂性以期提高自己的薪酬等。

使用工作任职者收集信息也有以下各项优点：① 工作任职者能够提供关于工作的较完整的信息。② 通常可以使用大量的任职者对同一职位的工作提供信息。③ 当需要对大量的职位进行工作分析时，使用工作任职者来搜集工作信息是最有效率的方法。④ 任职者参与工作分析，保证了工作分析的民主性与参与性，使得工作分析的结果容易为各类职务人员所接受。

3. 任职者的直接上司

任职者的直接上司监控任职者从事的工作，他们有机会观察任职者的工作，能够客观地提供工作信息，收集工作信息的速度也比较快。一般情况下，任职者的直接上司并不作为主要的工作信息收集者，往往需要他们对已收集的信息进行检查与核实。

需要强调的是，以上参与工作分析的各类人员各具有优缺点，在工作分析中的作用也不尽相同。因此，这几类人员必须通力合作，取长补短，共同完成工作分析。

三、工作分析的步骤

工作分析是一个系统的过程。这个过程可以分为四个阶段：准备阶段、调查实施阶段、结果分析阶段和应用反馈阶段，其中每个阶段又包括若干环节，其过程如图 4-3 所示。

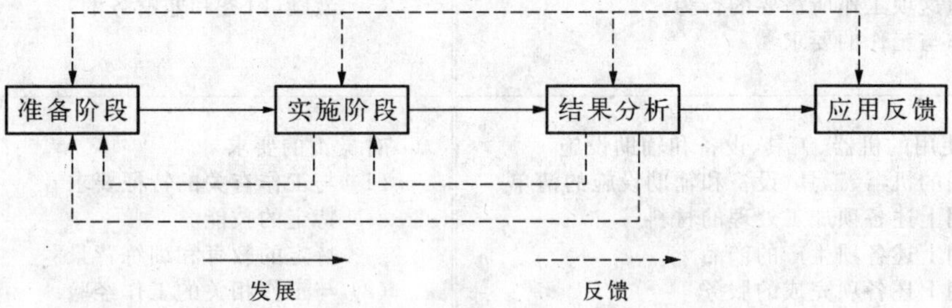

图 4-3　工作分析各阶段之间的关系

1. 工作分析的准备阶段

在工作分析的准备阶段，主要解决以下几方面的问题，即确定工作分析的目标和侧重点；制订总体实施方案；收集和分析有关的背景资料；确定所欲实地调查研究的信息；选择收集信息的方法；成立专门的工作分析小组。

(1) 确定工作分析的目标和侧重点。进行工作分析，首先要明确目前所要进行的工作分析的目的，即进行工作分析主要想解决什么问题，获取工作分析信息的用途是什么。工作分析的目标直接决定了进行工作分析的侧重点，决定了在进行工作分析的过程中需要获取哪些信息，以及用什么方法获得这些信息。

在一个新成立的组织中或在一个刚刚进行了重组的组织中实施职务分析时，其首要目的是将组织的职能分解到各个职位，明确各个岗位的职责，明确组织中的纵向隶属关系和横向的关联关系。这时工作分析的侧重点就在于各个职位的工作职责、权限和关联关系方面。如果工作分析的目的是为空缺的职位招聘雇员，那么这时工作分析的侧重点一方面是该职位的工作职责，另一方面是对任职者的要求。因为如果我们需要招聘员工的话，明确任职者的要求是非常重要的。如果工作分析的目的是为了确定绩效考核的标准，那么其侧重点就应该是衡量每一项工作任务的标准，需要澄清任职者完成每一项工作任务时的时间、质量、数量等方面的标准。如果工作分析的目的是为了确定薪酬体系，那么仅仅通过访谈等方法获得描述性的信息就是不充分的，需要采用一些定量的方法对职位进行量化的评估，确定每一职位的相对价值。如果我们关心岗位的定编定员，那么在工作分析的时候就需要对每个岗位的工作量进行测算，从而计算出所需人员的数量。

考虑工作分析的目的时还应考虑所要做的工作分析的精确程度。在做工作分析时，是将工作分解成一个个极其精细的成分（例如手臂倾斜 90°、脚向前移动 20 cm），还是在一个比较概括的水平上进行(例如做金融决策、对员工说话等)。当然上述两个例子是极端情况，但在工作分析之前还是要对分析的精确程度作出规定。工作的种类、复杂程度不同，工作分析的精确程度也不同。同时，为了确保所收集的信息的质量，我们还必须事先确定信息收集的种类和范围(见表 4-2)。

表 4-2 工作分析信息的类型

1. 工作活动 (1) 工作任务的描述 工作任务是如何完成的 为什么要执行这项任务 什么时候执行这项任务 (2) 与其他工作和设备的关系 (3) 进行工作的程序 (4) 承担这项工作所需要的行为 (5) 动作与工作的要求	3. 工作条件 (1) 人身工作环境 在高温、灰尘和有毒环境中工作 工作是在室内还是在户外 (2) 组织的各种有关情况 (3) 社会背景 (4) 工作进度安排 (5) 激励(财务和非财务的)
2. 工作中使用的机器、工具、设备和辅助设施 (1) 使用的机器、工具、设备和辅助设施的清单 (2) 应用上述各项加工处理的材料 (3) 应用上述各项生产的产品 (4) 应用上述各项完成的服务	4. 对员工的要求 (1) 与工作有关的特征要求 特定的技能 特定的教育和训练背景 (2) 与工作相关的工作经验 (3) 身体特征 (4) 态度

我们还应注意确定所要分析的职位有哪些,因为当一个组织中的职位特别多时,常常需要选取具有代表性、典型性的职位进行分析。对于相似的职位,并不一定每个职位都进行分析,可能只选取其中的一部分进行分析。

(2) 制订总体实施方案。实施一次完整的工作分析活动,往往需要调动大量的资源,需要花费相当长的时间,需要来自各个方面的人员的配合,因此这样一个比较复杂的活动需要在实施之前制订一个方案,以便有计划、有条理地实施工作分析。总体实施方案也就是工作分析的蓝图。工作分析的总体实施方案通常包含以下内容:

① 工作分析的目的和意义;
② 工作分析所需收集的信息内容;
③ 工作分析项目的组织形式与实施者;
④ 工作分析实施的过程或步骤;
⑤ 工作分析实施的时间和活动安排;
⑥ 工作分析方法的选择;
⑦ 界定待分析的工作样本;
⑧ 所需的背景资料和配合工作;
⑨ 工作分析所提供的结果。

在制订实施方案时,还应注意规范用语,应对工作分析中的用语进行规范。在工作分析过程中,信息的表达方式可以是多种多样的,对于一个问题的理解和解释也是不尽相同的。为了争取不同工作分析人员所收集上来的信息一致,应减少因用语不同所造成的误差。

(3) 收集和分析有关的背景资料。在工作分析中,有些信息需要实地去收集,而有些现存的背景资料对于工作分析也是非常重要的,不能忽视。对工作分析有参考价值的背景资料主要包括:国家职业分类标准或国际职业分类标准;有关整个组织的信息(包括组织机构图、工作流程图、部门职能说明等);现有的工作说明或有关职位描述的信息。

在进行工作分析时,首先可以查阅职业分类词典,找到类似的职位描述,除非所要分析的职位是全新的职位。但一定要注意，不可照搬现有的资料，只可将现有的资料作为参考，因为职业分类词典中的职位描述并不是针对某个具体组织中的职位。很多情况下，在不同的组织中，名称相同的职位其具体的职责、任务、任职要求等都有很大的差异。因此，应针对具体组织中的实际情况做出具体的分析。

进行工作分析时，组织中的一些资料是非常重要的。组织机构图是用来描述组织中各个组成部分之间相互关系的，从组织机构图中可以看到部门或职位之间的关系，每一个部门或职位应该向谁负责，每一个部门或职位的下属是谁，发生关联的部门和职位有哪些。通过组织机构图，可以很清楚地理解各个职位在组织中的位置。组织机构图表示的是部门或职位之间的一种静态联系，而工作流程图则表明了部门或职位之间的动态联系。在工作流程图中，我们可以看出在一项工作活动中，某个部门或职位需要接受来自哪些部门或职位的信息或指令，需要对信息和指令做出哪些处理，需要向哪些部门或职位发出信息或指令，等等。通过工作流程图，可以比较好地了解工作任务及工作中的关联关系。

除了组织机构图和工作流程图之外，组织中各个部门的职能说明书也是进行工作分析时非常有用的资料。部门的职能说明书规定了组织中一个部门的使命和职能，而工作分析就是要将部门的职能分解到下属的职位上去。仔细研究现有的部门职能说明，可以帮助我们将部门的职能全面有效地分解到部门内部的各个职位中。

在很多组织中，并不是第一次实施工作分析，因此组织中一般会有一些现成的岗位职责、职位描述等资料。这些现有的资料尽管可能不尽完善，或者由于工作的变化已经与现在的实际状况不符，但仍会提供工作职位的一些基本信息，因此仍然具有参考价值。

(4) 确定所欲实地调查研究的信息。从对现有资料的分析中，我们已经得到了一些关于所欲分析的职位的基本信息。但是，关于职位的最关键的大量的信息往往不是从现有的资料中可以获得的，需要从实地调查研究中得到。在实施工作分析调研之前，我们需要事先考虑收集哪些信息。确定要收集哪些信息，可以从以下几方面加以考虑：

① 根据工作分析的目标和侧重点，确定要收集哪些信息；

② 根据对现有资料的研究，找出一些需重点调研的信息或需进一步澄清的信息；

③ 按照 6W1H 的内容考虑需要收集的信息。

6W1H 是国外人事心理学家从管理角度，提出的著名的工作分析方法，该方法把工作分析所要回答的问题归纳为 6W1H，6W1H 即做什么(What)、为什么(Why)、用谁(Who)、何时(When)、在哪里(Where)、为谁(for whom)及如何做(How)。这 6W1H 基本上概括了工作分析所要收集的全部内容。

(5) 选择收集信息的方法。收集工作信息的方法多种多样，有定性的方法，也有定量的方法；有以考察工作为中心的方法，也有以考察任职者特征为中心的方法(工作分析方法将在第三节中介绍)。那么在具体进行工作分析时，如何选择最有效的方法呢？

在选择收集工作信息的方法时，首先要考虑工作分析所要达到的目标。当工作分析需要达到不同的目标时，使用的方法也有所不同。例如，当工作分析用于招聘时，就应该选用关注任职者特征的方法；当工作分析关注薪酬体系的建立时，就应当选用定量的方法，以便对不同工作的价值进行比较。

其次，选择收集工作信息的方法时，要考虑所分析的职位的不同特点。例如，有的职位的活动比较外显，以操作机械设备为主，那么这样的职位就可以使用现场观察法；而有的职位的活动以内隐的脑力活动为主，不易进行观察，那么运用观察法对这样的职位收集工作信息就不适合。再比如有些方法要求被调查者具有一定的书面表达能力，如开放式问卷的方法，这时一些文化水平要求较低的职位的任职者就无法回答。

另外，选择收集工作信息的方法时，还应考虑实际条件的限制。有些方法虽然可以得到较多的信息，但可能由于花费的时间或财力较多而无法采用。例如，专家访谈的方法可以较直接地从工作任职者处获得信息，而且访谈者与被访谈者之间可以进行交流，能够较深入地挖掘有关工作的信息，但它需要花费的时间较多。而问卷的方法，虽然获得的信息有限，但可以很多人同时回答，效率较高，很适合在时间要求较紧的情况下采用。

实际上，每一种收集工作信息的方法都有其独特之处，也有其适合的场合，有其优点，也有其不足之处，并不存在一种普遍适用的或最佳的方法。在进行工作分析时，应该根据具体的目的和实际情况，有针对性地选择一种或几种方法，这样才能取得较好的效果。

选定了收集信息的方法之后，有的方法需要事先设计一定的程序或准备一定的文件。例如，访谈的提纲、调查问卷、观察的记录表格，等等。

(6) 成立专门的工作分析小组。在这样的工作小组中，常常包括进行策划和提供技术支持的专家，也包括具体实施操作的专业人员，另外还应有负责联络协调的人员。在准备阶段，应该明确小组成员各自的职责，这样在工作时就可以保证分工明确，并能很好地协调，保证工作的效率和质量。

2. 工作分析的实施阶段

经过充分的准备之后，就可以进入工作分析的具体实施阶段了。在实施阶段，主要进行的几项工作是：与参与工作分析的有关人员进行沟通，制订具体的实施操作计划，实际收集和分析工作信息。

(1) 与有关人员进行沟通。由于工作分析需要深入到具体的工作岗位上，在进行这项工作的过程中必然要同大量的工作任职者和管理者发生关系，因此赢得他们的理解和支持是非常必要和重要的。

在开始实施工作分析时，需要与所涉及的人员进行沟通。这种沟通一般可以通过召集员工会议的形式进行，在会上可以由工作分析小组成员对有关人员进行宣讲和动员。与参与工作分析的有关人员进行沟通的目的主要有以下三个：

第一，让参与工作分析的有关人员了解工作分析的目的和意义，消除内心的顾虑和压力，争取他们在实际收集信息时的支持与合作。可以向他们介绍工作分析对于开展工作的意义，对于管理工作的好处，提高他们的兴趣。另外，还要澄清他们对工作分析的一些认识。例如，要让他们认识到工作分析的目标是针对工作的，是为了分析工作的一些特性，而不是评估工作任职者的表现，消除他们一些不必要的担心。让他们认识到工作分析的结果并不是给大家增加工作量，而是通过职责分工的明确和效率的提高，减轻大家的工作负担。

第二，让参与工作分析的人了解职务分析大致需要进行多长时间，大概的时间进度是怎样的。这样，他们就会了解自己大概会在什么时候花费多少时间进行配合，便于他们事先做好工作安排，留出足够的时间来配合工作分析的进行。

第三，让参与工作分析的有关人员初步了解职务分析中可能会使用到的方法，以及在各种方法中他们需要如何进行配合，如何提供信息。这样，会使收集的信息更加有效。

(2) 制订具体的实施操作计划。在工作分析的准备阶段，已经有了工作分析的实施方案。但这样的方案，往往只是提供了大致的计划，在具体实施时，还应该有更细致的操作计划。

在实施的操作计划中，应该列出具体的精确的时间表，具体到在每一个时间段，每个人的具体职责和任务是什么。对于接受访谈或调研的人，也应事先制订好时间表，以便其安排手头的工作或事务。

这一具体的实施操作计划，在执行的过程中可能还会做出一定的调整。一旦计划发生改变，应及时通知相关的人员。

(3) 实际收集与分析职务信息。这一阶段是整个工作分析过程的核心阶段。主要是按照事先选定的方法，根据既定的操作程序或计划收集与职务有关的各种信息，并对信息进行描述、分类、整理、转换和组织，使之成为书面文字。

一般来说，对工作信息的收集和分析通常包括以下内容。

① 职位名称分析。对职位名称进行分析时，应注意使职位名称标准化，并符合人们一般的理解，使人们通过职位名称可以了解职位的性质和内容。命名应准确，不易发生歧义；名称应有美感，切忌粗俗。

② 工作内容分析。工作内容分析是为了全面地认识了解工作。其具体内容包括以下几个方面。

- 工作任务。明确规定某职位所要完成的工作活动或任务，完成工作的程序与方法，所使用的设备和材料。
- 工作责任与权限。以定量的方式确定工作的责任与权限，例如财务审批的金额、准假的天数，等等。
- 工作关系。了解和明确工作中的关联与协作关系。该职位会与哪些工作发生关联关系，会对哪些工作产生影响，受到哪些工作的制约，与谁发生协作关系，可以在哪些职位范围内进行晋升和岗位轮换。
- 工作量。确定工作的标准活动量，规定劳动定额、绩效标准、工作循环周期等。

③ 工作环境分析。主要包括以下几个方面。

- 工作的自然环境。包括环境中的温度、湿度、照明度、噪声、震动、异味、粉尘、辐射等，以及任职者与这些环境因素接触的时间。
- 工作安全环境。主要包括工作的危险性，可能发生的事故、事故的发生率和发生原因，对身体的哪些部分易造成危害以及危害程度，易患的职业病、患病率及危害程度等。
- 社会环境。主要包括工作地点的生活方便程度、环境的变化程度、环境的孤独程度、与他人交往的程度等。

④ 工作任职者的必备条件分析。确定工作任职者所应具有的最低资格条件，主要包括以下几个方面。

- 必备的知识。具体包括最低学历要求，有关理论知识和技术的最低要求(例如使用机器设备的操作方法、工艺流程、材料性能、安全知识、管理知识和技能等)，对有关的政策、法令、规定或文件的了解和掌握程度等。
- 必备的经验。包括过去从事同类工作的时间和成绩，应接受的专门训练的程度，完成有关工作活动的实际能力等。
- 必备的身体素质。工作任职者应具备的行走、跑步、攀登、站立、平衡、旋转、弯腰、举重、推拉、握力、耐力、手指与手臂的灵巧性、手眼协调性、感觉辨别力等。
- 必备的操作能力。通过典型的操作来规定从事该职位的工作所需的注意力、判断力、记忆力、组织能力、创造能力、决策能力等。
- 必备的个性特征。工作任职者应具备的耐心、细心、沉着、诚实、主动性、责任感、支配性、情绪稳定性等方面的特点。

必须注意的是，在分析阶段，还需注意以下三点：

- 仔细审核、整理获得的各种信息；

● 创造性地分析、发现有关工作和工作人员的关键问题；

● 归纳、总结出职务分析必需的材料和要素。

3. 结果形成阶段

工作分析结果通常为每个职位的工作说明书。在结果形成阶段，需要对收集来的信息进一步审查和确认，进而形成工作说明书。这一阶段主要完成的工作有：与有关人员共同审查和确认工作信息，形成工作说明书。

(1) 与有关人员共同审查和确认职务信息。通过各种方法收集来的关于工作的信息，必须与工作任职者和任职者的上级主管进行审查、核对和确认，才会避免偏差。经过这样的过程，一方面可以修正初步收集来的信息中的不准确之处，使工作信息更为准确和完善；另一方面由于工作任职者和任职者的上级主管是职务分析结果的主要使用者，请他们来审查和确认这些信息有助于他们对职务分析结果的理解和认可，为今后的使用奠定基础。另外，收集工作信息的人实际上可能并没有从事过所分析的工作，因此对工作中的一些实际问题和标准并不是很了解，而在这些方面，恰恰工作任职者和其上级主管更有发言权。让工作任职者和其上级主管共同对工作信息提出意见，也有利于发现他们对工作的一些不一致的看法，使他们能有一次沟通的机会，以便协调一致，便于今后更好地开展工作。

(2) 形成工作说明书。工作说明书是对工作的目的、职责、任务、权限、任职者基本条件等的全面描述。这一阶段的工作需注意以下几点：

① 根据工作分析规范和经过分析处理的信息草拟“工作描述书”与“任职说明书”。② 将草拟的“工作描述书”与“任职说明书”与实际工作进行对比。③ 根据对比的结果决定是否需要进行再次调查研究。④ 修正“工作描述书”与“任职说明书”。⑤ 若需要，可重复②～④的工作。例如，对特别重要的岗位，其“任职描述书”与“工作说明书”就应多次修订。⑥ 形成最终的“工作描述书”和“任职说明书”。⑦ 将“工作描述书”与“任职说明书”应用于实际工作中，并注意收集应用的反馈信息，不断完善“工作描述书”与“任职说明书”。⑧ 对工作分析本身进行总结评估，注意将“工作描述书”与“任职说明书”归档保存，为今后的职务分析提供经验与信息。

4. 应用与反馈阶段

编写出工作说明书之后，可以说工作分析的工作基本结束了，但是对工作分析结果的应用也是非常关键的，因为只有应用了工作分析结果，才能体现出工作分析的价值。而且，在应用过程中，可能会发现一些重要问题，通过反馈，可以为后续的工作分析提出要求。具体来说，在工作分析结果的应用与反馈阶段包括两方面的工作：一是工作说明书的使用培训；二是使用工作说明书的反馈与调整。

(1) 工作说明书的使用培训。工作说明书是由专业人员编写的，而它的使用者是实际从事工作的人员。在进行工作说明书的使用培训时，一方面要让使用者了解工作说明书的意义与内容，了解工作说明书中各个部分的含义；另一方面要让使用者了解如何在工作中运用工作说明书，例如，如何在招聘员工时使用工作说明书，如何根据工作说明书与下属员工确定工作目标和标准，如何根据工作说明书考核员工并提出对员工培训的需要，等等。

(2) 使用工作说明书的反馈与调整。这一活动将始终贯穿于组织的经营与管理活动之中。随着组织与环境的发展变化，一些原有的工作任务会消亡，一些新的工作任务会产生，现有的许多职位的性质、内涵和外延都会发生变化。因此，应经常对工作说明书的内容进行调整和修订。另外，工作说明书是否适应实际工作的需要，也需在使用过程中得到反馈。

第三节　工作分析的方法

在确定工作分析的目标之后，就要收集与工作活动和职责有关的信息。收集工作信息的方法有很多种，它们各自有其特点，并没有任何一种方法可以提供非常完整的有关工作的信息。因此，对于这些方法应当综合使用、灵活搭配，以达到较好的效果。以下介绍工作分析收集信息的几种方法。

一、定性的工作分析信息收集方法

定性的工作分析收集信息方法包括以下几种。

1. 访谈法

正在承担一项工作的员工对这项工作的职责和要求是最有发言权的。因此，与工作承担者面谈是收集工作信息的一种有效的方法。访谈法是通过职务分析人员与员工面对面的谈话来收集职务信息资料的方法，一般以个别访谈或小组座谈的形式收集信息。在进行访谈之前，工作分析人员首先必须初步了解工作相关信息，并准备好详细的结构化的提纲，访谈时可以采用标准的格式进行记录，以保证使访谈对象的问题和回答范围限于工作范围之内。访谈时工作分析人员应当主动搜集信息，并注意一些交流的细节问题。在访谈之后应当及时将收集的工作信息请任职者的直接上司阅读，提意见，以便之后做修改和补充。

关于面谈法，麦考密克于 1979 年提出了一些标准，它们是：所提问题要和职务分析的目的有关；职务分析人员语言表达要清楚、含义准确；所提问题必须清晰、明确，不能太含蓄；所提问题和谈话内容不能超出被谈话人的知识和信息范围；所提问题和谈话内容不能引起被谈话人的不满，或涉及被谈话人的隐私。

访谈法的优点是能够迅捷地收集工作分析信息。由承担工作的员工本人来提供有关工作的信息是再恰当不过了。由于工作承担者有长期担任此工作的经验，他们对于工作本身的责任和工作要求的体会都会较别人深刻得多。此外，工作分析人员与员工面对面交流时，较易取得观察法无法取得的信息，例如工作经验、任职资格等。同时，访谈法也特别适用于对文字理解有困难的员工。访谈法适合于脑力劳动者，如开发人员、设计人员、高层管理人员等。

访谈法存在上述优点的同时也存在着一些缺陷：

(1) 从访谈法的准备过程来看，由于工作分析人员在设计访谈问题时往往根据的是以往的工作分析资料，缺乏对实际工作的感性认识。因此，所提出的问题有时可能缺乏针对性，从而使访谈的效果大打折扣。

(2) 从访谈过程来看，员工往往强调自己的责任重大，夸大自身工作的难度，使得工作分析信息失真；而工作分析人员易拘泥于访谈提纲，死板教条，容易招致员工的反感，继而造成员工对工作分析人员的不信任；还有一些工作分析人员在访谈时容易对员工的工作待遇产生兴趣，并喜欢任意地对员工的工作和员工的上司进行评议，招致员工对工作分析人员产生反感和厌恶。

2. 问卷法

通过让员工填写问卷的方法来描述其工作中包括的任务和职责等内容是一种比较好的获取工作信息的方法。采用问卷法，首先需要考虑如何安排问卷结构以及提一些什么样的问题。一般先设计一些让被试者书面回答的问题，然后由工作分析人员根据回收的答卷来统计工作特征、工作行为和工作人员特征，按照发生频率的高低判断其在该工作中的重要性和可靠性，作为入选工作分析的内容的依据。问卷法主要可以分为两种：一般工作分析问卷法和指定工作分析问卷法。

(1) 一般工作分析问卷法

这种方法适合于各种工作，问卷内容具有普遍性，表 4-3 是一个例子。

表 4-3　一般工作分析的问卷

1. 职务名称________
2. 比较适合任该职务的性别是(　　)
A. 男性　B. 女性　C. 男女均可
3. 最适合胜任该职务的年龄是(　　)
A. 20 岁以下　B. 21～30 岁　C. 31～40 岁　D. 41～50 岁　E. 51 岁以下
4. 能胜任该职务的文化程度是(　　)
A. 初中以下　B. 高中、中专　C. 大专　D. 本科　E. 研究生以上
5. 该职务的工作地点在(　　)
A. 本地市区　B. 本地郊区　C. 外地市区　D. 外地郊区
6. 该职务的工作主要在(指 75%以上时间)(　　)
A. 室内　B. 室外　C. 室内外各一半
7. 任该职务者的工作时间一般在(指 75%以上时间)(　　)
A. 白天　B. 晚上　C. 兼有白天和晚上
8. 该职务工作信息来源主要是(　　)
A. 视觉材料(文件、图表、财务数据、照片、数字显示、信号灯)
B. 听觉材料(语音广播、公共场所声音、乐曲等)
C. 触觉材料(手感、温度、光滑度、柔软度等)
D. 模型装置(模型、模式、模板等)
E. 测量装置(气压表、气温表等各种表具)

(2) 指定工作分析问卷法

这种方法适合于各种指定的工作，问卷内容具有特定性，一张问卷只适合于一种工作，如表 4-4：

表 4-4　文员工作分析问卷(部分)

说明以下职责在你工作中的重要性(最重要的打 10 分，最不重要的打 0 分，标在右侧的横线上)。
1. 接听、转达或记录办公室电话________
2. 接待好每一个来访者________
3. 收发文件并及时送达________
4. 整理文件并及时归档________
5. 正确记住各部门的负责人及部门所在位置________
6. 掌握工作中经常遇到的必要的商务、法律知识________
7. 善于微笑________
8. 清洁办公场地________
9. 准备好会议场所及设备________
10. 做好会议记录________
11. 参加在职培训________
12. 讲话口齿清楚________
13. 熟练运用电脑、电传等办公设备________
14. 打字速度快________
15. 思路清晰________

续　表

16. 向经理汇报工作________
17. 每天总结自己的工作________
18. 每天锻炼身体________
19. 和同事保持良好关系________
20. 不怕吃苦________

3. 观察法

观察法是指在工作现场用感觉器官或其他工具，观察员工的实际工作运行，用文字或图表形式记录下来，来收集工作信息的一种方法。这种方法主要用来收集强调人工技能的那些工作信息。例如，一位车工的工作，可以帮助工作分析人员确定工作的体力任务与脑力任务之间的关系。

观察法有以下一些优点。

（1）全面深入。观察法要求工作分析人员对各种有代表性的作业活动作普遍观察。因此，通过观察，工作分析人员能够进行比较全面和深入的了解。

（2）方法多样，效果显著。在观察分析中，工作分析人员可深入到工作现场，借助于感官对某些特定对象的作业活动进行直接观察，同时观察人员还可以借助于各种测量和记录设备，比如声级计、照度计、照相机、录音机、摄像机等。这些工具可以提高可靠性和效率。

观察法也有以下的缺点。

（1）只适合于那些以可见动作为主的职务，对于脑力劳动成分比较高的职务，无法进行。

（2）只适合于那些活动范围不大的职务。对那些职务活动范围很大的职务的观察，增加了分析工作的人力、物力和时间的消耗，难度较大。

（3）对于一些特设环境中活动的职务，难以运用观察法进行分析。

（4）难以获得合作。对于一些任职者来说，会产生心理抗拒，他们会觉得自己受到监视和威胁，同时，也可能造成动作变形。

（5）不能得到有关任职者资格要求的信息。

使用观察法应注意以下几点。

（1）观察法适用于标准化或大部分标准化的、周期短的体力活动为主的工作。

（2）调查之前要了解工作行为样本的代表性，有时候，有一些行为在观察过程中并不能完全表现出来。

（3）观察的对象工作必须是相对静止的，也就是说在一段特定的时间内，工作内容、工作时间、工作方法与程序及对工作人员的要求都不会发生明显的变化。

（4）观察法并不适用于脑力技能占主导地位的工作。

（5）观察人员应当尽量隐蔽自己的观察行为，以便观察到真实而有代表性的目标工作。

（6）对于观察人员来说，目标工作可能是复杂、不熟悉的，在观察时不容易抓住重点，因此一份详细的完备的观察提纲是必需的。

4. 参与法

参与法，顾名思义，就是职务分析人员直接参与到员工的工作中去，扮演员工的工作角色，体会其中的工作信息，从而获得有关的第一手资料。参与法比较适合于一些简单工作的工作分析。对于一些具有危险性的工作或者对于组织来说非常重要的工作，均不适合采用这种方法。

参与法可以了解实际工作中员工面临的真实情况，可以弥补一些观察不到的同时又极其重要的内容。在实际工作中，有经验的员工并不总是很了解自己完成工作任务方式的缺点，参与法可以帮助工作分析人员找到这种缺点。还有一些工作的内容要求是难于用语言表达的，参与法就成了最好的工具。参与法适用于专业性不是很强的职务。参与法与观察法、问卷法相比较，获得的信息更加准确。要注意的是，职务分析人员需要真正地参与到工作中去，去体会工作，而不是仅仅模仿一些工作行为。

参与法也具有一些明显的缺点。一般现代组织中的工作都是高度专业化的，工作分析人员往往不具备相关的知识和技能，因此无法参与。参与法与其他工作分析方法结合起来使用往往较理想。

5. 关键事件法

如果员工太多，或者职位工作内容过于繁杂，应该挑选具有代表性的员工和典型的时间进行观察，从而提高职务分析的效率。而关键事件法，就是要求调查人员、本职位上的员工或与本职位有关的员工，将工作过程中的“关键事件”详细加以记录，在大量收集信息之后，对工作职位的特征和要求进行分析研究的方法。关键事件是指在工作过程中给工作任务造成显著影响（如成功与失败，盈利与亏损，高效与低产，等等）的事件。关键事件的记录应包括：① 导致该事件发生的背景、原因。② 职员有效的或多余的行为。③ 关键行为的后果。④ 职员控制上述后果的能力。

将上述各项详细记录之后。可以对这些数据作出分类。并归纳总结出该职位工作的主要特征和具体要求。

采用关键事件法时应该注意：

(1) 调查的期限不宜过短；

(2) 关键事件的数量应该足够说明问题，事件数目不能太少；

(3) 正反两方面事件要兼顾，不得偏颇。

6. 现场工作日志法

现场工作日志法，是由员工本人自行进行的一种职务分析方法。事先应该由职务分析人员设计好详细的工作日志单，让员工按照要求及时地填写职务内容，按时间顺序记录工作过程，然后进行归纳、提炼、总结，从而取得所需工作信息的一种方法。需注意的是，工作日志应该随时填写，比如以 10 分钟、15 分钟为一个周期，而不应该在下班前一次性填写，这样是为了保证填写内容的真实性和有效性。

工作日志法是每日在完成以后的即时记录，其详尽程度是其他工作分析所不能比拟的；同时，通过工作日志法所获得的工作信息，可靠性很高，往往适用于确定有关工作职责、工作内容、工作关系、劳动强度等方面的信息。当然，工作日志法的缺点是该方法只适合工作循环周期短、工作状态稳定的职位，对于一些特别是高层次的职位，由于工作的灵活性和前瞻性，通过工作日志取得信息，往往不能反映职位的真正信息。另外，工作日志法需处理的信息量大，归纳工作繁琐。如果由工作承担者自己填写工作日志，则往往容易漏填很多实际上对工作分析很重要的东西，但如果由第三者填写，人力投入就会非常多，而且通常不会取得很好的综合效果。

一般来说，在用于工作分析时，工作日志法很少作为唯一的、主要的信息收集技术，常常要与其他方法相结合。实际工作中，工作分析人员通常会将企业已有的工作日志作为问卷设计、准备访谈或对某一项工作初步了解的文献资料来源。

二、定量的工作分析信息收集方法

要想将每一种工作的价值都加以量化，以便对它们的价值进行比较，从而确定报酬的时候，量化的工作分析方法无疑是最好的。定量的工作分析方法主要有职位分析问卷法（the Position Analysis Questionnaire，PAQ）和职能性工作分析法（Functional Job Analysis，FJA）。

1. 职位分析问卷法

职位分析问卷法是由麦考密克（E.J. McCormick）在 1972 年提出的。该方法是一种结构严密的实用性较强的方法。PAQ 包括 194 个项目，其中 187 项被用来分析完成工作过程中员工活动的特征，另外 7 项涉及薪酬问题。所有的要素又被划分为 6 个类别（见表 4－5），PAQ 给出每一项目的定义和相应的工作元素项目。

表 4－5 PAQ 工作元素的分类

类别	内容	工作元素数目
信息输入	员工在工作中从何处取得信息，如何取得	35
思考过程	在工作中如何推理、决策、规划，信息如何处理	14
工作产出	工作需哪些体力活动，使用何种工具与设备，取得什么成果	49
人际关系	工作中需要与哪些人有关系，发生什么样的关系	36
工作环境	工作中自然环境与社会环境怎样	19
其他特征	其他有关工作的行为、条件、特征等	41

在应用 PAQ 时，工作分析人员要依据六个计分标准（即使用程度、时间长短、重要性、发生的可能性、适用性及特殊计分）对每个工作要素进行衡量，194 个项目中的任何一个项目（如书面材料）所代表的都是在工作中起重要作用或仅起不太重要作用的某一基本方面。工作分析人员要确定这些因素在工作中是否很重要，如果重要，那么就重要程度如何给出主观评分，并且可以对每个工作的各个要素分配一个量化的分数，经综合对各个工作划分等级，从而为确定每一种工作的薪酬标准提供依据。

职位分析问卷法的优点在于，它将工作按照五个基本领域进行排序并提供了一种量化的分数顺序或顺序的轮廓。这五个基本领域是：

（1）是否负有决策、沟通、社会方面的责任。

（2）是否执行熟练的技能性活动。

（3）是否伴随有相应的身体活动。

（4）是否操纵汽车或设备。

（5）是否需要对信息进行加工。

职位分析问卷的真正优势在于：它对工作进行了等级划分。换而言之，职位分析问卷法可以使你根据决策、熟练性活动、身体活动、汽车或设备操纵以及信息加工等特点对每一项工作分配一个量化的分数。于是，就可以运用职位分析问卷法所得出的结果对工作进行对比，以确定哪一种工作更富有挑战性，然后可以根据这一信息来确定每一种工作的奖金或工资等级。

2. 职能性工作分析法

职能性工作分析法，是指由美国劳工部的训练与就业署开发出来的一种定量的工作分析方法。该种方法认为，员工在工作中与数据、人、物这三种要素发生关系，这三种工作关系也即三种工作职能。数据(data)是指工作涉及的数字、符号、概念、思想等信息，处理数据的工作行为是综合、协调、编辑、计算、复制、比较等，这些工作消耗员工脑力资源。人(people)是指工作中发生关系的其他人，如上级、同事、下属、客户等。工作中与人发生关系的行为是指导、谈判、指示、监督、转变、劝说、通告、服务、接受指示性帮助等，这些工作行为涉及人际资源。物(things)是指工作中涉及的机器设备等工作客体，员工在工作中与物发生关系的行为包括装配精确操作、运行控制、驱动、操纵、照看、保养、手工操作等，诸如此类的工作行为消耗员工的体力资源。

工作中与数据、人、物发生关系所形成的三种职能占整个工作的比重不完全相同，一般来说，专业技术人员在工作中投入的处理数据的职能量较大；行政管理人员投入的处理人际关系职能量较大；而生产线上的操作人员大部分时间与物发生工作关系，体力消耗较大。依据数据、人、物在工作中的重要程度不同，可以用百分比的形式来估计三种职能的比重。例如，某机械厂车工的数据、人、物的职能比率，可以分别确定为15%、10%、75%。在职能性工作分析中，三种职能的比重关系说明了职能倾向性。

如表4-6所示，三种职能中的各项工作行为可以按难易程度或复杂程度列出等级序列。在该表中，数字越大，表示工作行为更为简易，且数字小的工作行为一般包含数字大的工作行为。例如，计算各项工作行为包含复制和比较，但不包括汇编、分析、协调、综合。美国劳工部的训练与就业署，曾用该表中列出的职能项目及职能工作分析技术，对3万多种工作做了工作分析，并由此编制了《职业名称辞典》。

表4-6 美国劳工部制订的工作职能项目及等级表

数　据	人	物
0 综合 1 协调 2 分析 3 汇编 4 计算 5 复制 6 比较	0 指导 1 谈判 2 指示 3 监督 4 转变 5 劝说 6 通告 7 服务 8 接受指导或帮助	0 装配 1 精确操作 2 运行控制 3 驱动 4 操纵 5 照看 6 保养 7 手工操作

第四节 工 作 设 计

一、工作设计的概念①

工作设计，是指对工作完成的方式以及某种特定工作所要求完成的任务进行界定的过程。

① 卢福财，庄凯，等.人力资源管理.北京：经济管理出版社，2003.

而工作再设计则是指改变某种已有工作中的任务或者改变工作完成的方式这样一个过程。为了有效地进行工作设计，一个人必须全面地了解工作的当前状态（通过工作分析来了解）以及它在范围更广的工作单位内部的整个工作流程中的位置（通过工作流程分析来把握）。只要获得了工作单位以及工作本身所需要完成的任务这方面的详细知识，管理者就可以选择多种方式来对工作进行设计。关于这一点，我们可以通过不同工作设计方法之间的利弊得失来理解。

研究表明，在各种学科中（比如，心理学、管理学、工程学以及人类工程学），一共有四种基本的方法是与工作设计问题有关的。所有工作的特征都可以通过这四种方法中的任意一种确定下来。因此，管理者就需要了解应当如何在不同的方法之间进行权衡。

二、激励型工作设计法

工作设计的激励型方法在组织心理学和管理学文献中可以找到其深厚的基础。它所强调的是可能会对工作承担者的心理价值以及激励潜力产生影响的那些工作特征，并且它把态度变量（比如，满意度、内在激励、工作参与以及像出勤、绩效这样的行为变量）看成是工作设计的最重要结果。激励型的工作设计方法所提出的设计方案往往强调通过工作扩大化、工作丰富化等方式来提高工作效率，它同时还强调要围绕社会技术系统来进行工作的构建。与此相对应，一项对 213 种不同工作所进行的研究发现，工作的激励特征与这些工作对工作承担者的智力要求是正相关的。

激励法的例子之一是赫兹伯格的双因素理论，这种理论指出，相对于工资报酬这些工作的外部特征而言，个人在更大的程度上是受到像工作内容的有意义性这类内部工作特征激励的。赫兹伯格指出，激励员工的关键并不在于金钱刺激，而是在于通过对工作进行重新设计来使工作变得更有意义。

工作设计如何影响员工反应的一个比较完整的模型是“工作特征模型”。依据这种模型，可以根据以下五个方面的特征来对工作进行描述：① 技能多样性，是指工作要求任职者运用多种技能来完成任务的程度。② 任务完整性，是指一种工作要求任职者从头到尾完成某件“完整”工作的程度。③ 任务重要性，是指一种工作对他人生活所产生影响的重要程度。④ 自主性，是指工作允许个人在工作完成方式方面进行自我决策的程度。⑤ 反馈，是指一个人能够从工作本身获得关于自己完成工作的有效性程度的明确性信息的程度。

这五个特征通过影响“经验性意义”、“责任”和“对结果的认识”三种关键的心理状态来决定工作的激励潜能。根据这一模型，当核心工作特征（以及关键的心理状态）非常强时，个人就会受到较高水平的内在工作激励。而这种状态会带来较高的工作数量和质量，同时也会带来较高水平的工作满意度。

强调激励的工作设计方法通常倾向于强调提高工作的激励潜力。工作扩大化（增加所需完成工作的类型）、工作丰富化（增加工作的决策权）以及自我管理工作团队等管理实践，都可以在激励型的工作设计方法中找到自己的渊源。尽管针对这些工作设计方法所进行的大多数研究都表明它们提高了员工的满意度和绩效质量，但是它们却并非总是能够带来绩效的增加。

三、机械型工作设计法

机械型工作设计法是扎根于古典工业工程学之中的。机械型工作设计方法强调：要找到一种能够使得效率达到最大化的最简单方式来构建工作。在大多数情况下，这通常包括降低工作的复杂程度从而提高人的效率。也就是说，让工作变得尽量简单，从而使任何人只要经过快速培训就能够很容易地完成它。这种方法强调按照任务专门化、技能简单化以及重复性的基本思路来进行工作设计。

科学管理是一种出现最早同时也最为有名的机械型工作设计方法。根据这种方法的思路,只要在工作设计的过程中采用科学的方法,就能够使生产效率达到最大化。科学管理首先要做的是找出完成工作的“一种最好方法”,这通常需要进行时间—动作研究,从而找到工人在工作时所可以采用的最有效运动方式。一旦找到了完成工作的最有效方式,就应当根据潜在工人完成工作的能力来对他们进行甄选,同时,按照完成工作的这种“最优方式”的标准来对工人进行培训,最后,还需要对工人提供物质刺激,从而激励他们在工作中发挥出自己的最大能力。

科学管理方法在随后的若干年中得到进一步的确立,这导致一种机械型的工作设计方法的产生,这种工作设计方法要求将工作设计得越简单越好,从而使得工作本身不再具有任何显著的意义。如果按照这种方法来进行工作设计,组织就能够减少它所需要的能力水平较高的雇员数量,从而减少组织对单个工人的依赖。一个人是很容易被替代的,也就是说,新雇员经过快速而低费用的培训就能够胜任工作。

四、生物型工作设计法

生物型工作设计法主要来源于生理机械学(也就是对身体运动进行研究的科学)、工作心理学、职业医学,它通常被说成是人类工程学。人类工程学所关注的是个体心理特征与物理工作环境之间的交互界面。这种方法的目标是:以人体工作的方式为中心来对物理工作环境进行结构性安排,从而将工人的身体紧张程度降低到最小。因此,它对身体疲劳度、痛苦以及健康抱怨等方面的问题十分关注。

生物型工作设计法已经被运用到了对体力要求比较高的工作进行再设计时所采用的那些手段之中,这种工作再设计的目的通常是降低某些工作的体力要求,从而使得每个人都能够去完成它们。此外,许多生物型工作设计法还强调,对机器和技术也要进行再设计,比如,调整计算机键盘的高度来最大限度地减少职业病(比如,腕部血管综合征)。对于许多办公室工作来说,坐椅和桌子的设计如何适应人体工作姿势的需要也是非常重要的,这也正是生物型方法运用到工作设计之中的另一个例子。

五、知觉运动型工作设计法

知觉运动型工作设计法,是扎根于对人性因素进行阐述的文献之中的。生物型工作设计法所注重的是人的身体能力和身体局限,而知觉运动型工作设计法所注重的则是人类的心理能力和心理局限。这种工作设计法的目标是,在设计工作的时候,通过采取一定的方法来确保工作的要求不会超过人的心理能力界限之外。这种方法通常通过降低工作对信息加工的要求来改善工作的可靠性、安全性以及使用者的反应性。在进行工作设计的时候,工作设计者首先看一看能力最差的工人所能够达到的能力水平,然后再按照使具有这种能力水平的人也能够完成的方式来确定工作的要求。与机械型的工作设计方法类似,这种方法一般也能起到降低工作的认知要求这样一种效果。像航空管制人员、石油冶炼操作工以及质量控制监督员这类工作,都需要进行大量的信息加工工作。另一个方面,许多事务性的工作和流水线上的工作往往只要求进行很少的信息加工。然而,在对所有的工作进行设计的时候,管理者们却必须认识到信息加工的要求,并且确保所有这些要求不会超过有可能执行这类工作的全体员工中能力最差者的能力界限之外。

六、不同工作设计方法之间的优势与不足对比

最近的一系列研究都是以理解这些不同的工作设计战略之间的优缺点以及它们所产生的影响为内容的。许多研究者都提出应当运用激励法来进行工作设计，从而使得工作变得越来越具有心理上的意义。尽管如此，有一项研究还是针对各种工作设计方法与各种各样的工作结果之间的关系进行了研究。表 4－7 对这些结果做了总结。例如，根据这项研究，在职员工对于那些在激励型工作设计法中得分较高的工作表达出较高程度的满意水平。此外，那些在生物型工作设计法中得分较高的工作，往往是在职员工认为体力要求较低的那些工作。最后，激励型工作设计法和机械型工作设计法是负相关的，这表明，以实现效率最大化为目的来设计工作很可能会导致工作中所包括的激励成分较少。

表 4－7　不同工作设计方法的结果总结

工作设计方法	积极的结果	消极的结果
激励型方法	● 更高的工作满意度 ● 更高的激励性 ● 更高的工作参与度 ● 更高的工作绩效 ● 更低的缺勤率	● 更多的培训时间 ● 更低的利用率 ● 更高的错误概率 ● 精神负担和压抑出现的更大可能性
机械型方法	● 更少的培训时间 ● 更高的利用率 ● 更低的差错率 ● 精神负担和压力出现的可能性降低	● 更低的工作满意度 ● 更低的激励性 ● 更高的缺勤率
生物型方法	● 更少的体力付出 ● 更低的身体疲劳度 ● 更少的健康抱怨 ● 更少的医疗事故 ● 更低的缺勤率 ● 更高的工作满意度	● 由于设备或工作环境的变化而带来的更高的财务成本
知觉运动型方法	● 差错的可能性降低 ● 发生事故的可能性降低 ● 精神负担和压力出现的可能性降低 ● 更少的培训时间、更高的利用率	● 降低工作满意度 ● 较低的激励性

最近的另外一项研究还证明，扩大事务性工作的内容导致工人的满意度更高、厌烦情绪降低、发现错误的能力提高以及向客户提供的服务水平更好。然而，这些内容被扩大了的工作也带来了一定的成本，比如，更高的培训要求、更高的基本技能要求以及建立在工作评价报酬要素基础之上的薪酬要求的提高。

总之，在进行工作设计的时候，理解仅仅使用一种工作设计方法所可能产生的内在优点是非常重要的。管理者如果希望按照某种能够使得任职者和组织的各种积极结果都达到最大化的方式来进行工作设计，他们就需要对这些不同的工作设计方法都有充分的认识，理解与每一种方法相联系的成本和收益，在它们之间进行适当的平衡，从而为组织谋求一种竞争优势。

思考题：

1. 工作分析的定义及内涵是什么？工作分析有哪些作用？
2. 工作分析的原则有哪些？在进行工作分析时的人员选择应注意哪些？
3. 工作分析包含哪些步骤？各步骤应注意哪些问题？
4. 有哪几种工作分析方法？结合实际对比各种方法。
5. 工作设计的定义是什么？有哪些工作设计方法？对比各种设计方法。

第五章　人力资源规划

□ 学习目的

通过对本章内容的学习，应了解和掌握如下知识点：

- 人力资源规划的含义及其主要内容
- 人力资源规划的目的、功能
- 人力资源规划的内容和程序
- 各种人力资源规划的方法
- 人力资源执行者及执行层次
- 人力资源管理信息系统的相关内容

□ 引入案例

飞利浦公司决定在荷兰新开一家工厂，以发挥其竞争优势。该公司一个重要的竞争优势是在荷兰已有现成的生产设施；另一个优势是，飞利浦公司对荷兰的劳动力很有吸引力。

该公司在建厂前进行了周密的战略研究。当然，所要研究的因素之一是合格的人力资源供给状况。但是，战略研究的重点在于怎样改进生产技术，使其与今后20年的劳动力特点相适应。今天的劳动者能够有效使用的机器和方法，但随着这些劳动者年龄的增长可能就不再有效了。还有一个很重要的考虑因素就是荷兰的一个文化特点：在职业生涯中，雇员并不习惯从一个地点转移到另一个地点。因此，雇员的工作调动很困难，而雇员的更换几乎是不可能的。鉴于这些因素，为保持其竞争优势，飞利浦公司想把未来劳动力的特点纳入战略规划过程。由于规划者预计，未来的劳动者文化程度将更高，并且更加独立，因此他们想设计出能使工作轮换、工作分配和工作丰富化得到改进的生产过程。

这体现了全公司战略规划和人力资源规划的整体性。

人力资源规划是人力资源管理的重要构成部分，也是组织战略规划的重要内容之一。在激烈的市场竞争中，要保证组织战略目标的实现，就必须对组织现在和未来的各种人力资源进行科学预测和规划，以保证组织在未来特定时间、特定岗位能及时得到合适的人员。确定企业需要具备什么素质与能力的“人力”来实现企业的经营目标，“人力”是企业运营成败的关键因素之一。人力资源规划，将成为人力资源管理的基石，其精确、高质量的人力资源预测，对企业的发展起到良好的促进作用，成为企业人力资源战略的重要一步。而高质量的预测又依赖于人力资源管理部门所提供的工作分析资料、人力资源信息系统提供的准确而有效的数据资料。本章将重点讨论人力资源规划的概念、人力资源规划的方法以及对人力资源规划的执行等。

第一节　人力资源规划概述

一、人力资源规划的概念

现代企业人力资源部门最重要的职能之一就是进行企业的人力资源规划。人力资源规划又称为人力资源计划或人才资源规划(HRP),它是根据企业的发展规划,通过诊断企业现有人力资源状况,结合企业经营发展战略,并考虑未来的人力资源的需要和供给状况的分析及估计,对职务编制、人员配置、教育培训、人力资源管理政策、招聘和选择等内容进行的人力资源部门的职能性规划。

人力资源规划包括三个层次的含义:

(1) 分析组织在环境变化中的人力资源状况,并制订必要的政策和措施以满足其要求;

(2) 确保组织或部门在需要的时间和岗位上获得所需要的合格人员,使组织和个人得到长期的益处;

(3) 在组织和员工目标达到最大一致的情况下,使人力资源的供给和需求达到平衡。

人力资源规划的目的是为了工作者和组织的利益,最有效地利用人才;其实质是把企业经营战略和目标转化为人力资本的需求,从企业整体的超前和量化的角度分析和制订人力资源管理的一些具体目标,并在此基础上确定企业需要什么样的人力资源,来实现组织的最高管理层确定的经营目标。

自20世纪70年代起,人力资源规划已成为人力资源管理的重要职能,并且与企业的人事政策融为一体。

二、人力资源规划的特点

人力资源规划的特点跟企业战略是紧密结合在一起的。

人力资源规划在时间上与企业战略一致,一般为2～5年,并与企业战略的制订与实施结合起来,具有一定的灵活性、应变性。

有价值的战略可能从最生疏的地方发展起来,人力资源规划要注意那些不可能的地方,这意味着:每个组织成员,尤其是管理者都要有战略意识,人力资源规划要加强基层管理;由于应变战略具有飞跃的特点,人力资源规划在实施过程中,不必要求必须建立在以往的战略与思想上;战略具有对于长时间(2年以上)的各种管理活动的协调、平衡的功能,人力资源规划要权衡各种变革与稳定的关系;战略目标的实现取决于实施过程的有效,人力资源规划要强调过程管理;人力资源规划成功实施的关键是各级管理者,他们应是学习者、思维模式分析者、战略思想家。

三、人力资源规划的目的

1. 规划人力发展

人力发展包括人力预测、人力增补及人员培训,这三者紧密联系,不可分割。人力资源规划一方面对目前人力现状予以分析,以了解人事动态;另一方面,对未来人力需求做一些预测,以便对企业人力的增减进行通盘考虑,再据此制订人员增补和培训计划。所以,人力资源规划是人力发展的基础。

2. 促使人力资源的合理运用

只有少数企业其人力的配置完全符合理想的状况。在相当多的企业中,其中一些人的工作负荷过重,而另一些人则工作过于轻松;也许有一些人的能力有限,而另一些人则感到能力有余,未能充分利用。人力资源规划可改善人力分配的不平衡状况,进而谋求合理化,以使人力资源能配合组织的发展需要。

3. 配合组织发展的需要

任何组织的特性,都是不断地追求生存和发展,而生存和发展的主要因素是人力资源的获得与运用。也就是如何适时、适量及适度地使组织获得所需的各类人力资源。由于现代科学技术日新月异，社会环境变化多端，如何针对这些多变的因素，配合组织发展目标，对人力资源恰当规划甚为重要。

4. 降低用人成本

影响企业结构用人数目的因素很多，如业务、技术革新、机器设备、组织工作制度、工作人员的能力等。人力资源规划可对现有的人力结构做一些分析，并找出影响人力资源有效运用的瓶颈，使人力资源效能充分发挥，降低人力资源在成本中所占的比率。

四、人力资源规划的功能

1. 确保组织在生存发展过程中对人力资源的需求

组织的生存和发展与人力资源的结构密切相关。在静态的组织条件下，人力资源的规划并非必要。对于一个非静态组织（生产经营领域、所采用的技术、组织的规模随时发生变化，对人力资源的数量、质量和结构均需随时调整）来说，人力资源的需求和供给存在必然的差异，两者的平衡不可能自动实现，因此就要分析供求的差异，并采取适当的手段调整差异。预测供求差异并调整差异，这就是人力资源规划的基本职能。

2. 是组织管理的重要依据

在大型和复杂结构的组织中，人力资源规划的作用是特别明显的。

因为无论是确定人员的需求量、供给量，还是职务、人员以及任务的调整，不通过一定的计划显然都是难以实现的。例如什么时候需要补充人员、补充哪些层次的人员、如何避免各部门人员提升机会的不均等的情况、如何组织多种需求的培训等。因此，人力资源规划是组织管理的重要依据，它会为组织的录用、晋升、培训、人员调整以及人工成本的控制等活动，提供准确的信息和依据。

3. 控制人工成本

人力资源规划对预测中、长期的人工成本有重要的作用。

人工成本中最大的支出是工资，而工资总额在很大程度上取决于组织中的人员分布状况。人员分布状况指的是组织中的人员在不同职务、不同级别上的数量状况。当一个组织年轻的时候，处于低职务的人多，人工成本相对便宜，随着时间的推移，人员的职务等级水平上升，工资的成本也就增加。如果再考虑物价上升的因素，人工成本就可能超过企业所能承担的能力。在没有人力资源规划的情况下，未来的人工成本是未知的，难免会发生成本上升，效益下降的趋势，因此，在预测未来企业发展的条件下，有计划地逐步调整人员的分布状况，把人工成本控制在合理的支付范围内，预测是十分重要的。

4. 人事决策方面的功能

人力资源规划的信息往往是人事决策的基础，例如采取什么样的晋升政策、制订什么样的报酬分配政策等。

人事政策对管理的影响是非常大的，而且持续的时间长，调整起来也困难。为了避免人事决策的失误，准确的信息是至关重要的。例如，一个企业在未来某一时间缺乏某类有经验的员工，而这种经验的培养又不可能在短时间内实现，那么如何处理这一问题呢？如果从外部招聘，有可能找不到合适的人员，或者成本高，而且也不可能在短时间内适应工作。如果自己培养，就需要提前进行培训，同时还要考虑培训过程中人员的流失可能性等问题。显然，在没有确切信息的情况下，决策是难以客观的，而且可能根本考虑不到这些方面的问题。

5. 有助于调动员工的积极性

人力资源规划对调动员工的积极性也很重要。因为只有在人力资源规划的条件下，员工才可以看到自己的发展前景，从而去积极地努力争取。人力资源规划有助于引导员工职业生涯设计和职业生涯发展。

五、人力资源规划的内容

人力资源规划过程——一般从组织的最高层开始，结合制订战略，制订人力资源规划，然后，要求各个下级单位的管理者制订相应的运作计划。

人力资源规划的切入点——以对企业外部环境与竞争产生的威胁与机遇的评价为基础，评估未来某时期公司对员工的需要、员工的未来需求和员工群体结构发展趋势。

人力资源规划与企业规划的关系可以从图 5－1 得以体现。

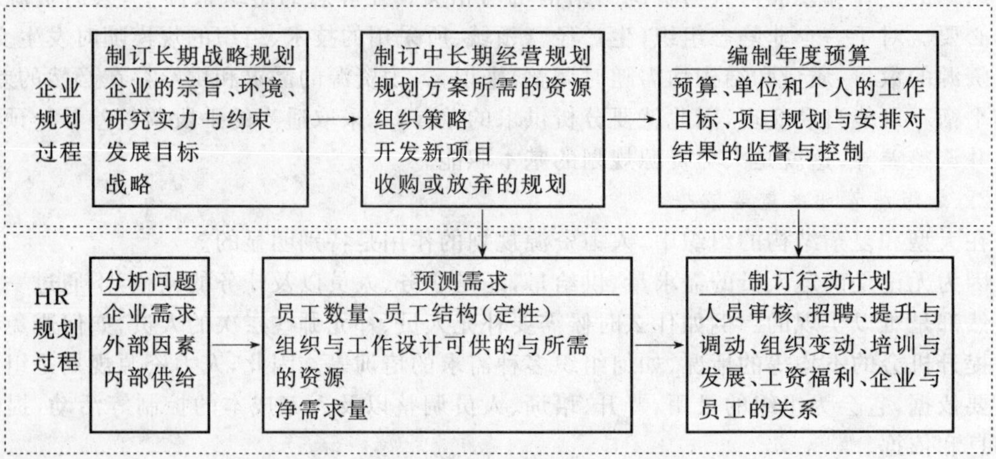

图 5－1　人力资源规划与企业规划的关系

人力资源规划的总体框架，包括：预测人力资源长期(3～10 年)需求；从获得组织整体竞争优势出发以最低成本、最高效率的方式利用人力资源；解决人力资源的长期供给(内部供应与外部供应)问题。

人力资源规划的目标，包括：(1) 使组织可以预见其未来人力资源管理的需要和对人才资源的需要；(2) 识别可以帮助人力资源管理满足未来需要的实践活动(如各项人力资本投资活动)；(3) 保证实现企业的各种目标。

人力资源规划的相关因素及其相互关系如图 5－2。其中，环境要素包括：劳动力构成与工作模式、政府影响力、经济状况、地理环境、市场竞争激烈程度等。

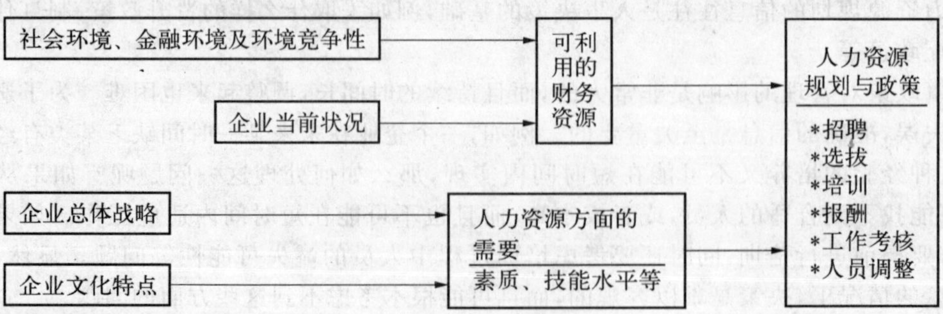

图 5－2　决定人力资源规划的因素

第二节 人力资源规划的方法

一、人力资源规划的程序

1. 人力资源规划的步骤

(1) 调查、收集和整理涉及企业战略决策和经营环境的各种信息。影响企业战略决策的信息有：产品结构、消费者结构、企业产品的市场占有率、生产和销售状况、技术装备的先进程度等企业自身的因素；企业的外部环境包括社会、政治、经济、法律环境等。这些外部因素是企业制订规划的“硬约束”，企业人力资源规划的任何政策和措施均不得与之相抵触。例如，《劳动法》规定：禁止用人单位招用未满16周岁的未成年人。企业拟定未来人员招聘计划时，应遵守这一原则。否则，将被追究责任，计划亦无效。

(2) 根据企业或部门实际确定其人力资源规划的期限、范围和性质。建立企业人力资源信息系统，为预测工作准备精确而翔实的资料。

(3) 在分析人力资源供给和需求影响因素的基础上，采用以定量为主，结合定性分析的各种科学预测方法对企业未来人力资源供求进行预测。它是一项技术性较强的工作，其准确程度直接决定了规划的效果和成败，是整个人力资源规划中最困难，同时也是最关键的工作。

(4) 制订人力资源供求平衡的总计划和各项业务计划。通过具体的业务计划使未来组织对人力资源的需求得到满足。

2. 人力资源规划流程

(1) 三步骤人力资源规划流程：评价现有的人力资源；预估将来需要的人力资源；制订满足未来人力资源需要的行动方案。

当前评价。管理当局要对现有人力资源的状况做一考察。这通常以开展人力资源调查的方式进行。在计算机系统高度发达的年代，对于绝大多数组织来说，要形成一份人力资源调查报告，并不是一项困难的任务。这份报告的数据来源于员工填写的调查表。调查表可能开列姓名、最高学历、所受培训、以前就业、所说语种、能力和专长等栏目，发给组织中的每一个员工。此项调查能帮助管理当局评价组织中现有的人才与技能。

当前评价的另一内容是职务分析。人力资源调查主要告诉管理当局各个员工能做些什么，职务分析则具有更重要的意义，它确定了组织中的职务以及履行职务所需的行为。例如，在博伊斯—凯斯凯德公司(Boise Cascade)中工作的第三级采购专业人员，其职责是什么？若其工作取得绩效，最少需要具备什么样的知识、技术与能力？对第三级采购专业人员与对第二级采购专业人员或者采购分析员的要求，有些什么异同之处？这些是职务分析能明确解决的，职务分析将决定各项职务适合的人选，并最终形成职务说明书说明职务规范。

未来评价。人力资源需求是组织的产品或服务需求状况的一种反映。基于对总营业额的估计，管理当局要为达到这一营业规模配备相应合适数量和知识结构的人力资源。在某些情况下，这种关系也可能相反，当一些特殊的技能为必不可少而又供应紧张时，现有的符合要求的人力资源状况就会影响营业的规模。例如，税务咨询公司就可能出现这种情况。它常发现经营机会远比自己所能处理的业务大得多。其扩大营业的唯一限制因素就是该咨询公司能否雇佣和配备具有满足特定客户要求所必需的工作人员。不过，大多数情况之下是以组织总目标和基于目标规定的营业规模预测作为主要依据，来确定组织的人力资源需要状况。

制订面向未来的行动方案。在对现有能力和未来需要做出全面评估以后，管理当局可以测算出人力资源的短缺程度(在数量和结构两方面),并指出组织中将会出现超员配置的领域。然后,将这些预计与未来人力资源的供应推测结合起来,就可以拟订出行动方案。可见,人力资源规划不仅为指导现时的人力配备需要提供了指南,同时也预测到未来的人力资源需要和可能。

(2) 人力资源规划程序五个步骤。

① 弄清企业的战略决策及经营环境,是人力资源规划的前提。不同的产品组合、生产技术、生产规模、经营区域对人员会提出不同的要求。而诸如大口、交通、文化教育、法律、人力竞争、择业期望则构成外部人力供给的多种制约因素。

② 弄清企业现有人力资源的状况,是制订人力规划的基础工作。实现企业战略,首先要立足于开发现有的人力资源,因此必须采用科学的评价分析方法。人力资源主管要对本企业各类人力数量、分布、利用及潜力状况、流动比率进行统计。

③ 对企业人力资源需求与供给进行预测,是人力资源规划中技术性较强的关键工作,全部人力资源开发、管理的计划都必须根据预测决定。预测的要求是指出计划期内各类人力的余缺状况。

④ 制订人力资源开发、管理的总计划及业务计划,是编制人力资源规划过程中比较具体细致的工作,它要求人力资源主管根据人力资源供求预测提出人力资源管理的各项要求,以便有关部门照此执行。

⑤ 对人力资源计划的执行过程进行监督、分析,评价计划质量,找出计划的不足,给予适当调整,以确保企业整体目标的实现。

二、人力资源规划的方法

1. 未来需求预测

在预测企业未来劳动力需求量方面,存在主观和客观这两种基本的方法,也可以称作统计法和判断法。

(1) 统计法

统计法是通过对过去某一期间(时间的长短视具体情况而定,一般可取五年)有关数据资料的统计分析,找出某些商业因素与人员需求的相关关系,并建立数学公式或模型,据此对未来的人力资源需求进行预测。统计法最常用的是趋势预测法、回归预测法和比率预测法。

① 趋势预测法。这种方法是指根据企业过去几年的人员数量,分析它在未来的变化趋势并依此来预测企业在未来某一时期的人力资源需求量。这种预测方法相对比较简单直观,但是由于在使用时,一般都要假设其他的一切因素都保持不变或者变化的幅度保持一致,因此具有比较大的局限性,多适用那些经营稳定的企业,并且主要作为一种辅助方法来使用。

趋势预测法具体的步骤是,首先收集企业在过去几年内人员数量的数据,并且根据这些数据作图,然后用数学方法进行修正,使其成为一条平滑的曲线,将这条曲线延长就可以看出未来的变化趋势。在实践中为了简便起见,往往将这种趋势简化为直线关系。下面通过一个简单的例子,来看一下这种方法是如何使用的。

例如,某公司过去8年间人员变化的数据如表5-1所示,请预测今后第二年和第四年人力资源的需求。

表5-1 某公司过去8年的人员数量

年 度	1	2	3	4	5	6	7	8
人 数	450	455	465	480	485	490	510	525

首先我们要根据过去几年人员的数量来分析它的变化趋势，如果假设是一种线性变化，人数是变量 Y，年度是变量 X，那么根据下面的公式可以分别计算出 a 和 b。

$$a = \sum y/n - b \times (\sum x/n)$$

$$b = [n \times (\sum xy) - \sum x \sum y]/[n \times (\sum x^2) - (\sum x)^2]$$

$$a = 435.357 \quad b = 10.476$$

趋势线就可以表示为 $Y = 435.357 + 10.476X$，也就是说每过一年，企业的人力资源需求要增加 10.476，通常取为整数 11。这样就可以预测出今后第二年和第四年的人力资源需求：

$$Y_1 = 435.357 + 10.476 \times (8+2) = 540.117 \approx 541$$

$$Y_2 = 435.357 + 10.476 \times (8+4) = 561.069 \approx 562$$

所以，今后第二年的人力资源需求为 541 人，而第四年的人力资源需求则为 562 人。

② 回归预测法。由于人力资源的需求总是受到某些因素的影响，回归预测法的基本思路就是要找出那些与人力资源需求关系密切的因素，并依据过去的相关资料确定出它们之间的数量关系，建立一个回归方程，然后再根据这些因素的变化以及确定的回归方程来预测未来的人力资源需求。使用回归预测法的关键是要找出那些与人力资源需求高度相关的变量，这样建立起来的回归方程预测效果才会比较好。

根据回归方程中变量的数目，可以将回归预测法分为一元回归预测和多元回归预测两种。一元回归由于只涉及一个变量，因此建立回归方程时相对比较简单；而多元回归由于涉及的变量较多，所以建立方程时要复杂许多，但是它考虑的因素比较全面，所以预测的准确度往往要高于前者。由于曲线关系的回归方程建立起来比较复杂，为了便于操作，在实践中经常采用线性回归方程来进行预测。下面我们来看一个一元线性回归预测的例子。

例如，某家医院要预测明年所需的护士数量，如果使用回归预测法，首先就要找出护士的需求量与哪些因素关系比较密切，对相关数据进行统计分析后可以发现病床数与护士的需求量之间相关程度比较高，接下来就要分析它们之间到底是一种什么样的关系，医院的人力资源经理找来自己医院和其他医院病床数以及护士数的数据，见表 5-2。

表 5-2 病床数和护士数的数据

病床数	200	300	400	500	600	700	800
护士数	180	270	345	460	550	620	710

将病床数设为自变量 X，护士数设为因变量 Y，两者之间的线性关系可以表示为 $Y = a + bX$，其中计算 a 和 b 的方法和趋势预测法中使用的方法一样，经过计算得出 $a = 2.321$，$b = 0.891$，回归方程就是 $Y = 2.321 + 0.891X$，也就是说每增加一个床位，就要增加 0.891 个护士。

由于医院准备明年将病床数增加到 1 000 个，所以需要的护士数就是 894 人（$Y = 2.321 + 0.891 \times 1\,000 = 893.321 \approx 894$）。

③ 比率预测法。这是基于对员工个人生产效率的分析来进行的一种预测方法。进行预测时，首先要计算出人均的生产效率，然后再根据企业未来的业务量预测出对人力资源的需求，即：

所需的人力资源 ＝未来的业务量 / 人均的生产效率

例如，对于一所学校来说，目前一名老师能够承担40名学生的教学工作量，如果明年学校准备让在校学生达到4 000人，那么就需要100名老师。如果考虑到生产率的变化，计算公式可以作如下修改：

所需的人力资源＝未来的业务量/[目前人均的生产效率×(1＋生产效率的变化率)]

使用这种方法进行预测时，需要对未来的业务量、人均的生产效率及其变化做出准确的估计，这样对人力资源需求的预测才会比较符合实际，而这往往是比较难以做到的地方。

比率预测法还可以做进一步的延伸，利用各类人员之间的比例关系，根据已知的某类人员的数量来预测对其他人员的需求，例如已知老师和教学辅助人员之间的比例为10：1，学校准备在今后三年内使教师数量达到500人，那么对教学辅助人员的需求就是50人。进行这种预测时，要求人员之间的比例关系比较确定，如果比例关系变动较大，那么预测的结果就会不准确。

除上述三种方法外，一些企业还利用计算机来开发自己的人员需求预测系统。在这种情况下，人事专家和管理人员将所需要的信息综合起来，建立起一套人员需求的计算机预测系统。运用这一系统，企业可以很快地将生产率水平计划和销售水平计划转化为对人员需求的预测，同时，也可以预测各种生产率水平及销售水平对人员需求的影响。

(2) 判断法

判断法是依靠相关专家和管理人员运用其知识、经验甚至直觉对未来人力资源需求做出推测、判断的方法，常用的有自上而下法、自下而上法、德尔菲法。自上而下法主要依赖于高层管理者的判断，这个高层管理者团队应该对组织的发展方向有明确的认识。与之相反，自下而上法则集中依赖于部门和基层经理，依靠他们的经验和判断对未来人力资源需求做出预测。这种方法可能用于简单的预测，只需清楚地了解当前的需要，而不必反映未来的目标，也不需要这些经理们了解整个公司的目标。这两种方法往往被同时使用，以便形成更确切的未来需求预测。

德尔菲法也是一种依靠管理者一种主观判断的预测方法。专家们背靠背，分别提供它们的预测，组织者综合专家们的意见，并再次提供给专家(可以是另外一些专家)，如此反复，直到形成可行的、一致的预测为止。当然，雇员需求的预测非常依赖于对未来产品性质需要的假设，这决定着所需要的员工的数量和类型。这一任务不是以人力资源专业人员为中心的，而可能更多地需要经营计划人员、财务和市场营销经理们参与其中。一些部门的预测可能比另一些部门容易。例如，依靠过去的计划，可以对保健、中学教育、食品未来五年的需求作出总体的预测，从而可以预测未来的劳动力需求。然而，要预测到某个具体医院、学校或者超级市场的病人、学龄儿童、购物者的数量就困难得多，因为这类消费者属流动型的，一般具有相当大的自主选择性。在高度竞争的国际市场上经营的公司更难做出人员计划，尤其在那些容易发生政治动荡的市场上，因为未来的需求形势很难预料。

2. 内部供给预测

内部供给预测的方法也有很多，这里我们只是选取几种有代表性的方法进行简单介绍。

(1) 人力资源盘点法

人力资源盘点法是对现有企业内人力资源质量、数量、结构和各职位上的分布状态进行核查，以便确切掌握人力资源拥有量。在企业规模不大时，核查是相当容易的。若企业规模较大，组织结构复杂时，人员核查应建立人力资源的信息系统。这种方法是静态的，它不能反映人力资源拥有量未来的变化，因而多用于短期人力资源拥有量预测。虽然在中、长期预测中使用此法也较普遍，但终究受企业规模的限制。

(2) 人员替换法

这种方法就是对企业现有人员的状况做出评价，然后对他们晋升或者调动的可能性做出判断，以此来预测企业潜在的内部供给，这样当某一职位出现空缺时，就可以及时地进行补充。为了直观起见，往往将这种替换制作成图表，见图 5-3。

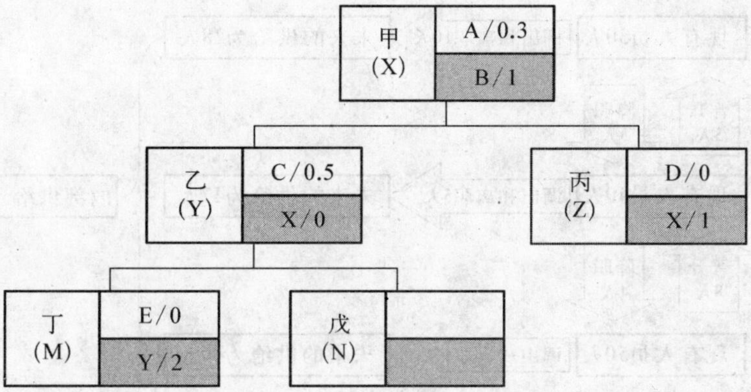

图 5-3　某部门的人员替换图

我们对图 5-3 作一下简单的解释，假设这是公司某个部门的组织架构图，该部门有 X、Y、Z、M、N 五个职位，分别由甲、乙、丙、丁、戊五个人来从事，在每个职位后面的两个方框中，上面空白的方框中记录了目前从事该职位的员工能够调动的岗位以及适应新岗位的时间，下面阴影的方框中记录了该员工可以晋升的职位以及晋升所需的时间。例如对甲来说，他还可以从事 A 职位的工作，完全适应新职位需要 0.3 年，也就是大约三个半月的时间；此外他还可以晋升到 B 职位上去，晋升到这一职位需要 1 年时间。需要指出，由于这种方法预测的是潜在的供给，因此对于甲来说，他 1 年后并非就一定可以晋升到 B 职位。再比如对于丁来说，他还可以从事 E 职位的工作，而且能够立即适应新的职位；此外他还可以晋升到 Y 职位上去，但需要 2 年的时间，同样的道理，2 年后他也并非就一定可以晋升到 Y 职位上去。由图 5-3 还可以看出，戊既不能调动，也不能晋升。

为了保证预测的准确性，需要对人员的替换信息进行及时更新。例如戊经过培训后，具有相应的技能，能够调动到别的职位上工作，那么在下一年度的替换图中，就要把这一信息添加进去。

(3) 人力资源"水池"模型

该模型是在预测企业内部人员流动的基础上来预测人力资源的内部供给，它与人员替换有些类似，不同的是人员替换是从员工出发来进行分析，而且预测的是一种潜在的供给；"水池"模型则是从职位出发进行分析，预测的是未来某一时间现实的供给。这种方法一般要针对具体的部门、职位层次或职位类别来进行，由于它要在现有人员的基础上通过计算流入量和流出量来预测未来的供给，这就好比是计算一个水池未来的蓄水量，因此称之为"水池"模型。下面通过一个职位层次分析的例子来看一下这个模型是如何运用的。

首先，我们要分析每一层次职位的人员流动情况，可以用下面的公式来进行预测：未来的供给量 ＝现有的人员数量＋流入人员的数量－流出人员的数量，见图 5-4。

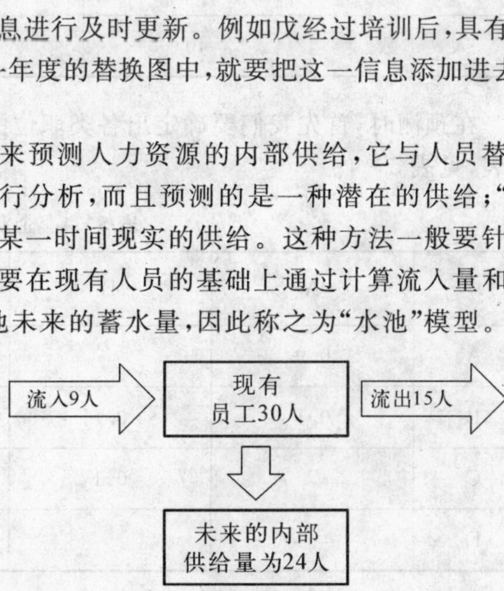

图 5-4　某一层次职位的内部人力资源供给图

对每一层次的职位来说，人员流入的原因

有平行调入、上级职位降职和下级职位晋升;流出的原因有向上级职位晋升、向下级职位降职、平行调出和离职。

对所有层次的职位分析完之后,将它们合并在一张图中,就可以得出企业未来各个层次职位的内部供给量以及总的供给量,见图5-5。

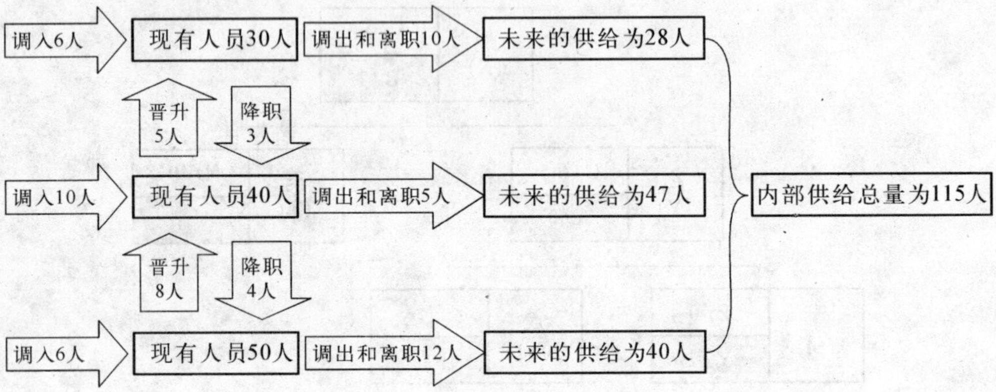

图5-5 人力资源接续模型图

(4) 马尔科夫模型

马尔科夫模型是用来预测等时间间隔点上(一般为1年)各类人员分布状况的一种动态预测技术,这也是从统计学中借鉴过来的一种定量预测方法。它的基本思想是找出过去人力资源流动的比例,依次来预测未来人力资源供给的情况。

对于这一模型的原理,我们不多赘述,这里主要解释一下它是如何具体运用的,看下面的例子。假设某企业有四类职位,从低到高依次是A、B、C和D,各类人员的分布情况见表5-3,请预测一下未来人员的分布情况。

表5-3 企业人员的分布情况表

职 位	A	B	C	D
人 数	40	80	100	150

在预测时,首先我们要确定出各类职位的人员转移率,这一转移率可以表示为一个矩阵变动表,见表5-4。

表5-4 企业人员的矩阵变动表

	A	B	C	D	离职率合计
A	0.9				0.1
B	0.1	0.7			0.2
C		0.1	0.75	0.05	0.1
D			0.2	0.6	0.2

表5-4中的每一个数字都表示,在固定的时期(通常为1年)内,两类职位之间转移的员

工数量。例如，上表表示在任何一年内，A 类职位的人有 90% 留在公司；B 类职位中有 80% 留在公司，其中 10% 转移到 A 类职位，70% 留在原来的职位。这样有了各类人员原始的人数和转移率，就可以预测出未来的人力资源供给情况，将初期的人数与每类的转移率相乘，然后再纵向相加，就得到每类职位第二年的供给量，见表 5－5。

表 5－5　企业人员的预测分布情况表

	初期人数	A	B	C	D	离职合计
A	40	36				4
B	80	8	56			16
C	100		10	75	5	10
D	150			30	90	30
预测的供给		44	66	105	95	60

由表 5－5 可以看出，在第二年中，A 类职位的供给量为 44，B 类职位的供给量为 66，C 类职位的供给量为 105，D 类职位的供给量为 95，整个企业的供给量则为 310，将这一供给的预测和需求预测一比较，就可以得出企业在明年的净需求。如果要对第三年做出预测，只需将第二年预测的数据作为初期数据就可以了。

使用马尔科夫模型进行人力资源供给预测的关键是要确定转移率矩阵，而在实际预测中，由于受各种因素的影响，人员转移率是很难准确确定出来的，往往都是一种大致的估计，这也就会影响预测结果的准确性。

(5) 计算机模拟

目前有许多基于计算机技术的预测模拟，以充分考虑各种变量对未来人员需求供给的影响，解决大规模或人力无法进行的预测问题。运用计算机技术，管理者可以变换人事政策以判断这种变化对未来人员供给的影响，从而获得一系列与各种不同人事政策相对应的人力供给状况。人力资源战略规划的各种方法各有优劣，需要相互配合运用。

第三节　人力资源规划的执行

在前面两节的内容中，我们介绍了人力资源规划的基本内容及其基本流程，同时我们还介绍了相关的方法，而一个人力资源规划的有效执行它必然包括相关的执行者，以及执行层次问题，还包括相关的人力资源管理信息系统。执行人力资源规划后会出现什么样的结果，也是我们这节要介绍的内容。

一、人力资源规划的执行者

传统意义上的人力资源工作主要由人事部门从事，例如招聘、培训、员工发展、薪金福利设计等方面的工作，随着现代企业对人力资源部门工作要求和期待的提升，人力资源部门角色逐渐发生了转变，人力资源部门不再是单纯的行政管理的职能部门，而是逐步向企业管理的战略合作伙伴关系转变。同时，现代的人力资源管理工作也不仅仅是人力资源部门的责任，也是各层管理者的责任。人力资源战略规划也是如此，企业人力资源规划的基础是接替晋升计划、人员补充计划、素质提升计划、退休解聘计划等，而这些计划都是在各部门的负责人制订本部门的人员调配补充、素质提升、退休解聘等计划的基础上层层汇总到人力资源部门，再由人力资源管理者依据人力资源战略分析制订出来的，而非人力资源管理者凭空创造出来的。

人力资源规划应有健全的专职部门来推动人力资源规划，可考虑下列几种方式：

(1) 由人力资源部门负责办理，其他部门与其配合；

(2) 由某个具有部分人事职能的部门与人力资源部门协同负责；

(3) 由各部门选出代表组成跨职能团队负责。

在推行过程中各部门必须通力合作而不是仅靠负责规划的部门推动，人力资源规划同样也是各级管理者的责任。

二、人力资源规划的执行层次

人力资源规划的执行主要涉及三个层次：企业层次、跨部门层次及部门层次。

(1) 企业层次　在企业层次上的人力资源规划需要“一把手”的亲自参与，尤其是企业经营战略对人力资源规划的影响，人力资源规划对人力资源管理各个体系的影响及其指导方针、政策，必须由企业高层决策。

(2) 跨部门层次　跨部门层次上的人力资源规划需要企业副总裁级别的管理者执行，即对各个部门人力资源规划的执行情况进行协调和监督，并对人力资源战略规划的实施效果进行评估。

(3) 部门层次　部门层次上的人力资源规划又分为两种情况。

① 人力资源部门　人力资源部门不但要完成本部门的人力资源规划工作，还要担任“工程师 ＋销售员”的角色。人力资源部门的员工既要做人力资源规划的专家、人力资源规划的制订者，又要做人力资源规划的“销售员”与指导者，指导其他部门的人力资源规划工作顺利进行。目前有的企业将人力资源部门经理改为人力资源客户经理，要求人力资源经理持续提供面向客户的人力资源产品和服务。在进行人力资源规划时，人力资源客户经理就会为各个部门提供人力资源规划的系统解决方案，并为各类人才尤其是核心人才提供个性化的服务，如制订专门的继任者管理计划等。

② 其他部门　人力资源规划工作应该是每个部门经理工作的组成部分。但在企业中，许多部门经理是由业务人员提拔的，对于管理和人力资源管理都没有经验，更不要说进行人力资源战略规划了。对于新提拔的经理，人力资源部应给予培训，并把人力资源规划作为经理业绩考核的重要内容之一，特别是其培养下属和评估下属业绩的能力。部门经理应该主动与人力资源部门沟通，共同实现人力资源规划的目标，而不仅仅在需要招人或辞退员工时，才想到人力资源部门。人力资源规划是建立在整个人力资源管理系统的平台之上的，而人力资源管理的其他系统已经日益完善，如果人力资源规划系统继续滞后于其他人力资源管理体系，人力资源规划将成为企业管理的“短板”。因此，人力资源规划必须从技术层面上升到制度层面，从静态管理转到动态管理，从滞后于其他体系到前瞻于其他体系，只有这样，人力资源规划才能真正成为整个人力资源管理的统帅。

三、人力资源规划的结果

当制订人力资源规划的过程完成之后，公司应确定与贯彻人力资源实践，以帮助它满足其人力资源需要。再接下来，我们将讨论在人力资源规划背景下，贯彻具体的人力资源管理实践的问题。

(一) 应付人员的供给过剩

目前组织重组的趋势经常会只需要更少的劳动力。因此，当一个组织的战略计划要求进行重组时，人力资源管理的反应往往是缩小规模。缩小规模常常意味着裁员。因为消极的结果经常附带着与解雇相联系，雇主被鼓励寻求替代办法，像冻结雇佣、提前退休、限制加班、工作分担、减少工资等等。

(二) 应付人员的供给不足

当需求和供给预测表明在未来的一些时点上会出现人员供给不足时，组织必须决定如何解决这一问题。解决的办法包括另外雇佣职员。不过这里还有一些其他的选择，现在我们就来讨论一下。

1. 额外雇佣工人

当人力资源规划显示有雇员供给不足时，公司会为预期出现空缺的职位招聘人员。第一步是进行一种工作分析来确定每一个空缺的职位所需要的任职者具备的资格。

下一步是确定从哪儿和如何招聘到所需要的人。例如，公司必须确定是从外部(也就是从外部劳工市场中)还是从内部(也就是从它目前自身的劳动力中)来填补它的空缺。

在从外部进行招聘的时候，组织首先要评估它在潜在求职者眼中有什么吸引人的地方，“没有吸引力的”雇主会在汇聚足够大的求职者备用库的问题上遇到麻烦。这样的雇主应该努力去提高对申请一个这里的工作职位感兴趣者的数目。可以通过提高起始薪金水平和(或)改善津贴包来实现这一目的。另一种选择是瞄准某些受保护的群体，它们的成员可能是地方劳工市场中没有充分就业的人，像老人、残疾人或来自外国的人。

内部招募的努力可以通过类似案例中公司使用的职业生涯开发方案。在制订这样一个方案的时候，组织应该收集关于它的每个雇员的工作历史和技能水平的信息。这些信息将包括年龄、受教育水平、培训、特殊技能(例如，会讲外语)以及晋升记录。这些信息可以储存在计算机里。

这种雇员信息使组织可以确定目前哪些雇员有资格承担更高级别的职责。例如，在熟练的经理供应不足的部门，可以准备一张列出现任经理补充人员的图表，建议在未来可能的代替人选，并对何时培训有可能填补空缺职位的候选人作出评估。

2. 替代额外雇佣的办法

除了雇用新工人去满足需求增加外，一个组织还可以决定通过额外培训去改进现有劳动力的生产力。其他的选择还有：加班、额外替班、工作重新分配或使用临时工。

另一个选择是改进留人比率。在达到这个目标时，公司将有较少的工作空缺需要填补。许多人力资源的实践都可以用提高留住雇员比率的方法加以贯彻。

工人们愿意感受到，他们的组织器重他们并需要他们。正如目前的合并、购进和解雇的气氛已经使许多工人感到他们的工作非常不安全。持有这类感情的雇员们开始到处寻找其他工作。这些恐惧可以用下述办法去减轻：实施培训和交叉培训工人去履行各种职能的人力资源规划，从而保证他们具有必要的技能以继续对公司作出贡献。

管理培训在这方面也十分关键。组织必须培训经理们成为优秀的主管。差劲的“人员管理”是自愿流动的一个首要原因。所有层次上的经理都应当知道，人们期望他们的是什么。

通过创造一种鼓励雇员们积极参加公司整体福利的工作环境，公司也能够改进留人比率。工人们想要让别人承认他们对组织进步的贡献，但这种承认必须被“裁剪”得适合工人们的个人需要。尽管某些工人可能受到货币奖励的激励，但其他工人寻求不同的奖励，如同事们和经理们的承认、某种成就感或工作满意度。

工人们现在需要更灵活的日程安排，以便最好地适合他们的生活方式。通过实施诸如工作分担、缩短工作时间以及通过电脑和调制解调器的电子上下班之类的方案去适应这些需要，组织便能够提高它们的留人比率。

通过提供有吸引力的津贴包，诸如慷慨的退休计划、股权、健康和牙齿保险、雇员折扣方案之类的福利，公司也能提高留人比率。许多公司现在正提供“自助食堂计划”利益包，这些利益包已被“裁剪”得适合每一个雇员的具体需要。

思考题：

1. 人力资源规划的定义是什么？它的特点有哪些？
2. 人力资源规划的目的和功能有哪些？
3. 人力资源规划包括哪些内容？
4. 人力资源规划的程序是怎样的？而进行人力资源规划的方法有哪些？
5. 未来需求预测和内部需求预测有什么不同点？各有哪些方法？
6. 人力资源规划包括哪些执行者？分哪些执行层次？
7. 什么是人力资源信息管理系统？它包括哪些内容？
8. 进行人力资源规划后，会出现哪些结果？该如何应对？

第六章　人员招聘、选择与录用

□ 学习目的

通过对本章内容的学习，应了解和掌握如下知识点：

- 人员招聘的渠道
- 人员选择的方法
- 人员招聘的原则
- 人员录用的评估

□ 引入案例

某公司招聘了一名司机，按正常的招聘渠道填写表单，HR、用人部门及系统总监三方面试合格，录用并按法律程序签订合同。三个月内HR部门进行新进人员情况跟踪，据部门和周边同事评价及HR了解的情况，此人是老驾驶员，工作非常努力，对道路情况熟悉，正是我们岗位需要的人。时隔近1年，因一起盗窃案，该名司机被抓进派出所了（据说是用所驾驶的卡车偷窃了几台大型设备，这些设备是公司产品的主要构成部分，市场价在5 000～10 000元不等；该员工进公司前1个月刚从监狱放出来）。该公司立即针对这件事召开了会议，通报批评了HR部门、车队、生产部门，并对相关部门领导进行金额不等的处罚。通过该案有人提出疑问：(1) 大型设备一人是搬不动的，要用专业的吊装设备，设备是怎么吊装在他的卡车上的？(2) 门卫是凭什么放行的？(3) HR面试是如何通过的？

经过调查查明：(1) 公司规章制度、生产管理制度、门卫管理制度不完善造成货物外流；(2) 该名员工是政府职介机构推荐的，HR按面试流程面试，该员工隐瞒了监狱服刑的事实。争议焦点：针对该员工自称开出租车的时间（实际在服刑），这段经历该如何查证？

由上述案例可以发现，组织能否获取所需的人力资源，直接关系到企业的生存和发展。因此根据人力资源规划招聘、选择和录用合适的人员是组织顺利开展人力资源管理的基础。本章将从人员招募、筛选、录用等方面讨论人员招聘的原理与方法。

第一节　人员招聘

在人力资源管理工作中，有效的人员招聘工作将为随后的培训、考评、薪酬管理、劳动关系等管理活动打好基础。

一、人员招聘的概念及意义

1. 人员招聘的概念

人员招聘是指组织为了发展的需要，根据人力资源规划所确定的人员需求，通过多种方法和渠道，吸引具备相应资格的人员向本组织求职的过程。

人员招聘作为一种科学管理活动在泰勒的科学管理时代就已经作为组织人力资源管理的

具体业务活动存在，是人力资源管理的基础和主要职能。对于任何一个组织而言，随着外部环境和内部结构的变化，对员工的素质要求也在不断的变化。所以，要不断更换，老的退休，不合格的解聘。具体而言，在以下几种情况下，人员招聘工作会发生。

(1) 组织成立之初时(新组织建立时或新组建一个组织时)；

(2) 原有组织由于业务发展，而需要新的员工时；

(3) 调整不合理的员工队伍；

(4) 现有职位因种种原因，如原有员工的调任、离职、退休或死伤而发生空缺；

(5) 为发扬企业文化而引入高层管理人员和专业人才。

总之，组织在发展的过程中，需要不断吸收新生力量，以适应发展的需要而提供可靠的人力保障。

2. 人员招聘的意义

招聘工作是组织整个人力资源管理活动的基础。有效的人员招聘对于组织的发展具有重要的意义，具体表现在以下几个方面。

(1) 确保录用人员的质量以提高组织核心竞争力。"得人者昌，失人者败"，中国这句古语道出了人员招聘对组织竞争的重要性。随着市场经济的发展，组织间的竞争逐渐演变为人才的竞争。人力资源正在成为组织核心竞争力的关键因素之一。人员招聘一方面关系到组织人力资源的形成，一方面直接影响组织其他管理环节工作的开展：如高素质的一线员工才能保证高质量的产品和服务，高素质的研发人员才能保证组织的研发计划高效完成。世界著名的微软公司拥有一个稳定的、充满智慧和激情的员工队伍是其成功的关键因素之一。而这与微软公司人力资源部门的有效的招聘工作是分不开的。有资料显示，微软公司的人力资源部门为了成功地招聘 2 000 名新雇员，需要审阅 12 万份个人简历、举行 7 400 次测试、访问 130 所大学。复杂、艰巨的招聘工作为微软的成功奠定了良好的人力资源基础。

(2) 为组织注入新的活力、增强组织的创新能力。从外部吸收的新员工，在工作中可以注入新的管理思想、新的工作模式，可能给组织带来制度创新、管理创新和技术创新。

(3) 扩大组织知名度、树立良好的组织形象。一般来说，招聘过程同时也是组织宣传自身的过程。由于招聘工作涉及面广，组织可以利用各种形式向市场发布招聘信息及组织发展相关的其他信息，如电视、报刊、广播、多媒体等，以扩大企业的知名度；同时通过有计划的、规范的招聘程序，组织还可以向相关利益群体发布组织总体人力资源管理规范，以及组织文化的良好信息。同时，组织也可以通过招聘工作的运作和招聘人员的素质向外界展现企业的形象和实力。

(4) 减少不必要的人员流失、增强组织内部的凝聚力。有效的人员招聘，一方面可以使求职者更多地了解组织及应聘岗位，从而根据自己的能力、兴趣和发展目标来决定是否加盟该组织；另一方面，组织也可以更好地了解求职者到本组织的动机与目的，以从众多的候选者中选出个人发展目标与组织目标趋于一致并愿意与组织共同发展的员工。有效的招聘工作使员工愉快地从事相应的工作，减少人员离职及因此所带来的损失，以增强组织内部的凝聚力。

(5) 有利于人力资源的合理流动，提高人力资源潜能发挥的水平。有效的招聘能促进员工通过合理流动，找到适合的岗位，达到能职匹配，调动员工工作中的主动性、积极性和创造性，使其潜能得到最大的发挥，人员得以优化配置。调查表明，员工在同一岗位上工作达八年以上，容易出现疲劳现象；相对合理的流动会使员工感到新岗位的压力与挑战，刺激员工内在潜能的发挥。

二、人员招聘的原则

对于所有的组织而言，无论准备招聘的人员数量是多是少，无论采取何种形式展开招聘工作，招聘工作中都要遵循一定的原则，才能确保整个招聘工作的有效性。

1. 双向选择的原则

双向选择的原则是指组织根据业务活动的要求自主地选择所需要的员工，同时求职人员也可根据自己的条件自主地选择职业。组织和个人在这一过程中都扮演着积极的角色，对双方的需求都要认真对待，准确理解和把握。这是现代人力资源配置区别于传统人力资源配置的重要标志。

双向选择的原则是劳动力市场上劳动力资源配置的基本原则。这一原则不仅能使企业不断增强自身的吸引力、重视自己在招聘中的自主权、保障员工队伍的优化，而且也能使求职者有更多的主动性选择自己想干的职业，从而更容易发挥自己的特长，调动个人的积极性。

2. 公开、公平原则

公开原则是指把招聘单位、职位名称、拟招人数、入职资格、招聘方式与流程、内容与时间等信息向全社会进行公布。公平原则指对所有应聘者一视同仁，不得人为地制造各种不平等的限制或条件和各种不平等的优先优惠政策。我国《劳动法》第十二、十三条规定：劳动者就业，不因民族、性别、宗教信仰不同而受歧视。因此，人员招聘过程中不能有歧视行为。招聘过程中的公开、公平原则，一方面给予社会上的人才以公平竞争的机会，达到广招人才的目的；另一方面使招聘工作置于社会的公开监督之下，防止不正之风，使组织得以不拘一格地选拔、录用各方面的优秀人才。

3. 竞争、全面原则

竞争原则是指通过考试竞争和考核鉴别确定人员的优劣和人选的取舍。全面原则指对报考人员从品德、知识、能力、智力、心理、过去工作的经验和业绩进行全面考核和考察。

组织要尽可能地采用全方位、多角度的评价方法来评定应聘者的优劣，而不是靠招聘人员个人的直觉、印象，甚至是与自己的亲密程度来选人。竞争、公平原则有利于提高选拔和录用工作的科学性。

4. 级能、择优原则

即因职选能、因能量级、级能匹配的原则。在招聘工作中，要根据组织机构中各个职务岗位的性质选择聘用相关人员，而且要求工作群体内部保持较高的相容度，形成群体成员之间心理素质差异的互补，使得整个组织的人员结构合理。

择优是招聘的根本目的和要求。只有坚持这一原则，才能广揽人才，选贤任能，为单位引进或为各个岗位选择最适合的人员。为此在招聘过程中，应采取科学的考核、考察方法，精心比较，谨慎筛选。

5. 低成本、高效率原则

即指力争用尽可能少的招聘费用，录取到高素质、适应组织需要的人员。

对于组织而言，招聘到最优的人才只是手段，最终的目的是实现每个岗位上都有最适合的人员，使组织的整体效益达到最优。因此，在以效益为中心的组织中，招聘同样要讲求效率，讲求成本与收益之间的相互平衡。

三、人员招聘工作的基本程序

员工招聘工作的基本程序包括：制订招聘计划、确定招聘策略、征召、筛选、试用、聘用、招聘评估六个步骤。

(一) 制订招聘计划

招聘计划是招聘活动开展的主要依据。制订招聘计划的目的在于使招聘更趋合理化、科学化。

招聘计划是用人部门根据本组织的人力资源规划,在掌握有关各类人员的需求信息、明确有哪些职位空缺后,对招聘的岗位、人员数量、时间限制等因素做出的详细计划。招聘计划的具体内容包括:(1) 招聘的岗位、人员需求量、每个岗位的具体要求;(2) 招聘信息发布的时间、方式、渠道与范围;(3) 招聘对象的来源与范围;(4) 招聘方法;(5) 招聘测试的实施部门;(6) 招聘预算;(7) 招聘结束时间与新员工到位时间。

招聘计划是由用人部门制订,然后由人力资源部门进行复核,特别是要对人员需求量、费用等项目进行严格复查,签署意见后交上级主管领导审批。

(二) 制订招聘策略

为了顺利实施既定的招聘计划,组织需制订相应的招聘策略。具体包括招聘地点的选择、招聘渠道或方法的选择、招聘时间的确定、招聘的宣传策略等。

1. 招聘地点的选择

为了增加招聘的效率(减少成本开支),组织应将其招聘的地理位置限制在最能产生效果的劳动力市场上。不同范围内的市场提供的劳动力素质是不同的,因此组织应根据所需人才的素质不同而选择不同的劳动力市场范围。一般而言,招聘高级管理人员应倾向于在全国范围内进行选择;中级管理人员和专业技术人员通常在跨地区的劳动力市场上进行;而操作工人和办事人员则只需在企业所在地的劳动力市场上招聘。此外,组织招聘的地点应相对固定,这样有利于组织熟悉所在劳动力市场的情况,形成一些经验,从而提高招聘工作的效率。

2. 招聘时间的选择

即组织应在什么时间开始招聘工作从而能保证新聘人员准时上岗。招聘日期的具体计算公式为:

$$招聘日期=用人日期-准备周期=用人日期-培训周期-招聘周期$$

式中培训周期是指新招员工进行上岗培训的时间;招聘周期指从开始报名、确定候选人名单、面试直到最后录用的全部时间。如某组织的用人日期为 2007 年 9 月 1 日,培训周期为两个月,招聘周期为一个半月,则按上式计算,应从 2007 年 5 月 15 日开始着手招聘新员工的工作。

3. 招聘渠道及方法的选择

组织应根据招聘计划对应聘者的来源渠道做出选择。招聘渠道可以划分为两类:一类是组织内部来源;一类是组织外部来源。从表 6-1 可以看出,内部招聘和外部招聘各有利弊,具体的操作要根据企业的战略计划、上岗速度以及经营环境等综合考虑。例如,通用电气数十年来一直都从内部选拔 CEO,而 IBM、HP 等公司则多从外部招聘 CEO。

表 6-1 内部招聘与外部招聘的利弊

	内部招聘	外部招聘
优点	① 了解全面,准确性高 ② 可鼓舞士气,激励员工进取 ③ 应聘者可更快适应工作 ④ 使组织培训投资得到回报 ⑤ 选择费用低	① 人员来源广,选择余地大,有利于招到一流人才 ② 新员工能带来新技术、新思想、新方法 ③ 当内部有多人竞争而难做出决策时,向外部招聘可在一定程度上平息或缓和内部竞争者之间的矛盾 ④ 人才现成,节省培训投资费用

续 表

	内部招聘	外部招聘
缺点	① 来源局限于企业内，水平有限 ② 容易造成“近亲繁殖”，出现思维和行为定势 ③ 可能会因操作不公或员工心理原因造成内部矛盾	① 不了解企业情况，进入角色慢，较难融入企业文化 ② 对应聘者了解少，可能招错人 ③ 内部员工得不到机会，积极性可能受到影响

（1）内部招聘渠道及方法

内部获取是指通过组织内部去获得所需要的各种人才。组织本身是一个人才的蓄水池。由于工作和岗位的原因，很多人才的优点未能发现。所以通过内部招聘可以填补组织空缺的职位，特别是组织的管理职位。在美国有抽样调查资料显示，90%的管理职位是通过内部招聘来填补的。内部招聘渠道视具体情况可分为内部提升和职位转换。实现内部招聘的方法主要有职位公告和职位投标。

（2）外部招聘渠道及方法

外部招聘是指组织从其外部寻找、吸引求职者，填补空缺职位的过程。特别是当组织需要大量补充人员时，主要通过外部招聘来解决。

外部招聘渠道及方法主要包括：招聘广告，职业介绍机构，猎头公司，员工推荐与申请人自荐，临时性雇员，校园招聘。

其中校园招聘是组织从外部获取人才的一种主要方式，它通常是指企业直接从应届毕业生（包括本科、专科、职业技术学校等）、硕士研究生、博士研究生中招聘组织所需的人才。作为储备和培养人才的重要手段，校园招聘越来越受到各类组织，特别实施投资型人力资源战略的组织的重视。校园招聘的方式一般包括以下三种：一是组织直接到校园招聘；二是学生提前到组织实习；三是组织和学校联合培养，以补充组织所需要的专门人才。其中以第一种方式应用最广泛。

（三）招聘信息的发布

即向可能应聘的人群传递组织将要招聘的信息。招聘信息发布的时间、方式、渠道与范围是根据招聘计划来确定的。由于需招聘的岗位、数量、任职者要求的不同，招聘对象的来源与范围的不同，以及新员工到位时间和招聘预算的限制，招聘信息发布时间、方式、渠道与范围也是不同的。一般而言，应遵循下列原则。

（1）面广原则。发布招聘信息的面越广，接受该信息的人越多，应聘的人中有合适人选的概率就越大。

（2）及时原则。在条件许可的情况下，招聘信息应尽量早地向人们发布。这样有利于缩短招聘进程，而且有利于使更多的人获取信息，使应聘人数增加。

（3）层次原则。招聘的人员通常都是处于社会的某一层次的。所以应根据招聘岗位的特点，向特定层次的目标群体发布招聘信息。

（四）对应聘者的筛选

对应聘者进行筛选的主要目的是将明显不合乎职位要求的申请者排除，以利于提高随后招聘工作的效率。职位说明书是筛选的基础，即要以职位说明书中所要求的知识、技术和能力来判断候选人的资格。测试是筛选应聘者的主要手段，包括：心理测试、知识考试、情景模拟、面试等。在第二节将具体讲解。

（五）录用

对筛选合格的求职者，组织要做出聘用决策。不同层次的人员聘用由不同的部门做出决策。一般来说，工人及办事员由人事部门决定是否录用，而对管理人员及技术人员则需由招聘工作委员会集体决定。

人力资源部门对决定录用的求职者发出正式通知，对不予录用的求职者应致函表示歉意。

组织对决定聘用的人员，在与之签订劳动合同以后，要有3～6个月的试用期，如果试用合格，试用期满后，按劳动合同规定，享有正式合同工的权利并负相应的责任。

（六）招聘评估

招聘评估是招聘工作的最后一道程序，包括招聘成本评估、录用人员评估。这两项评估可从数量、质量、效率方面对招聘工作进行评价。研究表明，通过不同的招聘渠道和采用不同的招聘方法，产生的招聘效果是大大不同的。用不同的方法招聘的员工可能表现出不同的工作绩效。因此，组织可以通过招聘评估总结招聘工作中的经验，发现所存在的问题，以便在将来的招聘工作中进行修正从而提高招聘工作的质量。

第二节 人员的甄选

人员甄选是招聘过程中最关键的一步，也是技术性最强的一步，它是指组织从求职人员清单中进行挑选的过程，即依据当前环境条件和可能提供的岗位，选择符合相应标准的人员的过程。在这一阶段组织需要解决如何挑选合适数量、质量的求职者，并将他们安置到相应岗位上去的问题。

人员甄选是人力资源管理中最困难、也是最重要的决策之一。彼得·德鲁克曾对此说过："没有其他决策的后果会持续作用这么久，这么难做出。"为了提高随后的人力资源管理效率，为组织的发展选择合适的人选，对于处于市场经济中的企业来说，选择方法的使用是否恰当，对于能否成功地完成招聘至关重要。组织进行人员选择的方法和手段很多，其中主要有工作申请表、心理测试、工作样本法、管理评价中心法、面试等。

一、工作申请表

工作申请表是古老且运用最广泛的筛选技术。人员选择中最常见的第一步就是要求应聘者提交简历和填写申请表。对于不同的组织而言，申请表在内容多少与复杂性方面是不一样的，但一般都要求应聘者向用人单位提供符合聘用条件的最基本个人信息。

具体而言，工作申请表应当能够反映以下一些信息：

(1) 识别应聘者的信息，如姓名、性别、住址和电话等。

(2) 应聘者个人的信息，如婚姻状况、家庭负担和子女情况等。

(3) 应聘者的身体特征，如身高、体重、健康状况和是否残疾等。

(4) 应聘者的受教育状况，如教育水平、学历和职业培训情况等。

(5) 应聘者的工作经验及业绩，特别是与申请职位相关的工作经验。

二、招聘面试

面试是专门设计以从应聘者对口头询问的回答中获得信息的过程。在主试者本身的素质与能力适合的情况下，主试者与应试者可进行面对面的交谈，获取相关信息，可在一定程度上预测应试者未来的工作表现。

（一）进行面试的原因

（1）面试官有机会直接接触求职者，并随时解决各种疑问；

（2）面试官可以判断求职者是否具有热诚和才智，还可以评估求职者的仪表及情绪控制能力等；

（3）是一种双向沟通的过程；

（4）考察的内容相对灵活。

（二）面试的程序

1. 面试前的准备

面试前的准备工作至关重要。在进行面试之前，面试人员需要通过工作分析资料了解所招聘工作岗位的要求，确定主要的工作职责，编写假设的工作情景作为面试问题，设计并组织面试的程序，确定面试的时间和地点等。特别是要审查求职者的申请表，并注出表明求职者优缺点的地方。同时，为了便于面试过程效率的提高，组织应该印制面试评价量表（表 6-2）或制订面试问话提纲。

表 6-2　公司面试评价量表

姓名 应聘职位	性别 所属部门	年龄		编号	
评价要素	评价等级				
	1差	2较差	3一般	4较好	5好
个人修养能力					
求职动机					
语言表达能力					
应变能力					
社交能力					
自我认识能力					
性格内外向					
健康状况					
进取心					
相关专业知识					
总体评价					
评价	□ 建议录用　□ 有条件录用　□ 建议不录用				
用人部门意见 签字	人事部门意见 签字		总经理部门意见 签字		

面试问话提纲要根据所选择的评价要求和从不同角度了解应聘者的背景信息来设计，通常由两部分组成：一是通用问话提纲，二是重点问话提纲。通用问话提纲适用于所有应聘者，由于涉及问题多，因此要求面试官根据应聘者的具体情况，选择提问。重点问话提纲则是针对每一位应聘者提问的内容，它是在总结登记表和各项考试结果材料的基础上发现问题，在面试中提问，以便深入了解应聘者。

2. 实施面试

面试开始时面试者可以通过聊一些人们经常议论的问题如天气、交通或向应试者介绍各位主试者，向应试者说明面试的目的、主要步骤以消除应试者的紧张情绪，营造一个轻松的气氛。然后通过与求职者的讨论和使用事先设计的情景问题，了解求职者。

面试官在面试中不仅要注意求职者回答的内容，也要关注求职者回答问题的方式。在面试过程中，面试人员要注意求职者的面部表情和保持目光接触，这类因素可能反映出求职者对工作的兴趣和工作能力。同时，面试中的问题应该避免那些回答"是"或"不是"等过于直接的问题，而是提出需要求职者仔细回答的问题。

3. 结束面试

面试结束时应留有时间回答应试者的提问，以便应试者对公司有进一步了解。同时应告诉应试者公司将何时以何种方式通知面试的结果。应注意尽可能以积极的态度结束面试，特别是对于不合格者要委婉地说明拒绝他们的原因，如"虽然您的表现给人印象深刻，但其他某些候选人的经历更接近我们的要求"等。

4. 面试评价

应试者离开后，面试人员应及时仔细检查面试记录的所有要求点，根据在面试中所获得有关面试者的信息对其进行评价，并在面试评价量表上记录下满意度。

三、测评法

在人员选择时，为了能够更好地对应聘者做出判断，经常采用测试的手段，即通过一系列的科学方法来测量被测试者的能力和个性等方面差异的一种方法。它包括能力测试、操作测试、身体技能测试、人格与兴趣测试、价值观测试、成就测试和创造力测试。目前，我国很多组织在招聘的人员选择中越来越多地开始应用测试手段。

（一）智力测试

智力测试是应用范围较广的一种测试，在人员选择中常用来测试应聘人员的智力水平。智力不只是一个单独的智力特征，而是一组能力，包括观察能力、记忆能力、想象能力、思维能力等。智力的高低直接影响一个人在社会上能否成功，其度量单位为智商(IQ)。

正常的IQ在90～109之间，100～119是中上水平，120～139是优秀水平，140以上是非常优秀，而80～90是中下水平，70～79是临界状态水平，69以下属于智力缺陷。

（二）个性测试

个性是指一个人比较稳定的心理活动特点的总和。对不同的人而言，智力可以有高低之分，而个性在许多方面是没有优劣之分的。但研究表明，个性特点与工作行为之间有较强的相关关系，个性是一个人能否施展才华、有效完成工作的基础。对组织而言，一个干劲十足、心理健康的员工，远比一个情绪不稳定、积极性不高的员工更有价值。个性测试可以测量申请者个性的基本方面，例如内向性、稳定性和动机。个性测试的方法很多，常用的方法有自陈量表和投射技术。

（三）能力测试

能力测试主要是对应聘人员的职业能力、工作技能和专业知识的测试。

1. 职业能力倾向性测试

这是用于测定从事某项特定工作所具备的某种潜在能力的一种心理测试。其作用体现在：什么样的职业适合某人；为胜任某职位，什么样的人最合适。职业能力倾向测试的内容一般可分为：普通能力倾向测试、特殊职业能力测试和心理运动机能测试。

(1) 普通能力倾向测试。主要是思维能力、想象能力、记忆能力、推理能力、分析能力、数学能力、空间关系判断能力、语言能力等的测试。

(2) 特殊职业能力测试。特殊职业能力是指特殊的职业或职业群所需的能力。测试特殊职业能力的目的在于：测定已具备工作经验或受过相关培训的人员在某些职业领域中的熟练水平；选择具有从事某项职业的特殊潜能、只需很少或不需特殊培训就能从事该项职业的人才。

(3) 心理运动机能测试。心理运动机能主要包括两类：一是身体能力，即动态强度、爆发力、广度灵活性、动态灵活性、身体协调性与平衡性等。二是心理运动能力，如选择反应时间、肢体运动速度、四肢协调、手指灵巧、手臂稳定、速度控制等。在人员选择过程中，心理运动机能测试可通过体检或借助于各种测评仪器或工具进行。

2. 工作技能测试

主要是对特定职位所要求的特定技能进行的测试。其内容因岗位的不同而有所区别。如对秘书需测试打字、记录速度和公文起草能力，对会计人员需考核计算、记账、核算等能力。

3. 专业知识测评

是对特定职位所要求的特定知识的测评。应聘的岗位不同，测评的内容也有所不同。如对国家公务员要进行行政管理知识、国家方针政策、法律法规知识的考核等等。

(四) 情景模拟

情景模拟是指根据被试者可能担任的职务，编制一套与该职务实际情况相似的测试题目，将被试者安排在模拟、逼真的工作环境中，要求被试者处理可能出现的各种问题，以此用多种方法来测评其心理素质、实际工作能力、潜在能力等。

情景模拟有以下两个优点：(1) 可从多角度全面观察、分析、判断、评价应聘者，以帮助组织得到最佳人选；(2) 由于被测者被置于其未来可能任职的模拟工作情景中，而测评的重点又在于实际工作能力，因此通过这种测评选拔出来的人员往往可直接上岗，或只需有针对性地培训即可上岗，这为组织节省了大量的培训费用。

情景模拟的内容包括公文处理模拟法、无领导小组讨论法、企业决策模拟竞赛法、访谈法、角色扮演法、即席发言法和案例分析法等。

情景模拟一般不可能大规模地使用，如果使用也只是局限于高层次的管理人员和特殊的专门人员的选择上。

第三节　人员的录用

在运用多种方法对应聘者进行选拔评价之后，组织将对选拔过关的求职者进行录用。人员录用是招聘最后阶段，其过程相对比较简单，主要涉及合同的签订、试用和正式录用。

一、签订合同

员工进入组织之前，要与组织签订合同。合同是对员工与组织双方的约束与保障，主要包括以下内容：聘用的职位、期限、报酬与福利、员工在试用期应该接受的培训内容、员工在试用期的工作绩效目标与应承担的义务和责任及应该享受的权利、员工转正的条件、试用期间组织解雇员工的条件、员工辞职的条件、员工试用期延长等规定。合同的签订,标志着组织在一定期限内接纳求职者,但是最终是否正式聘用,取决于员工在试用期间的表现。

聘用合同能够保证组织和求职者双方的利益,特别是保证"试用制度"的合法性,使员工和企业没有后顾之忧,双方都可以在试用期考察对方。

二、员工的试用

试用是对员工的能力和潜力、个人品质与心理素质的进一步考核。在试用期应做好以下工作：首先,要让新员工熟悉工作岗位、工作部门和整个组织的基本情况,如组织的目标、历史、文化等,不仅要帮助新员工尽快融入组织,而且使他们能够了解工作目标以及此项职位在企业中的地位。其次,应让员工了解组织的规章制度。如组织的人事制度、工资制度、福利制度等。第三,让新员工熟悉工作的环境。如安排新员工参观车间、办公室以及将新员工介绍给周围的同事。

成功的试用,不仅可以进一步获取新员工的各种信息、对其深入了解可使人员的最终录用更正确,而且可以加快新员工从外来人转换为内部人,避免新员工在工作的头一两个星期甚至一两天提出辞职的现象。

三、正式录用

正式录用,也就是俗称的"转正",是指试用合格的员工正式成为该组织成员的过程。当员工试用期满后,如果其工作表现和能力符合正式录用的条件,那么组织就可以将其转为正式员工。在一些特殊情况下,如员工在试用期内绩效明显、表现优秀等,可以适当缩短试用期,提前给予转正。

正式录用过程中,用人部门和人力资源部门应完成以下主要工作：试用期的考核鉴定,根据考核情况进行录用决策,签订正式劳动合同,提供相应待遇,制订员工进一步发展计划,提供一定的帮助和咨询等。

为保证正式录用的顺利完成,组织对试用员工应该坚持公平、择优的原则进行录用。

四、对未录用应聘者的处理

组织在对合格候选人录用的同时,应对未被录用的应聘者进行回复,以维护公司在公众中的形象。公司在答复未被录用的应聘者时最好采取书面的形式,如电子邮件、普通信件等。语言要尽量简洁、坦率、礼貌,同时应该具有鼓励性,并表示与应聘者建立长期的联系。

此外,要注意的是,在决定未被录用者时要留有一定的名额。对于一个职位,初步录用的人选名单要多于实际录用的人数。以防部分被录用者因一些因素,如无法离开原单位、找到了更好的职位等,而不来组织任职。留有备选人名单,以便随时能有合适的人选来代替。

人员招聘是人力资源管理的基础活动之一,是获取人力资源要素的基本方法,是决定组织人力资源规模、结构、质量、发展的核心环节。本章主要在介绍人员招聘概念、意义的基础上,总结了招聘的基本原则,分析了人员招聘的两种渠道。并阐述了招聘的基本流程,重点对人员选择的方法和录用过程进行了介绍。

思考题：

1. 试述人员招聘在组织人力资源管理中的重要性。

2. 组织在进行人员招聘中，应遵循哪些原则？

3. 假如你是一家公司的人力资源部门管理人员，现需要招聘一名财务人员，请你编制一份招聘计划和招聘简章。

4. 组织可运用哪些方法进行人员选择？试比较其利弊。

第七章　人员再配置

□ 学习目的

通过对本章内容的学习，应了解和掌握如下知识点：

- 人员再配置的概念、意义
- 人员再配置的几个基本理论
- 为什么进行人员再配置
- 人员再配置的实施方法及各方法的实施过程

□ 引入案例

某制造企业M公司本着提高员工工作积极性的原则，公司中层职位出现空缺时，会优先考虑内部竞聘。这次也不例外，后勤某岗位空缺，老板便授意内部竞聘，但应聘的条件有些离谱："不论资历，不论条件，只要在公司工作满一年者皆可竞聘"。一时间HR部门收到不少竞聘申请，意见也收了不少。

HR工作者一看便知道竞聘条件有多离谱，问题有多大。之前已经有几位员工经过竞聘晋升到了想要的岗位，但他们的工作开展得并不顺畅，用他们的话说就是"焦头烂额"，印证了大部分员工当初的质疑。对M公司来说是一种资源浪费，没有达到最大的收益；对任职员工来说，大大打击了他们的积极性；对未竞聘上职位的员工来说，则会质疑公司决策的科学性与权威性，总之，没有达到当初想要的"多赢"结果。

一个岗位，尤其是中层岗位怎么能"不论资历，不论条件"呢？很多人是优秀的一线人员，并不见得他就是一个好的中层管理者。而且管理者不是生来就会当的，他也是要学的，就像没有人开始就会当父母，他们也是在与孩子的不断交流沟通中逐渐学会的。

对于M公司，目前有两项工作亟待解决。一是让岗位说明书真正发挥作用，使得选拔晋升的考核评定有依据。二是加强任职前培训，培训的重点要放在对将要任职的部门及岗位上，以免引起很严重的水土不服。

人力资源管理是一项复杂的工作，要想保持员工高效的工作或者是要实现企业与员工的共赢，要完成的重要工作就是企业员工的再配置。员工进入企业后会获得一个岗位，我们不能确保员工就适合这个岗位，或者这个岗位就需要这样的员工；更不能确保在将来发生诸多变化之后现在的人员配置还是合适的。人员再配置是为了纠错和适应变化而开展的工作，在开展工作之前，要了解人员再配置的概念、意义、实施方式等内容。

第一节　人员再配置的概述

一、人员再配置

组织通过人员招聘、选择与录用获得了组织正常运行与发展所需的人力资源，但在工作过程中，因为各种原因，如组织对员工开始了解的片面、人员选择组织或组织中职位的盲目、员工经过培训和锻炼超越了职位本身的要求，都造成了组织根据实际情况进行人力资源再配置的需求。

1. 人员再配置的作用与意义

与组织所处的外部环境一样，组织内部及人员也是在不断地变化。为了提高组织人力资源管理的绩效，组织应实时进行人力资源盘点，以发现这些变化的性质及其结果，重新审视组织的人力资源配置情况。《企业上层》一书的作者罗伯特·汤森德曾说"大多数经营者抱怨缺乏人才，所以到外部招人进来占据关键职位，这是胡说八道！我采用的是'50%原则'。在公司内部找一个有成功记录(在任何领域)、有心做这份工作的人。如果他看起来符合你50%的条件，就把这个工作给他。"

2. 人员再配置的概念、原因及表现形式

人员再配置是组织根据在实际工作情况中员工与职位匹配程度或是员工个人因素，对员工重新评价、重新配置的过程。

在组织人力资源管理的实践中，人员再配置的具体表现形式因其发生的原因和具体情况而有所不同，见表7-1。

表7-1 人员再配置原因及手段

人员再配置原因	手段
根据绩效考核或任职资格考核，发现人事不匹配 (高于或低于职位要求)	晋升、降职、辞退
员工职业生涯需要	工作轮换
职位空缺，从组织内部招募	竞聘上岗

二、人员再配置的理论基础

关于组织内部人员再配置的必要性，国内外学者从组织和员工内在需求出发做了大量的研究工作，其主要理论有以下几种。

1. 勒温的场论

美国著名的心理学家勒温认为，个人能力和个人条件与他所处的环境直接影响个人的工作绩效，个人绩效与个人能力、条件、环境之间存在着一种类似物理学中的场强函数关系：

$$B = f(p, e)$$

式中 B——个人的绩效；

p——个人的能力和素质；

e——所处环境。

该函数表示：员工所能创造的绩效不仅与其能力和素质有关，而且与其所处的环境(也就是他的"场")有密切关系。如果环境e呈现出与绩效B负相关关系，即员工处于对自己不利的环境之中，就会影响其发挥才智而很难取得应有的成绩，同时也会造成员工与组织的互不信任甚至对立。而低绩效、员工满意度低都不是组织追求的目标。因此，组织一般通过人员再配置，为员工寻找新的、合适的职位，同时为该职位再配置新的员工。

勒温的场论是从人与工作环境不匹配的角度，分析人员流动的必要性，其中间的"不匹配"

的依据是员工绩效。所以该理论可以通过绩效考核或是任职资格考核，为确定组织人力资源再配置提供理论依据。

2. 库克曲线

美国学者库克提出了人的创造力周期的统计曲线，并以此为基础论证了员工流动的必要性(图 7-1)。

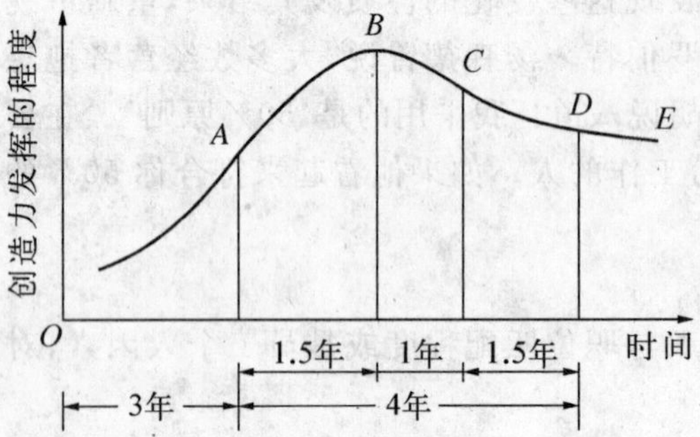

图 7-1 库克曲线

库克曲线是根据对研究生参加工作后创造力发挥情况所做的统计绘出的曲线。图中，OA 表示研究生在 3 年的学习期间创造力增长情况；AB 表示研究生毕业后参加工作初期(1.5 年)，第一次承担任务的挑战性、新鲜感以及新环境的激励，促使其创造力加速增长；BC 为创造力发挥峰值区，这一峰值水平大约可以保持 1 年左右，是出成果的黄金时期，随后进入 CD 即初衰期，创造力开始下降，持续时间约为 0.5～1.5 年；最后进入衰减稳定期即 DE 期，创造力继续下降并稳定在一个固定值，如不改变环境和工作内容，创造力将在低水平上徘徊不前。为激发研究人员的创造力，应该及时变换工作部门和研究课题，即进行人员再配置。人的一生就是在不断开辟新工作领域的实践中，来激发和保持自己的创造力的，即走完一个 S 型曲线，再走下一个 S 型曲线。

库克曲线从员工尤其是研发类员工的创造性角度出发进行统计论证，认为组织必须在认识到员工创造性自然增减的规律的基础上，及时进行岗位轮换，不断赋予员工新的任务和使命，以保持其旺盛的创造力。

3. 目标一致理论

日本学者中松义郎在《人际关系方程式》一书中提出，处于群体中的个人，只有在个体方向与群体相一致的时候，个体的才能才会得到充分的发挥，群体的整体功能水平也才会最大化，即“目标一致理论”。具体见图 7-2。

图中 F 表示一个人实际发挥出的能力，F_{max} 表示一个人潜在的最大能力，θ 表示个人目标与组织目标之间的夹角，图中三者的关系是：

$$F = F_{max} \times \cos\theta$$

当个人目标与组织目标完全一致时，即 $\theta = 0$ 时，F 达到最大值，要实现这一目的有两个途径：

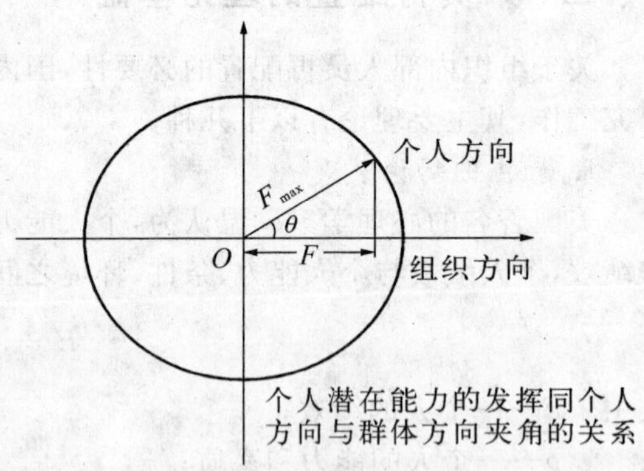

图 7-2 目标一致理论图

一是个人目标同组织目标靠近，组织通过文化熏陶、培训指引，引导个人的志向和兴趣向组织和群体方向转移，并努力趋于一致；

二是进行人员再配置，淘汰不适合的员工，引进适合组织文化和价值观的员工。

第二节 人员再配置的操作方式

组织在进行人员再配置时，应根据实际情况采取相应的方式。一般来说，常见的有以下几种。

一、岗位轮换

岗位轮换是企业内部有组织、有计划、定期进行的人员职位调整。岗位轮换最初是德国克虏伯工厂的一名工人首先提出来的。他认为如果让在流水线上工作的工人定期轮换岗位,可以使他们对工作保持新鲜感,这样就会使生产效率提高。但是,这一建议在刚刚实施时并没有取得理想的效果。之后一名技术工人发现应该让所有工人的轮换错开,不能让他们在同一时期一起轮换。在采用了他的建议后,岗位轮换真正提高了生产效率。岗位轮换后来成为一个可以在组织各个部门之间、在不同类型员工之间实施的员工流动方法。

对于组织而言,实行岗位轮换制度主要有以下优点:

(1) 岗位轮换制度是一项成本较低的组织内部人员的调整和变动,既给组织员工带来工作的新鲜感和挑战性,又使组织在此过程中能发现员工的优点和不足,更好地为其配置合适的岗位,以提高组织重组后的效率。

(2) 岗位轮换制度是较为经济的提高员工工作满意度的方法。随着经济的发展,物质形式激励手段的效果越来越下降,而工作本身的意义和挑战性已逐渐成为激励的重要手段。岗位轮换制无疑是一个增强员工工作满意度的经济有效的办法。

(3) 岗位轮换制可以减轻组织晋升的压力,减少员工的工作不满情绪。很多情况下,员工因长期得不到应有的提升,对工作的热情下降。

(4) 岗位轮换制可以提高员工工作新鲜感,使工作充满动力和意义。在岗位轮换过程中,员工可根据工作的实际需要,进行有关的职位培训和进修,将学习和工作要求相结合,使工作本身更加具有趣味性和挑战性。

二、晋升、降职与辞退

在组织内部公开、公平、公正的考核评价体系的支撑下,对组织成员进行职位(包括组织内部各种类型的职位价值序列或技能等级序列)的升降是组织内部优化人员再配置的一条重要途径。

组织通过职位升降可以实现以下主要目的:(1) 优化组织内部人力资源配置;(2) 引入竞争淘汰机制,激发员工潜力;(3) 奖励高绩效员工;(4) 为员工职业生涯建立发展通道;(5) 激励员工参与培训,提高任职资格水平。

1. 职位升降的客观依据

为实现职位升降所要达到的上述目的,组织必须为其建立一套客观公正的评价体系,以保证职位升降的相对公平性。组织对员工的认识与评价主要通过绩效考核以及任职资格评价来实现,因此对员工工作绩效的考核以及对员工行为能力的考核就构成了职位升降的客观依据。

(1) 绩效考核与职位升降。绩效考核是职位升降的前提。这一制度安排是基于如下假设:在现有职位上的高绩效是员工能力、素质较高的表现,该员工可以从事更高层级的工作;绩效持续为差的员工可能是其能力、素质与现有岗位不相匹配;组织应对高绩效的员工进行奖励,其途径之一就是职位晋升,以最大限度地发挥其潜能。组织通过绩效考核,形成对员工在现有职位上的绩效评价,并据此确定员工是否具备职位升降的资格。

(2) 任职资格评价与职位升降。绩效考核结果优秀只是对员工胜任现有职位的肯定,并不能作为员工晋升的充分依据。判断员工是否能胜任更高层级的工作,还要对其任职资格进行评价。任职资格评价是对具备晋升资格的员工在进行一系列的培训后进行的资格认证,确定员工的知识、技能以及素质方面的特征是否能够胜任新职位的要求。

(3) 职位升降的实施流程。在处理员工职位升降的过程中，组织应积极主动做好与候选人的沟通交流，以便清晰及时地传递组织的期望和要求，减少员工对组织的不信任感。尤其是在处理“降职”时，应向员工阐明组织做出这一决策的原因，并尽可能就员工今后职业生涯发展的安排进行磋商，以减少操作过程中的矛盾。

2. 末位淘汰

“末位淘汰”是近年来组织引入较多、但同时存在较大争议的人力资源管理手段。其中比较典型的有著名跨国公司 GE 活力曲线，GE 公司每年通过考核，淘汰最差的 10%人员；海尔采用“三工并存、动态转换”的模式实现人力资源配置；许继集团 5.8 淘汰；万向集团的“阶梯式用工、动态式管理”。

“末位淘汰”是指组织为满足竞争的需要，通过科学的评价手段，对员工进行合理排序，并在一定的范围内，实行奖优罚劣，对排名在后面的员工，以一定的比例予以调岗、降职、降薪或下岗、辞退的行为。其目的是激发在岗者工作潜力以使组织获得更多的竞争力。

组织通过实行末位淘汰，可以在内部建立能上能下、相互竞争的工作氛围，在一定程度上激发了员工的内在潜力、不断地通过自我学习进行自我提升，优化了组织人力资源的质量。

三、竞聘上岗

竞聘上岗，是指全体人员，不论职务高低，贡献大小，站在同一起跑线上，重新接受组织的挑选和任用。同时，员工也可以根据个人的特点和岗位的要求，提出自己的选择希望和要求。在调整组织结构的基础上，发布岗位空缺和任职资格的要求，重新选拔和任命，竞争上岗。

竞聘上岗是组织进行内部人员再配置的另一条重要途径，通过竞聘上岗，组织内部所有候选人在共同的平台上进行公开、公平、公正的竞争，可以避免或降低部分人不平衡的心态；同时通过采取各种有效的测评方法也使组织进一步了解其员工的内在潜质，为获取组织需要的核心人才提供了条件。

组织进行竞聘上岗主要有以下操作流程：

(1) 成立组织内部竞聘上岗专职领导机构；(2) 组织对目标职位进行分析；(3) 持续的内部宣传与引导；(4) 发布职位空缺竞聘要求以及《竞聘上岗须知》；(5) 竞聘上岗辅导；(6) 候选人资格初审；(7) 召开竞聘大会；(8) 评审小组对候选人竞聘表现进行评价；(9) 与目标职位直接上司沟通意见；(10) 发布竞聘上岗结果。

思考题：

1. 人员再配置的概念及实施人员再配置的原因是什么？
2. 进行人员再配置的作用和意义是什么？
3. 人员再配置的实现方式有哪些，各有什么特点？
4. 如何根据具体情况选择合适的人员再配置方法？

第三篇　人力资源培训与开发

第八章　人力资源培训与开发概述

□ 学习目的

通过对本章内容的学习，应了解和掌握如下知识点：

- 培训如何能够为企业赢得竞争优势
- 培训需求评估方法
- 培训系统的建立
- 新进员工的导向活动
- 管理人员的培训和开发

□ 引入案例

学无止境，本来是莘莘学子鼓励自己不断上进的座右铭。但是，这句格言却被刻在IBM公司教育中心入口处的石碑上。奇怪吗？大可不必。当今的时代已走进高科技时代，公司之间的竞争常常体现为知识和人才之间的竞争。凡是想在市场竞争中立于不败之地的公司，都非常重视对自己的职工进行不断培训，要求他们树立“学无止境”的信念和习惯。

IBM在员工培训上大概是全世界投入最大的，他们每年用于培训的费用相当IBM总营业额的2%，这个数字恐怕是任何一家企业都无法企及的。他们对员工有非常详细的培训计划，从新人到经理，从刚进公司的新员工到为公司服务十几年的老员工，每年都会被安排一定时间的培训。IBM对业务与技术人员的教育培训可以长达20年，他们将IBM的理念融合在各种教育培训中，将IBM真正打造成为学习型组织。

在IBM凡是新招收的职工，每个人都要进行公司信念培训。如果是被分配当销售人员，就必须进一步接受为期12个月的初步培训，教学方法为现场实习和课堂讲授相结合，75%的时间在各地分公司中度过，25%的时间在公司的教育中心学习。销售培训的第一期课程为销售政策、市场销售实践以及计算机概念和IBM公司的产品介绍。第二期课程主要是学习如何销售，由本公司在销售第一线有突出成绩的一流人才担任授课教师。

严格而系统的培训，只不过是今后继续接受培训的开始。在IBM公司，伴随着职务提升而来的是新的培训，第一线的基层经理，在他走上新岗位的第一年内，要经历80小时的课堂培训，内容包括公司的历史、信念、政策、习惯做法以及对职工的激励、赞扬、劝告等基本管理技巧。部门经理要管理基层经理，IBM公司为此设立了中层管理学校，内容集中在有效的交往、人员管理以及经营思想和战略计划等方面。有经验的中层经理和高级经理，则要求他们进一步学习社会和经济方面的知识。为了开阔眼界，学习哈佛大学的高级经理课程、麻省理工学院和斯坦福大学的管理学院的有关课程，时间从一周到一年不等。

IBM所以能成为拥有40多万职工、500多亿美元的资产、500多亿美元年销售额的首屈一指的世界性大企业，对人才的不断培训、不断开发是它在行业中领先的一大法宝。

开篇短文中IBM的案例说明了该公司是如何通过员工培训和开发来支持它的经营战略以及获取竞争优势的。一个企业的存在和继续发展只能依靠管理人员和广大员工不断取得新知识和新技能,而这种知识和技能只能通过终生不倦的学习来获得。培训和开发除了可以帮助员工学习工作技能、发展自身潜力外,还能够帮助公司留住和激励员工。从公司角度看,培训对于实现公司的经营目标是具有战略性的;从员工角度看,越来越多的员工意识到培训和开发对他们自己未来的市场竞争力是非常必要的,因此,他们会根据企业是否提供学习机会来选择要就职的公司。这样一来,那些不提供培训和开发机会的公司将无法吸引到高质量的员工。

如我们在本章中将要介绍的,培训和开发(Training and Development, T&D)是企业持续发展的核心所在,有效的培训和开发可以提高员工能力和组织绩效。在本章开篇,我们将首先讨论员工培训与开发的概念、形式,以及T&D的影响因素等;而后,我们来考察培训方案的设计、实施和评估的问题;然后会介绍新员工的导向活动;在本章的结尾部分,我们将讨论如何进行管理人员的培训与开发,以及其中要注意的问题。

第一节　培训与开发概述

一、员工培训与开发的概念

1. 培训

培训是指公司为了提高员工与工作有关的能力而采取的有计划的活动。这些能力包括成功地完成工作所需的知识、技能或者行为。培训的目的在于让员工掌握培训计划所强调的那些知识、技能和行为,并且将知识、技能和行为应用到他们的日常工作活动之中。

2. 开发

开发是指有助于员工为未来做好准备的各种活动,其中包括正规教育、工作体验、建立人际关系以及人格和能力评价等等。由于开发是以未来为导向的,因此在开发过程中所要学习的东西并不一定与员工当前所从事的工作有关。

3. 培训与开发的关系

虽然培训与开发这两个概念有时候可以互换,但还是有一定的区别。在传统意义上,培训侧重于近期目标,重心放在提高员工当前工作的绩效从而开发员工的技术性技巧,以使他们掌握基本的工作知识、方法、步骤和过程;开发则侧重于培养提高管理人员的有关素质(如创造性、综合性、抽象推理、个人发展等),帮助员工为胜任企业的其他职位作准备,提高其面向未来职业的能力,同时帮助员工更好地适应由新技术、顾客或产品市场带来的变化。培训通常侧重于提高员工当前工作绩效,故员工培训具有一定的强制性;而开发活动只是对认定具有管理潜能的员工才要求其参加。传统观念认为培训的对象就是员工与技术人员,而开发的对象主要是对管理人员。

然而,由于培训变得越来越具有战略性,也就是说,它与经营目标之间的关系越来越紧密,培训与开发之间的界限也变得越来越模糊,它们都能将企业员工和公司战略紧密结合。现在,两者都注重员工与企业当前和未来发展的需要,而且员工、经营者都必须接受培训与开发,见表8-1。

表8-1　员工培训与开发比较

比较因素	传统的		现代的	
	培训	开发	培训	开发
重心	当前	未来	当前与未来	当前与未来
工作体验的运用程度	低	高	高	高

续　表

比较因素		传统的		现代的	
		培　训	开　发	培　训	开　发
目　的		当前工作	未来变化	当前与未来变化	当前与未来变化
参　与		强制性	自　愿	自　愿	自　愿
培训与开发对象	高层决策管理者	开　发		培训与开发	
	中层管理者	开　发		培训与开发	
	专业技术人员	培　训		培训与开发	
	基层员工	培　训		培训与开发	

实际上，在每个市场，客户都要求更高质量、更低成本和更快周期的产品。为了满足这些要求，企业必须持续提高总体绩效。高速的技术发展和方法改良，对企业应对挑战都是很重要的。无论如何，每个企业最重要的竞争优势来自员工，必须通过不断的培训与开发保持其对工作的胜任。这就要求员工必须学会分享知识，创造性地运用知识来改造产品或向顾客提供服务，并能更好地理解服务或产品开发系统。因此，许多企业建立了对员工进行与企业经营的战略目标和宗旨联系在一起的高层次培训的观念。在企业中营造鼓励持续学习的工作环境，构建学习型组织，使企业的员工总是不断地学习新的东西，并直接运用到产品或者服务质量的改善方面。那些有远见的企业已经或正在努力成为学习型组织。这种企业将培训看做是战略投资，而不是预算成本。

二、员工培训与开发的意义

企业在面临全球化、高质量、高效率的工作系统挑战中，培训和开发显得更为重要。培训和开发使员工的知识、技能与态度明显提高与改善，由此提高企业效益，获得竞争优势。其意义有以下四个方面。

1. 能提高员工的工作绩效和职业能力

有效的培训和开发能够使员工增进工作中所需要的知识，包括有关企业和部门的组织结构、经营目标、策略、制度、程序、工作技术和标准、沟通技巧，以及人际关系等知识。据国内一项调查表明，经过培训的员工同未经过培训的员工相比，完成产量高出 10.8%，优秀产品合格率高出 6%，工具损耗低 40%，创造净产值高 9%。

员工培训的直接目的就是要发展员工的职业能力，使其更好地胜任现在的日常工作及未来的工作任务。在能力培训方面，传统意义上的培训重点一般放在基本技能与高级技能两个层次上；但是未来的工作需要员工拥有更广博的知识，现代培训要使员工学会知识共享，并且能够创造性地运用知识来调整产品或服务的能力。同时，培训使员工的工作能力提高，为其取得更好的工作绩效提供了可能，也为员工提供更多晋升和较高收入的机会。

2. 使企业适应环境的变化，满足市场竞争的需要

构筑自身的竞争优势，这是任何企业在激烈的竞争中谋求生存和发展的关键所在。面对激烈的国际竞争环境：一方面，企业需要越来越多的跨国经营人才，为进军世界市场做好人才培训

工作;另一方面,员工培训可提高企业新产品研究开发能力,员工培训就是要不断培训与开发高素质的人才,以获得竞争优势,这已为人们所认识。尤其是人类社会步入以知识经济资源和信息资源为重要依托的新时代,智力资本已成为获取生产力、竞争力和经济成就的关键因素。企业的竞争不再依靠自然资源、廉价的劳动力、精良的机器和雄厚的财力,而主要依靠知识密集型的人力资本。员工培训是创造智力资本的途径。智力资本包括基本技能(完成本职工作的技术)、高级技能(如怎样运用科技与其他员工共享信息、对客户和生产系统了解)以及自我激发创造力。因此,这要求建立一种新的适合未来发展与竞争的培训观念,提高企业员工的整体素质。

3. 有利于提高组织运作的质量和能力

组织的运作质量包括生产过程质量、产品质量与客户服务质量等。毫无疑问,培训使员工素质、职业能力提高并增强,将直接提高和改善企业运作质量。培训能改进员工的工作表现,降低成本;培训可增加员工的安全操作知识;提高员工的劳动技能水平;增强员工的岗位意识和责任感,规范生产安全规程;增强安全管理意识,提高管理者的管理水平。因此,企业应加强对员工敬业精神、安全意识和知识的培训。

4. 可以满足员工自身发展的需要

在现代企业中,员工的工作目的更重要的是为了"高级"需求——自我价值实现。培训不断教给员工新的知识与技能,使其能适应或能接受具有挑战性的工作与任务,实现自我成长和自我价值,这不仅使员工在物质上得到满足,而且使员工得到精神上的成就感。

当然,培训和开发的意义远不止上述四个方面,企业培训与开发作为一种激励手段,也可以使员工感觉到企业对自己的认同,从而增强员工的安全感和对本企业的归属感。同时,也可以让员工从紧张疲劳的工作环境中得以解脱,选择适当的培训方式也是对企业员工心态的一种健康调整,从而提高工作效率。此外,培训和开发计划能传达和强化企业的价值观和行为,一方面可以建立优秀的企业文化,另一方面可以使员工体现企业的优良形象。

由以上分析我们不难看出,作为企业人力资源管理的一项重要内容,人力资源的培训和开发对一个企业,特别是高新技术企业而言具有非常重要的意义,对企业的经营和发展会产生深远的影响。而就我国目前的大多数国有企业而言,人力资源培训和开发方面却存在许多问题,在科学和规范方面问题尤甚,这些问题的存在大大制约了企业的发展和核心竞争力的形成。

三、员工培训与开发的影响因素

员工的培训与开发受到众多因素的影响,总的来说,可以分为内部因素和外部因素两大类。其中,内部因素主要包括组织的变革、管理者的支持、组织的复杂性等,外部因素主要包括技术进步、组织发展趋势和工会等。

1. 组织的变革

培训和开发的基本目的是预测变化并提早作出反应。每个人都受变化的影响。作为变化的动因,涉及培训和开发的每个经理和员工都必须理解变化伴随的困难以及减少变化阻力的途径。由于变化对组织及其员工具有影响,培训和开发只有在确实需要时才可以进行。

2. 高层管理者的支持

培训与开发项目必须得到高层管理者的全力支持,这是至关重要的一点。这种支持必须是实际的,而不仅仅是口头上的,并且应该使整个组织都了解。最有效的途径是使高层领导者亲自参与培训工作并提供所需要的资源。

3. 直线经理承担的义务

除了高层管理者,其他经理(不管是专家还是多面手)都应承担相应的任务,参与培训与开发过程。根据一位企业管理开发著名人物的观点，“培训与开发的主要责任是所有直线管理者的责任，从企业总经理和董事长开始。培训与开发专家仅仅提供技术上的意见。”

4. 技术进步

没有什么因素比技术对培训与开发影响更大了。计算机和网络改变了所有商业职能的执行方法。技术在改变传输给员工知识方法中扮演着越来越重要的角色。

5. 组织复杂性

现在越来越多的企业采用扁平式的组织结构，其特点就是较少的管理级别，使人员和任务安排尽量简单。这使得个人和团队的任务变得越来越多，如今的员工要比以往任何时候在工作和执行复杂任务方面投入更多的时间。在一个自我管理的工作小组中，由于减少了中间管理层，基层管理者和操作工可以有更加宽松的休息时间。所有这些变化都将转化为对培训与开发的大量需求。

除此之外，其他人力资源职能的成绩对培训和开发也有重要的影响。例如，招聘和选择了一些勉强合格的员工，就可能需要更广泛的培训和开发项目，以便对这些新员工进行培训。培训与开发工作可能也会受到企业报酬条件的影响。企业如果拥有具备竞争力的报酬或良好的健康和安全计划，就会比较易于吸引符合条件的员工，并保留那些需要较少培训的员工。

第二节　员工培训系统

有效的培训系统是员工培训的重要保障。精心设计员工培训系统是非常重要的。员工的培训系统包括培训需求的确定、培训目标的设置、培训方法的选择、培训的实施，培训成果的转化及培训评价和反馈等几个环节。

一、培训准备阶段

在员工培训的准备阶段，必须做好两方面的工作，一是培训需求分析；二是培训目标的确定。

1. 培训需求分析

培训需求分析对是否需要进行培训来说是非常重要的。它包括组织分析、任务分析与个人分析三项内容。培训需求分析是确定是否需要培训的一个过程。图8-1表明培训需求分析的原因及其所产生的结果。

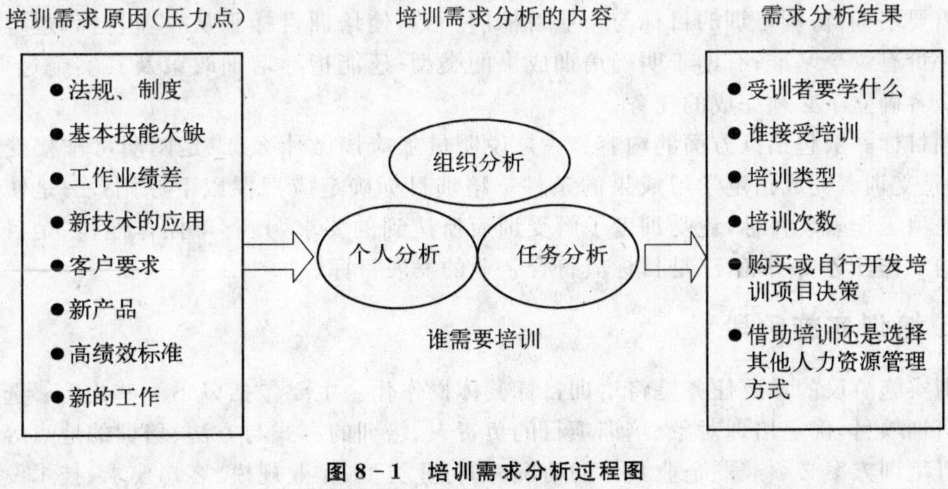

图8-1　培训需求分析过程图

图 8-1 表示了培训需求分析目的，即确定有哪些培训需求、谁需要培训，哪些任务需要培训等。分析要从组织、任务和个人三方面入手。

(1) 组织分析。组织分析是要在企业的经营战略下，决定相应的培训，并为其提供可利用的资源、管理以及对培训活动的支持。

这里需要分析三个问题：① 从战略发展高度预测企业未来在技术、销售市场及组织结构上可能发生什么变化，对人力资源的数量和质量的需求状况的分析，确定适应企业发展需要的员工能力。② 分析管理者和员工对培训活动的支持态度。大量研究表明员工与管理者对培训的支持是非常关键的。③ 对企业的培训费用、培训时间及培训相关的专业知识等培训资源的分析。企业可在现有人员技能水平和预算基础上，利用内部咨询人员对相关的员工进行培训。

(2) 任务分析。任务分析包括任务确定及对需要在培训中加以强调的知识、技能和行为进行的分析。任务分析用以帮助员工准确、按时地完成任务。任务分析的结果是有关工作活动的详细描述，包括员工执行任务和完成任务所需的知识、技术和能力的描述。这里对工作任务的分析并不同于工作分析，它研究怎样具体完成各自所承担的职责和任务，即研究具体任职人的工作行为与期望的行为标准，找出其间的差距，从而确定其需要接受的培训。

(3) 人员分析。人员分析可帮助培训者确定谁需要培训，即通过分析员工目前绩效水平与预期工作绩效水平来判断是否有进行培训的必要。

影响员工绩效水平与学习动机包括以下因素：① 分析个体特征，即分析员工是否具有完成工作所应具备的知识、技术、能力和态度。② 分析员工的工作输入，即分析员工是否得到一些指导，如应该干些什么，怎样干和什么时候干等，如果员工有工作必备的知识、能力、态度和行为方式，但缺少必要的指导，其绩效水平也不会高。③ 分析员工工作输出，即分析员工是否了解工作的目标。④ 分析员工工作结果。⑤ 分析员工工作反馈，即分析员工是否能得到执行工作中的有关信息。只有在以上分析的基础上才能制订具体的培训项目。

培训需求分析可以通过观察员工工作、阅读技术手册及有关工作记录、访问专门的项目专家以及让员工完成有关工作所需的知识、技术、能力和其他特点的调查问卷等方法来完成。

2. 确定培训目标

有了培训目标，员工学习才会更加有效。所以，确定培训目标是员工培训必不可少的环节。培训目标是指培训活动的目的和预期成果。目标可以针对每一培训阶段设置，也可以面向整个培训计划来设定。培训是建立在培训需求分析的基础上的。培训目标确定的作用表现在：它能结合受训者、管理者、企业各方面的需要，满足受训者方面的需要；帮助受训者理解其为什么需要培训；协调培训的目标与企业目标的一致，使培训目标服从企业目标；也可使培训结果的评价有一个基准；有助于明确培训成果的类型；还能指导培训政策及其实施过程；为培训的组织者确立了必须完成的任务。

培训目标一般包括三方面的内容：一是说明员工应该做什么；二是阐明可被接受的绩效水平；三是受训者完成指定学习成果的条件。培训目标确定应把握以下原则：一是使每项任务均有一项工作表现目标，让受训者了解受训后所达到的要求，具有可操作性；二是目标应针对具体的工作任务要明确；三是目标应符合企业的发展目标。

二、培训实施阶段

培训实施阶段的重要任务是将培训目标具体操作化。主要包括以下一些内容：选择设计适当的培训项目，确定培训对象、培训项目的负责人、培训的方式与方法、培训的地点等。

制订培训方案必须兼顾企业具体的情况，如行业类型、企业规模、客户要求、技术发展水平与趋势、员工现有水平、政策法规、企业宗旨等，最关键因素之一则是企业领导的管理价值观和对培训重要性的认识。

1. 培训课程的设计与开发

主要包括课程描述、课程计划和选择培训教材。课程描述是有关培训项目的总体信息，包括培训课程名称、目标学员、课程目标、地点、时间、培训的方法、预先准备的培训设备、培训教师名单以及教材等。它是从培训需求分析中得到的。

详细的课程计划非常重要，包括培训期间的各种活动及其先后次序和管理环节。它有助于保持培训活动的连贯性而不论培训教师是否发生变化；有助于确保培训教师和受训者了解课程和项目目标。课程计划包括课程名称、学习目的、报告的专题、目标听众、培训时间、培训教师的活动、学员活动和其他必要的活动。

培训的教材一般由培训教师确定。教材有公开出版的、企业内部的、培训公司的以及教师自编的四种。培训的教材应该是对教学内容的概括与总结，包括教学目标、练习、图表、数据以及参考书等。

2. 培训人员与受训人员的选择

员工培训的成功与否与任课教师有着很大关系。特别是21世纪的员工培训，教师已不仅仅是传授知识、态度和技能，而且是受训者职业探索的帮助者。企业应选择那些有教学愿望、表达能力强、有广博的理论知识、丰富的实践经验、扎实的培训技能、热情且受人尊敬的人为培训教师。

从培训的对象看，培训有管理人员培训、专业技术人员培训、基层员工培训及新员工培训。管理人员培训主要让他们掌握必要的管理技能，以及新的管理知识与理论、先进的管理方法。专业技术人员培训是让他们提高专业领域的能力，旨在提高其新产品研制能力；同时培训财务、营销知识、时间管理、信息管理、沟通技巧、团队建设、人际能力、指导员工、外语等方面的知识与能力。基层员工培训让员工操作技能提高，培训是针对不同岗位所要求的知识与技能而言。新员工培训，即为新进入企业的员工指引方向，使之对新的工作环境、条件、工作关系、工作职责、工作内容、规章制度、组织期望等有所了解，使其尽快顺利地融入企业并投身到工作之中。

3. 安排与培训有关的事务

这主要包括选择和准备培训场所和确定培训时间。选择什么样的培训场所是确保培训成功的关键。首先，培训场所应具备交通便利、舒适、安静、独立而不受干扰，为受训者提供足够的自由活动空间等特点。其次，培训场地的布置应注意一些细节，例如检查空调系统以及临近房间、走廊和建筑物之外的噪声；场地的采光、灯光与培训的气氛相协调。最后，注意座位的安排，即应根据学员之间及培训教师与学员之间的预期交流的特点来布置。一般的，扇形座位安排对培训十分有效，便于受训者相互交流。当然，也可根据培训目的与方法来布置教室，例如培训主要是获取知识，讲座和视听演示为主要培训方法，那么传统教室的座位安排就比较合适。总之，选择和准备培训场所应以培训效果为目的。

从员工培训的时间看，培训有全脱产培训、半脱产培训与业余培训等。全脱产培训是受训者在一段时期内完全脱离工作岗位，接受专门培训后，再继续工作。半脱产培训是受训者每天或每周抽出一部分时间参加学习的培训形式。业余培训是受训者完全利用个人业余时间参加培训，不影响正常生产或工作的培训形式。适应员工培训的特点，应确定合适的培训时间，何时开始、何时结束、每个培训的周期、培训的时间等等。

三、培训效果评估

1. 培训评估的含义

所谓培训评估，是指对培训项目、培训过程和效果进行评价，可分为培训前评估、培训中评估和培训后评估。培训前评估是在培训前对受训者的知识、能力和工作态度进行考察，作为培训者编排培训计划的根据，培训前评估能够保证培训项目组织合理、运行顺利，保证受训者对培训项目的满意度；培训中评估是指在培训实施过程中进行的评估，培训中评估能够控制培训实施的有效程度；培训后评估，是对培训的最终效果进行评价，是培训评估中最为重要的部分，目的在于使企业管理者能够明确培训项目选择的优劣、了解培训预期目标的实现程度，为后期培训计划、培训项目的制订与实施等提供有益的帮助。

2. 培训评估的作用

培训效果的评估，其作用有二：其一是决定是否在企业内继续该项培训，其二是对培训内容或形式进行改进。所以对于受训者的反应以及学习效果，可以从行为与结果两个方面来看。首先是受训者接受培训后工作行为的变化，是不是在态度和做法上有相应的提升或转变；其次是培训的结果是否导致组织相关产出的变化，也就是绩效的提升。一般是通过考核或是问卷调查的形式得出立即的结果，至于长期的影响，则必须从一些量化的指标，经过一段时期的统计才能看出变化量。

3. 培训评估的层次

在对培训项目进行评估时，首先应该考虑的是选取什么样的效标来评价培训效果。国际著名学者威斯康星大学教授唐·柯克帕屈克于1959年提出培训评估的四层次模型理论，这四层次模型为：

(1) 反应层次。反应层次是培训评估中最低的层次。可以通过对受训者的情绪、注意力、兴趣等研究，得出受训者对培训的看法和态度，这一层次的评估通常采用调查问卷的形式。

(2) 学习层次。该层次的评估主要是用来了解受训者通过培训学到了什么。主要采用书面测试、操作测试、等级情景模拟测试等评估方法。

(3) 行为层次。行为层次的评估是用来测定受训者在日常工作中是否自觉运用了培训所学到的知识和技能。主要依靠上下级、同事、客户等相关人员对受训者的业绩进行评估来测定。

(4) 效益层次。它是用来判断培训后员工工作业绩提高的程度。具体可以通过事故率、产品合格率、产量、销售量等指标来进行测定。该层次的评估需要采集大量的数据，对企业来说有一定的困难。

唐·柯克帕屈克四层次评估模型中前两个层次主要是对培训的过程进行评估，而后两个层次主要是对培训的结果进行评估。但是唐·柯克帕屈克没有给出具体的评估方法，该模型的缺点是不能对培训效益进行定量的评估。

至于定量的评估，虽然也有一些学者专家提出，但是由于对培训进行定量分析时变量很多，又很难区分工作改进到底是由什么因素带来的，因此具体的运用存在很大的困难，或是对于培训的类别存在局限性，在此不多做赘述。

4. 培训评估的一般流程

一般说来，培训评估包括以下六个步骤。

(1) 分析培训需求，暂定评估目标。培训需求分析是培训项目设计的第一步，也是培训评估的第一步。在培训项目实施之前，必须把培训评估的目的明确下来。

(2) 建立培训评估数据库。进行培训评估之前，企业必须将培训前后发生的数据收集齐备，因为培训数据是培训评估的对象。培训的数据按照能否用数字衡量的标准可以分为两类：硬数据和软数据。硬数据是对改进情况的主要衡量标准，以比例的形式出现，是一些易于收集的无可争辩的事实，这是最需要收集的理想数据。硬数据可以分为四大类：产出、质量、成本和时间，几乎在所有组织机构中这四类都是具有代表性的业绩衡量标准。有时候很难找到硬数据，这时，软数据在评估人力资源开发培训项目时就很有意义。常用的软数据类型可以归纳为六个部分：工作习惯、氛围、新技能、发展、满意度和主动性。

(3) 确定培训评估的层次，选择评估方法。

(4) 调整培训项目。基于对收集到的信息进行认真分析，人力资源开发部门就可以有针对性地调整培训项目。如果培训项目没有什么效果或是存在问题，人力资源开发人员就要对该项目进行调整或考虑取消该项目。如果评估结果表明，培训项目的某些部分不够有效，人力资源开发人员就可以有针对性地考虑对这些部分进行重新设计或调整。

(5) 沟通培训项目结果。一般来说，企业中有四种人是必须要得到培训评估结果的。最重要的一种人是人力资源开发人员，他们需要这些信息来改进培训项目。只有在得到反馈意见的基础上精益求精，培训项目才能得到提高。管理层是另一个重要的人群，因为他们当中有一些是决策人物，决定着培训项目的未来。评估的基本目的之一就是为妥善地决策提供基础。应该为继续这种努力投入更多的资金吗？这个项目值得做吗？应该向管理层沟通这些问题及其答案。第三个群体是受训人员，他们应该知道自己的培训效果怎么样，并且将自己的业绩表现与其他人的业绩表现进行比较。这种意见反馈有助于他们继续努力，也有助于将来参加该培训项目学习的人员不断努力。第四个群体是受训人员的直线经理。

5. 培训评估的实践

即使企业的管理者已经意识到了培训评估的重要性，但还是有一部分企业根本就不进行任何层次上的评估，只是在培训结束后，以报告的形式对培训进行总结。而另一方面，现在许多企业为了适应激烈的市场竞争，都加大了对培训的投资。一些著名国际大公司每年培训预算已经达到了上一年度总销售额的1%～3%，最高的达7%，平均为1.5%。如IBM每一年用于培训职工的费用高达人均3 000～5 000美元。因而企业管理者不会满足原有培训评估状况，大部分企业会依据唐·柯克帕屈克四层次模型进行一、二、三层次上的定性评估，如BP中国、贝尔及摩托罗拉公司都是采用调查问卷的方法来了解受训者对待培训的态度和看法、通过培训所学到的知识和技能以及转化到实际工作中的情况。

通用电气公司在培训方面取得了很大的成绩。在实施六西格玛质量计划(Six Sigma Quality Project)时，GE培训了大量的员工，包括一些高级管理人员。如在第一年培训了3万名员工，投资2亿美元，使六西格玛项目由1996年的3 000个上升到1997年的6 000个，实现了3.2亿美元的生产率收入，1998年又翻了一倍。通用电气原总裁Jack Welch认为，详细评估培训带来的收益是非常困难的，与其花大力气计算培训的效益，不如去加大公司对员工培训的投入。通用公司在有必要的情况下使用调查方法进行培训的回顾，但是他们强调的重点是培训而不是评估，他们认为培训的回报以各种有形的和无形的结果表现出来，例如增加的顾客满意度、员工职业发展计划等都是培训有价值的最佳证明。

第三节　新员工的入职培训导向活动

一、新员工入职培训活动的意义与作用

"第一印象是永恒的"，我们从小就知道这句话。这个哲学观点同样适用于雇主给新员工留下的印象。正因为如此，许多企业为新员工设计了导向活动。

新员工导向活动(也称导向培训、新员工定位计划等)，是对新员工进行的最初的培训与开发，使新员工对企业基本情况、岗位职责、部门人员等有一定的了解。导向活动起源于一些著

名的跨国企业，与一般的新员工职前培训不同，导向活动更加注重价值理念和行为方式的培养。通过专业培训师的系统讲授，老员工的言传身教；以及管理游戏的感性认识，让新加入的成员尽可能快地缩短自己与组织间的心理距离。

在美国的组织中，新员工的导向活动是一种常见的正规培训，一些企业还发展了更复杂的方法。例如，联邦快递公司(Federal Express)用基于计算机形式的培训为新员工进行导向活动，尤其是学习光盘提供了一两个小时的程序，它详细介绍了企业文化、福利、政策以及工作过程等信息，还概括了企业的组织结构并放映了总裁的祝词。新员工导向活动对企业运作有着积极的作用。例如，对1 400位金融界高级职员的调查表明，83％接受调查者表示，正式的导向活动可以有效地保留和激励员工。

概括来讲，新员工导向活动主要有以下几个方面的意义。

(1) 降低员工流失率。对员工的培训越好，其越愿意留在所在的企业工作。

(2) 展现清晰的职位及组织对个人的期望。

(3) 帮助新员工更快地胜任本职工作。

(4) 减少员工的抱怨。一次好的培训，会减少员工的焦虑和抱怨。

(5) 最重要的目的是让员工融入企业的文化。

二、新员工导向活动的主要内容

虽然员工被雇佣之前，就已经获得了组织的某些导向活动。例如雇主所提供的产品和服务类型及其名声、工作职责、工作条件和报酬等。但是，新员工被雇佣以后，组织就要开始正式的导向活动。尽管每个企业的导向活动不尽相同，但是基本的内容都包括解释职业环境(工厂、部门和公司)、公司政策与规定、薪水和福利、企业文化、团队成员、员工发展等。

这些内容通常可以分为两大类，一是由企业的人力资源部门进行的一般性培训，又称为组织导向活动，这类培训主要是向所有员工介绍相关内容和利益；另一类是由新员工的直接上级进行的专业性或针对性培训，又称为部门和职位导向活动，这类培训主要描述新员工所在特定部门和工作岗位的独有内容。

(一) 组织导向活动

组织导向活动所包含的内容应以组织和员工两方面的需要为基础。总的来讲，组织感兴趣的是盈利、向顾客提供优质服务、满足员工需要，以及承担社会责任。另一方面，新员工通常对报酬、福利、工作条件和就业环境更感兴趣。如果导向活动要收到积极的效果，就必须要在企业需求和新员工需求之间实现良好的平衡。

1. 就业环境

企业标志及其由来。如麦当劳的颜色主要由金黄色和红色构成，其标志“M”既是麦当劳的首写字母，又形似凯旋门，象征着吉利和成功。每个企业的标志都是企业的骄傲，因此，每位员工均要能识别并了解它的特殊含义。

企业的发展历史和阶段性的标志人物。每个企业的发展史都会和几个阶段性的标志人物紧密相连的，他们都是企业的英雄人物。伴随着企业的发展，有英雄人物，有转折阶段，有传奇故事，有美丽的传说，把这些编成故事，讲给新员工听，使他们更热爱自己的企业，更有归属感。

企业的产品和服务。产品的名称、性能、原材料和原材料的来源，产品生产的流程，产品的售后服务等。

企业的品牌地位和市场占有率。企业努力创造属于自己企业的品牌，创品牌是企业的一个长期奋斗的过程。自己企业的品牌，品牌在社会的认可度，品牌定位在哪个层次，本企业有哪些竞争对手，彼此的市场占有率是多少。这是新员工培训中不可缺少的内容。

企业的组织结构及主要领导。应该有一张组织结构图及主要领导的名录和联系方式，有的企业领导有员工接待日。随着办公自动化和因特网的普及，员工的合理化建议应有专设的信箱，员工也可以通过一定的渠道获得与总经理对话的机会。

企业文化和企业的经营理念。企业文化是一个企业长期发展过程中形成的价值观和其他有形与无形的内外影响力。价值观是企业文化之核心，新员工进入企业，首先会感受到企业文化的氛围，其次要认可企业的价值观，要融入这一团队中。

企业的战略和企业的发展前景。企业现时的战略定位和企业战略的发展阶段、发展目标、发展前景也是新员工十分关心的问题，因为只有企业的发展才能给个体带来发展空间，也才能激发新员工内在的工作热情和创造激情，才能激发新员工为企业奉献自己的智慧和才干。

2. 公司的政策与规定

公司的每项工作都必须在政策和规定的限制和指导下完成。例如，公司的公务礼仪、行为规范、商业机密、职业操守等，员工必须对此了解以便顺利过渡到工作中。此外，应该避免灌输难以记忆的细节而使员工记忆混乱。

3. 薪酬和晋升制度

员工对报酬和晋升制度是非常感兴趣的。例如，公司的发薪方法、升迁政策、休假规章、员工福利措施、工作时间、旷工处分办法等。虽然在招聘和选择期间，通常会提供某些信息。但在新员工入职时，详细而系统地回顾一下这种信息是有必要的。

（二）部门和职位导向活动

部门和职位导向活动的内容取决于部门的特定需要和新员工的技能和体验。尽管有经验的员工可能需要较少的职位导向活动，但是也需要一些基本的导向活动。无论是有经验的员工还是缺乏经验的员工，都应就部门工作接受彻底的导向活动。

1. 部门职能

主要有部门的目标和当前的重点、部门的组织和结构、部门的运营活动、与其他部门的职能关系以及部门内职务关系等。

2. 团队成员

内部人员的熟悉。在导向活动中，要强调成为公司团队中有价值的一员的重要性。尽管个人在现在或是将来对公司都是很重要的，但是通过团队合作可以提高许多过程的效率。因此，有必要尽快向每个员工灌输团队精神。

3. 工作场所、办公设施设备的熟悉

员工的工作环境，包括办公室的设施、工作的流水线、其他工作的辅助设施，如电脑、复印机、传真机、总经理办公室、主管办公室等，每位新员工工作的大环境和小环境，硬件和软件设备均需作详细的介绍。

4. 科学规范的岗位说明书

每一位员工必须获得自己所在岗位的科学规范的岗位说明书并熟悉它。其中应包括对当前工作的描述和预期结果的详细说明，解释该工作为什么重要以及这项工作与部门和企业内其他工作的关联，绩效标准和绩效评估的基础，额外的职责分配等。

5. 岗位技能训练

主要指专业性的技术、业务、财务等管理方法训练。

6. 员工发展计划

在许多情况下，员工发展都是自身执行的过程。员工必须清楚地知道他们被寄予的期望是什么，以及工作进步和晋升的要求。但作为新员工的直接上级，必须根据公司及部门的发展计划给出新员工阶段内的工作目标，而且应鼓励和支持新员工去获得任何适合的发展机会。

其中，第一部分组织导向内容相对标准化，部门或岗位的差异不大，一般由人力资源部门承担和组织，所需时间也通常比较短暂且固定，而且，规模大、新招员工多而频的公司还可集中采取团体性的课程，成本低效率高。

而第二部分部门和职位导向内容则根据不同岗位的实际工作需要，主要由新员工的直接主管或部门负责人拟定并推动执行，所需时日则可有很大差异，短则一两日，长则数月，但一般以试用期为上限。在这里，辅导计划是个不错的工具。主管可以根据新员工的个人情况量身定做，考虑其当时的职务所需以及将来的发展所需，使新人的学习有特定的方向；依据辅导计划，主管可每周或每月定期了解新人学习和适应情况，不时面谈，沟通彼此的想法，修正不适当的部分。通过这种方式，主管不需要全天候“监视”新人的所作所为，也可培养新员工对工作的认同感和责任感。而这两部分培训的所有相关的纪录、执行跟踪、效果反馈等可由 HR 部门总体掌控。

三、新员工导向活动的组织及程序

1. 新员工导向活动的组织方式

新员工导向活动方式可灵活多样。可以是授课式、研讨会形式，也可以是在岗实地培训，甚至可以是户外训练等方式。

例如，美国惠而浦公司对新加入的销售人员采用实地培训。以 7 个人为一组，安排在公司密歇根总部附近的地方，为期两个月，只有两个周末允许回家度假。除了普通的讲授方式，还让新销售员工每天用公司的产品洗衣、做饭、洗碗；他们也会在当地的商店购买家用电器，把惠而浦的产品和竞争者的产品做比较，等等。这个培训使新加入的销售人员快速熟悉产品和业务，参加了该项目的员工通过试用期留在惠而浦的比例也比较高，而且还吸引了不少人前来应聘销售的职位。

还有些公司采用“伙伴制”(Buddy System)，就是给每个新员工指定安排一名工作职责相近、热诚负责的老员工作为“结对子”的“伙伴”，事无巨细，随时可给予新员工必要的协助和指点；而被选上做“伙伴”也是企业对优秀员工的一种认可和荣誉，对其额外的付出，企业也给予一定的奖励。这种一对一的“贴身全程服务”很能显示企业的亲和力和凝聚力，也是将企业文化得以传播和加强的可靠途径。

也有的企业会请第三方的培训公司，采用更新颖的户外拓展训练作为入职培训的一部分。这种拓展训练沿用了体验式培训的基础理论，结合新人融入方面的心理学和组织行为学研究成果，通过科学的情景设计，让课程兼顾新人的个体行为感受、团队角色观念的树立和企业价值认同的推动，从而促进新员工融入企业，加强新员工对企业的认同感和归属感；同时，也使新员工在体验中理解和认同企业文化。

2. 新员工导向活动的长度和时间安排

如前所述，新员工的导向活动一般分为组织导向活动以及部门和职位导向活动两大类，因而，大部分公司会对新员工依次进行组织培训、部门培训和岗位培训三个层次的培训。

在企业的导向活动中，通过召开一次冗长的会议让新员工吸收所有信息几乎是不可能的。召开不超过两个小时的简短会议，并分散在几天内进行则提高了新员工理解并保留这些信息的可能性。很多企业的导向活动以半天或一天的时间敷衍了事，这种性质的导向活动往往会导致部分新员工产生消极态度。

然而，很多部门和职位的导向活动也产生了同样的结果。通常新员工一去部门报到，先领到一个部门工作程序手册，然后，被告知要阅读手册并就此提问。部门和职位导向活动经常使用的另一个方法是，分派给新员工一些无关紧要的工作。在实践中，这两种方法都可能产生不良后果。因而，部门导向活动也应简短且分散在几天内进行。职位导向活动应该详细规划，并在执行中使用适当的技巧。

在很多企业里，新员工参加工作后，头几天的时间可能要花在导向活动上。但是，有些企业认为，如果延长一段时间，学习效果会更好。例如，有的计划是在长达四周的时间里提供每次 1 小时、总计 20 小时的课程。某些公司对于信息超负荷十分敏感，因此会根据信息的紧急性有选择性地向员工提供信息。例如，一名新主管可能最终要负责对下属进行评估，但是关于如何操作方面的知识在 6 个月内并不需要，因此在企业内部网上会公布有关于绩效评估的内容，以便该主管在需要的时候查阅。

3. 新员工导向活动的追踪与评估

组织对早期导向活动进行正规系统的追踪是非常必要的，而不应该在出现问题时才告诉新员工如何处理。管理者应该定期检查新员工的工作状况，并回答早期导向活动后产生的任何问题。人力资源部门也应该在新员工就位后一个月，进行一次有计划的追踪。

人力资源部门也应对整体导向活动进行一个年度评估。评估的目的是确定现有导向活动是否满足企业和新员工的需求，并找到改进这些活动的方法。

来自新员工的反馈是评估组织导向活动有效性的方法之一，这种反馈可以通过很多方式获得。例如，由所有新员工完成的不署名的问卷调查，与任意挑选的新员工进行深度访谈，以及与那些已经适应工作的新员工进行小组讨论等。

最后，组织应意识到新员工往往是从同事和组织那里接受导向活动的。从同事那里接受的导向活动通常是无计划和非正式的，并且常常向新员工提供误导和不准确的信息。因此，制订一份规划周详、实施有效的导向活动计划，显然是符合企业最大利益的。

总部位于纽约的安永公司聘请了第一位全国导向活动总监。该公司在世界各地拥有 6.8 万名员工，其中 2.7 万名在美国，安永公司每年雇用超过 5 000 名员工，它发现接受导向活动的员工在公司工作时间超过两年的人数是以前的两倍。新员工会拿到一台安装好的电脑并能进入企业内部网。在线指导取代了“过去要下载的大部头”——这是一名在安永公司工作了 30 年的老员工迈克·伊甘(Mike Egan)对它的称呼。现在他说：“他们只要需要，就能获得我们所知道的一切。”新员工的适应期限定为 1 个月，而在这之前有 3 天的导向活动以确定 100%的新员工通过程序。在程序最后，包括技术培训、公司历史和差异性培训，同时新员工会被告知他们需要学习什么，以及在未来的 6～9 个月他们应该怎么做。这 9 个月完成了员工的最初培训。

第四节　管理人员的培训与开发

企业的未来主要掌握在管理者手中，这些人要完成对组织生存和发展十分重要的职能。管理者要在众多的决策方案中作出正确的选择，否则企业将不会发展，甚至可能失败。管理人员的水平高低直接决定着组织活动的成败。因此，管理者要完成的一个迫切任务就是要能跟上各自领域的最新发展，同时管理在动态环境中工作的其他员工。

一、管理人员培训与开发的性质和目的

(一) 管理人员培训与开发的性质

管理人员培训与开发是指对成为或继续做一名有效管理者所必需的经验、态度和技能的

培训与开发。它涵盖一切通过传授知识、转变观念或提高技能来改善目前或未来管理人员工作绩效的活动，它包括企业内部教学计划，如授课、辅导和工作轮换；专业教学计划，如美国管理协会研修班，大学开设的经营管理人员 MBA 教学计划。据估计，美国每年有 100 多万管理人员参加管理人员开发计划活动，而这一年要花掉美国企业几十亿美元。

（二）管理人员培训与开发的目的

显而易见，管理人员培训与开发活动的最终目的是提高组织未来的工作绩效。管理人员培训与开发之所以与组织的绩效息息相关，其中一个重要原因就是：内部提升已成为管理人才的主要来源。一项对 84 家公司的调查表明，约有 90%的基层管理人员，73%的中层管理人员，51%的高层管理人员是从内部提升的。反过来说，事实上这些管理人员都需要经过培训与开发才能胜任其新工作。同样，通过将雇员或现有管理人员平稳提升到更高职务，这样可使管理开发保持组织的连续性。通过培养管理人员正确的价值观和工作态度，管理开发有助于他们参加社交活动。同时，通过开发管理者对外界变化能做出快速反应的技能，能够增强组织的灵活性。

某些管理人员开发计划可能是全公司性质的，它包括全部或大多数新的（或潜在的）管理人员的招募。因而，新毕业的大学生可能刚进入 Enomous 公司就成为全公司性管理人员开发计划的对象（和几十位同事）。在计划实施的过程中，他们可能要轮流完成一系列事先设计好的部门工作任务及教育活动。所有这些任务和活动的目的在于确定他们的管理潜能，使他们获得管理经验（比如，生产和财务方面的经验），在他们担任第一项实际职务如生产小组长时，这些经验相当有用。在这个过程中，表现突出的候选人可能被置于“破格提拔”之列。而开发计划使他们能更快地走上高层管理职位。

另一方面，管理人员开发计划的目的也许是从两个候选人中选一个，填充到某一特定职位，比如 CEO。然后，空缺的高级管理人员职位被填补上，整个过程常被称作继任计划。继任计划是一个过程，在这个过程中对高层管理人员职位进行规划，当其空缺时，由相应人员填补这个职位。

一般来说，一个继任计划分为以下几个步骤：首先，要对组织作一个预测，这时你要根据计划好的业务扩展或缩减等因素来确定部门管理人员的需求。其次，人事管理部门查阅本企业管理人员技能库，以确定现有管理人员的才能状况。

二、管理人员培训与开发中使用的方法

（一）管理人员在职培训与开发

在职培训是运用最普遍的开发方法之一，在这方面比较重要的方法包括工作轮换、辅导实习、初级董事会以及行动学习。

1. 工作轮换

工作轮换意味着让受训者在各个部门间轮换以加深对企业所有部门的了解。受训者（通常是新毕业的大学生）可在每个部门工作学习几个月，这不仅有助于丰富他们的经验，而且也有助于找到他们自己喜欢的工作。受训者在每个部门可以只是一个观察员的角色，但更常见的是实际参加所在部门的工作。这样，他们通过实际工作来全面了解部门的业务，无论是销售业务、生产任务、财务业务还是其他业务。

2. 辅导与实习方法

在采用辅导与实习方法时，受训者直接与他需要替换的人一起工作。而这个人就负责受训者的辅导工作。通常来说，这种实习解除了受训者承担一定管理责任的压力，因而为受训者

提供了掌握工作技能的机会。这有助于保证在现任管理人员因退休、提升、调动、辞职等造成职位空缺时，企业能找到培训过的管理人员来填补该职位，这也有助于保证公司自己培养的高层管理人员得到长期的开发。

3. 初级董事会

在该方法中，员工加入初级董事会就按正式分配的职责和责任共同工作，员工在与他人的工作中培训和开发相应的技能并从初级董事会的活动中学到东西。

4. 行动学习

该方法要求员工通过某些任务或项目来达到学习和提高的目的。例如，受训人被通知要开发一项安全培训计划，这就要求了解组织现有的安全政策和存在的问题，以及其他企业使用的安全培训程序。受训者还要学会工作及与其他人的相处。

(二) 管理人员脱岗培训与开发

有许多种可用于离职开发管理人员的方法。如在公司总部的会议室学习，或者离开企业到大学或专门的研修班去学习，以下就来阐述这些方法。

1. 企业外研修班

许多组织都在举办旨在为管理人员提供技能开发培训的特别研修班和会议。例如，美国管理协会(AMA)提供数千种各领域的课程：一般管理、人力资源、销售与市场、国际管理、财务、信息系统和技术、生产与作业管理、采购、运输及物资分配、包装、科研和技术管理、总务和行政服务、保险和员工福利等。这些课程包括"如何提高你的商务写作技能"、"战略规划"以及"管理人员的决断力培训"等。

2. 案例研究法

案例研究法是由哈佛商学院推广普及的，它为受训者提供一个与企业有关问题的书面描述，然后让他独自分析这个案例，诊断问题所在，并和其他受训者一起讨论，各自提出自己的见解和解决问题的方法。案例研究法重在让受训者真实体验确定和分析复杂问题的过程，在这个过程中由一位有经验的主持人巧妙地引导讨论的主题。通过案例的课堂讨论，受训者懂得了研究和解决复杂组织问题通常有许多方法，而且也明白解决问题的方法往往要受到自己的需求及价值观影响。

3. 管理竞赛

在计算机化管理竞赛中，受训者被分为几个公司，每个公司5至6个人，在一个模拟的市场中每个公司都和其他公司竞争，每个公司设立一个目标(如最大限度地增加销售)并可以做出几个决策。在这种游戏中，通常将两三年的时间压缩为几天、几周或几个月。就像在真实世界中一样，每个公司一般都不能知道其他公司做的决策，尽管这些决策会影响它们的销售额。

4. 跨文化管理训练

为公司经营管理选拔和开发驻外人员是管理者面对的一个难题。包括Dow在内的很多公司都制订和实施了成功的国际经营管理人员重置计划。在准备培训海外任职的管理人员时，应考虑以下的问题。

(1) 选拔教育背景和经历适合于海外任职的人作为国际职务候选人。

(2) 选拔其个性和家庭情况都能适应文化变化的人作为候选人。

(3) 向候选人充分而清晰地说明所有有关安置方面的政策，应让调任者真正了解这次安排会带来什么，以及公司的一些政策，比如关于搬家费、薪酬差别以及支付子女上学的费用等福利待遇。

(4) 对赴任者及其家属进行有关新公司文化和语言方面的全面培训。例如在Dow化学公司,新员工引导活动一开始就是一次情况介绍会,会上向调任者详细讲解有关调任的政策。同时给其一个由接收地区准备的简介书,其中包括有关当地诸如购物、住房等问题的重要信息。

(5) 对所有要外派的管理人员配备一名指导员,跟踪检查他们的海外职业生涯,并在外派者回国后帮助他们得到公司适当的职位。比如,在 Dow 化学公司,这名指导员通常就是外派者的上级主管。外派者不断向其指导员汇报自己的活动情况。

(6) 制订回国计划帮助归国的管理人员及其家属重新调整在本国的职业和个人生活。比如,在 Dow 化学公司,海外任职者的部门或处室领导要给调任者一封信,说明该海外分支机构保证其能得到一份与其离国时同级的工作。

思考题:

1. 试指出培训与开发的区别。
2. 影响培训与开发的因素有哪些?
3. 阐述如何进行培训需求分析。
4. 培训效果评估的流程是什么?
5. 试说明新员工导向活动的目的和主要内容。
6. 试论述管理人员培训与开发有哪些方法?

第九章　职业生涯设计与管理

□ 学习目的

通过对本章内容的学习，应了解和掌握如下问题：

- 职业生涯管理的含义和基本内容
- 职业生涯管理的基本理论
- 职业生涯的设计

□ 引入案例

现在，Y是X公司IT部门的员工。

早在大学四年级，Y就到一家软件公司实习了，实习薪水2 000多元。临近毕业时，X公司的老总给他打了个电话，想请他帮忙建立企业网络，他们正在投资6 000万元建设厂房和办公大楼。Y欣然应允。

随后，Y就帮忙负责设计网络、招标、采购设备。X公司的老总非常器重他，他也觉得非常充实、愉快。随后，Y就没去原来的软件公司实习，而是留在了X公司实习。尽管实习费不高，但工作比较充实，是负责弱电工程(网络、电话、监控、catv)的具体实施。

当时，Y就立志将来做一个CIO，要为这家公司的信息化建设做出点成绩。后来，Y满腔热情地报名参加了"助理企业信息管理师"考试，并拿到了证书。毕业后，很自然地就留在了这家公司。

经过两年的锻炼，Y渐渐成了IT部门的骨干，相当于IT部门的主管。尽管部门的人不多，但工作比较充实。Y的日常工作主要是维护弱电系统、网络维护、电脑维修、软件安装以及有关信息化项目的鉴定验收资料(是一个市级项目，主要是来验收公司的智能设备)。偶尔，还给公司老总做个电子演讲稿等。但是，至今没有实施过任何信息系统。

又过了两年，Y慢慢就觉得心里有些不平衡了：现在公司的信息化一直没有新进展，缺乏锻炼机会；另外，作为传统企业的IT部门，虽然干了不少事，可薪水不高，远没有一些软件公司的工资高。

Y很困惑，目前，IT部门的职能就是维护系统和网络，仅仅是"修理工"的角色。想提高技术吧，缺少实践机会；想深入行业中，涉足管理，使IT部门日后成为信息化实施的主导吧，又觉得没有那个能力，特别是信息化战略规划一般是由专业咨询公司才能做的工作，IT部门怎么能做得好呢？

当前，Y还遇到了一个跳槽的机会，有一家软件公司要挖他，想让他做一些具体的软件开发工作，薪水比现在要高。

Y很困惑，到底是走还是留？如果留下，是不是一辈子就干"修理工"的活儿呢？如果跳槽，又背离了自己朝"企业信息化"发展的初衷。

一般，IT部门在企业中的地位，往往决定了该部门人员的职业发展走向。一些信息化做得好的企业，IT部门的地位相对较高，IT人员的发展前景比较好。相反，信息化起步比较晚的企业，IT人员的职业前景相对较差。

IT 人员该如何规划自己的职业发展方向呢？面对当前的困惑，以及外界的诱惑，Y是走还是留？

职业生涯设计与管理作为企业人力资源管理中的一项重要内容，正日益受到企业的重视。其中的原因有来自企业外部的环境因素，包括技术和市场竞争等方面的要求，同时也有来自企业内部管理的要求，促使企业从员工职业需求和发展要求进行管理。本章主要从职业生涯的含义入手，进一步介绍职业生涯管理的基本理论，最后将介绍如何进行职业生涯的设计与管理。

第一节　职业生涯管理概述

职业生涯管理是美国近十几年来从人力资源管理理论与实践中发展起来的一门新学科。目前，职业生涯管理已经被许多企业组织广泛重视和运用，同时也受到了企业员工的普遍欢迎。在本节中，我们将重点讨论职业生涯管理的概念。

一、职业生涯管理的含义

1. 职业的概念

美国社会学家塞尔兹认为，职业是一个人为了不断取得个人收入而连续从事的具有市场价值的特殊活动。这种活动决定着从业者的社会地位。塞尔兹还指出，构成“职业”范畴的有三要点，即技术性、经济性和社会性。

日本劳动问题专家保谷六郎认为：职业是有劳动能力的人为了生活所得而发挥个人能力，向社会作贡献的连续活动。职业具有五个特性：其一，经济性，即从中取得收入；其二，技术性，即某种职业的独特的技术含量，可以发挥个人才能与专长；其三，社会性，即承担社会的生产任务（社会分工），履行公民义务；其四，伦理性，即符合社会需要，为社会提供有用的服务；其五，连续性，即所从事的劳动相对稳定，是非中断性的。

职业又称为职业生涯。从不同的角度对其定义有不同的理解。一般意义上讲，它是指一个人一生中从首次参加工作开始一直到退休离开某一组织的所有工作活动与工作经历，按时间的顺序连接而成的一个总的行为过程，这是其客观含义；从另外一个角度上看，职业生涯包含了一个人一生中随年龄增长而产生的价值观、态度以及积极性等方面的变化，这是其主观的含义。总体来说，职业生涯与组织和员工个体密切相关。

2. 职业生涯管理的概念

美国组织行为学专家道格拉斯·霍尔（Douglas T. Hall）认为，职业生涯是指一个人一生的工作经历中所包括的一系列活动和行为。职业生涯则是对每个职业长期从业人员工作经历中所包括的活动和行为的概括。因此，职业生涯管理就是通过研究、归纳、分析不同职业的活动和行为，为从事该职业的人员提供清晰的发展方向和成长路径，使其加速成长。

企业通过影响人力资源管理过程来影响员工的职业。招募、甄选、安置、培训、考核、奖赏、晋升和分流员工都影响个人的职业，继而影响员工的职业满意度和成功。有的企业制订一些相对正式的职业生涯管理程序，而其他的企业则可能做得相对较少。我们可以将职业生涯管理定义为一种程序，此程序可以让员工能更好地理解和开发他们的职业技能和兴趣，并很有效地在企业组织内和离开企业后运用这些技能和兴趣。简单地讲，组织所从事的职业开发方面的活动就是职业生涯管理。

其有效性。员工个体特征包括：① 心理过程特征。表现为能力、兴趣、气质、性格、需要、动机等，每种心理过程特征都有其相应的作用，使不同心理特征的员工对成功的时间、范围、方式，以及被承认的社会地位等有不同的理解。② 职业生涯发展阶段。每个人的职业生命周期都要经历许多阶段，不同发展阶段员工的特征、知识水平不同，对组织的期望和心理契约也不一样，表现出了不同的职业发展需求。

第二节　职业生涯管理理论

一、职业选择理论

1. 择业动机理论

美国心理学家佛隆(Victor. H. Vroom)通过对个体择业行为的研究认为，个体行为动机的强度取决于效价的大小和期望值的高低，动机强度与效价及期望值成正比，1964 年在《工作和激励》一书中，他提出了解释员工行为激发程度的期望理论。期望理论的公式为

$$F = V \cdot E$$

式中　F——动机强度，指积极性的激发程度；

V——效价，指个体对一定目标重要性的主观评价；

E——期望值，指个体估计的目标实现概率。

员工个体行为动机的强度取决于效价大小和期望值的高低。效价越大，期望值越高，员工行为动机越强烈，就是说为达到一定目标，他将付出极大努力。如果效价为零乃至负值，表明目标实现对个人毫无意义。在这种情况下，目标实现的可能性再大，个人也不会产生追逐目标的动机，不会为此产生任何积极性，付出任何的努力。如果目标实现的概率为零，那么无论目标实现意义多么重大，个人同样不会产生追求目标的动机。

佛隆将这一期望理论用来解释个人的职业选择行为，具体化为择业动机理论。

择业动机理论用公式表示为

$$择业动机=职业效价\times职业概率$$

式中，择业动机表明择业者对目标职业的追求程度，或者对某项职业选择意向的大小。

职业效价是指择业者对某项职业价值的评价，取决于：

(1) 择业者的职业价值观；

(2) 择业者对某项具体职业要求如兴趣、劳动条件、工资、职业声望等的评估。即：职业效价＝职业价值观×职业要素评估。

职业概率是指择业者获得某项职业可能性的大小，通常主要取决于 4 个条件：

① 某项职业的需求量。在其他条件一定的情况下，职业概率同职业需求量呈正相关。

② 择业者的竞争能力，即择业者自身工作能力和求职就业能力，竞争力越强，获得职业的可能性越大。

③ 竞争系数是指谋求同一种职业的劳动者人数的多少。在其他条件一定的情况下，竞争系数越大，职业概率越小。

④ 其他随机因素。

因此，职业概率＝职业需求量×竞争能力×竞争系数×随机性。

2. 职业性向理论

美国心理学教授约翰·霍兰德认为，职业性向，包括价值观、动机和需要等，是决定一个人职业选择的重要因素。个人职业性向可划分为实际型、研究型、艺术型、社会型、开拓型和常规型六种；同时，职业类型也相应有上述六种类型，如图 9-1。

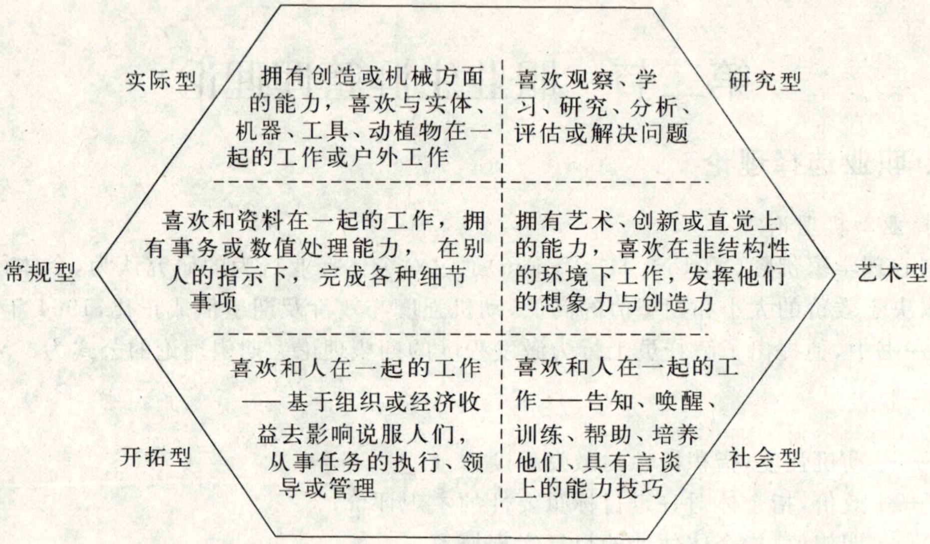

图 9-1 职业性及职业类型分类

二、职业生涯阶段理论

(一) 萨柏的职业生涯阶段理论

萨柏是美国一位有代表性的职业管理学家。他以美国白人作为自己的研究对象，把人的职业生涯划分为五个主要阶段：成长阶段、探索阶段、确立阶段、维持阶段和衰退阶段。

1. 成长阶段(0～14 岁)

主要任务：认同并建立起自我概念，对职业好奇占主导地位，并逐步有意识地培养职业能力。这一阶段具体分为 3 个成长期。

(1) 幻想期(10 岁之前) 儿童从外界感知到许多职业，对于自己觉得好玩和喜爱的职业充满幻想和进行模仿。

(2) 兴趣期(11～12 岁) 以兴趣为中心，理解、评价职业，开始作职业选择。

(3) 能力期(13～14 岁) 开始考虑自身条件与喜爱的职业相符合否，有意识地进行能力培养。

2. 探索阶段(15～24 岁)

主要任务：主要通过学校学习进行自我考察、角色鉴定和职业探索，完成择业及初步就业。这一阶段也可分为 3 个时期。

(1) 试验期(15～17 岁)：综合认识和考虑自己的兴趣、能力与职业社会价值、就业机会，开始进行择业尝试。(2) 过渡期(18～21 岁)：正式进入职业，或者进行专门的职业培训，明确某种职业倾向。(3) 尝试期(22～24 岁)：选定工作领域，开始从事某种职业，对职业发展目标的可行性进行实验。

3. 确立阶段(25～44 岁)

主要任务：获取一个合适的工作领域，并谋求发展。这一阶段是大多数人职业生涯周期中的核心部分。确立阶段具体分为 2 个时期。

(1) 尝试期(25～30 岁)：个人在所选的职业中安顿下来。重点是寻求职业及生活上的稳定。(2) 稳定期(31～44 岁)：致力于实现职业目标，是一个富有创造性的时期。

职业中期可能会发现自己偏离职业目标或发现了新的目标，此时需重新评价自己的需求，处于转折期。

4. 维持阶段(45～64 岁)

主要任务：适当开发新的技能，维护已获得的成就和社会地位，维持家庭和工作两者间的和谐关系，寻找接替人选。

5. 衰退阶段(65 岁以上)

主要任务：逐步退出职业和结束职业，开发社会角色，减少权利和责任，适应退休后的生活。

(二) 金斯伯格的职业生涯阶段理论

美国著名的职业指导专家、职业生涯发展理论的先驱和典型代表人物金斯伯格(Eli Ginzberg)研究的重点是从童年到青少年阶段的职业心理发展过程。他将职业生涯的发展分为幻想期、尝试期和现实期三个阶段。其职业生涯阶段理论，实际上揭示了初次就业前人们职业意识或职业追求的发展变化过程。

1. 幻想期

处于 11 岁之前的儿童时期。儿童们对大千世界，特别是对于他们所看到或接触到的各类职业工作者，充满了新奇、好玩的感觉。此时期职业需求的特点是：单纯凭自己的兴趣爱好，不考虑自身的条件、能力水平和社会需要与机遇，完全处于幻想之中。

2. 尝试期

11～17 岁，这是由少年儿童向青年过渡的时期。此时起，人的心理和生理在迅速成长发育和变化，有独立的意识，价值观念开始形成，知识和能力显著增长和增强，初步懂得社会生产和生活的经验。在职业需求上呈现出的特点是：有职业兴趣，但不仅限于此，更多地和客观地审视自身各方面的条件和能力；开始注意职业角色的社会地位、社会意义，以及社会对该职业的需要。

3. 现实期

17 岁以后的青年年龄段。即将步入社会劳动，能够客观地把自己的职业愿望或要求，同自己的主观条件、能力，以及社会现实的职业需要紧密联系和协调起来，寻找合适于自己的职业角色。此期所寻求的职业不再模糊不清，已有的具体的、现实的职业目标，表现出的最大特点是客观性、现实性、讲求实际。

(三) 格林豪斯的职业生涯阶段理论

萨柏和金斯伯格的研究侧重于不同年龄段对职业的需求与态度，而美国心理学博士格林豪斯(Greenhouse)的研究则侧重于不同年龄段职业生涯所面临的主要任务，并以此为依据将职业生涯划分为五个阶段：职业准备阶段、进入组织阶段、职业生涯初期、职业生涯中期和职业生涯后期。

(1) 职业准备阶段。典型年龄段为 0～18 岁。主要任务是发展职业想象力，对职业进行评估和选择，接受必须的职业教育。

(2) 进入组织阶段。18～25 岁为进入组织阶段。主要任务是在一个理想的组织中获得一份工作，在获取足量信息的基础上，尽量选择一种合适的、较为满意的职业。

(3) 职业生涯初期。处于此期的典型年龄段为25～40岁。该期的主要任务是学习职业技术，提高工作能力；了解和学习组织纪律和规范，逐步适应职业工作，适应和融入组织；为未来的职业成功做好准备。

(4) 职业生涯中期。40～55岁是职业生涯中期阶段。主要任务：需要对早期职业生涯重新评估，强化或改变自己的职业理想；选定职业，努力工作，有所成就。

(5) 职业生涯后期。从55岁直至退休为职业生涯的后期。继续保持已有职业成就、维护尊严、准备引退是这一阶段的主要任务。

(四) 施恩的职业生涯阶段理论

美国著名的心理学家和职业管理学家施恩(E. H. Schein)教授，根据人生命周期的特点及其在不同年龄段面临的问题和职业工作主要任务，将职业生涯划分为九个阶段：成长、幻想、探索阶段，进入工作阶段，基础培训，早期职业的正式成员资格，职业中期，职业中期危险阶段，职业后期，衰退和离职阶段，退休。

(1) 成长、幻想、探索阶段。一般0～21岁处于这一职业发展阶段。主要任务是：① 发展和发现自己的需要和兴趣，发展和发现自己的能力和才干，为进行实际的职业选择打好基础；② 学习职业方面的知识，寻找现实的角色模式，获取丰富信息，发展和发现自己的价值观、动机和抱负，作出合理的受教育决策，将幼年的职业幻想变为可操作的现实；③ 接受教育和培训，开发工作世界中所需要的基本习惯和技能。在这一阶段所充当的角色是学生、职业工作的候选人、申请者。

(2) 进入工作阶段。16～25岁的人步入该阶段。首先，进入劳动力市场，谋取可能成为一种职业基础的第一项工作；其次，个人和雇主之间达成正式可行的契约，个人成为一个组织或一种职业的成员，充当的角色是：应聘者、新学员。

(3) 基础培训。处于该阶段的年龄段16～25岁。与上一个正在进入职业工作或组织阶段不同，要担当实习生、新手的角色。也就是说，已经迈进职业或组织的大门。此时主要任务一是了解、熟悉组织，接受组织文化，融入工作群体，尽快取得组织成员资格，成为一名有效的成员；二是适应日常的操作程序，应付工作。

(4) 早期职业的正式成员资格。此阶段的年龄为17～30岁，取得组织新的正式成员资格。面临的主要任务：① 承担责任，成功地履行与第一次工作分配有关的任务；② 发展和展示自己的技能和专长，为提升或进入其他领域的横向职业成长打基础；③ 根据自身才干和价值观，根据组织中的机会和约束，重估当初追求的职业，决定是否留在这个组织或职业中，或者在自己的需要、组织约束和机会之间寻找一种更好的配合。

(5) 职业中期。处于职业中期的正式成员，年龄一般在25岁以上。主要任务：① 选定一项专业或进入管理部门；② 保持技术竞争力，在自己选择的专业或管理领域内继续学习，力争成为一名专家或职业能手；③ 承担较大责任，确定自己的地位；④ 开发个人的长期职业计划。

(6) 职业中期危险阶段。处于这一阶段的年龄是35～45岁。主要任务为：① 现实地估价自己的进步、职业抱负及个人前途；② 在接受现状或者争取看得见的前途之间作出具体选择；③ 建立与他人的良好关系。

(7) 职业后期。从40岁以后直到退休，可以说是处于职业后期阶段，此时的职业状况或任务：① 成为一名良师，学会发挥影响，指导、指挥别人，对他人承担责任；② 扩大、发展、深化技能，或者提高才干，以担负更大范围、更重大的责任；③ 如果求安稳，就此停滞不前，则要接受和正视自己影响力和挑战能力的下降。

(8) 衰退和离职阶段。一般在 40 岁之后到退休期间，不同的人在不同的年龄会衰退或离职。此时主要的职业任务一是学会接受权力、责任、地位的下降；二是基于竞争力和进取心下降，要学会接受和发展新的角色；三是评估自己的职业生涯，着手退休。

(9) 离开组织或职业——退休。在失去工作或组织角色之后，面临两大问题或任务：① 保持一种认同感，适应角色、生活方式和生活标准的急剧变化；② 保持一种自我价值观，运用自己积累的经验和智慧，以各种资源角色，对他人进行传、帮、带。

(五) 职业生涯发展"三三三"理论

"三三三"理论是将人的职业生涯分为三大阶段：输入阶段、输出阶段和淡出阶段(表 9-2)。每一阶段又分为三个子阶段：适应阶段、创新阶段和再适应阶段。每一子阶段又可分为三种状况：顺利晋升、原地踏步、降到低谷，见图 9-2。这一划分方式不同于美国的萨柏、金斯伯格、格林豪斯等人的那种将职业生涯阶段硬性地按年龄进行划分，也不同于施恩的九阶段理论，在按年龄划分基础上增加了重叠的部分，但没有提出重叠的原因、背景、特点和处理对策。

表 9-2　职业生涯的"三三三"理论

阶　段	输入阶段	输出阶段	淡出阶段
	从出生到从业前	从就业到退休前	退休以后
主要任务	输入信息、知识、经验、技能，为从业作重要准备；认识环境和社会，提高自己的各种能力	输出自己的智慧、知识、服务、才干；进行知识的再输入、经验的再积累、能力的再提高	精力渐衰，但阅历渐丰、经验渐多，逐步退出职业，适应角色的转换

职业生涯发展的第二个"阶段"主要是指输出阶段即职业发展的阶段。人生的输出阶段是人的一生中最重要的阶段，也是人的职业生涯成功与否的决定性阶段。这一个阶段孕育着职业生涯的成功与失败。输出阶段的详细划分见表 9-3。

表 9-3　输出阶段的三个子阶段

输出阶段	个人工作状态	职业环境状态
适应阶段	订三个契约：对领导，我要服从你的领导；对同事，我要与你协同工作；对自己，我要使自己表现出色	适应工作硬软环境，个体与环境、个体与同事相互接受，进入职业角色
创新阶段	独立承担工作 任务努力作出创造性贡献 提出合理化建议	受到领导和群众认可，进入事业辉煌时期
再适应阶段	工作出色获得晋升 发展空间小而原地踏步 自身骄傲或工作差错受到批评	个体要调整心态，适应变化了的环境：此时属于职业状态分化时期，领导和同事看法不一

职业生涯发展的第二个"阶段"中的第三个子阶段是指职业发展的再适应阶段。"再适应阶段"在现实中每一个人都要遇到；职业一次成功的人很少，都要经历"再适应阶段"，这一阶段不是人生最辉煌的阶段，却是人生到达辉煌的必经阶段。子阶段的三种状况见表 9-4。

表 9-4 再适应阶段的三种状况

再适应阶段	职业状态
顺利晋升	面临新工作环境的挑战、新工作技能的挑战、原同级同事的嫉妒、领导提出的新要求，表面的风光隐藏着一定的职业风险
原地踏步	“倚老卖老”不求上进的状态出现，挂在口头边的话是“我早就干(想)过”，对同事容易陷入冷嘲热讽，此时如作职业平移或变更更为合适
降到低谷	由于个体原因或客观原因，遭受上级批评，或受降级处分，工作状态进入低谷，此时如能重新振奋精神，有希望进入第二次“三三三”发展状态

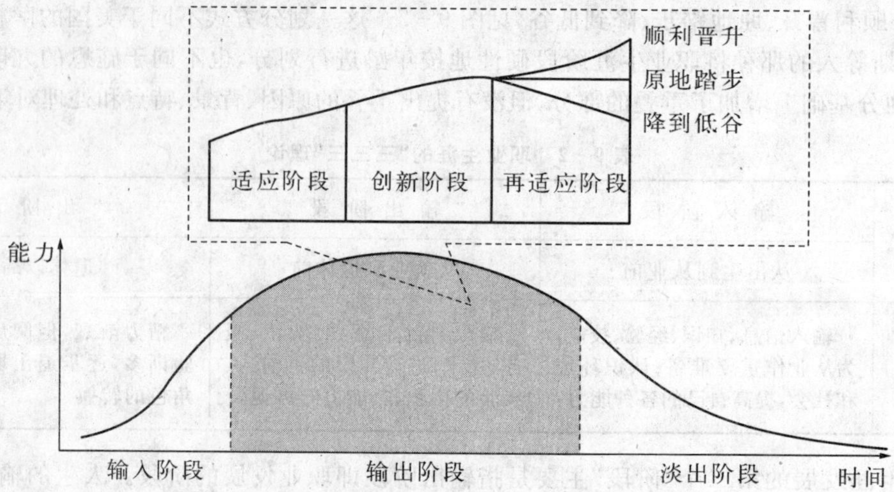

图 9-2 职业发展的“三三三”理论

三、“职业锚”与“边界”论

(一)“职业锚”理论

职业锚理论产生于在职业生涯规划领域具有“教父”级地位的美国麻省理工学院斯隆商学院教授、美国著名的职业指导专家施恩(E. H. Schein)领导的专门研究小组，该理论是在对该学院毕业生职业生涯的研究中演绎而成的。斯隆管理学院的 44 名 MBA 毕业生，自愿形成一个小组接受施恩教授长达 12 年的职业生涯研究，包括面谈、跟踪调查、公司调查、人才测评、问卷等多种方式，最终分析总结出了职业锚(又称职业定位)理论。

所谓职业锚，又称职业系留点。锚，是使船只停泊定位用的铁制器具。职业锚，实际就是人们选择和发展自己的职业时所围绕的中心，是指当一个人不得不做出选择的时候，他无论如何都不会放弃的职业中的那种至关重要的东西或价值观。是自我意向的一个习得部分。个人进入早期工作情境后，由习得的实际工作经验所决定，与在经验中自省的动机、价值观、才干相符合，达到自我满足和补偿的一种稳定的职业定位。职业锚强调个人能力、动机和价值观三方面的相互作用与整合。职业锚是个人同工作环境互动作用的产物，在实际工作中是不断调整的。

职业锚问卷是国外职业测评运用最广泛、最有效的工具之一。职业锚问卷是一种职业生涯规划咨询、自我了解的工具，能够协助组织或个人进行更理想的职业生涯发展规划。

职业锚以员工习得的工作经验为基础，产生于早期职业生涯。员工的工作经验进一步丰富发展了职业锚。1978 年，施恩教授提出的职业锚理论包括五种类型：自主型职业锚、创业型职业锚、管理能力型职业锚、技术职能型职业锚、安全型职业锚。

逐渐发现职业锚的研究价值，越来越多的人加入了研究的行列。在 20 世纪 90 年代，又发现了三种类型的职业锚如下：安全稳定型，生活型，服务型职业锚。施恩教授将职业锚增加到八种类型，并推出了职业锚测试量表。

(1) 技术或职能型　技术或职能型的人，追求在技术或职能领域的成长和技能的不断提高，以及应用这种技术或职能的机会。他们对自己的认可来自他们的专业水平，他们喜欢面对来自专业领域的挑战。他们一般不喜欢从事一般的管理工作，因为这将意味着他们放弃在技术或职能领域的成就。

(2) 管理型　管理型的人追求并致力于工作晋升，倾心于全面管理，独自负责一个部分，可以跨部门整合其他人的努力成果，他们想去承担整个部分的责任，并将公司的成功与否看成自己的工作。具体的技术或功能工作仅仅被看做是通向更高、更全面管理层的必经之路。

(3) 自主或独立型　自主或独立型的人希望随心所欲安排自己的工作方式、工作习惯和生活方式。追求能施展个人能力的工作环境，最大限度地摆脱组织的限制和制约。他们意愿放弃提升或工作扩展机会，也不愿意放弃自由与独立。

(4) 安全或稳定型　安全或稳定型的人追求工作中的安全与稳定感。他们可以预测将来的成功从而感到放松。他们关心财务安全，例如：退休金和退休计划。稳定感包括诚实、忠诚，以及完成老板交代的工作。尽管有时他们可以达到一个高的职位，但他们并不关心具体的职位和具体的工作内容。

(5) 创造型　创业型的人希望使用自己能力去创建属于自己的公司或创建完全属于自己的产品(或服务)，而且愿意去冒风险，并克服面临的障碍。他们想向世界证明公司是他们靠自己的努力创建的。他们可能正在别人的公司工作，但同时他们在学习并评估将来的机会。一旦他们感觉时机到了，他们便会自己走出去创建自己的事业。

(6) 服务型　服务型的人指那些一直追求他们认可的核心价值，例如：帮助他人，改善人们的安全，通过新的产品消除疾病。他们一直追寻这种机会，即使这意味着变换公司，他们也不会接受不允许他们实现这种价值的工作变换或工作提升。

(7) 挑战型　挑战型的人喜欢解决看上去无法解决的问题，战胜强硬的对手，克服无法克服的困难障碍等。对他们而言，参加工作或职业的原因是工作允许他们去战胜各种不可能。新奇、变化和困难是他们的终极目标。如果事情非常容易，它马上变得非常令人厌烦。

(8) 生活型　生活型的人喜欢有允许他们平衡并结合个人的需要、家庭的需要和职业的需要的工作环境。他们希望将生活的各个主要方面整合为一个整体。正因为如此，他们需要一个能够提供足够的弹性让他们实现这一目标的职业环境。甚至可以牺牲他们职业的一些方面，如：提升带来的职业转换，他们将成功定义得比职业成功更广泛。他们认为自己在如何生活，在哪里居住，如何处理家庭事务，以及在组织中的发展道路是与众不同的。

(二) 工作—家庭边界理论

美国学者克拉克(S. C. Clark)在对以往的工作—家庭关系理论进行批判的基础上，提出工作—家庭边界理论。

人们每天在工作和家庭的边界中徘徊，工作和家庭组成各自不同目的和文化的领域，相互影响，虽然工作和家庭中很多方面难以调整，但个体还是能创造出想要的平衡。

工作—家庭系统之间的主要联系不是感情，而是人，人们每天在工作和家庭两个领域内转移。人们塑造两个领域和他们之间的边界，影响边界跨越者与这个领域以及与其中的成员之间的关系。虽然人们塑造环境,同时也被环境塑造。

第三节 职业生涯设计与管理

一、职业生涯设计

职业生涯设计就是指个人和组织相结合,在对一个人职业生涯的主客观条件进行测定、分析、总结研究的基础上,确定其最佳的职业奋斗目标,并为实现这一目标作出行之有效的安排。职业生涯设计的目的绝不只是协助个人按照自己的资历条件找一份工作,达到和实现个人目标,更重要的是帮助个人真正了解自己,为自己订下事业大计,筹划未来,拟订一生的方向,进一步详细估量内、外环境的优势和限制,在"衡外情,量己力"的情形下设计出各自合理且可行的职业生涯发展方向。职业生涯设计基本上可以分为确立目标、自我与环境的评估、职业的选择、职业生涯策略、评估与反馈等五个阶段。

1. 确立目标

确定目标可以成为追求成功的驱动力,俗话说:"志不立,天下无可成之事"。志向是事业成功的基本前提,没有志向,事业成功也就无从谈起;没有目标,如同驶入大海的孤舟,不知该走向何方。立志是人生的起跑点,反映着一个人的理想、胸怀、情趣和价值观,影响着一个人的奋斗目标及成就的大小。所以在进行职业生涯设计时,首先要确立志向,确定目标,这是制订职业生涯规划的关键,也是职业生涯设计中最重要的一点。

因此,在制订就业目标时,应根据社会经济发展的趋势,在考虑国有企业单位的同时,也应该考虑非国有企业、欠发达地区和艰苦行业,用发展的眼光、长远的观点来指导自己的择业。服从社会需要是职业选择的前提条件,劳动者要从事生产劳动,先决条件是社会对劳动力的需求。只有社会上客观存在着劳动就业的可能性,才谈得上对职业的选择。作为大学生应以社会利益为重,从社会需要出发选择职业。

2. 自我与环境的评估

每位设计者,都无法避免对自我和外在环境的了解,自我评估的目的是认识自己、了解自己。只有认识了自己,才能对自己的职业做出正确的选择,才能选定适合自己发展的职业生涯路线,才能对自己的职业生涯目标做出最佳选择。自我评估包括自己的性格、兴趣、特长、学识、技能、思维、道德水准以及社会中的自我等。环境评估主要是评估各种环境因素对自己职业生涯发展的影响,每一个人都处在一定的环境之中,离开这一环境便无法生存与成长。所以,在制订个人的职业生涯规划时,要分析环境条件的特点、环境的发展变化情况、自己在这个环境中地位、环境对自己提出的要求以及环境对自己有利的条件和不利因素等等。只有对这些环境因素充分了解,才能做到在复杂的环境中趋利避害,使职业生涯设计具有实际意义。

3. 职业的选择

据统计,在选错职业的人当中,有80%以上的人在事业上是失败者。因此职业选择的正确与否,直接关系到人生事业的成功与失败。在选择职业的过程中要考虑性格与职业的匹配,兴趣与职业的匹配,特长与职业的匹配,内外环境与职业的相适应。良好的职业选择是以自己的最佳才能、最优性格、最大兴趣、最有利的环境等信息为依据进行的。职业的选择一般有短期目标、中期目标、长期目标之分。适合自身特点是毕业生就业的着眼点。社会上的职业多种多样,不同的职业,对从业人员的知识、技能、素质等要求不同,而毕业生的自身条件也不一样,不同的个体所具有的素质也是有差异的,所以,大学生对职业的选择,一方面要从社会需要出发,同时也要考虑自身的实际情况,扬长避短,只有这样才能做到人尽其才,才尽其用。爱因斯坦是世界著名的科学家,以色列国会曾邀请他回国当总统,被他婉言谢绝。爱因斯坦认为:自己的性格适合当科学家,搞研究,不适合当总统,搞政治,如果一定要让他当总统,那可就总统当不好,科学研究也搞不出,因为谁也做不到又当总统又搞科研,两边都能干出成绩来。爱因斯坦是伟人,伟人与常人的不同地方就在于他们比常人看得远、看得深,绝不随波逐流,绝不为尘世间的一点名利轻易地改变自己,去干对别人来说也许是梦寐以求的但却是不适合自己的事。我们设想一下,如果爱因斯坦真的去当总统,结果会怎样?极有可能是以色列多了一位无足轻重的总统,而人类却少了一个伟大的科学家。

4. 职业生涯策略

职业生涯策略是指为实现职业生涯目标的行动计划,一般都是具体的、可行性较强的。在确定具体的职业选择目标后,行动成了关键环节。没有达到目标的行动,目标就难以实现,也就谈不上事业的成功。这里所指的行动主要是指落实目标的具体措施,主要包括教育、培训、实践等方面的措施。例如,在职业素质方面,你计划学习哪些知识,掌握哪些技能,开发哪些潜能等。

5. 评估与反馈

俗话说:"计划赶不上变化"。尤其在现代职业领域,只有变化是永恒的主题。影响职业生涯设计的因素诸多。有的变化因素是可以预测的,而有些则难以预料。人是善变的,环境也是多变的。成功的职业生涯设计需要时时审视内外环境的变化,不断对自己的设计进行评估和修订并调整自己的前进步伐。

二、职业生涯的管理

1. 职业适应性管理①

个人对职业的适应是个人进入职业生涯的第一步。职业适应性可以从两个角度来看。对人而言,是指人的个性特征对其所从事职业的适合程度;对职业工作而言,是指某一类型的职业工作对个人的个性特征及其发展水平的要求。也就是说,职业适应性就是个人与职业在经济和社会活动过程中的相互协调和有机统一。

实践证明,不是任何人都能胜任所有职业,也不是任何人通过职业培训后,就一定能够适应职业的要求。职业的适应程度如何,主要取决于个人的素质,包括思想素质、业务素质、道德素质和心理素质。人在与职业相适应的过程中,居于主导地位,具有主观能动作用。但是职业工作对人的要求却不是永恒的,它以其不断变化着的工种、技术水平、素质水平等要求人要与之相适应、相符合。

个人要主动适应职业,至少应做到以下几点。

(1) 尽量选择自己所热爱的职业。"热爱是最好的教师",由于对所热爱的工作充满热情和具有良好的心态准备,走上岗位后,即使现实与理想有差距或者遇到困难,也愿意自我调整,积极克服所遇到的困难。

(2) 培养自己对所从事职业的兴趣。当因为能力、性别、年龄、文化程度及机遇等内外因素而导致一时难以选择到理想的职业时,应积极主动地培养自己的职业兴趣。兴趣是可以培养和转化的。

① 廖泉文. 人力资源管理. 北京:高等教育出版社,2003.

(3) 尽快融入组织文化中。对职业的适应性，在很大程度上取决于能否融入组织文化。尽快了解组织背景、组织制度、业务流程和人们的价值观，用积极、坦诚、虚心、好学的态度处理好人际关系。

(4) 提高综合素质。个人适应职业最关键的因素是综合素质。综合素质高，职业的适应性就强。所以必须重视多种能力的培养和锻炼，扩展知识面，提高综合知识。

2. 职业生涯的三维管理①

在职业生涯开发过程中，工作系统、自我事务系统和家庭系统三个方面是相互影响、相互作用的，共同影响着一个人的职业发展。职业生涯的开发应该同时进行三个维度的管理：职业管理、自我事务管理和家庭生活管理。即在职业管理的同时，不可对自我事务管理和家庭生活管理掉以轻心。

自我事务的管理包括自身的生理状况、心理发展、生活知识和技能、社会交际、休闲娱乐等方面的管理。自我事务管理状况对职业生涯的发展及家庭生活的质量都产生深刻而全面的影响。

(1) 健康水平即健商的影响。人的健康影响人的工作和生活态度、情绪、效率。一般而言，健商高者精力充沛、乐观开放、积极高效；而健商低者力不从心，易悲观自恋、消极低效，容易陷入疲劳——工作——更疲劳的恶性循环，甚至产生对外界事物的厌倦情绪。

(2) 心理发展水平的影响。心理状态是一个人学习、生活、工作的态度和行为的基础。一般而言，成功、健康、快乐的人通常具备自信、宽容、积极乐观、自我独立等心理素质，积极心态创造人生，消极心态消耗人生。无数正反两方面的事例都证实了心理品质的优劣直接影响事业和家庭的成败。

(3) 生活知识和技能的影响。丰富的生活知识和高水平的生活技能能使人事半功倍地处理日常事务。

(4) 社交休闲方式的影响。社会交际能力直接影响到人们在工作和生活中的沟通交流和组织协调水平，社会交际范围影响着人们在工作和生活中所能得到的帮助和支持程度。休闲方式的选择对人们的思想的形成、知识积累、生活品位也都会产生深刻的影响。

正因为自我事务管理状况对个人全面发展的深刻而全面的影响，自我事务管理是个人全面发展中很重要的一个方面，它为职业生涯发展奠定了基础。自我事务管理中最为重要的是提高情商和健商水平。

家庭生活质量对职业生涯也有较大的影响。家庭成员的态度和意见会影响人们的工作选择和工作态度。当人们遇到麻烦时，人们的本能反应是：家是最好的避风港，那里有来自家人的最宝贵的支持和安慰。特别是许多女性都认为，化解压力最好的办法来自快乐的幸福家庭。

3. 心理契约的管理

"心理契约"(Psychological Contract)是美国著名管理心理学家施恩(E. H. Schein)正式提出的。他认为，心理契约是"个人将有所奉献与组织欲望有所获取之间，以及组织将针对个人期望收获而有所提供的一种配合"。虽然这不是有形的契约，但却发挥着有形契约的作用。企业清楚地了解每个员工的需求与发展愿望，并尽量予以满足；而员工也为企业的发展全力奉献，因为他们相信企业能满足他们的需求与愿望。其意思可以描述为这样一种状态：企业的

① 葛玉辉. 人力资源管理. 北京：清华大学出版社，2006.

成长与员工的发展虽然没有通过一纸契约载明，但企业与员工却依然能找到决策的各自"焦点"，如同一纸契约加以规范。即企业能清楚每个员工的发展期望，并满足之；每一位员工也为企业的发展全力奉献，因为他们相信企业能实现他们的期望。

员工与企业不仅有书面劳动合同，而且还存在心理契约。过去员工与企业的心理契约往往是：员工好好工作，企业负责员工不被解雇，负责员工的升迁和福利。但是随着市场经济的发展，随着视工作任务定人员的虚拟企业的出现，企业为员工提高工作保障的基础开始动摇，企业是员工的"屋顶"的契约难以为继。员工与企业建立了新的心理契约，即员工努力工作，企业提供培训机会，提升员工的就业能力，企业是提高员工综合能力和就业能力的"土壤"。

在新的心理契约下，员工的职业生涯往往具有易变性，易变性职业生涯与传统职业生涯不同，如表 9－5 所示。

表 9－5　易变性职业生涯与传统职业生涯的比较

维　度	传统职业生涯	易变性职业生涯
目标	晋升	心理成就感
心理契约	工作安全感	灵活的受聘能力
运动	垂直运动	水平运动
管理责任	公司承担	员工承担
方式	专家型	螺旋形
专业知识	知道怎么做	学习怎么做
发展	很大程度上依赖于正式培训	更依赖于人际互助和在职培训

易变性职业生涯的目标往往是心理成就感。心理成就感是一种自我感受，它不仅仅是企业对员工的认可（如加薪、晋升），还包括个人价值、幸福感、身体健康等人生目标实现所带来的一种自豪感与满足感。这种追求在新一代的人力资源中表现得更为突出。例如，对地位和工作稳定性拿得起、放得下，更在意工作灵活性、挑战性，渴望从工作中获得乐趣和良好的个人感受。可见，职业生涯的管理与开发方法需要与时俱进。

企业要为员工提供人员开发规划指南，指导员工进行评估、目标设置、开发规划和行动计划的设计。企业管理人员要与员工开展有关职业生涯的面谈。在员工的职业生涯发展过程中，随着员工职业生涯发展阶段和生理年龄的变化，其职业需求会有所调整。管理人员要在员工职业生涯设计中充当教练、评估者、顾问、推荐人，要了解员工职业生涯的发展过程，以及每个阶段员工的需求和兴趣的差异，与员工就未来开发行动达成一致意见，提供资源，帮助员工达到职业生涯目标。企业要开发职业生涯管理支持系统，培育能支持职业生涯管理的企业文化，加大培训的力度和培训内容的覆盖范围。

4. 实施 PPDF

在发达国家很多企业都有职业生涯成长计划（Personal Performance Development File，PPDF），职业生涯成长计划把个人发展与企业发展紧密联系在一起，企业通过它让员工形成合力，形成团队，为组织的目标努力而实现自我价值。个人 PPDF 基本上有三个方向。

(1) 纵向发展，即沿着组织的层级系列由低向高级提升。

(2) 横向发展，即跨职能部门的调动、在同一层次不同职务之间的调动。如由工程技术部门转到采购供应部门或市场营销部门等。横向发展可以发现员工的最佳的"亮点"，同时又可以使员工积累各个方面的经验，为以后的发展创造更加有利的条件。

(3) 向核心方向发展，虽然职务没有晋升，但是却担负了更多的责任，有了更多的机会参加组织的各种决策活动。

思考题：

1. 什么是职业生涯管理？组织做好职业生涯管理有哪些重要意义？
2. 个人应该怎样规划职业生涯，需要采取哪些步骤？
3. 请阐述至少两种职业生涯理论，比较它们之间的差异？

第十章　绩效管理

□ 学习目的

通过对本章内容的学习，应了解和掌握如下问题：

- 了解绩效管理和绩效考核的基本概念
- 知道如何设计绩效考核体系
- 掌握几种基本的绩效考核方法

□ 引入案例

W公司是一家外资公司，主要是从事海外贸易。由于受国际竞争形势的影响，公司董事长为了提高员工的工作效率，决定在公司内部引入绩效管理来代替多年的单纯职级工资制度。听到这个消息，全厂员工无不欢欣喜悦，尤其是对于那些基层员工来说更是受欢迎。当月公司的生产效率就有了比较明显的提高。因为按照以前的制度来讲，你在公司处在哪个层级直接决定你的薪水，基层员工处于公司中比较低的职级自然会影响到他们每月的薪水。但若是实行绩效管理体制，薪水除了与职级挂钩之外，也与其工作绩效紧密相连。于是人力资源部门在董事长的授权下，开始紧锣密鼓地制订绩效管理制度。经过人力资源部门全体成员六个月的艰苦奋战，绩效管理制度终于在众人的期盼中出台了。新制度规定为了对员工进行有效激励，提高工作效率，公司将每半年实施一次绩效考评，普通员工与主管及以上人员分开进行评估。考评成绩与奖金相关，绩效考评最优秀的普通员工可以获取其考评前6个月平均工资3倍的奖金，绩效考评最优秀的主管及以上人员可获得其平均工资2倍的奖金。董事长由于迫切想知道新制度的实施效果，要求人力资源部门依据新制度对全厂员工过去六个月的工作绩效进行评估，并依据评估结果发放奖金。人力资源部门原本以为这肯定会受到员工的欢迎，毕竟可以发奖金。然而，事与愿违，随着新制度逐渐地被人认识，人力资源部门面临的压力也越来越大，首先是有相当一部分普通员工抵制对其进行绩效考评，接着出现新来销售人员（公司销售队伍一直都很不稳定）离职，主管层人员也有了不满情绪。总之，由于实行新制度，公司出现了怨言颇多的局面。最后在董事长的亲自干预之下，责令人力资源部门停止实施新制度，才稳住了局面。可以说这次所谓的改革弄得人力资源部门不知所措，以失败告终。

第一节　绩效管理概述

一、绩效管理的含义

绩效是指具有一定素质的员工围绕职位的应负责任所达到的阶段性结果以及在达到过程中的行为表现。

绩效管理是一个将目标设定、绩效考核与开发整合成一体的独立的通用体系，其目标是确保员工的绩效完全符合公司的战略性目标。绩效管理是管理者设定员工工作目标与内容、提升员工工作能力以及评价和奖励员工工作成果的过程，是在员工的绩效如何有效促进公司宏观目标实现的框架下进行的。

绩效管理首先要解决几个问题：

(1) 对目标的设定及如何达到目标需要达成共识。

(2) 绩效管理不是简单的任务管理，它特别强调沟通、辅导和员工能力的提高。

(3) 绩效管理不仅强调结果导向，而且重视达到目标的过程。

绩效管理所涵盖的内容很多，它所要解决的问题主要包括：如何确定有效的目标，如何使目标在管理者与员工之间达成共识，如何引导员工朝着正确的目标发展，如何对实现目标的过程进行监控，如何对实现的业绩进行评价和对目标业绩进行改进，绩效管理中的绩效和很多人通常所理解的"绩效"不太一样。在绩效管理中，我们认为绩效首先是一种结果，即做了什么；其次是过程，即用什么样的行为做的；第三是绩效本身的内涵。因此绩效考核只是绩效管理的一个环节。

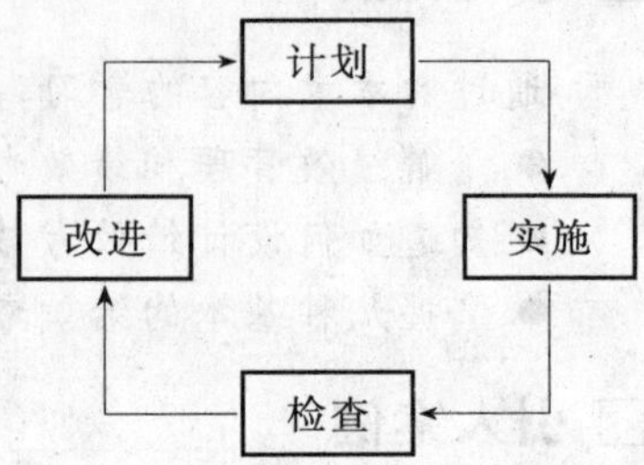

图 10－1 绩效管理的 PDCA 循环

绩效管理是通过管理者与员工之间持续不断地进行的业务管理循环过程，实现业绩的改进，所采用的手段为 PDCA 循环，见图 10－1。

二、绩效管理的过程

(一) 绩效管理中的计划

1. 制订绩效目标计划及衡量标准

绩效目标分为结果目标与行为目标两种。

(1) 结果目标：指做什么，要达到什么结果，结果目标的来源于公司的目标、部门的目标、市场需求目标，以及员工个人目标等。

(2) 行为目标：指怎样做。

确定一个明智的目标就是既要确定要实现什么结果又要确定怎样去做，才能更好地实现要达成的目标。

明智的目标(SMART)原则是指：

S——具体的(反映阶段的比较详细的目标)；

M——可衡量的(量化的)；

A——可达到的(可以实现的)；

R——相关的(与公司、部门目标的一致性)；

T——以时间为基础的(阶段时间内)。

2. 对目标计划的讨论

在确定 SMART 目标计划后，组织员工进行讨论，推动员工对目标达成一致认同，并阐明每个员工应达到什么目标与如何达到目标，共同树立具有挑战性又可实现的目标，管理者与员工之间的良好沟通是达成共识、明确各自目标分解的前提，同时也是有效辅导的基础。

3. 确定目标计划的结果

通过目标计划会议使管理者与员工双方沟通，在管理者与员工之间建立有效的工作关系，员工意见得到听取和支持，从而确定监控的时间点和方式。

(二) 绩效管理中的辅导

在确定了阶段性的 SMART 目标和通过会议明确了各自的目标之后，作为管理者的工作重点就是在各自目标实现过程中对员工的辅导。辅导的方式有两种。

(1) 会议式　指通过正式的会议实施辅导过程；

(2) 非正式　指通过各种非正式渠道和方法实施对员工的辅导。

对员工实现各自目标和业绩的辅导应为管理者的日常工作，在辅导过程中既要对员工的成绩认可，又要对员工实现的目标进行帮助和支持。帮助员工达到所需实现的目标，同时根据现实情况双方及时修正目标，朝着确定的目标方向发展。这也是对怎样实现目标(行为目标)过程进行了解和监控。需要强调指出的是：良好的沟通是有效辅导的基础。对于员工的参与，要求员工能够做到以下两点：

(1) 描述自己所要达到的目标(或实现的业绩)；

(2) 对自己实现的目标进行评估。

有效的辅导应该是：

(1) 随着目标的实现过程，辅导沟通是连续的；

(2) 不仅限于在一些正式的会议上，同时强调非正式沟通的重要性；

(3) 明确并加强对实现目标的期望值；

(4) 激励员工，对员工施加推动力(推动力是指一种连续的需求或通常没有意识到的关注)；

(5) 从员工中获得反馈并直接参与；

(6) 针对结果目标和行为目标。

(三) 绩效管理中的评价

在阶段性工作结束时，对阶段性业绩进行评价，以便能公正地、客观地反映阶段性的工作业绩，目的在于对以目标计划为标准的业绩实现的程度进行总结，进行业绩的评定，不断总结经验，促进下一阶段业绩的改进。

通过实际实现的业绩与目标业绩的比较，明确描述并总结业绩的发展趋势。在对阶段性业绩评价之前，要进行信息收集，尤其是对实现目标过程的信息收集，在沟通和综合员工与管理者双方所掌握的资料后，通过会议的形式进行阶段性业绩的评价，包括对实际业绩与预期业绩的比较、管理者的反馈、支持与激励、业绩改进建议、本阶段总结、确定下阶段的计划等。

在评价过程中需要管理者具备较好的交流技能：如提问、倾听、反馈和激励等。

一般绩效评价的内容和程序包括以下几个方面：

(1) 标准；

(2) 测量方法；

(3) 反馈和改善。

一般评价的标准是选择主要的绩效指标 KPI(定量和定性的指标)来评价业绩实现过程中的结果目标和行为目标。

第二节　绩效考核体系设计

一、绩效考核概述

1. 绩效考核的基本概念

绩效考核起源于西方国家文官(公务员)制度。最早的考核起源于英国，在英国实行文官制度初期，文官晋级主要凭资历，于是造成工作不分优劣，所有的人一起晋级加薪的局面，结果是冗员充斥，效率低下。1854—1870 年，英国文官制度改革，注重表现和才能的考核制度开始建立。根据这种考核制度，文官实行按年度逐人逐项进行考核的方法，根据考核结果的优劣，实施奖励与升降。考核制度的实行，充分地调动了英国文官的积极性，从而大大提高了政府行政管理的科学性，增强了政府的廉洁与效能。英国文官考核制度的成功实行为其他国家提供了经验和榜样。美国于1887年也正式建立了考核制度。强调文官的任用、加薪和晋级，均以工作考核为依据，论功行赏，称为功绩制。此后，其他国家纷纷借鉴与效仿，形成各种各样的文官考核制度。这种制度有一个共同的特征，即把工作实绩作为考核的最重要的内容，同时对德、能、勤、绩进行全面考察，并根据工作实绩的优劣决定公务员的奖惩和晋升。

绩效考核是人力资源开发与管理中非常重要的范畴，是管理工作中大量应用的手段，也构成人力资源开发与管理操作系统五大体系之中的一个部分。“绩效”一词，英文为Performance，其含义是“表现”，是个体或群体的工作表现、直接成绩和最终效益的统一体；“考核”一词，其含义是评价、评估。绩效考核，是指对员工在工作过程中表现出来的工作业绩、工作能力、工作态度以及个人品德等进行评价，并用于判断员工与岗位的要求是否相称。绩效考核的目的是，确认员工的工作成就，改进员工的工作方式，提高工作效率和经营效益。

所有的企业都在运用正式或非正式的评估手段对其员工进行绩效评估。绩效考核就是按照员工所在岗位的绩效标准对其最近时间段或者过去时间段的工作表现进行评估。绩效评估一般有两个前提条件：一是员工充分了解他们自己的绩效标准；二是主观人员对员工进行反馈、开发与激励，以帮助员工弥补绩效不足或者继续按照更高的标准工作，目的都是为了提高绩效。

2. 绩效公式

绩效受多种因素影响，是员工个人素质和工作环境共同作用的结果。了解绩效的相关因素，对正确设计和实施绩效考评有着重要作用，这些因素包括技能、激励、环境和机会，可以用以下的公式来反映：

$$P = f(s, m, e, o)$$

在这一函数式中，P 是绩效；f 则表示各因素之间的函数关系；

s 为技能，指员工本身的工作能力，是员工的基本素质；

m 为激励，指员工的工作态度，包括工作积极性和价值观等各种因素；

e 为环境，是指员工进行工作的客观条件，包括物质条件、制度条件、人际关系条件等；

o 为机会，指可能性或机遇，主要由大环境的变化提供。

s 和 m 是主观方面的原因，是创造绩效的主动因素，e 和 o 是影响绩效的客观原因，是绩效状况的外部制约因素。

3. 绩效考核的地位

绩效考核作为人力资源管理的重要组成部分，它为人力资源管理的各项主要环节提供确切的基础信息。可以说，没有考核就没有科学有效的人力资源管理，它构成人力资源开发与管理操作系统五大体系之中的一个重要部分。

具体来说，绩效考核具有如下作用。

(1) 考核是人员任用的依据　岗位分析、岗位评价和岗位分类是“识事”的基本活动，考核则是“知人”的主要活动。通过绩效考核，能够对每个人的多方面情况进行评估，了解每个人的能力、专长、态度和工作，从而将其安置在适合的职位上，达到人职的匹配。

(2) 考核是员工调动和升降的依据　绩效考核侧重于对员工的工作成果及工作过程进行考察，通过绩效考核，可以提供员工们的工作信息。根据这些信息，可以进行人员的晋升、降职、轮换、调动等人力资源管理工作。

(3) 考核是员工培训的依据　培训开发必须有的放矢，才能收到事半功倍的效果。绩效考核在此方面的作用是：发现员工的长处与不足，对他们的长处给予发扬；了解员工在知识、技能、思想和心理品质等方面的不足，进行有针对性的培训。通过持续的绩效管理，还可以促进培训开发工作的深入。

(4) 考核是确定薪酬和奖惩的依据　现代管理要求薪酬分配遵守公平与效率两大原则，这必然要求对每一个员工的劳动成果进行准确的计量和评定，按劳付酬。绩效考评的结果是决定员工报酬的重要依据，进行薪资的分配和调整时，应当依据员工的绩效和工作表现。

(5) 考核有利于形成高效工作气氛　通过考核经常对员工的工作表现和业绩进行检查，并及时进行反馈，既能及时发现人员任用是否合理，又为适度的奖惩和公平的待遇提供依据。这两个问题正是影响组织效率的敏感问题，因此，考核有利于形成高效率的工作气氛。

(6) 考核有利于共同目标的建立　绩效考核要求上下级对考核标准和考核结果进行充分沟通，这有助于组织成员之间信息的传递和感情的融合。通过这样的沟通，可以促进员工相互之间的了解和协作，有助于员工的个人目标同现代组织目标达到一致，增强组织的凝聚力和竞争力。

(7) 考核有利于组织的决策　提供绩效考核，还可以深入了解生产、供应、销售、财务等各种职能部门情况与问题，从而为组织的有关决策提供参考依据。

4. 绩效考核的分类

(1) 按考核性质划分　① 定性考核，定性考核是由评估人在充分观察和征询意见的基础上对员工绩效所作的较为笼统的评价；② 定量考核，定量考核是指按照标准化、系统化的指标体系来进行的考评。

将定性考核与定量考核方式相结合的做法是比较常见的好方法。

(2) 按考核主体划分　① 上级考核；② 专业机构考核，即人力资源部门对员工进行考核；③ 专门小组考核，即由有经验的资深员工、管理人员和人力资源部门人员三结合，组成小组来实施考核的方式；④ 下级考核；⑤ 自我评价；⑥ 相互评估，即被考核的员工们相互评价的方式；⑦ 外部评价，即由组织外部的有关人员或工作对象所做的评价。

(3) 按考核形式划分

① 口头考核与书面考核；

② 直接考核和间接考核，这是以考核者与被考核人是否面对面为划分标准；

③ 个别考核与集体考核，即对个别人的考核和对整个集体中每个成员的考核。

(4) 按考核方法划分　绩效考核的方法众多，有排序法、配对比较法、要素评定法、目标管理法等。其具体内容将在本章后面专门介绍。

(5) 按考核时间划分

① 日常考核，如每天、每周进行的例行产量、营销数量考核，就属于日常考核；

② 定期考核，每间隔一定的时间就进行一次考核。最常见的做法是按月记载上交的考勤和每年一次的绩效考评；

③ 长期考核，如对管理干部任期业绩的考核；

④ 不定期考核，如为选拔人才而进行的考核、培训前后进行的考核就属于不定期考核。

二、绩效考核体系

1. 绩效考核原则

(1) 公平原则。公平是确立和推行人员考绩制度的前提。不公平，就不可能发挥考绩应有的作用。

(2) 严格原则。考绩不严格，就会流于形式，形同虚设。考绩不严，不仅不能全面地反映工作人员的真实情况，而且还会产生消极的后果。考绩的严格性包括：要有明确的考核标准，要有严肃认真的考核态度，要有严格的考核制度与科学而严格的程序及方法等。

(3) 单头考评的原则。对各级职工的考评，都必须由被考评者的"直接上级"进行。直接上级相对来说最了解被考评者的实际工作表现(成绩、能力、适应性)，也最有可能反映真实情况。间接上级(即上级的上级)对直接上级作出的考评评语，不应当擅自修改。这并不排除间接上级对考评结果的调整修正作用。单头考评明确了考评责任所在，并且使考评系统与组织指挥系统取得一致，更有利于加强经营组织的指挥机能。

(4) 结果公开原则。考绩的结论应对本人公开，这是保证考绩民主的重要手段。这样做，一方面，可以使被考核者了解自己的优点和缺点、长处和短处，从而使考核成绩好的人再接再厉，继续保持先进；也可以使考核成绩不好的人心悦诚服，奋起努力。另一方面，还有助于防止考绩中可能出现的偏见以及种种误差，以保证考核的公平与合理。

(5) 结合奖惩原则。依据考绩的结果，应根据工作成绩的大小、好坏，有赏有罚，有升有降，而且这种赏罚、升降不仅与精神激励相联系。而且还必须通过工资、奖金等方式同物质利益相联系，这样，才能达到考绩的真正目的。

(6) 客观考评的原则。人事考评应当根据明确规定的考评标准，针对客观考评资料进行评价，尽量避免渗入主观性和感情色彩。

(7) 反馈的原则。考评的结果(评语)一定要反馈给被考评者本人，否则就起不到考评的教育作用。在反馈考评结果的同时，应当向被考评者就评语进行说明解释，肯定成绩和进步，说明不足之处，提供今后努力的参考意见等等。

(8) 差别的原则。考核的等级之间应当有鲜明的差别界限，针对不同的考评评语在工资、晋升、使用等方面应体现明显差别，使考评带有刺激性，鼓励职工的上进心。

2. 绩效指标的主要形式和内容

(1) 关键绩效指标(KPI)。即用来衡量某一职位工作人员工作绩效表现的具体量化指标，是对工作完成效果的最直接衡量方式。关键绩效指标来自对企业总体战略目标的分解，反映最能有效影响企业价值创造的关键驱动因素。设立关键绩效指标的价值在于：使经营管理者将精力集中在对绩效有最大驱动力的经营行动上，及时诊断生产经营活动中的问题并采取提高绩效水平的改进措施。

KPI 指标并不一定能直接用于或适合所有岗位的人员考核，但因为 KPI 指标能在相当程度上反映组织的经营重点和阶段性方向，所以成为绩效考核的基础。

(2) 工作目标与过程设定。即由上级领导与员工共同商议确定员工在考核期内应完成的主要工作及其效果，并在考核期结束时由上级领导根据期初所定目标是否实现，为员工绩效打分的绩效管理方式。它是一种对工作职责范围内的一些相对长期性、过程性、辅助性、难以量化的主要工作任务完成情况的考核方法。

3. 绩效考核项目设置

(1) 项目指标的建立。在对员工职务分析的基础上，要根据考核和整个人力资源开发与管理工作需要，把要考核的"德能勤绩"四大要素分解为体现工作性质及相关方面具体内容的项目，规定出真正用于考核的各项详细指标，进而形成考核的指标体系。

(2) 各项目的分值。在列出考核的各项具体指标以后，考核管理部门就根据考核的重点，对每个指标分别给予加权及赋分。这一过程体现了某一指标在整个考核体系中的位置与重要性。

应当指出的是，加权和赋分过程十分关键，对某一因素的加权、赋分不同，会导致员工考核结果的完全不同。同时,它具有政策导向的作用,还会引导员工的行为。

(3) 各项目的打分标准。在每一个考核项目分别给予赋分以后,要对每一项目的得分给出打分依据。为了使打分科学、准确,还应当对得分进行更加细致和量化的规定。

三、绩效考核流程

1. 制订考核计划

为了保证绩效考核顺利进行,人力资源部门应当事先制订考核工作计划。

首先,明确考核的目的和对象。不同的考核目的,有不同的考核对象。

然后,选择考核内容和方法。根据不同的考核目的和对象,重点考核的内容也不同。而后,要根据不同的考核目的、对象和内容,确定考核时间。

2. 进行技术准备

绩效考核是一项技术性很强的工作。其技术准备主要包括确定考核标准、选择或设计考核方法、培训考核人员。

(1) 确定考核标准。考核标准包括绩效标准、行为标准及任职资格标准,任职资格标准也称为职务规范或岗位规范。

(2) 选择或设计考核方法。选择、设计考核方法要解决的问题包括:考核目标确定需要哪些信息,从何处获取这些信息,采用何种方法收集这些信息。常用的收集、记录考核信息的方法有:考核记录、工作日志、生产报表、备忘录、现场视察记录、事故报告、交接班记录等,以及收集各种统计账目和有关的会计核算资料。

(3) 培训考核人员。通过对考核人员进行培训,使他们掌握考核原则,熟悉考核标准,掌握考核方法,克服常见偏差。

3. 选拔考核人员

在选择考核人员时,应考虑两方面的因素:其一,能够全方位地对员工的工作表现进行观察。其二,有助于消除或者减少个人偏见。按照这两个因素的要求,通常在挑选考核人员时考虑下面的人员。

(1) 直接主管。员工的直接主管对于员工每天的工作表现能够全面了解,这些人通常是最好的考核人员。主要缺点是:可能会因他们的个人偏见、与员工的矛盾或者私人交情等,影响评价的客观性。

(2) 高层管理者。在很多组织的考核工作中,由一名高级管理者对员工直接主管的考核进行检查和补充,这可以抵消某些直接主管的偏见。

(3) 相关部门管理者。组织中的某个员工有时要接受几个部门的管理,因此,有时需要将几个与员工联系密切的部门管理者组成一个考核小组,对员工进行考核。这种考核有消除个人考核偏见的优点,如果采用一个小组会议的形式,还可以增加考核的信息量。

(4) 同事。同事的评价是对上述考核的补充。实践证明,同事评价具有较高的信度。需要注意的是,同事之间的友情、敌意等因素常常影响到他们对员工的评价,而且容易在员工之间造成利益的冲突,影响考核的效果。

(5) 下级人员。在考核工作中,可以组织某被考核者的下属员工来评价他们的上级,考核其在信息沟通、工作任务委派、资源配置、信息传递、协调下属矛盾、公正地处理与员工之间关系等方面的能力。下属评价要与其他评价的信息结合使用。

(6) 自我考核。自我考核可以使员工对自己的工作行为及时进行控制。首先,员工寻找各自存在的问题,并制订有针对性的、解决问题的措施。第二,制订某一阶段的目标,这些目标要与个人的每日计划相联系，以求实现长期目标。第三，采取一系列能够实现的奖惩措施，对自己进行督促，最终实现工作目标。自我评价可以提供有效的信息。人力资源主管在组织员工进行自我绩效评价时，应注意对员工正确的自我评价进行激励；让员工按照相对标准来进行评价，而不是让其按照绝对标准来评价；对员工进行绩效反馈；对评定结果保密，直到自我评价结果的偏差得到解决。

(7) 客户。对组织外部的客户和社会公众大量接触的服务性职务，客户的评价十分重要。由于客户对职务的性质及组织的目标并没有充分的了解和认识，因此，评价的结果往往是不全面的，而在一些方面的参考价值较大。

4. 收集资料信息

作为考核基础的信息，必须做到真实、可靠、有效。收集资料信息要建立一套与考核指标体系有关的制度，并采取各种有效的方法来达到。

5. 进行分析评价

这一阶段的任务，是对员工个人的德、能、勤、绩各方面做出综合性的评价结果。分析评价是一个由定性到定量再到定性的过程，其过程为：

(1) 确定等级。对员工每一个评价项目评定等级，一般可分为 3～5 等。

等级划分方法很多，有 10 等级、9 等级、7 等级、5 等级 4 种方法。在划分等级后，还要赋予不同等级以不同的数值，来作为考核评价的数量依据。赋值方法有不同方法。

(2) 对同一项目不同考核结果的综合。通常同一项目由若干人对某一员工进行考核，所得出的结果是不相同的。为综合这些考核意见，可采用算术平均法或加权平均法综合。

(3) 对不同项目的考核结果加以综合。评价一个人的能力时，要将其知识、学历、判断能力、社会交际能力等综合起来考虑。根据考核的主要目的确定各考核项目的加权数值。

6. 考核结果运用

考核结果可以提供大量有用的信息，主要的应用包括：通过向员工反馈考核结果，帮助员工改进绩效；为任用、晋级、提薪、奖励等人力资源管理措施提供依据；检查企业管理各项政策。

第三节 绩效考核方法

一、常用绩效考核方法

1. 序列法

(1) 什么是序列法。序列法也称序列评定法或排序法，即对一批考核对象按照一定标准排出“1 2 3 4……”的顺序。该方法的优点是简便易行，而且具有一定的可信性；缺点是考核的人数不能过多，以 5～15 人为宜，而且只适用于考核同类职务的人员，对从事不同职务工作的人员无法比较，因而大大限制了应用的范围。

(2) 序列法的实施方法。① 拟定考核的项目。项目的数量和内容，应当根据所考核职务的具体状况进行设计；② 评定小组就每项内容对被考者进行评定，并排出序列。最好的第一名排序为 1，第二名排序为 2 等，以次类推；③ 把每个人各自考核项目的序数相加，就得出各自的排序总序数，以总序数最小者为成绩最好，即总体情况的第一名。

排序的结果，又分为简单排序和分级排序两种做法。前者是根据序数的多少，从小到大排成从第一名到最末一个的排名序列；后者是按序数得分的多少划分为几个等级。如表 10－1 所示。

表 10-1 某公司中层经理序列评定法

	工作业绩状况	团队精神	业务知识经验	开拓能力	工作责任心	创新性	组织能力	决策能力	指导说服能力	协调能力	排序总分数	评定分类
张建华	1	1	1	2	1	2	2	1	1	1	13	优
赵 立	2	2	3	1	2	1	3	2	4	2	22	良
孙明明	4	4	2	3	3	3	1	3	3	4	30	中
李 刚	3	5	4	4	5	4	5	4	2	3	39	中
周昭云	5	3	5	6	4	6	4	5	5	6	49	及格
吴小林	7	7	6	5	6	5	7	7	6	5	61	差
郑 牧	6	6	7	7	7	7	6	6	7	7	66	差

2. 配对比较法

(1) 什么是配对比较法

配对比较法也称相对比较法,该方法是对若干被考核者的同一考核内容采用“两两比较”的方法决定其优劣,即在被考核者之间分别比较,从每一对被考核者中比较出哪个优、哪个劣,最后汇总和计算出整体比较考核结果。

配对比较法的特点,需要进行多次的比较。如果被考核的对象人数有 n 个,根据排列组合公式,就需要进行 $n(n-1)/2$ 次比较。

配对比较法的优点是,由于考核者在考核过程中很难判断每个被考核者的最终成绩,能克服考核者的主观影响,准确性较高;其缺点是一次考核的人数有限,手续烦琐,工作量显然比前述序列法大很多。

(2) 配对比较法的实施方法

配对比较法实施的具体方法为:① 根据同一个考核内容,将考核对象分别填写在卡片上;② 对每张卡片上的两个人某个能力进行比较,评出优劣,优者为1分、劣者为0分;③ 将每一对比较结果计入计算表格;④ 累加被考核者的得优次数,计入考核表的最右边“得分总数”一栏,得优次数最多即得分最高者就是成绩最好者,相反为最差者。

对于需要考核的其他项目,也依此法逐次进行两两比较,分别得出结果。最后,综合各个项目的结果,列入汇总表格中,得出最终的成绩,见表 10-2。

同序列法一样,由于各个项目有着不同的重要性,还可以将不同的项目确定不同的权重,然后进行加权计算,从而得出更加合理的结果。

表 10-2 配对比较法

	A. 张建华	B. 孙明明	C. 李刚	D. 陈华	E. 吴小强	得分总数	比较结果
A. 张建华	——	1	0	1	1	3	第二
B. 孙明明	0	——	0	0	1	1	第四
C. 李 刚	1		——	1	1	4	第一

续 表

	A. 张建华	B. 孙明明	C. 李刚	D. 陈华	E. 吴小强	得分总数	比较结果
D. 陈　华	0	1	0	——	1	2	第三
E. 吴小强	0	0	0	0	——	0	第五

3. 强制分配法

(1) 强制分配法的含义　强制分配法，是按预先规定的比例将被评价者分配到各个绩效类别的方法。这种方法是根据统计学的正态分布原理进行，其特点是两边的最高分、最低分者很少，处于中间者居多，见图 10－2。

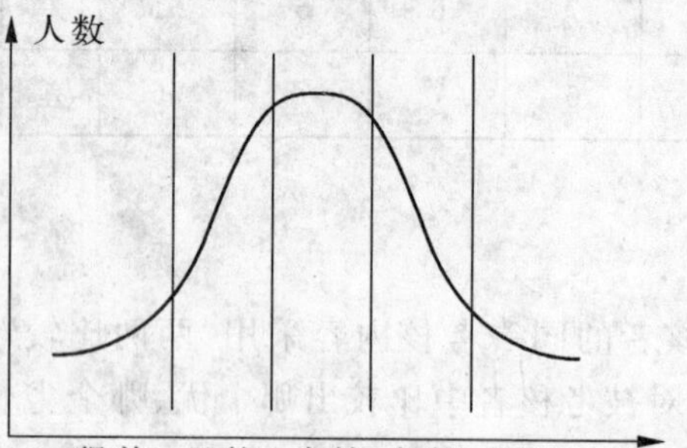

图 10－2　强制分配法正态分布图

(2) 强制分配法的适用性　采用强制分配法，可以防止滥评优秀人数或被评价者得分十分接近的结果。该方法的问题是，它基于“各部门中都有相同的绩效类别分布”的假设，而不能区分各部门的好坏差异，也很难对小样本的单位强制分配到五个绩效评价类别中。

严格地说，强制分配法并不是一种评价方法，而是一种限制考核分数的方法，通常是和其他方法结合而不是单独使用。如果在考核评价中人们的相互不信任感较强，又涉及重大的人事决策，这时应慎用强制分配法。

4. 标尺定位法

(1) 标尺定位法的含义　标尺定位法是使用一定的衡量尺度，对被考核者的工作情况、业绩以及个人品质进行考察。标尺定位方法的特点是，注重从事工作的员工本人情况，该方法基本上用于非管理型工作，有时也用于中层管理职位。“标尺定位”。是根据一定的工作类别选定员工共有的品质或特性，对每个员工使用拥有 5 个或 7 个点的等分尺度来打分，见图 10－3。对于从事具体操作的员工，考核的内容有学习能力、主动性、合作能力、专业知识、技术水平等；对于管理者，考核的内容有创造力、计划能力、领导能力、表达能力等。

在实行标尺定位法中，对考核的品质特性名称一定要明确，并应当对其进行简要的书面描述，以求达到运用时的一致性。标尺定位法中的尺度可以是连续的，也可以是不连续的，位于两端之间的点则指定为相应的分值。考核者在对被考核者个人情况与这些特性标准相对比，在这一标尺上认为合适的点上画圈打分。当对所有的特性打分完毕，也就能计算出总分来了。由于标尺定位法的方法论依据是“个人业绩与工作标准进行比较”，因而它可以用于对同一单位的不同职业类别员工进行比较。

(2) 标尺定位法的适用性　标尺定位法的优点是：使用者易于理解和掌握；尺度的建立相对容易；如果考核附有注释，可减少晕轮效应所导致的误差。

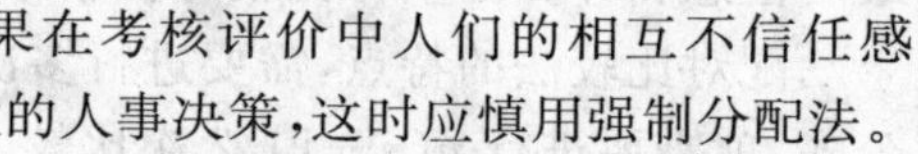

图 10－3　标尺定位法

标尺定位法的局限是：“品质”因素方面的项目要求评价者必须具有心理学和行为学的知识；管理者必须接受一定的培训才能使用该方法；该方法不能完全消除考核者的主观因素。

5. 要素评定法

(1) 什么是要素评定法　要素评定法也称功能测评法或测评量表法，它是把定性考核和定量考核结合起来的方法。该考核方法的优点，一是内容全面，二是定性考核和定量考核相结合，三是能体现多角度立体考核原则，四是使用计算机处理测评结果，手段先进。其缺点，一是繁琐复杂，二是考核标准说明是定性语言，高度概括，较难掌握，因而在实践中容易出现打分中间化的倾向。

(2) 要素评定法的实施方法

① 首先确定考核项目，这些项目又可划分为若干要素(指标)。所考核的"项目"和"要素"因考核对象的职业领域或职务层次的不同而不同。

② 将每个要素(指标)按优劣程度划分为若干等级，一般为3～5级。3级为"好、一般、差"；4级为"好、较好、一般、差"；5级为"优秀、良好、一般、较差、差"。然后给每个等级打上相应的分数，并以定性语言、简洁的文字写出每一等级的标准说明，供考核者掌握。在此基础上，制订出统一的考核标准表和测评量表。

③ 对考核人员进行培训，使其掌握考核标准，熟悉操作方法。

④ 开始全面考核活动，把量表发给考核者打分。考核一般包括上级领导者的考核、同级同事的考核、下级考核和本人自我考核四个方面。

⑤ 对所取得的原始资料分析、调整和汇总。调整包括两方面内容，一是由于参加考核的各方面人员对被考核者的了解程度不同，因此他们所打分数的重要性程度也不同；二是每个考核要素在整个指标体系中的重要程度也不同。为此，需要制订第二套加权折算量表。具体方法是，按有关要素的重要程度分别规定其比重(即加权)，然后把每个被考核者的各个要素的数据输入计算机，由其按照预先输入的运算程序加以综合，再对每个要素打出加权后的分数，最后，汇总得出每个被考核者的总评成绩。

6. 工作记录法

工作记录法一般用于对生产工人操作工作的考核，因此也称生产记录法。由于一般的企业，对生产工人的工作有明确的技术规范和劳动定额，工作结果可以客观衡量，因此可以用生产记录法进行考核。这种方法是先设置考核指标，指标通常采用产品数量、质量、时间进度、原材料消耗和工时利用状况等，然后制订生产记录考核表，由班组长每天在班后按工人的实际情况填写，经每个工人核对无误后签字，交车间统计员按月统计，作为每月考核的主要依据。

7. 关键业绩指标法

(1) 关键业绩指标法的定义　关键业绩指标(Key Performance Index，KPI)是现代企业中受到普遍重视的指标，关键业绩指标考核法则是指运用关键业绩指标进行绩效考评的方法。这一办法的关键是建立合理的KPI指标。KPI的制订，是通过研究组织内部各种工作流程情况，找出其中的关键参数，通过对这些参数的衡量，制订出评价绩效的关键业绩指标，这就是KPI。

KPI方法的思路，基于"抓住主要矛盾"的"二八原理"，即在一个企业的价值创造中，20%的骨干员工创造80%的价值，而在每一个员工身上，也是80%的工作任务是由20%的关键行为完成的。因此，应当抓住20%的关键行为，对之进行分析和衡量，就成为有效考评的灵魂。

尽管关键业绩指标法有其明显的优点，但记录关键业绩往往需要花费很多时间。常常与其他评价方法综合使用。

(2) 关键业绩指标法的程序

① 由绩效管理部门将企业的整体目标及各个部门的二级目标传达给相关员工。

② 各部门将自己的工作目标分解为更详细的子项目。进行分解时，可以运用鱼骨图分析法，尽可能将每一个项目的内容都指标化、具体化。对于其中的"品牌管理"职责，可以用鱼骨图进行分解，见图10－4。

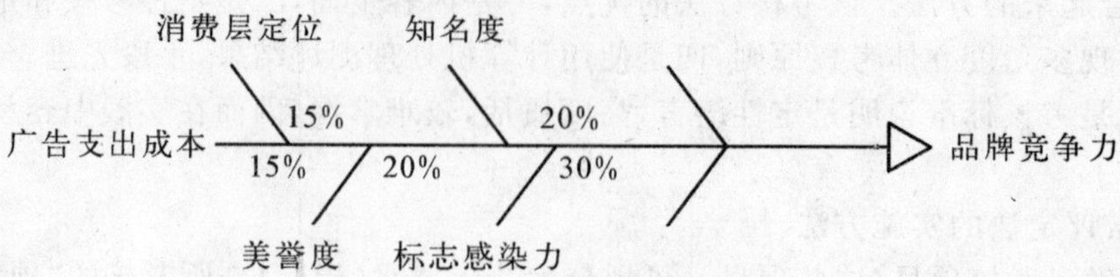

图 10-4 品牌管理鱼骨图

通过鱼骨图分解，将与品牌有关的每一项工作细化，并测算出可以度量的指标。

确立关键业绩指标时，应把握以下几点：

(a) 指标应当简单明了，容易被执行者理解和接受；

(b) 指标应当可以控制，可以达到；

(c) 指标一般应当比较稳定，即如果业务流程基本未变，则关键指标的项目也不应有较大的变动。

③ 对关键业绩指标进行规范定义。

④ 根据企业考核制度及有关规定，由各相应的部门进行考核操作，得出考核评价结果。对考核评价结果，要应用于工作的有关方面，从而达到改进管理、提高效益的目的。

8. 行为锚定法

(1) 什么是行为锚定法　行为锚定法实际上是运用量表评分的方法对关键事件进行考核打分。具体来说，该方法是将某一职务工作可能发生的各种典型行为进行评分度量，建立一个锚定评分表，表中有一些典型的行为描述性说明词与量表上的一定刻度即评分标准相对应和联系(这就是"锚定"的含义)，以此为依据，对员工工作中的实际行为进行测评给分。

在锚定评分表中，有代表了从最劣到最佳典型绩效的并有具体行为描述的说明词，不但使被考评者能较深刻而信服地了解自身的现状，还可找到具体的改进目标。由于锚定评分表中典型行为的说明词数量有限(一般不大会多于 10 条)，不可能涵盖员工行为千变万化的实际，被考核者的实际表现很少恰好与给定的描述性说明词完全吻合，但有了量表上的这些典型行为锚定点，考核者在打分时便有了一定的分寸感。

(2) 行为锚定表的建立　行为锚定法的制订，通常是由公司领导、直接考核人员(一般是直线经理)、人力资源管理专业人员、被考核者的员工代表共同研究，民主协商完成。

进行行为锚定法考核的关键，在于锚定评分表的合理性。为此，必须搞好确定该表各项目和标准的工作。具体来说，该考核标准表的制订过程有以下步骤：

① 记录关键事件；

② 进行整理和描述，将所收集的关键事件加以归纳整理，用规范化的语言描述出来；

③ 进行系统处理、全面比较，对已经加以规范表述的典型事件确定评价等级，作为考核打分的依据；

④ 进行形式设计，绘出锚定评分表。

从图 10-5 可见，这些锚定说明词都是对某一特定情景下某种具体工作行为的描绘，这与一般量表中的一般性、空泛的"优"、"良"、"中"、"差"、"劣"之类的等级说明词相比要好掌握和准确得多。需要注意的是，该方法的说明词必须是行为实例，而不是"优"、"劣"等的简单判断，在实施考核的描述中，虽不必用精确的数值，但也要尽量用具体的实际行为去说明。

(3) 行为锚定法的适用性　要使用行为锚定法，需要花费较多时间进行评分表的设计，其使用也比较复杂。该方法的优点：① 由于表中给定的关键事件可以为考核者提供判断的直

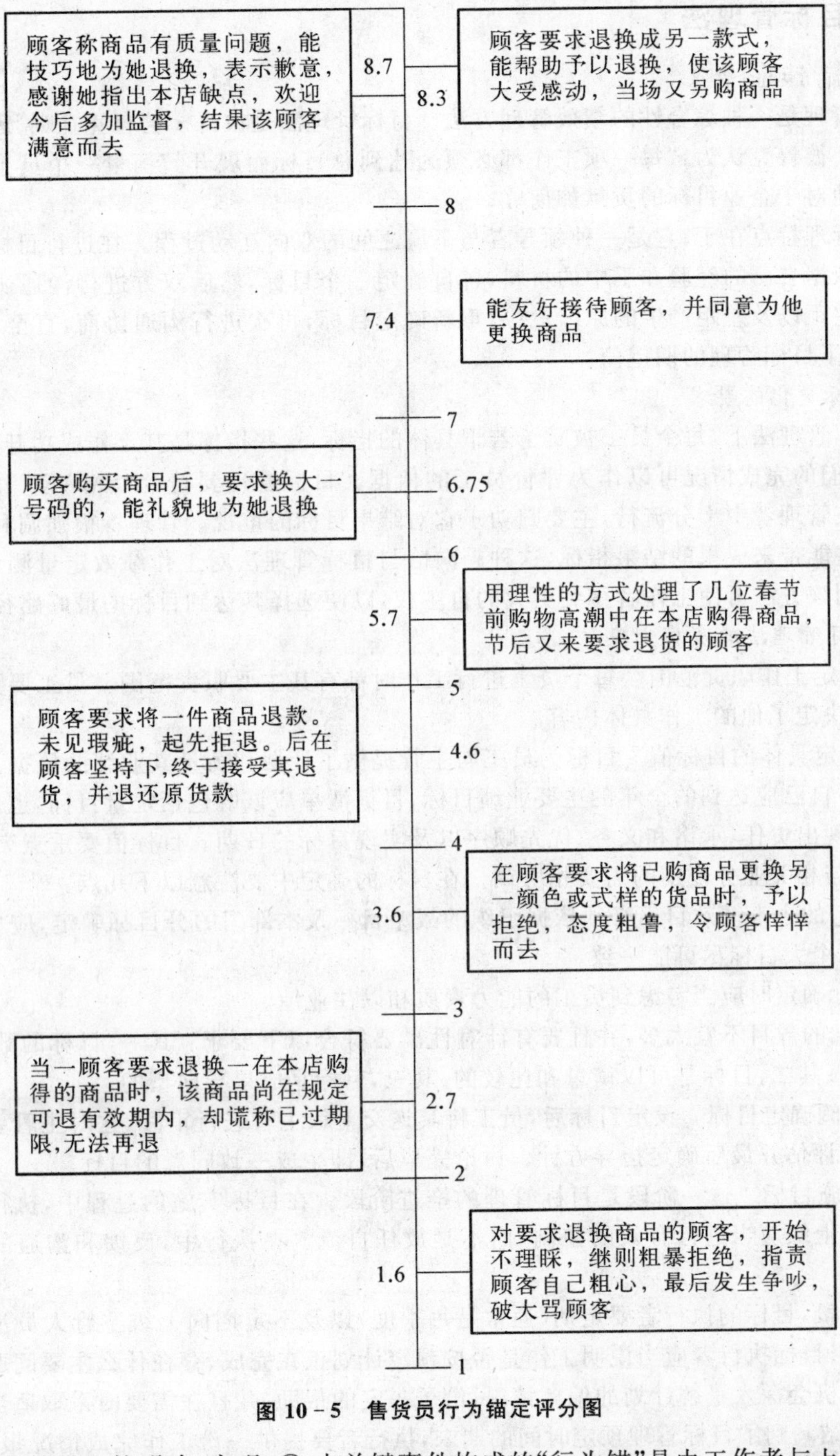

图 10－5　售货员行为锚定评分图

接依据，考核结果比较明确、客观；② 由关键事件构成的“行为锚”是由工作者与上级共同制订的，因而在评价时容易取得共识，从而取得合理的结果；③ 该方法具有良好的沟通效果，减少了考评打分的理由不明确而引起的纠纷，减少了员工对考核结果的异议；④ 员工可以对照“行为锚”上的关键事件评价自己的行为，有利于考核反馈和改进工作，从而提高绩效。

二、目标管理法

1. 目标管理的含义

目标管理是一种综合性的绩效管理方法。目标管理法是彼得·德鲁克在《管理实践》一书中提出的。德鲁克认为:“每一项工作都必须为达到总目标而展开。”衡量一个员工是否合格，关键要看他对于企业目标的贡献如何。

目标管理特点在于,它是一种领导者与下属之间的双向互动过程。在进行目标制订时,上级和下属依据自己的经验和手中的材料,各自确定一个目标,然后双方进行沟通协商,找出两者之间的差距以及差距产生的原因;然后重新确定目标,再次进行沟通协商,直至取得一致意见,即形成了目标管理的期望值。

2. 目标量化的要求

在目标管理法下,每个员工被赋予若干具体的指标,这些指标是其工作成功开展的关键目标,因此它们的完成情况可以作为评价员工的依据。目标管理要符合“SMART”的原则。目标管理法在管理者中十分流行,主要归功于它对结果目标的重视。管理者很强调利润、销售额和成本这些能带来成果的结果指标,这种趋向恰与目标管理法对工作绩效定量测评的关注相一致。使用该方法可使工作者得到更大的自主权,以便选择其达到目标的最好路径。

3. 目标管理法的实施步骤

(1) 确定工作职责范围　每个员工进行工作时都有其主要职责范围。员工要弄清楚自己的职责,这决定了他的工作具体内容。

(2) 确定具体的目标值　目标为员工与主管提供了计划和衡量其业绩的依据。员工以书面形式写下自己应达到的全年的主要业绩目标,目标清单应该既包括定量目标,也包括定性目标,还应体现出责任、承诺和义务、优先顺序以及实现目标的日期。目标值要重点突出、具有前瞻性,又要与相关业务范围的需要相协调。在目标的确定中要注意以下几点:

① 员工的个人绩效目标必须依据组织的战略目标及本部门的分目标确定,应当使个人的目标与这两个大目标尽可能一致。

② 目标确定时应当考虑到员工的能力素质和以往业绩。

③ 目标的数目不宜太多,并且要有针对性。要符合以下要求:其一,目标的数目在5～6个左右为宜;其二,目标是可以衡量和比较的;其三,目标是成果导向型的。

(3) 审阅确定目标　设定目标后,员工将其送交上级主管进行审阅,这时主管要帮助下级对目标进行评估并最后确定指导方针。讨论完毕后,即生成一致同意的目标。

(4) 实施目标　这一阶段是目标管理的推进阶段。在目标实施的过程中,执行者有充分的自主权。上级应当进行有效的控制,而不是放任自流。在执行中,反馈和沟通的渠道必须畅通。

在该阶段,目标的执行者要定期(通常是每季度)以及不定期向上级主管人员汇报进展情况。汇报时,目标执行者应当说明工作是否按预定计划正在完成、存在什么主要问题。汇报情况使主管有机会深入了解计划的偏离情况,给予一定的帮助,并且在需要时采取适当措施。

(5) 小结　到了目标管理预定时间的期末,执行者要提供一份工作完成情况报告,包括所取得的主要成绩、所存在的问题、对实际结果与预期结果之间偏差的陈述等。有些组织制订了专门的目标管理表格,供员工自我评价用。

(6) 考核　运用目标管理方法考核,关键要看员工的目标完成情况,要找出完成目标任务的成功原因或者没有达到目标的失败原因,为下一次制订目标奠定基础。还要制订计划,来帮助员工改进下一阶段的工作。

4. 目标管理法的特点

目标管理法的优点较多，主要有：

(1) 考核职能由主管人员转移到直接的工作者，因而能保证员工的完全参与；

(2) 员工的目标是本人设定，在实现业绩目标后，员工会有一种成就感；

(3) 改善授权方式，有利于促进员工的自我发展；

(4) 促进良性沟通，加强上下级之间的联系；

(5) 是一种"创新导向"和不断改进的方法。

三、360°考核法

360°考核法是一种从多角度进行的比较全面的绩效考核方法，也称全方位评价法。这种方法是选取与被考核者联系紧密者来考核，由上级、同事(以及外部客户)、下级和被考核者本人做考核者。可用一个图来表示，中心是被考核对象，环绕着被考核对象有一个圈。可简化看成"上下左右"、"上"是被考核者的上级，"下"是被考核者的下级，"左"是其同事，"右"是外部客户及相关的人员。又称上下左右考核，构成了360°考核。中心的被考核者自己也可以对自己进行考核，各考核者用量化考核表对被考核者进行考核，采用五分制将考核结果记录，同时用坐标图来表示。

表 10-3 360°考核表

考核者	上级	同事	下级	本人
考核成绩	4	3	5	4

360°考核法的具体做法是，首先，考核主持者要听取被考核者的3～6名同事和3～6名下属的意见，并让被考核者进行自我评价。听取意见和自我评价的方法，是填写调查表。

然后，考核者根据这些调查表对被考核者的工作表现做出评价，评价的标准包括概念思维、分析能力、主动性、决策能力、专业知识、合作精神、领导才能、人际交往、发展潜力等。上述方法是对各个考核者的打分进行平均的简单例子，实际上，根据考核项目的不同对各个考核者得分规定不同的系数权重，是更加合理的方法。

评价结果出来后，考核者要将所有同事和下属的评价调查表全部销毁，而后，考核者与被考核者见面，将评价报告拿出来与被考核者一起讨论。在分析讨论考核结果的基础上，双方一起讨论，定出被考核者下年度的绩效目标、评价标准和事业发展计划。

360°考核法的优点在于，能够使上级更好地了解下级，鼓励员工参与管理和管理自己的职业生涯，同时也促使上级帮助下属发展、培养员工的责任心和改善团队合作状态。其缺点是花费时间太多，只适用于管理者而不适用于普通员工。此外，这种方法的实施受组织文化的影响非常大。我国企业中实施这种方法，可能会遇到保密性、同事之间的竞争、人际关系的影响、缺少发展机会等方面的困难。

思考题：

1. 描述绩效管理的过程。
2. 绩效考核有哪些基本方法，各种考核方法的优缺点是什么？
3. 请任选一种绩效考核方法，举例说明其设计与运用，并阐述该过程中应注意哪些问题。

第十一章 员工激励管理

□ 学习目的

通过对本章内容的学习，应了解和掌握如下知识点：

- 激励的基本概念
- 激励的类型
- 各种激励理论的基本内容及其差异
- 人力资源管理中的激励需要注意的问题

□ 引入案例

张小姐是一家软件公司的销售主管，能力强，热爱工作，成绩显著。今年被派到她喜欢的上海分公司工作，升任销售经理，薪水也增加了。但是，近期她工作不但没有热情，甚至还有辞职的念头。

为什么升职、加薪反而要辞职呢？经了解得知：原来，引起张小姐不满的原因来自她的上司。她的上司对张小姐刚到上海工作颇不放心，担心她做不好工作，总是安排一些很简单的工作，并且在张小姐工作时也经常干预。张小姐工作能力较强，习惯独立思考问题、解决问题，对上司的频繁干预，张小姐非常不习惯，并逐渐导致不满。

这个案例应当引起管理者关注，仅仅加薪、晋级不一定能有效激励员工，还应该根据下属的特点，做好其他方面的工作。比如，张小姐的上司应该花一定的时间了解下属，在了解的基础上信任下属，给她舞台让她充分发挥。当然，要让下属长期保持旺盛的士气，决非如此简单。还应当采取许多其他的激励方法，比如：尊重、关爱、赞美、宽容下属等。还有，提供适当的竞争环境、给下属指出奋斗的目标、帮助下属规划其发展的蓝图、恰到好处的批评等等。

说到激励，很多人就会想到"薪水"和"奖金"，这些固然重要，但是作为管理者，还必须掌握其他的激励方法，尤其是那些无"薪"的激励，则更能体现出管理者的领导能力和企业管理水平。

从张小姐的案例中我们可以看出激励是个非常复杂的问题。"什么是激励？拿钱换人家的劳动不是激励，只有当一个人自己拥有动机时，我们才可以说受到了激励。"著名心理学家赫兹伯格(F. Herzberg)说。

如我们在本章中将要介绍的，人力资源管理的一个重要目的是激发员工追求卓越而不是得过且过；是为企业激发异乎寻常的生产力，而不是保证一个萝卜一个坑。在本章开篇，我们将首先讨论激励的概念、功能及其类型；然后会介绍三类激励理论，分别为内容型激励理论、过程型激励理论和行为改造激励理论；在本章的结尾部分，我们将着重讨论人力资源管理中的激励问题。

第一节 激励概述

一、激励的概念

激励一词在心理学上指的是激发人的动机的心理过程，即通过某种外在的或内在的刺激，使人维持兴奋的积极状态。管理学中的激励,就是通过各种外部或内部的刺激,激发人的工作动机,调动人的积极性,开发人潜能的过程。它是人力资源管理与开发的永恒主题和有效手段,也是提高效率和效益的关键环节。

这一定义包含以下几方面的内容:

(1) 激励的出发点是满足组织成员的各种需要,即通过系统地设计适当的外部奖酬形式和工作环境,来满足企业员工的外在性需要和内在性需要。

(2) 科学的激励工作需要奖励和惩罚并举,既要对员工表现出来的符合企业期望的行为进行奖励,又要对不符合企业期望的行为进行惩罚。

(3) 激励贯穿于企业员工工作的全过程,包括对员工个人需要的了解、个性的把握、行为过程的控制和行为结果的评价等。因此,激励工作需要耐心。赫兹伯格说,如何激励员工:锲而不舍。

(4) 信息沟通贯穿于激励工作的始末,从对激励制度的宣传、企业员工个人的了解,到对员工行为过程的控制和对员工行为结果的评价等,都依赖于一定的信息沟通。企业组织中信息沟通是否通畅,是否及时、准确、全面,直接影响着激励制度的运用效果和激励工作的成本。

(5) 激励的最终目的是在实现组织预期目标的同时,也能让组织成员实现其个人目标,即达到组织目标和员工个人目标在客观上的统一。

二、激励的功能

激励的作用是巨大的。对一个企业来说,科学的激励制度至少具有以下几个方面的作用。

1. 吸引优秀的人才到企业来

在发达国家的许多企业中,特别是那些竞争力强、实力雄厚的企业,通过各种优惠政策、丰厚的福利待遇、快捷的晋升途径来吸引企业需要的人才。

2. 开发员工的潜在能力,促进在职员工充分地发挥其才智

美国哈佛大学的詹姆士(W. James)教授在对员工激励的研究中发现,按时计酬的分配制度仅能让员工发挥 20%~30%的能力,如果受到充分激励的话,员工的能力可以发挥出 80%~90%,两种情况之间 60%的差距就是有效激励的结果。管理学家的研究表明,员工的工作绩效是员工能力和受激励程度的函数,即绩效$=F$(能力×激励)。如果把激励制度对员工创造性、革新精神和主动提高自身素质的意愿的影响考虑进去的话,激励对工作绩效的影响就更大了。

3. 留住优秀人才

德鲁克(P. Druker)认为,每一个组织都需要三个方面的绩效:直接的成果、价值的实现和未来的人力发展。缺少任何一方面的绩效,组织注定要失败。因此,组织应借助各种激励方法留住优秀人才,赢得竞争优势。

4. 造就良性的竞争环境

科学的激励制度包含有一种竞争精神,它的运行能够创造出一种良性的竞争环境,进而形成良性的竞争机制。在具有竞争性的环境中,组织成员就会受到环境的压力,这种压力将转变为员工努力工作的动力。正如麦格雷戈所说:“个人与个人之间的竞争,才是激励的主要来源之一。”在这里,员工工作的动力和积极性成了激励工作的间接结果。

三、激励的类型

一提起员工激励,很多人都会想到涨工资或发奖金。实际上激励是对员工需求的满足,员

工的需求是多种多样的，所以激励的途径也是多种多样的。物质激励（涨工资或发奖金）只是其中的一种途径，其实还有许多其他途径。我们可以根据激励的性质不同，把激励分为四类，分别为成就激励、能力激励、环境激励和物质激励。

(一) 成就激励

随着社会的发展，人们生活水平的提高，越来越多的人在选择工作时已经不仅仅是为了生存。特别是对知识型员工而言，工作更多的是为了获得一种成就感。成就激励是员工激励中一类非常重要的内容。根据作用不同，我们可以把成就激励分为组织激励、榜样激励、荣誉激励、绩效激励、目标激励和理想激励六个方面。

1. 组织激励

在单位的组织制度上为员工参与管理提供方便，这样更容易激励员工提高工作的主动性。管理者首先要为每个岗位制订详细的岗位职责和权利，让员工参与到制订工作目标的决策中来。在工作中，让员工对自己的工作过程享有较大的决策权。这些都可以达到激励的目的。

2. 榜样激励

群体中的每位成员都有学习性。单位可以将优秀的员工树立成榜样，让其他员工向他们学习。虽然这个办法有些陈旧，但实用性很强。就像一个坏员工可以让大家学坏一样，一位优秀员工的榜样也可以改善员工的工作风气。

3. 荣誉激励

为工作成绩突出的员工颁发荣誉奖，代表单位对这些员工的工作表示认可。让员工知道自己是出类拔萃的，更能激发他们工作的热情。

4. 绩效激励

在绩效考评工作结束后，让员工知道自己的绩效考评结果，有利于员工清醒地认识自己。如果员工清楚管理者对他工作的评价，就会对他产生激励作用。

5. 目标激励

为那些工作能力较强的员工设定一个较高的目标，并向他们提出工作挑战。这种做法可以激发员工的斗志，激励他们更出色地完成工作。这种工作目标挑战如果能结合一些物质激励，效果会更好。

6. 理想激励

每位员工都有自己的理想，如果他发现自己的工作是在为自己的理想而奋斗，就会焕发出无限的热情。管理者应该了解员工的理想，并努力将单位的目标与员工的理想结合起来，实现单位和员工的共同发展。

(二) 能力激励

为了让自己将来工作得更好，每个人都有发展自己能力的需求。我们可以通过培训激励和工作内容激励满足员工这方面的需求。

1. 培训激励

培训激励对青年人尤为有效。通过培训，可以提高员工实现目标的能力，为承担更大的责任、更富挑战性的工作及提升到更重要的岗位创造条件。在许多著名的公司里，培训已经成为一种正式的奖励。

2. 工作内容激励

用工作本身来激励员工是最有意思的一种激励方式。如果我们能让员工干其最喜欢的工作，就会产生这种激励。管理者应该了解员工的兴趣所在，发挥各自的特长，从而提高效率。另外，管理者还可以让员工自主选择自己的工作。通过这种方式安排的工作，工作效率也会大大地提高。

（三）环境激励

1. 政策环境激励

单位良好的制度、规章等都可以对员工产生激励。这些政策可以保证员工的公平性，而公平是员工的一种重要需要。如果员工认为他在平等、公平的单位中工作，就会减少由于不公而产生的怨气，从而提高工作的效率。

2. 客观环境激励

单位的客观环境，如办公环境、办公设备、环境卫生等都可以影响员工的工作情绪。在高档次的环境里工作，员工的工作行为和工作态度都会向“高档次”发展。

（四）物质激励

物质激励的内容包括工资奖金和各种公共福利。它是一种最基本的激励手段，因为获得更多的物质利益是普通员工的共同愿望，它决定着员工基本需要的满足情况。同时，员工收入及居住条件的改善，也影响着其对社会地位、社会交往，甚至学习、文化娱乐等精神需要方面的追求。

第二节 激励理论

激励理论主要研究人动机激发的因素、机制与途径等问题。这些理论大致可划分为三类：

(1) 内容型激励理论。该理论重点研究激发动机的诱因，主要包括：马斯洛的“需要层次论”、赫兹伯格的“双因素论”、麦克利兰的“成就需要激励理论”等。

(2) 过程型激励理论。该理论重点研究从动机的产生到采取行动的心理过程，主要包括：弗洛姆的“期望理论”、波特和劳勒的“期望模式”、亚当斯的“公平理论”等。

(3) 行为改造理论。该理论重点研究激励的目的（即改造、修正行为），主要包括：斯金纳的“强化理论”、凯利的“归因理论”等。

一、内容型激励理论

1. 马斯洛的“需要层次论”

马斯洛在1943年出版的《人类激励理论》一书中，首次提出需求层次理论。

(1) 基本内容

① 生理需要。这是人类维持自身生存的最基本要求，包括饥、渴、衣、住、性方面的要求。如果这些需要得不到满足，人类的生存就成了问题。在这个意义上说，生理需要是推动人们行动的最强大的动力。马斯洛认为，只有这些最基本的需要满足到维持生存所必需的程度后，其他的需要才能成为新的激励因素，而到了此时，这些已相对满足的需要也就不再成为激励因素了。

② 安全需要。这是人类要求保障自身安全、摆脱事业和丧失财产威胁、避免职业病的侵袭、严酷的监督等方面的需要。马斯洛认为，整个有机体是一个追求安全的机制，人的感受器官、效应器官、智能和其他能量主要是寻求安全的工具，甚至可以把科学和人生观都看成是满足安全需要的一部分。当然，当这种需要一旦相对满足后，也就不再成为激励因素了。

③ 感情需要。这一层次的需要包括两个方面的内容。一是爱的需要，即人人都需要伙伴之间、同事之间的关系融洽或保持友谊和忠诚；人人都希望得到爱情，希望爱别人，也渴望接受别人的爱。二是归属的需要，即人都有一种归属于一个群体的感情，希望成为群体中的一员，

并相互关心和照顾。感情上的需要比生理上的需要来得细致,它与一个人的生理特性、经历、教育、宗教信仰都有关系。

④ 尊重的需要。人人都希望自己有稳定的社会地位,要求个人的能力和成就得到社会的承认。尊重的需要又可分为内部尊重和外部尊重。内部尊重就是人的自尊。外部尊重是指一个人希望有地位、有威信,受到别人的尊重、信赖和高度评价。马斯洛认为,尊重需要得到满足,能使人对自己充满信心,对社会满腔热情,体验到自己活着的用处和价值。

⑤ 自我实现的需要。这是最高层次的需要,它是指实现个人理想、抱负,发挥个人的能力到最大限度,完成与自己的能力相称的一切事情的需要。也就是说,人必须干称职的工作,这样才会使他们感到最大的快乐。马斯洛提出,为满足自我实现需要所采取的途径是因人而异的。自我实现的需要是在努力实现自己的潜力,使自己越来越成为自己所期望的人物。

(2) 基本观点

五种需要像阶梯一样从低到高,按层次逐级递升,但这些次序不是完全固定的,而是可以变化,现实中也有种种例外情况。

一般来说,某一层次的需要相对满足了,就会向高一层次发展,追求更高一层次的需要就成为驱使行为的动力。相应的,获得基本满足的需要就不再是一股激励力量。

五种需要可以分为高低两级,其中生理需要、安全需要和感情需要都属于低一级的需要,这些需要通过外部条件就可以满足;而尊重的需要和自我实现的需要是高级需要,他们是通过内部因素才能满足的,而且一个人对尊重和自我实现的需要是无止境的。同一时期,一个人可能有几种需要,但每一时期总有一种需要占支配地位,对行为起决定作用。任何一种需要都不会因为更高层次需要的发展而消失。各层次的需要相互依赖和重叠,高层次的需要发展后,低层次的需要仍然存在,只是对行为影响的程度大大减小。

马斯洛和其他的行为科学家都认为,一个国家多数人的需要层次结构,是同这个国家的经济发展水平、科技发展水平、文化和人民受教育的程度直接相关的。在不发达国家,生理需要和安全需要占主导的人数比例较大,而高级需要占主导的人数比例较小;在发达国家,则刚好相反。在同一国家不同时期,人们的需要层次会随着生产水平的变化而变化,戴维斯(K. Davis)曾就美国的情况做过估计,如表 11-1 所示。

表 11-1 需要层次与生产水平关系表

需要种类	1935 年	1995 年	需要种类	1935 年	1995 年
生理需要	35%	5%	尊重需要	7%	30%
安全需要	45%	15%	自我实现需要	3%	26%
感情需要	10%	24%			

(3) 对需求层次理论的评价

马斯洛的需求层次理论,在一定程度上反映了人类行为和心理活动的共同规律。马斯洛从人的需要出发探索人的激励和研究人的行为,抓住了问题的关键;马斯洛指出了人的需要是由低级向高级不断发展的,这一趋势基本上符合需要发展的规律。因此,需要层次理论对企业管理者如何有效地调动人的积极性有启发作用。

但是,马斯洛是离开社会条件、离开人的历史发展以及人的社会实践来考察人的需要及其结构的。其理论基础是存在主义的人本主义学说,即人的本质是超越社会历史的抽象“自然人”，由此得出的一些观点就难以适合其他国家的情况。

2. 赫兹伯格的“双因素论”

（1）基本内容　美国心理学家赫兹伯格在大量调查研究基础上，发现在对员工激励的问题上有直接的因素和非直接的因素。因而他在 20 世纪 50 年代提出了“保健因素—激励因素理论”，又叫双因素理论。

赫兹伯格所谓的激励因素，就是能够激励员工积极性，提高工作效率的因素。他认为激励因素是工作的一部分，即与员工职务或工作本身有关的因素，它包括：工作成就、工作成绩得到承认、工作本身具有挑战性、责任感、个人得到成长、发展和提升 6 个方面。这些因素对员工的工作起着直接激励的作用。他认为保健因素包括：企业组织的政策和行政管理、基层管理人员的质量、与主管人员的关系、工作的环境与条件、薪金、与同级的关系、个人生活、与下级的关系和安全等 10 个方面。赫兹伯格认为这些属于外部的因素只能防止员工的不满意，而不能起到直接激励作用，只能起到保健作用。所谓保健，是指类似于卫生保健对身体的作用一样。当保健因素低于员工可接受的限度时，就会引起员工的不满；当保健因素改善时，员工的不满就会消除，但不会导致积极的后果。只有激励因素才能起到对员工直接激励的效果。

这个理论告诉我们，满意和不满意不是一个连续的坐标，实际上还存在着一种中性的状态，也就是说，既没有满意、也没有不满的状态（图 11－1）。它启发管理者在激励人的行为的时候，要区分使用的诱导因素是属于激励因素，还是保健因素。这个理论与马斯洛的需要层次理论之间有一定的联系，一定意义上可以认为，在马斯洛的需要层次理论的一些低层次的需要相当于赫兹伯格的双因素理论中的保健因素；而较高层次的需要，例如尊重和自我实现的需要则对应于赫兹伯格双因素理论中的激励因素。

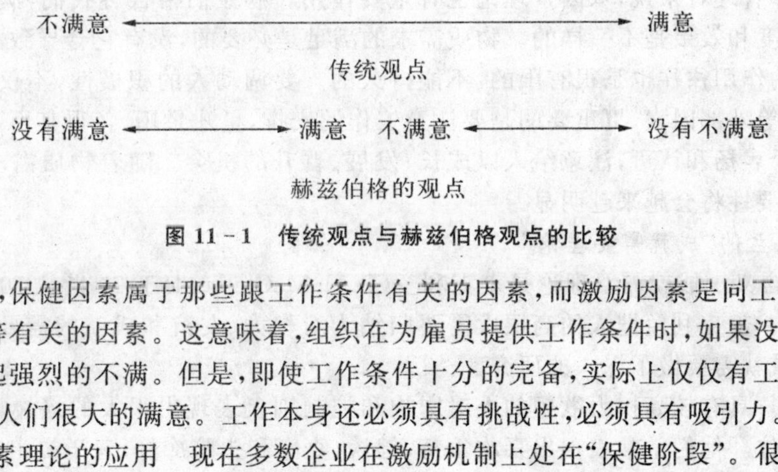

图 11－1　传统观点与赫兹伯格观点的比较

一般来说，保健因素属于那些跟工作条件有关的因素，而激励因素是同工作自身的挑战性、热爱程度等有关的因素。这意味着，组织在为雇员提供工作条件时，如果没有充分的工作条件，将会引起强烈的不满。但是，即使工作条件十分的完备，实际上仅仅有工作条件本身也不足以激发起人们很大的满意。工作本身还必须具有挑战性，必须具有吸引力。

（2）双因素理论的应用　现在多数企业在激励机制上处在“保健阶段”。很多企业以为只要改善工作环境，提供良好的福利和待遇，就能充分调动员工的积极性。但事实证明：保健因素只能在短时间内起到稳定作用，它们也并没有产生多大的工作积极性。一段时间过后，工作内容的单调重复，领导对员工缺乏关注和赞赏等，往往会导致员工对工作产生厌倦情绪，整个企业组织内部士气低落。根据赫兹伯格的双因素理论，提出以下建议供企业参考。

满足员工的保健因素。尽量给员工提供良好的工作环境，给他们比较高的福利和待遇，这些因素的缺乏常常会导致员工的不满意。管理者必须和员工保持良好沟通。沟通可以让员工感到受重视，感到自己对组织是有用的。员工有什么问题可以很及时地向管理者反映，及时地得到解决。领导也可以对员工的成就进行及时的赞赏和鼓励。人的惰性，往往是在长期被忽视的过程中养成的。

职务的提升和职务丰富化。这是一种激励因素，可以增强员工的工作动力。一方面可以提供员工多方面、多层次的挑战，同时企业管理者也可以减轻自己的工作负担，有更多的时间考虑其他事情，也可以减少雇用的人数，降低企业的人力成本。具体包括工作内容的新增，以及更多责任的赋予等。

对保健因素和激励因素进行具体情况具体分析。对于不同的人来说，这两种因素的划分是不同的，而且即使是同样的人，企业采取的方式不同产生的效果也是不同的。同一因素，对有的人来说属于保健因素，而对另一些人来说却属于激励因素。因此说，企业应根据不同员工的需要来采取相应的激励方式。为员工提供比较多的成长机会。这可以增强员工的自我成就感，而且通过对他们的培训，员工的工作技能提高后，可以为组织提供更大的效益。这种方式不但可以让员工了解和补充新的业务知识，还可以进一步让我们对整个组织的运作有更全面的认识，从而激励他们从组织的角度来考虑目前的工作。

相信随着管理在现代企业中的进一步规范化，会有越来越多的管理者意识到“双因素理论”的重要性，并在实际管理工作中运用它。良好地运用这种理论，会让企业得到很大的益处。

(3) 对双因素理论的评价　一种主要的批评意见是怀疑满意与不满意是否真的是两种衡量尺度。因为一个人可能不喜欢他工作的一部分，但他仍认为这份工作是可以接受的。一些研究人员发现，某些因素既能导致满意也能导致不满意；另一些研究人员却发现，激励因素会引起不满意，而保健因素却能导致满足感。而且实践还证明，高度的工作满足不一定就产生高度的激励。这些发现对双因素理论提出了挑战，但没有推翻满意和不满意分别属于不同连续体的概念。已经有一些证据表明，某些类型的经历能够引起高的绩效，例如提高工作的责任心和挑战性、给予晋升的机会。

但是，对于管理者来说，双因素理论也有重要作用。赫兹伯格告诉我们，满足各种需要所引起的激励程度和效果是不一样的。物质需求的满足是必要的，没有它会导致不满，但是即使获得满足，它的作用往往也是很有限的、不能持久的。要调动人的积极性，不仅要注意物质利益和工作条件等外部因素，更重要的是要注意工作的安排，量才录用，各得其所，注意对人进行精神鼓励，给予表扬和认可，注意给人以成长、发展、晋升的机会。随着物质需求的满足，这种内在激励的重要性将会越来越明显。

3. 麦克利兰的“成就需要理论”

(1) 基本含义　成就需要理论是麦克利兰(D. C. McClelland)于20世纪50年代在一系列文章中提出的。麦克利兰把人的高层次需要归纳为对权力、友谊和成就的需要。他对这三种需要，特别是成就需要做了深入的研究。

权力需要。具有较高权力欲望的人对影响和控制别人表现出很大的兴趣，这种人总是追求领导者的地位。他们常常表现出喜欢争辩、健谈、直率和头脑冷静；善于提出问题和要求；喜欢教训别人、并乐于演讲。麦克利兰还将组织中管理者的权力划分为两种：一是个人权力。追求个人权力的人表现出来的特征是围绕个人需要行使权力，在工作中需要及时的反馈和倾向于自己亲自操作。二是职位性权力。职位性权力要求管理者与组织共同发展，自觉地接受约束，从体验行使权力的过程中得到一种满足。

友谊需要。麦克利兰的友谊需要与马斯洛的感情上的需要和奥德弗的关系需要基本相同。麦克利兰指出，注重友谊需要的管理者容易因为讲究交情和义气而违背或不重视管理工作原则，从而会导致组织效率下降。

成就需要。具有成就需要的人，对工作的胜任感和成功有强烈的要求，同样也担心失败；他们乐意，甚至热衷于接受挑战，往往为自己树立有一定难度而又不是高不可攀的目标；他们敢于冒风险，又能以现实的态度对待风险，绝不会以迷信和侥幸心理对待未来，而是要通过认真的分析和估计；他们愿意承担所做的工作的个人责任，并希望得到所从事工作的明确而又迅速的反馈。这类人一般不常休息，喜欢长时间、全身心的工作，并从工作的完成中得到很大的满足，即使真正出现失败也不会过分沮丧。一般来说，他们喜欢表现自己。

麦克利兰认为，一个公司如果有很多具有成就需要的人，那么，公司就会发展很快；一个国家如果有很多这样的公司，整个国家的经济发展速度就会高于世界平均水平。

(2) 对成就需要理论的评价　成就需要理论对于我们把握管理人员的高层次需要具有积极的参考意义。但是，在不同国家、不同文化背景下，成就需要的特征和表现也就不尽相同；对此，麦克利兰未做充分表述。

4. 奥德弗的 ERG 理论

(1) 基本内容　ERG 理论是奥德弗(C. P. Alderfer)于 1969 年提出的一种与马斯洛需求层次理论密切相关但有些不同的理论。他把人的需要分为三类，即存在需要、关系需要和成长需要。

存在需要。这类需要关系到机体的存在或生存。包括衣、食、住以及工作组织为使其得到这些因素而提供的手段。这实际上相当于马斯洛理论中的生理需要和安全需要。

关系需要。这是指发展人际关系的需要。这种需要通过工作中的或工作以外与其他人的接触和交往得到满足。它相当于马斯洛理论中的感情需要和一部分尊重需要。

成长需要。这是个人自我发展和自我完善的需要。这种需要通过发展个人的潜力和才能，才能得到满足。这相当于马斯洛理论中的自我实现的需要和尊重的需要。

(2) 对 ERG 理论的评价　奥德弗的 ERG 理论在需要的分类上并不比马斯洛的理论更完善，对需要的解释也并未超出马斯洛需要理论的范围。如果认为马斯洛的需要层次理论是带有普遍意义的一般规律，那么，ERG 理论则偏重于带有特殊性的个体差异，这表现在 ERG 理论对不同需要之间联系的限制较少。

ERG 理论并不强调需要层次的顺序，认为某种需要在一定时间内对行为起作用，而当这种需要得到满足后，可能去追求更高层次的需要，也可能没有这种上升趋势。

ERG 理论认为，当较高级需要受到挫折时，可能会降而求其次。

ERG 理论还认为，某种需要在得到基本满足后，其强烈程度不仅不会减弱，还可能会增强，这就与马斯洛的观点不一致了。

二、过程型激励理论

内容型激励理论是从激励过程的起点——人的需要出发，研究是什么因素引起、维持并指导某种行为去实现目标。而过程型激励是在内容型激励理论的基础上发展起来的，这类理论从人的动机产生到行为反应这一过程出发，研究有哪些因素对人的动机与行为发生作用，其主要任务是了解对行为起决定作用的某些关键因素，掌握这些因素之间的关系，以达到预测和控制人行为的目的。

1. 弗洛姆的“期望理论”

(1) 基本内容

美国心理学家弗洛姆在 1964 年出版的《工作与激励》一书中提出了研究激励过程的“期望理论”。期望理论认为，根据人类行为的基本模式——需要导致行为，但是并不是所有的需要都能导致行为。需要激发起行为来，必须符合一定的条件。

行为主体对自己实际能力与目标之间的差距的估计称为“期望概率”。而行为主体对目标价值的估计称为“目标价值”。这正是弗洛姆期望理论要告诉我们的，人们工作积极性的强弱取决于人们工作动机的强弱，人们工作动机的强弱取决于对他们工作动机的激励力量的大小，而激励力量的大小则取决于目标价值与期望概率的乘积。

期望理论的内容可以表达为下述公式：

$$\text{工作动机}=\text{激励力量}=\text{目标价值}\times\text{期望概率}$$

目标价值，是指目标的重要性，目标越重要也就是价值越高。显然，目标价值与激励力量是正比关系。但必须注意，在期望理论中，目标价值并不是目标本身的客观价值，而是行为主体对目标重要性的评价。

期望概率，是指目标实现可能性的大小。不过这种概率也不是客观的概率，而是主体对自己实际能力与目标之间差距的一种主观估计，或者说是一种主观概率，也称"期望值"。期望概论或期望值是弗洛姆理论的核心概念，故其理论被称为期望理论。

(2) 期望理论的应用　期望理论对领导者的启示主要有以下三点：

① 要正确认识目标价值。目标在激励中实际起作用的价值不是管理者心目中的价值，也不是激励目标的客观价值，而是行为主体的主观感受价值，因此不要只从管理者的角度认定或根据客观指标以及某种社会上的一般看法与标准来确定目标价值，而要从激励对象的角度来考虑问题。

② 要重视目标难度设计。期望概率，特别是主观概率的引入不仅很好地解释了一些曾经难以理解的现象，更主要的是丰富了激励手段。它告诉我们，不仅设置目标能起到激励作用，设置好目标的难度也能起到激励作用，而这并不需要更多的资金投入。

③ 要注意目标价值与期望概率两个激励因素的配合使用。目标价值与期望概率的巧妙配合可以出现乘积效应，使激励效果大大地扩大。

2. 波特和劳勒的"期望理论"

1986年，波特和劳勒在期望激励理论的基础上，提出了一个更加完善的激励过程理论。这个理论认为：人之所以被激励，是因为根据过去的习得经验，对未来报酬有某种愿望。即：过去的经验告诉人们，目前的工作与未来的报酬之间存在着某种因果关系，根据对这种因果关系的认识，人们在现在的工作中表现出一定的努力。这一模式认为人的努力程度受到如下因素的综合影响：报酬的价值，得到报酬需要的能力，得到报酬的可能性。

3. 亚当斯的"公平理论"

公平理论是美国心理学家亚当斯(J. S. Adams)在1965年首先提出的，亦称社会比较理论。

(1) 基本观点　人是通过寻求人与人之间的社会公平(即所得到的报酬与绩效相称合理)而被激励的。当一个人作出了成绩并取得了报酬后，他不仅关心自己所得报酬的绝对量，而且关心所得报酬的相对量。因此他要进行种种比较来确定自己所获报酬是否合理，而比较的结果将直接影响他今后工作的积极性。

(2) 比较过程和结果

$$A=\text{(自己)结果}/\text{(自己)投入},\ B=\text{(别人)结果}/\text{(别人)投入}$$

结果是指从事工作所获得的报酬，投入是指对所从事的各种工作的付出。典型的投入有：时间、经验、知识、健康等，典型的结果有：薪金、晋升、地位、对工作业绩的认可等。

① $A > B$　说明进行比较的员工得到了过高的报酬或付出的努力较少。一般而言员工不会要求减少报酬，而有可能会自觉增加付出，但一段时间以后，会曲解比率或转移比较目标而使工作积极性提高不多甚至不提高。

② $A = B$　进行比较的员工觉得报酬是公平的，因而其最有可能继续保持工作的积极性和努力程度。

③ $A < B$　员工会对组织的激励措施感到不公平，其可能会要求增加报酬、减少努力、曲解比率、转移比较目标或离职。

(3) 不公平激励的过程

不公平将导致个人的内心紧张，紧张是一种不愉快的感觉，亚当斯认为，这种消极的紧张状态能提供一种动机使人们采取行动以纠正这种不公平，直至出现一种可以容忍的状态。

(4) 公平理论的发展　公平理论近期多指向扩展公平或公正的含义。传统的公平理论着眼于分配公平，即组织成员之间的报酬的数量和分配的公平。但是，现代的公平理论应该考虑报酬分配程序的公平。研究认为，程序公平更容易影响组织成员的组织承诺、对上司的信任和流动意图。领导者应该通过决策过程公开化等手段使组织成员增加程序公平感，这样员工即使对薪金、晋升或其他方面不满意，也可能以积极的态度看待上司和组织。

(5) 公平理论的应用意义　公平理论表明对大多数组织成员而言，激励不仅受到绝对报酬的影响，还受到相对报酬的影响。该理论对于领导者来说显然是有益的。

① 领导者用报酬或奖赏来激励组织成员时，一定要使员工感到公平和合理。

② 领导者应注意横向比较，关心员工经常提及的参照群体。

③ 公平理论表明公平与否源于个人的感觉。领导者要注意引导主观感受上的认识偏差。

三、行为改造理论

1. 斯金纳的“强化理论”

人们在组织活动中表现出某种行为的最根本原因是为了获得某种需要的满足。行为的结果能否实现组织成员追求的个人目标，会在很大程度上影响其下一个时期的行为。因此，领导者要取得良好的激励效果，成功地引导下属的行为，还应该在各个时期的组织活动结束以后，正确评价员工的行为和绩效，并据此给予合理的报酬或恰当的惩处，以促进积极行为的良性循环或消极行为的消退。

激励的行为改造理论最著名的是美国心理学家斯金纳(B. F. Skinner)提出的强化理论，是以强化原则为基础理解和修正人的行为的一种学说。

(1) 强化的概念　所谓强化，从最基本的形式来讲，是指对一种行为的肯定或否定的后果，在一定程度上会决定这种行为在今后是否会重复发生。该理论认为，人们为了达到某种目的会采取一定的行为，这种行为将作用于环境，当行为的结果对其有利时，这种行为就会重复出现；当行为的结果对其不利时，这种行为就会减弱或消失。

(2) 强化类型　根据强化的性质和目的，强化原则可以分为四种类型：正强化、负强化、惩罚和自然消退。

① 正强化　所谓正强化，就是奖励那些符合组织目标的行为，以使这些行为得到进一步加强，从而有利于组织目标的实现。这是一种增强行为的方法。正强化的奖励包括物质性奖励和精神性奖励。正强化有两种形式，分别为连续强化和间断强化，间断强化更符合实际情况。

② 负强化　负强化是指预先告知某种不符合要求的行为或不良绩效可能引起的后果，允许员工按要求的方式行事来避免令人不快的后果。这也是一种增强行为的方法。负强化应该使连续负强化更为有效。不进行正强化也是一种负强化。

③ 惩罚　惩罚是指用某种令人不快的结果来减弱某种行为。惩罚也会有副作用。

④ 自然消退　自然消退是指通过不提供个人所期望的结果来减弱一个人的行为。

(3) 强化激励注意事项　管理者在运用强化理论激励员工时，至少要注意三方面的内容：一是要按照强化对象的不同需要采取不同的强化措施；二是所期望取得的工作成绩应予以明确的规定和表述；三是强化的一种重要形式是对工作绩效的反馈。

2. 凯利的"归因理论"

(1) 基本内容　我们在知觉人的行为时，总是试图进行推断和解释。所谓归因，就是指观察者为了预测和评价人们的行为并对环境和行为加以控制而对他人或自己的行为过程所进行的因果解释和推论。人们行为的原因提出包括内部原因和外部原因两种。内部原因是指个体自身所具有的、导致其行为表现的品质和特征，包括个体的人格、情绪、心境、动机、欲求、能力、努力等。外部是指个体自身以外的、导致其行为表现的条件和影响，包括环境条件、情景特征、他人的影响等。

1967 年，美国社会心理学家凯利(H. E. Kelley)发表《社会心理学的归因理论》，提出三维归因理论，也称三度理论。凯利认为，人们对行为归因总是涉及三个方面的因素：① 客观刺激物；② 行动者；③ 所处关系或情境。其中，行动者的因素是属于内部归因，客观刺激物和所处的关系或情景属于外部归因。对上述三个因素的任何一个因素的归因都取决于下列三种行为信息。

● 区别性　指行动者是否对同类其他刺激作出相同的反应，他是在众多场合下都表现出这种行为还是仅在某一特定情景下表现这一行为。例如，一名今天迟到的员工是否经常表现得自由散漫、违反规章纪律。如果行为的区别性低，则观察者可能会对行为内部归因；如果行为的区别性高，则活动原因可能会被归于外部。

● 一贯性　指行动者是否在任何情景和任何时候对同一刺激物做相同的反应，即行动者的行为是否稳定持久。例如，如果这名员工有 7 个月从未迟到过，则表明今天的迟到只是一个特例，行为的一贯性较低；而如果她每周都迟到两三次，则说明行为的一贯性高。行为的一贯性越高，观察者越倾向于对其作内部归因。

● 一致性　指其他人对同一刺激物是否也做出与行为者相同的方式反应。如果每个人面对相似的情景都有相同的反应，我们说该行为表现出一致性。比如，所有走相同路线上班的员工都迟到了，则迟到行为的一致性就高。行为的一致性越高，观察者越倾向于对其作外部归因。

凯利认为这三个方面信息构成一个协变的立体框架，根据上述三方面的信息与协变，可以将人的行为归因于行动者、客观刺激物或情景。表示如表 11-2：

表 11-2　三种行为信息的协变与归因

行为信息			归因类型
区别性	一贯性	一致性	
低	高	低	行动者
高	高	高	客观刺激物
高	低	低	情景

凯利还研究了归因中的错误或偏见。比如，尽管我们在评价他人的行为时有充分的证据支持，我们总是倾向于低估外部因素的影响而高估内部或个人因素的影响。这称为基本归因错误。它可以解释下面情况：当销售代表的业绩不佳时，销售经理倾向于将其归因于下属的

懒惰而不是客观外界条件的影响。个体还有一种倾向就是把自己的成功归因于内部因素如能力或努力，而把失败归因于外部因素如运气，这称为自我服务偏见。由此表明，对员工的绩效评估可能会受到归因偏见的影响。

(2) 归因理论的应用　归因理论提出了人在对他人的行为进行判断和解释过程中所遵循的一些规律，在管理过程中，管理者和员工对行为的归因也不可避免地受到这些规律的影响。管理者要认识到员工是根据他们对事物的主观知觉而不仅仅是客观现实作出反应的。员工对于薪水、上级的评价、工作满意度、自己在组织中的位置和成就等方面的知觉与归因正确与否，对于其潜力的发挥和组织的良好运作是有重要影响的；同时，管理者在对员工的行为进行判断和解释时也应该尽量避免归因中的偏见和误差。

第三节　人力资源管理中的激励

一、激励理论对人力资源管理的启示

上一节我们介绍了内容型激励理论、过程型激励理论以及行为改造激励理论。内容型激励理论主要考虑的是导致一个人的动机和行为产生的那些内在需求是什么，其中最典型的代表就是马斯洛的需求层次论。过程型激励理论所强调的是人与环境之间的互动，最典型的代表是期望理论；而行为改造激励理论所关注的则是通过了解一些环境变量来预测人在工作中的行为，最典型的代表是强化理论。

从这些基本原理，我们不难得到以下三方面启示：

(1) 人会有各种各样的需要，并且这种需要会随着时代的变迁以及个人所处的生命周期的不同阶段而发生变化。为此企业必须随时注意了解和掌握在自己的员工中所存在的多方面、多层次需要及其变化情况，并在一定的前提下通过管理实践、政策等去调整，尽量去满足他们的各种个性化需要。

(2) 人的行为是由他们的需要、动机及其所导致的态度所决定的。而一个人的需要、动机和态度又不一定是对企业有利的，所以员工的需要获得满足并不一定能够导致组织目标的实现，或者说“满意的员工并不一定就是高生产率的员工”。

(3) 人的行为是可以塑造的。有意义的目标确实能够对员工的行为产生引导和指引作用，从而强化他们的努力程度。因此，企业只有建立起完善的绩效管理体系，通过确定富有挑战的绩效目标，制订客观、准确的绩效评价系统，提供及时的绩效反馈意见，为员工提供绩效改善的机会和条件，才能确保员工业绩的不断改善和企业竞争力的不断提升。

因此，企业在进行人力资源管理过程中，要想尽可能大地发挥激励的效用，就要注意上面的几点内容。

二、对个体员工的有效激励

(一) 激励的主要方面

(1) 能力的激励。人力资源管理的第一步就是要确定人员与岗位的匹配，即“员工能否胜任他们的工作”。对于这一问题的解决，我们可以先通过工作分析与职务说明书得知从事具体工作所需的能力，然后以此为依据，进行人员的招聘和选拔，把合适的人放在合适的岗位上，实现人员与岗位的匹配。接下来，组织应对员工进行培训，使员工在素质和能力上对自己更有信心。只有做好以上的工作，才能确保员工对组织交给的任务充满信心的完成，实现员工能力的激励。

(2) 愿望的激励。这其实就是激励模式在人力资源管理中的具体运用。人力资源管理者可以建立一系列的激励模式，根据员工不同的需要，从精神上、物质上对员工进行激励。让员工感到，组织是其理想与愿望实现的摇篮，组织会尽最大可能满足自己的需要，从而使员工的工作绩效达到理想水平。这就实现了组织对员工的愿望激励。

(3) 将员工培养成"学习型人"，实现员工的"自我激励"。美国著名管理学家彼德·圣吉在他的管理巨著《第五项修炼——学习型组织的艺术和时务》一书中推崇建立一种学习型组织，其主要特征就是在组织中充满了"学习型的人"。圣吉认为，真正的学习是指人们为了生命的意义，拓展自己的能力而不断地主动调整和改变自己行动的过程，以此创造出每个人心中真心向往的景象。"学习型人"就是在组织中具有积极主动的心态，以工作作为活出生命意义的手段，视学习为生命的本性，从而能克服重重困难，不断调整自我观念和行动的人。这种人能自觉自愿地追求组织设定的目标，并以此为前提设立自我实现的目标，自我解决实现目标过程中的困难，不断自我激励。

为了将员工培养成"学习型人"，人力资源管理就应当在培训员工时注重强调系统的观念和非线性思维方式，使员工掌握系统思维方式，注重团队学习。

(二) 激励的主要措施

(1) 提高员工的工作满意感。工作满意感是指工作者对其工作及其工作相关因素的感受，或情感性的反应。是一种对工作的态度，它对工作绩效、工作士气、离职率、流动率及以意外事故都有很大影响。

(2) 工作设计与再设计。工作设计是指对企业员工的工作内容、方法、劳动组织、工作结构形式等方面的设计。工作再设计是指对现有工作内容、功能和相互关系的改革，以此来实现组织的发展和变革。

(3) 工作扩大化。又称工作的横扩展，它主要是在一些重复性劳动工序中，为了减少员工的单调、乏味而采取的一种工作方式。

(4) 工作丰富化。这是工作扩大化的发展，它着眼于员工工作的纵向发展，即让员工有自主权和参与民主决策的机会，参加计划和设计，获得信息反馈，从而正确估计和修正自己的工作，这样就能增加他们的责任感、成就感和对工作的兴趣，进一步提高员工对企业的凝聚力。

(5) 工作轮换和全面提高工作生活质量。即对员工执行的各种任务可以互换，给员工提供了发展其他技能和对全部生产过程有较广阔的视野的机会，因而可以减轻其对工作的厌烦等感受。企业管理者要力图综合地运用多种激励因素，营造积极向上的组织氛围，不断提高企业的组织效能。

三、综合考虑，营造系统的激励环境

系统论指出，个人的绩效受个体能力、个体积极性和环境因素三方面的影响。用公式表示即

$$\text{个人的绩效} = f(\text{个体能力，个体积极性，系统环境})$$

所以，要想真正提高绩效达到激励的效果，就应当从系统的角度思考问题，在建立一个系统的激励机制体系时，不要忽略激励环境的改善。

(1) 建立规范的激励管理制度。一个完善的激励体系决不能没有一套行之有效的管理制度，如绩效考核制度、人员聘任制度、薪酬奖励制度、员工的福利保障制度等。只有制度清晰、

公开、量化、可以兑现，员工行为才有据可依，员工的积极性才可能被调动。因此，人力资源管理者一定要通过激励制度的健全来维护良好的激励小环境。从大的方面讲，在激励的社会大环境下，人力资源管理的主要工作就是要根据社会的变化，制订人力资源管理的发展战略以确保企业能适应社会的发展变化。如注意国家各种政策的出台，使人力资源管理的政策与国家法律相协调。最终使企业在竞争中，特别是人才竞争中，保持应有的优势。

(2) 营造良好的企业文化。企业文化是企业全体成员所共同拥有和遵循的价值观念及其行为的复合体，它的核心是企业价值观。管理者如果能在运用规章制度的同时，营造令人愉悦的企业氛围，使广大员工置身其中，受其熏陶，员工就能自动归化。只要员工与企业拥有同样的价值观，企业就能激励员工为实现共同的目标而奋斗。所以，人力资源管理工作必须在组织中塑造良好的企业文化，使职工将企业的价值标准认同并内化，增强企业凝聚力使员工在为组织高效率工作时，达到"理应如此"的无意识境界，实现员工行为的自我控制。

人力资源管理的激励环境是激励员工的前提条件，在采用各种激励手段的同时，注重个体与环境的统一，全面把握激励的各个方面。

四、人力资源管理中人员激励应注意的几个问题

人类社会进入 21 世纪以来，人力资源的开发与管理，已成为现代企业的战略性资源，激励更是人力资源管理的重要内容。激励的方式很多，但只有运用得当，才能达到预期效果。否则就会适得其反。

1. 对员工的激励要注意组织目标和个人目标的结合

激励实质上是通过激发员工的动机，提高其积极性，而达到组织目标实现的。根据目标设置理论，组织目标只有与员工个人目标相一致，或者组织目标被员工接受时，才具有强大的激励力量，才能最大限度地提高员工的工作积极性。然而，在现实生活中，由于个人的需要和动机的多种多样，导致个人目标也是千差万别多种多样，所以，很少会出现个人目标与组织目标相一致的现象。这就需要管理者运用一定的激励手段把个人的行为引向组织期望的行为。那么，如何使组织目标被员工所接受呢？最简单的一点就是：在设置目标时，必须通过深入的调查，了解员工需要结构及其变化趋势，制订切实可行的目标体系(如奖金、晋升机会等)，而非单一目标，使之对不同需要的人都产生激励作用。这样，员工就能根据个体需要和组织目标调整自己的行为方向和行为强度，在达成自我利益的同时，为组织目标的实现贡献力量。

2. 充分考虑员工的个体差异，实行有差别的激励原则

也就是说，把员工的需求作为制订激励措施的出发点，因人而异的制订激励的手段，才能使激励起到事半功倍的效果。具体到实践中，每一个人的需求和认识不同，对事物的理解也就不同。如有的人希望通过劳动获取高的报酬，有的人则希望得到晋升，有的人则热衷于任务完成后的成就感……那么，就给予偏好货币收入的人以高报酬或多发奖金，因为货币对于这些人来说具有更有效的激励作用；给予偏好名誉地位的追求者更高的地位，要比给他们奖金更具有激励力量。总之，企业应根据员工的不同偏好施与不同的激励措施，避免单一激励措施滥用的现象，会起到更好的激励效果。

3. 把握好激励的最佳时机

什么是最佳激励时机？对于它的探讨已有很久，一般来说，"雪中送炭"和"雨后送伞"的效果是不一样的。激励越及时越有利于将人们的激情推向高潮，使其创造力连续有效地发挥出来。一些出色的管理者很注意奖酬的时间效应。时过境迁的激励与及时的激励相比其效果将大为逊色。

4. 注意对激励效果的维持

各种各样的激励措施固然能调动员工的积极性，但是，如果不注意对积极性进行维持，那么，所有的激励措施将会前功尽弃。因此，我们不妨重提赫兹伯格的双因素理论中的保健因素，即：注意员工的薪水发放，工作环境、工作条件的保障，个人与他人之间关系的和谐等。重视保健因素，想方设法满足员工在生活、安全等方面的需要对于激励积极性的维持、防止积极性的削弱、维持工作现状、加强管理效能、提高生产、工作效率都具有十分重要的意义。

5. 物质激励和精神激励相结合的原则

正确认识物质激励和精神激励关系，有效地将两者相结合使用。物质激励是基础，精神激励是根本。好的激励应该是物质激励与精神激励的有机结合。物质激励是激励的一般模式，也是目前使用最为普遍的一种激励模式。涨薪、年终分红、各种奖金、股权及福利奖励等都是物质奖励的常用方式。与物质激励相比，精神激励满足的主要是员工的精神需求。在实际工作中，无论员工处于哪一层次，也无论其他需求有何差异，希望得到别人尊重和认同的需求是每一个人都有的。精神激励相对而言不仅成本较低，而且常常能取得物质激励难以达到的效果。将精神激励和物质激励组合使用，可以大大激发员工的成就感、自豪感，使激励效果倍增。

目前，我国许多企业都把物质激励作为激励的主要方式，运用发放工资、奖金、福利等正激励和运用罚款等负激励方式。有些企业领导者认为只有奖金发足了就会调动员工的积极性，但在实践中并未奏效。因为平均主义和大锅饭的做法极大地抹杀了员工的积极性，平均主义其实等于无激励。事实上人类不但需要物质激励，更有精神上的需要。只有员工把企业的目标当成自己的目标时，良好的企业主流价值观就会起到能够发挥精神激励的作用。

6. 合理性原则

激励的合理性原则包括两层含义，其一，激励的措施要适度，要根据所实现目标本身的价值大小确定适当的激励量。过强的激励不仅会提高激励的成本，同时引发不道德行为的可能性也会大大提高；过弱的激励则难以起到应有的效果，特别是目标定得比较高时。其二，奖惩要公平。激励应坚持公开、公平、公正的原则，但切忌平均。公开是公平、公正的基础，公开的核心是信息的公开，包括制度、程序及结果的公开。公平、公正一方面意味着所有相关员工在激励面前享有平等的权利和义务，另一方面也意味着奖励的程度与价值贡献度对等。公平、公正必然导致价值分配实际上的不平均，而这种不平均正好体现了制度和程序的公平、公正。有些管理者愿做“老好人”，幻想皆大欢喜，追求成果分享的平均主义，这是一种实质上的不公平，得不到很好的激励效果，而且可能产生副作用，打击优秀员工的积极性。

7. 正激励与负激励相结合的原则

所谓正激励就是对员工的符合组织目标的期望行为进行奖励。所谓负激励就是对员工违背组织目的的非期望行为进行惩罚。正负激励都是必要而有效的，不仅作用于当事人，而且会间接地影响周围其他人。

总之，人员激励是一个十分复杂的问题，它需要人力资源管理者花费大力气去研究。但是，如果一个企业建立起了一套能够满足员工需要的、遵循一定激励原则的、行之有效的激励管理机制，那么，该企业将拥有无可比拟的力量，将会在激烈的市场竞争中处于绝对的优势地位。

面向 21 世纪的中国企业需要无数优秀的人才，激励在人力资源管理活动中的作用只会是越来越重要，这是因为知识创新、科学发现、技术发明无一不是以人才为载体的。我们应该站在更高的起点上，善于用事业吸引人才、用感情留住人才和集聚人才、善于激励人才，我国企业人力资源开发管理就一定会提升到更新、更高的层次，我们在经济全球化和激烈的国际竞争中就一定会立于不败之地。

思考题：

1. 试论述激励有哪些功能。
2. 试举例说明在实际操作中如何用公平理论来激励员工。
3. 试论述在人力资源管理中如何对个体员工进行有效地激励。

第四篇　人力资源薪酬管理

第十二章　工资薪酬管理

□ 学习目的

通过对本章内容的学习，应了解和掌握如下知识点：

- 了解薪酬管理的一些基本问题
- 解释如何进行薪酬体系的设计
- 掌握薪酬体系设计的一些基本方法

□ 引入案例

A公司是一家生产制造型企业，随着业务的迅速发展，企业的经济实力近几年有了很大的提高，为了更好地留住关键岗位人员、调动员工的工作积极性，同时吸引更多高素质的人才进入企业，公司决定在原有基础上大幅度提高员工薪资水平。公司修改了原有的薪酬制度，并对所有岗位的薪资按比例进行了提高，工资总额大大提高了，但是效果并不理想。人才流失的情况并没有减少，员工工作积极性并没有得到预期的提高，人才引进缺乏进展。问题摆在了公司高层面前：薪酬管理到底应该怎么做才能更有效？

第一节　工资薪酬管理的基本问题

一、工资薪酬的基本概念

1. 薪酬

薪酬一词，英文名为Compensation，是指用人单位以现金或现金等值品的任何方式付出的报酬，包括员工从事劳动所得到的工资、奖金、提成、津贴以及其他形式的各项利益回报的总和。所谓“薪”，原意为柴草，是具有一定的使用价值的物品；在经济活动中，“薪”则特指雇佣劳动的代价，它一般是金钱形式的。所谓“酬”，是给予的回报，它具有一定的褒义色彩。“薪”、“酬”二字放在一起，就有组织对于员工的劳动给予承认和褒奖的含义。

薪酬一词有广义和狭义之分。狭义的薪酬是与“劳动”直接联系的部分，“工资”一词正好反映了狭义薪酬的内涵。广义的薪酬则是与上述雇佣关系有关的组织各项付出或员工得到的酬劳，包括用人单位的福利和各种其他的待遇，还有其他使员工获得利益和承认、满足个人需求的内容。

2. 工资

工资，是指人力资源个体被一定的用人单位雇佣后，完成规定的工作任务后由该用人单位支付的货币报酬。在一般情况下，工资构成薪酬的主体部分。

工资作为各种形式的劳动报酬的总称，其主要形式有：

(1) 计时工资　计时工资是按照劳动者的技术熟练程度、劳动繁重程度，以一定的工作时间长短来衡量而支付的工资。计时工资的数额由工资标准和工作时间规定。计时工资的标准，一般体现在某个系列和等级的员工的工资级别上，例如汽车制造厂的六级钳工、经贸公司的二级营销员。

（2）计件工资　计件工资是用人单位按照员工生产合格产品的数量或完成合格工作任务的数量和预先规定的计件单价支付工资的形式。从一定意义上讲，它是计时工资的转化形式。

（3）奖金　奖金的性质是超额劳动的报酬，其类型多种多样。奖金是一种灵活、有效的常用工资形式，在人力资源薪酬管理方面有着非常大的使用价值，其激励作用有时能够带来巨大的经济效益。

（4）津贴　津贴是员工工资的补充形式，是按岗位的具体条件、劳动的特殊内容以及其他因素发放的。

工资一般是工薪劳动者的主要经济来源，组织中的员工对工资就非常关注，因此，工资也就成为人力资源开发与管理的重要内容，并把工资作为重要的激励手段之一。

3. 人工成本

人工成本是用人单位在所有与用人方面有关费用的总和，节约人工成本、提高经济效益是人力资源开发与管理工作的重要目标。人工成本包括三大方面的内容。

（1）员工个人所得的工资薪酬的各项内容；

（2）用人单位支付的社会保险费用、培训费用、住房补贴等用于员工的各项开支；

（3）从事人力资源开发与管理的各项工作成本。

4. 个人收入

工资，作为劳动者所获得的一种劳动报酬，一般是员工个人的主要经济收入。从宏观的角度看，社会经济活动带来的劳动报酬，构成个人收入的主要部分。"个人收入"在国民经济中占据重要地位，对宏观人力资源经济活动具有重要作用。

所谓"个人收入"，是一个国家一年内个人所得到的全部收入，它是社会成员包含了工资在内的各类收入的总和。个人收入的项目众多，所涉及的人力资源雇佣关系不同、所获得的形式与渠道也不同，但对人力资源开发与管理有重大影响。

二、工资薪酬理论

1. 生存工资论

最早的工资学说可以称为"生存工资论"。该理论认为，在工业化社会，工人的工资在经济的长期波动中，趋向于维持生计的水平，工资是"劳动的自然价格"。实际上，这种生存工资性的"自然价格"就是指人力资源的基本再生产费用，它相当于工资薪酬领域的最低工资。

2. 工资基金论

早期工资学说中，还有一种"工资基金论"。英国经济学家穆勒认为，工资是资本的一部分，在总资本中包括固定资产折旧、扩大再生产投资、管理费用和工资。资本总额是一个固定的量，其中的工资总额也是有着一定的固定份额，因此称为工资基金。工人所得到的工资受工资基金的限制，因而工资水平的高低就取决于工资基金数量与人口数量之间的比例。由于全社会的工资总额是固定的，因此，当工人数量增加时，工资就会下降。这实际上是短期的市场人力资源供求与工资水平的关系问题。

其后，英国经济学家西尼尔对上述理论作了修正，指出工资和工人的劳动生产率有一定关系，劳动生产率是使工资可能突破工资基金限制的主要力量。这种观点看到了人力资源创造财富的作用。

3. 边际生产力论

英国经济学家杰文斯、法国经济学家瓦尔拉等人提出边际效用理论，在此基础上美国学者克拉克提出了边际生产力学说。克拉克假定其他生产要素不变，劳动力数量逐渐增加时，所生产的产量或者价值随之增加。因受收益递减规律的支配，每增加一个单位的劳动力所生产的产量或者价值依次递减。最后增加的一个单位劳动力所生产的产量或者价值，即劳动力的边际生产力。此学说建立有以下两个前提。(1) 在完全自由竞争之下，生产要素价格等于边际生产力；(2) 生产要素的收益（利息、工资等）呈递减律（见表 12－1）。

表 12－1 边际生产力变动

劳动力序号	总 收 益	边际收益	劳动力序号	总 收 益	边际收益
……	102	……	第 17 人	129	9
第 15 人	110	8	第 18 人	137	8
第 16 人	120	10			

由上表中可见，边际收益是新投入一个劳动力时所取得的总收益与未投入这一劳动力时的总收益之差。企业主在配置生产要素时，必然寻求边际生产力最高时的劳动力数量，单位工资成本才能最小。

该理论的经济学意义是，当追求最佳的边际收益时，相应就有最合理的工资成本，这也就是人力资源开发与管理投入的理想目标。该理论认为，劳动力愈多，工资愈低；资本愈多，利息愈低。这种说法的理论错误在于，把生产资料说成是创造价值的，并把劳动者的贫困归因于劳动力的边际生产力下降。

4. 工资的市场决定论

(1) 均衡价格　在边际生产力论的基础上，英国著名经济学家马歇尔提出了均衡价格工资论，这实际上是工资市场决定理论。均衡价格是指在商品的需求价格与供给价格达到一致时的价格。如果说边际生产力论只反映一种微观用人行为，那么工资的市场决定论就反映了劳动供给、劳动需求、工资市场均衡这样一种完全的市场机制。马歇尔指出，工资就是劳动供给与劳动需求两者均衡时的价格。

(2) 劳动供求与工资水平

其一，供给与工资的关系：工资水平越高，劳动供给数量越多；工资水平越低，劳动供给数量越少。这样，劳动供给曲线 S 就呈现出向右上方倾斜上升的状态。

其二，需求与工资的关系：工资水平越高，劳动需求数量越少；工资水平越低，劳动需求数量越多。这样，劳动需求曲线 D 就呈现出向右下方倾斜的状态。

其三，均衡价格工资点，即 E 点。这是劳动供给与劳动需求两个方面共同认定的工资水平。换言之，无论是供给曲线 S，还是需求曲线 D，都不能单独决定工资。工资是由市场上劳动供求双方的关系所决定的（图 12－1）。

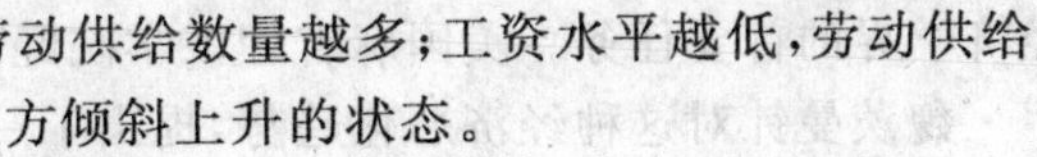

图 12－1 工资的市场决定关系

当工资偏离了均衡价格工资点时，劳动市

场上供给需求的自发力量会产生作用，使其仍然回到均衡点上。

在现实的国民经济运作中，工资的市场决定还受到资本——劳动替代关系和劳动供给弹性、就业结构差异的影响。

工资的市场决定论，是反映人力资源现实使用成本状况，并为其开发与管理提供市场信号的学说。

5. 工资谈判论

(1) 两大势力集团的谈判。英国经济学家多布、美国经济学家邓洛普等人提出了工资谈判论，他们认为，劳动市场上的工资水平，取决于市场上劳资双方的力量对比。从市场经济体制运行的角度看，劳动供求两大因素形成两大势力集团：工会和雇主协会。

过去的工人是分散的、无力量的，建立工会以后就具有强大的影响市场工资的力量。工会提高工资水平的方法有：其一，限制劳动供给，如通过立法限制移民和外籍劳工、限制童工，通过劳资谈判限制企业雇佣非会员；其二，通过谈判，提高标准工资率；其三，与雇主协商建立工人工资保障制度，如最低工资保障制度、带薪休假制度、逐年加薪制度等。

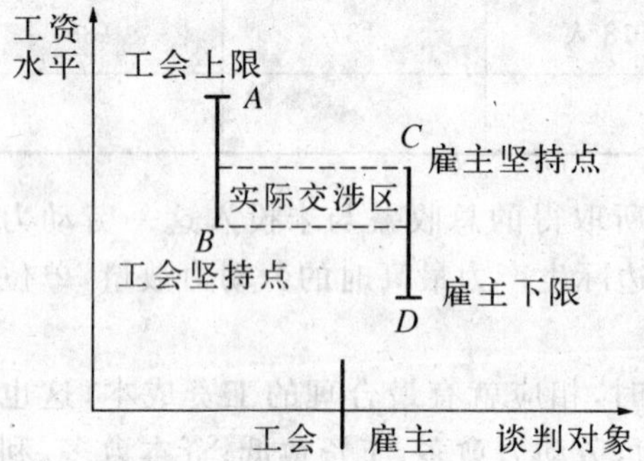

图 12-2 工资谈判区

工资谈判理论反映了人力资源薪酬管理中的利益冲突与协调的运作问题。

(2) 工资谈判区。在工资谈判中，劳资双方处于不同的立场，有着不同的工资水平区间，从而形成工资谈判交涉区。劳资双方所进行的工资谈判，是在“实际交涉区”中实现的，见图 12-2。

6. 利益分享论

(1) 利益分享的含义。所谓利益分享，是工资不再按员工的工作时间确定固定的工资，而与雇主共同分享企业经营利益，员工工资占企业经营收入的一定比例。美国经济学家马丁·魏茨曼主张，员工的报酬要采用“工资制”和“利益分享制”两种模式。这就是要把员工的利益与企业的经营效益挂起钩来。

20 世纪 30 年代，凯恩斯提出经济病的性质是“有效需求不足”，原因在于消费倾向下降、资本边际效益下降和货币灵活偏好三个方面，解决的办法是国家进行干预，创造有效需求。20 世纪 60 年代中期以后，发达国家出现了经济长期滞胀局面，凯恩斯主义政策失灵，反滞胀成为经济学界的首要任务。美国麻省理工学院经济学教授、世界银行和国际货币基金组织顾问马丁·魏茨曼针对这种经济恶化趋势，提出了一种劳资双方分享企业经营利益的原则。在当时的经济格局下，利益分享论成为经济学领域的创新理论。

(2) 利益分享的作用。利益分享论认为，在传统的工资制度中，工人的工资与厂商的经济活动、经济效益无关，是一种固定成本。在产品市场不景气时，厂商只能减少生产和缩减用工数量而不能降低成本、降低产品价格以适应市场，因而导致市场收缩和失业。当社会为消灭这些失业而采取扩张性财政政策和货币政策时，又导致了通货膨胀。因此，工资问题成为造成整个宏观经济问题的根本性病因。要摆脱经济滞胀局面，需要对其根源——工资制度动大手术，要将这种“员工劳动报酬”式的工资制度，改变为“工人与雇主共同关心劳动成本节约”的制度，使单位的劳动成本随就业的增加而下降。当一个国家的全部（或大多数）企业都实行利益分享制时，经济就会平衡扩张、顺利发展。

利益分享论为现代人力资源开发与管理提供了重要的思想方法，它在一定程度上承认了员工的主人地位，也提出了卓有成效的人力资源薪酬管理方法。经济学者的朴素语言对此描述为"馅饼做得大一点"，就能大家都分得多。要想"大家分得多"，基础是把馅饼做大，而"馅饼"做大的动力正在于员工们的自觉努力工作。

7. 公平理论

美国学者斯达西·亚当斯提出的公平理论指出，当一个人察觉到自己投入于工作的努力（投入）对由此工作所得到的报酬（所获结果）的比，与其他人的投入对结果的比相等时，就认为公平。这说明人们在判断分配是否公平时，并不是比较所获结果的绝对量多少，而是比较付出与所得的比值。

在确定一个单位的工资水平和工资政策时，公平性是重要的出发点。实际上，组织必须顾及两个方面的公平性：内部的公平性和外部的公平性。内部公平性指企业内部的职工感受公平，认为基本上做到了劳酬相符。进一步来说，"劳酬相符"的这种内部公平，是把报酬基点建立在科学的职务分析上和个人劳动得到了恰当的承认和补偿的"个人公平"方面。外部公平性则是指企业的工资水平必须以市场工资率为基准，并要跟同行业有所竞争，以便吸引和留住人才。

8. 激励理论

激励理论是非常重要的管理理论，也是非常重要的人力资源开发与管理理论。在激励理论中占有最重要作用的是美国心理学家弗洛姆的期望理论，它着重研究目标与激励之间的规律。按照期望理论，人是通过选择一定的目标，然后做出努力以实现这一目标，从而直接或间接地满足自身的需要。人在行动之前的目标选择时是有对行为结果的某种预期的，这种预期本身就是一种力量，它能够激发人的动机，调动人的积极性。激励理论的大小取决于两个因素：一是效价，即所追求目标的价值，二是期望值，即所追求目标得以实现的可能性的大小。用公式表示即：

$$\text{激励力量} = \sum \text{效价} \times \text{期望值}$$

这个模式说明：目标价值和期望值的不同组合，决定着不同的激励程度，要使被激励对象的激励力量最大时，效价和期望值都必须高。只要效价期望值中有一项的值很低时，对被激励对象来说就缺乏激励力量。

此外，影响激励水平的因素，还有关联性、奖酬、能力和选择等因素。关联性是指工作绩效与所得报酬之间的关联程度，这一点尤其要解决好。

运用期望理论调动员工的积极性，需要处理好努力与成绩的关系、成绩与报酬的关系、报酬与满足个人需要的关系，这是组织制订薪酬政策时需要加以考虑的。

第二节　职务分析和职务评定

一、职务分析的基本内容

1. 职务分析的概念

职务，亦即工作，它是同类职位或者岗位的总称，英文名为 Job。职务分析，也称工作分析、岗位分析或职位分析，英文名为 Job Analysis，它是确定一项职务的任务、活动、责任以及从事者条件的过程。简单的说法，是指"获得有关工作信息的过程"；较全面的说法，是指"收集所有与工作有关的重要信息，并对某一特定职位的任务、职责以及完成此项工作所必须具备的知识、技能加以详细说明与职务规范的系统方法"。

2. 职务说明书

职务说明书是职务分析的结果，具体来说，它是反映任职者从事的工作内容、工作任务与职责、工作方法和工作环境条件的一种书面文件。职务说明书也称工作说明书或职位说明书。

职务说明书可以分为两个部分，其一是职务描述或工作描述，是职务说明书的中心内容，它详细说明了受聘人员所应当承担的工作内容。其二是工作规范，它说明了任职者完成工作所必须具备的知识、技能和经验，它与任职者的能力和个性特征相关。

职务说明书没有标准化的模式，但一般都应当包含以下几项具体内容。

(1) 工作标志。包括工作名称、工作归属、工作代码、直接主管、直接下属等。

(2) 工作综述。是对工作总体性质的简要概括，只用简短的文字描述职务的主要功能和目的。

(3) 工作联系。是该工作与组织内部的各项有关职务之间的工作关系，以及和组织外部(如客户)的工作关系。

(4) 工作的责任与任务。要对该职务的工作职责和任务进行具体的描述。

(5) 工作条件。指有关工作的劳动合同的主要内容，如工资等级、福利加班、假期等。

(6) 其他事项。包括有关工作环境条件的内容，以及职业发展前景、职位变动的内容。

二、职务分析在人力资源管理过程中的重要性

职务分析是人力资源开发与管理各项工作的基础环节，担负着人力资源开发与管理的基础性任务。

(1) 职务分析有利于人力资源科学管理。组织是由各种职务岗位构成。通过职务分析，可以帮助组织明确自己的机构设置思路，明确各个职务的性质、职责、要求以及职务间的相互关系，从而能够合理地设置组织结构、分清各种职务的角色，合理地设计职务。

(2) 职务分析使组织招聘目标明确。职务分析，为组织的用人提供了科学的依据，从而也就成为组织正确招聘人员的依据。在人力资源获取工作中，根据职务分析的结果，可以发布所招聘岗位的特点和该岗位人员的任职条件，这就使招聘工作有了客观标准，也使应聘人员对求职岗位有了明确的了解。

(3) 职务分析有利于正确培训。组织在招聘了一个新的员工后，要对之进行培训。使用职务分析方法，能够使组织管理部门正确评价新员工具有的能力和技术水平，合理进行评价，有针对性地确定需要培训的内容，使新员工能够迅速掌握工作岗位所需求的技能。

(4) 职务分析是工作管理的基础内容。通过职务分析，能够反映一个组织中现行的工作状况，并将其规范化、系统化，从而制订出职务说明书。在职务说明书中，规定了有关工作的职责、内容、操作方法、岗位、工作关系、环境等方面和职务从事者的素质条件内容，这是对人的工作进行科学管理的基础性内容。

(5) 职务分析有利于组织的公正评价。职务分析可以为科学的评价考核和薪酬决策提供正确和详尽的信息。

(6) 职务分析有利于薪酬公平合理。通过职务分析，还能使得劳动报酬具有客观依据，达到公平合理。基于职务分析的岗位设置，能够使工资薪酬的类别和等级关系有据、合理，基于职务分析所进行的工作绩效评价，能够使评价结果科学、准确，这样，工资薪酬也就是客观、合理的。

(7) 职务分析为职业生涯规划提出方向。职务分析提供了对各种职务的描述和任职条件

说明，这是组织使用人力资源、对人力资源进行系统开发的依据，从而也成为对员工进行职业生涯规划的前提。从个人的角度看，职务分析也是了解自身发展机会的途径，从而成为正确选择职业、规划个人职业生涯的重要条件。

此外，职务分析还反映了某一职务与其他相关职务之间的关系，这也能够帮助组织和个人设计职业生涯，从某一个职务等级向高一级或其他类别的合适岗位职务发展。

三、职务分析的流程

职务分析工作的全过程，因组织类型和结构的不同、所要分析的各种职务的不同、人力资源管理要求的不同、组织管理基础尤其是岗位资料多少和详细程度的不同以及职务分析工作人员的不同，而有一定的差异。一般来说，职务分析的主要环节可以分为以下四个阶段。

1. 准备阶段

在准备阶段，要做好各项准备工作，诸如制订方案、前期材料的准备、相关背景信息和确定职务分析的用途等。在进行调查阶段之前，了解组织的相关背景信息，如组织结构图、工作流程图等，这些都将决定需要收集何种类型的信息，以及如何收集这些信息。有些信息采集的技术，如对员工进行访谈并询问他们的工作内容，对于编写职务说明书和为空缺的职务岗位甄选员工是极为有用的。

2. 调查阶段

调查阶段即开始进行信息收集的阶段。在这一阶段，要灵活运用各种信息收集技术，广泛采集有关工作职务的特征、工作条件、职责、任职资格等方面的数据资料。

3. 分析阶段

分析阶段的主要任务是对已经取得的资料进行审核、分析，归纳已经取得的材料，提炼有关工作的主要内容等，进而撰写职务说明书和工作规范。

4. 应用阶段

职务分析的成果是职务说明书和工作规范，应用阶段包括将最后完成的职务说明书和工作规范进行使用。通过职务分析所获得的成果，可运用于组织人力资源管理活动中的招募与甄选、薪酬设计、工作绩效评估、培训等，但是在职务说明书以及工作规范的应用过程中，要进行一定的反馈和调整。必要时，还要对职务说明书或工作规范重新进行修订。

四、职务分析的方法

1. 观察法

观察法是指职务分析人员通过对员工正常工作的状态进行观察，获取工作信息，并通过对信息进行比较、分析、汇总等方式，得出职务分析成果的方法。观察法适用于对体力工作者和事务性工作者，如搬运员、操作员、文秘等职位。

由于不同的观察对象的工作周期和工作突发性有所不同，所以观察法具体可分为直接观察法、阶段观察法和工作表演法。

(1) 直接观察法。职务分析人员直接对员工工作的全过程进行观察。直接观察适用于工作周期很短的职务。如保洁员的工作基本上是以一天为一个周期，职务分析人员可以一整天跟随着保洁员进行直接工作观察。

(2) 阶段观察法。有些员工的工作具有较长的周期性，为了能完整地观察到员工的所有工作，必须分阶段进行观察。比如行政文员需要在每年年终时筹备企业总结表彰大会。职务分析人员就必须在年终时再对该职务进行观察。有时由于时间跨度太长，职务分析工作无法拖延很长时间，这时采用“工作表演法”更为合适。

(3) 工作表演法。对于工作周期很长和突发性事件较多的工作比较适合。如保安工作，除了有正常的工作程序以外，还有很多突发事件需要处理，如盘问可疑人员等，职务分析人员可以让保安人员表演盘问的过程，来进行对该项工作的观察。

在使用观察法时，职务分析人员应事先准备好观察表格，以便随时进行记录。条件好的企业，可以使用摄像机等设备，将员工的工作内容记录下来，以便进行分析。另外要注意的是，有些观察的工作行为要有代表性，并且尽量不要引起被观察者的注意，更不能干扰被观察者的工作。

2. 问卷调查法

职务分析人员首先要拟订一套切实可行、内容丰富的问卷，然后由员工进行填写。问卷法适用于脑力工作者、管理工作者或工作不确定因素很大的员工，比如软件设计人员、行政经理等。问卷法比观察法更便于统计和分析。要注意的是，调查问卷的设计直接关系着问卷调查的成败，所以问卷一定要设计得完整、科学、合理。

国外的组织行为专家和人力资源管理专家研究出了多种科学的，也很庞大的问卷调查方法。其中比较著名的有以下几种。

(1) 职务分析调查问卷(PAQ)。职务分析调查问卷是美国普度大学(Purdue University)的研究员麦考米克等人研究出一套数量化的工作说明法。虽然它的格式已定，但仍可用之分析许多不同类型的职务。PQA 有 194 个问题，分为六个部分：资料投入、用脑过程、工作产出、人际关系、工作范围、其他工作特征。

(2) 阈值特质分析方法(TTA)。劳普兹(Lopez)等人在 1981 年设计了“阈值特质分析”(TTA)问卷。特质取向的研究角度是试图确定那些能够预测个体工作成绩出色的个性特点。TTA 方法的依据是：具有某种人格特性的个体，如果职务绩效优于不具有该种特质者，并且特质的差异能够通过标准化的心理测验反映出来，那么就可以确定该特质为完成这一工作所需的个体特质之一。

(3) 职业分析问卷(OAQ)。美国控制数据经营咨询企业在 1985 年设计了职业分析问卷，职务进行定量的描述。OAQ 是一个包括各种职业的任务、责任、知识技能、能力以及其他个性特点的多项选择问卷。例如，在 OAQ 中，软件职务被规划分为 19 种责任、310 个任务和 105 个个性特点。

然而，中小企业很难利用这些研究成果来进行问卷调查。这也可以根据企业的实际情况，来自制职务分析问卷，这样效果可能会更好些。

3. 面谈法

也称采访法，它是通过职务分析人员与员工面对面的谈话来收集职务信息资料的方法。在面谈之前，职务分析人员应该准备好面谈问题提纲，一般在面谈时能够按照预定的计划进行。面谈法对职务分析人员的语言表达能力和逻辑思维能力有较高的要求。职务分析人员要能够控制住谈话的局面，既要防止谈话跑题，又要使谈话对象能够无所顾忌地侃侃而谈。职务分析人员要及时准确地做好谈话记录，并且避免使谈话对象对记录产生顾虑。面谈法适合于脑力职务者，如开发人员、设计人员、高层管理人员等。

麦考米克于 1979 年提出了面谈法的一些标准，它们是：① 所提问题要和职务分析的目的有关；② 职务分析人员语言表达要清楚、含义准确；③ 所提问题必须清晰、明确，不能太含蓄；④ 所提问题和谈话内容不能超出被谈话人的知识和信息范围；⑤ 所提问题和谈话内容不能引起被谈话人的不满，或涉及被谈话人的隐私。

4. 其他方法

（1）参与法。也称工作实践法。顾名思义，就是职务分析人员直接参与到员工的工作中去，扮演员工的工作角色，体会其中的工作信息。参与法适用于专业性不是很强的职务。参与法与观察法、问卷法相比较，获得的信息更加准确。要注意的是，职务分析人员需要真正的参与到工作中去，去体会工作，而不是仅仅模仿一些工作行为。

（2）典型事件法。典型事件是指对实际工作中特别有效或无效的工作者行为的简短描述。当大量的这类小事件收集起来以后，按照他们描述的工作领域进行归纳分类，最后就会对实际工作的要求有一个非常清楚的了解。

但是如果员工太多，或者职位工作内容过于繁杂，应该挑具有代表性的员工和典型的时间进行观察，从而提高职务分析的效率。

（3）工作日志法。是由员工本人自行进行的一种职务分析方法。事先应该由职务分析人员设计好详细的工作日志单，让员工按照要求及时地填写职务内容，从而收集工作信息。需注意的是，工作日志应该随时填写，比如以 10 分钟、15 分钟为一个周期，而不应该在下班前一次性填写，这样是为了保证填写内容的真实性和有效性。工作日志法最大的问题可能是工作日志内容的真实性问题。

（4）材料分析法。如果职务分析人员手头有大量的职务分析资料，比如类似的企业已经做过相应的职务分析，比较适合采用本办法。这种办法最适合于新创办的企业。

（5）专家讨论法。专家讨论法是指请一些相关领域的专家或者经验丰富的员工进行讨论，来进行职务分析的一种方法。这种方法适合于发展变化较快，或职位职责还未定型的企业。由于企业没有现成的观察样本，所以只能借助专家的经验来规划未来希望看到的职务状态。

上述这些职务分析方法既可单独使用，也可结合使用。由于每个方法都有自身的优点和缺点，所以每个企业应该根据本企业的具体情况进行选择。最终的目的是一致的：为了得到尽可能的详尽、真实的职务信息。

五、职务评价

1. 职务评价的目的

为了使工资薪酬达到公平性和科学性的目的，用人单位在确立员工的工资水平时，要在组织内部进行职务评价，以实现劳酬相符。还要对外部的同行单位的工资进行调查，把握和比较本组织工资水平与市场工资水平的关系，使自己具有合理的薪酬策略。这是组织薪酬管理的基础和出发点。

这里使用"岗位工作"的概念，是侧重对员工在某职务或岗位的工作中所支出的劳动量的衡量过程，即以某个职务分析结果——职务说明书为依据，衡量、判断该工作岗位与其他岗位相比应当支付多少薪酬，这就使组织工资薪酬具有客观依据，从而达到薪酬分配的内部公平性。

2. 职务相对关系的确定

为了达到薪酬分配的内部公平性，必须解决好一个组织内部各个岗位的相对关系。要从组织的职务说明书出发，并考虑工作中的劳动定额，以及一些其他的因素，确定工作岗位等级或职级。岗位相对关系，可以分为"纵"、"横"两个方面。

从纵向的角度看，同类型的一系列工作岗位中，有高低不同的等级。一般来说，工作量付出多的岗位，就被评为较高的岗位等级或职级；工作量付出少的岗位，就被评为较低的岗位等级或职级。因此，反映工作付出和劳动贡献的岗位等级(或职级)，就能够直接与工资报酬挂钩了。等级较高的岗位支付相对较高数量的工资，等级较低的岗位支付相对较低数量的工资，这就实现了组织内部职工所付出的劳动量与所获取报酬的比值大体相当的格局，即达到了薪酬的内部公平。

从横向的角度看，在各个组织中，都有着不同的工作类型和工作系列。不同的工作系列、处于同一岗位等级的岗位，也应当支付大致相等的工资量，这也体现着薪酬的内部公平。

第三节 工资薪酬设计

一、薪酬体系的类型

1. 职务工资制

职务工资制是首先对职务本身的价值做出客观的评估，然后根据这种评估的结果赋予担任这一职务的从业人员与其职务价值相当的工资的一种工资制度。这种工资体系建立在职务评价基础上，职工所执行职务的差别是决定基本工资差别的最主要因素。

职务工资制的特点是：严格的职务分析，比较客观公正；职务工资比重较大，职务津贴高，在整个工资中职务工资一般在60%以上，工资浮动比重小，比较稳定；严格的职务等级，并对应严格的工资等级；容易形成管理独木桥，职员晋升的机会比较小，成长的规划比较窄，影响了职员工作的积极性、主动性和创造性。

2. 职能工资制

职务工资制基于职务，发放的对象是职务；职能工资制基于员工能力，发放的对象是员工能力，能力工资占整个工资中65%以上比例。设计职能工资制的难点在于不能科学有效地对员工的能力进行测试和评价。这里有一个著名的素质冰山模型，即员工有很大一部分能力是隐藏没有外显出来，特别是员工的行为动机根本无法正确进行测试。因此在评估员工能力时就显得相当困难。另外，基于能力设计薪酬，那么哪些能力应用于固定工资，哪些能力又与浮动工资有关？哪些能力应用于短期激励和考核，哪些能力与长期激励和考核有关？这些都应该弄清楚。当然，职能工资制相比职务工资制要科学、合理得多，因为它把员工的成长与公司的发展统一起来考虑，而不是把员工当机器，仅仅执行一定的职务和承担一定的职责。职能工资制的重点在于职业化任职资格体系和职业化素质与能力评价体系的建立。

3. 绩效工资制

绩效工资制度的前身是计件工资，但它不是简单意义上的工资与产品数量挂钩的工资形式，而是建立在科学的工资标准和管理程序基础上的工资体系。它的基本特征是将雇员的薪酬收入与个人业绩挂钩。业绩是一个综合的概念，比产品的数量和质量内涵更为宽泛，它不仅包括产品数量和质量，还包括雇员对企业的其他贡献。企业支付给雇员的业绩工资虽然也包括基本工资、奖金和福利等几项主要内容，但各自之间不是独立的，而是有机地结合在一起。根据美国1991年《财富》杂志对500家公司的排名，35%的企业实行了以绩效为基础的工资制度，而在10年以前，仅有7%的企业实行这种办法。

绩效工资制的特点，一是有利于雇员工资与可量化的业绩挂钩，将激励机制融于企业目标和个人业绩的联系之中；二是有利于工资向业绩优秀者倾斜，提高企业效率和节省工资成本；三是有利于突出团队精神和企业形象，增大激励力度和雇员的凝聚力；四是绩效工资占总体工资的比例在50%以上，浮动部分比较大。

4. 经理人员薪酬设计：年薪制

年薪制很早前在发达国家已广泛应用，年薪制一般作为高层管理人员使用的薪资方式，是一种"完全责任制"薪资。从人力资源的角度看，年薪制是一种有效的激励措施，对提升绩效有很大作用。公司制为代表的企业，通常由董事会领导下的经理阶层负责企业经营，这可以使投资者的资本与经营者的才干融为一体，有可能使各种生产要素实现高效运行，并最大限度地产生经济效益。但是，公司制企业特别是股份公司也有自己的弱点：它采取所有者与经营者相分离的非所有权换位的产权重组。在企业运行模式中，所有者的目标是企业利润最大化，而经营者的目标是个人经营才干的效用最大化，两者的目标有差别。所有者承担的风险是资本亏损，而经营者承担的风险只是职位丧失和收益减少，两者的责任不对称，同时所有者无法精确衡量经营者工作的努力程度，以及这种努力可能带来的最大利润。为了避免由此造成企业效率损失，必须建立经营者的激励机制和约束机制，其中一项重要方法，是通过改进经营者的年薪制，使其能有效地激励和约束经营者的行为。年薪制的设计一般有五种模式可以选择。

(1) 准公务员型模式：基薪＋津贴＋养老金计划；

(2) 一揽子型模式：单一固定数量年薪；

(3) 非持股多元化型模式：基薪＋津贴＋风险收入（效益收入和奖金）＋养老金计划；

(4) 持股多元化型模式：基薪＋津贴＋含股权、股票期权等形式的风险收入＋养老金计划；

(5) 分配权型模式：基薪＋津贴＋以"分配权"、"分配权"期权形式体现的风险收入＋养老金计划。

二、影响薪酬体系设计的主要因素

薪酬体系的设计会受到诸多因素的影响，这些因素归纳起来可以分为两大类：外部影响因素和内部影响因素。只有充分考虑这些影响因素，才能保证薪酬体系设计的科学性和合理性。

1. 外部因素

薪酬的外部影响因素主要是指社会环境因素，这些因素对于企业来说是客观存在的，企业一般无法影响其所处的社会环境，而只能调整自身的行为去适应。薪酬的外部影响因素主要有以下四种。

(1) 劳动力市场的供需关系。不同地区、不同行业，会有不同的劳动力供需市场。企业在确定员工薪酬时，需要对劳动力市场作必要的分析和预测，并力求使企业的薪酬水平能够适应市场的供需状况。

(2) 地区及行业的特点与惯例。在同一地区的劳动力市场，或不同地区但同一行业的劳动力市场，由于历史的、自然的、竞争的原因，会体现出一定的特点或是形成某种惯例。企业的薪酬体系需要参照这个地区及行业的特点与惯例来设计。

(3) 当地生活水平。企业薪酬体系的设计必须考虑当地的生活水平，使薪酬的保障作用得到充分的体现。

(4) 国家或地区的相关法令和法规。国家对于员工工资曾出台过许多法规政策，例如规定员工最低工资，规定员工工资、奖金收入的税收，规定员工工资分配原则，规定员工的节假日、加班工资等。此外各地方政府也有根据本地情况制订的地方法规政策。

2. 内部影响因素

薪酬的内部影响因素主要是指企业自身的因素，企业可以通过自身的努力去改善它们，并推动这些因素朝着有利于实现企业目标的方向发展。薪酬的内部影响因素主要包括以下三个方面。

(1) 本单位的业务性质与内容。在某些业务领域,如高新技术企业,员工以脑力劳动为主,而且员工的素质普遍较高,确定薪酬制度时就要充分考虑长期薪酬的激励作用。而以体力劳动为主的企业里,员工素质相对较低,人力资本的投入也少,这时就应该以短期薪酬为主。

(2) 企业的经营状况与实际支付能力。企业的经营状况和实际支付能力直接影响员工的薪酬水平。在设计企业薪酬体系的时候,企业必须根据自己的经济实力,量力而行,适当地控制劳动力成本,使产品具有竞争力。

(3) 企业的管理哲学与企业文化。企业的发展、管理哲学和企业文化的累积,是一个持续的发展过程。在薪酬设计中,必须考虑到这样一个承前启后的原则,立足效率,兼顾公平,调动全体员工的积极性与创造性,让绝大多数员工通过企业的薪酬管理获得物质上和心理上的满足。

三、薪酬设计的原则

传统薪酬设计的原则有:公平性、激励性、竞争性、经济性、合法性等原则。总体来说更多关注的是员工个人对于薪酬的要求以及可见薪酬的激励作用,但是随着时代的发展,现代企业实践以及管理原则中更多需要的团队合作,事业的成功更多的是依赖团队的合作,而不仅仅是个人十分有限的作用,所以有必要建立基于团队的奖励而非个人的奖励机制。同时需要指出,当物质刺激达到一定程度的时候,人的满足感是会逐渐递减的,企业激励的作用也伴随着逐渐减弱,所以现代管理心理学要求企业更多的是从内在的心理上去激励员工,因此现代企业更应该重视附加报酬和隐性报酬等员工内在的心理需求。

1. 薪酬设计的团队原则

在国内的一家著名的高科技通信企业中,长期以来并没有为销售人员提供提成的奖励,而是团队的奋斗和振兴民族企业的文化创造这个企业的领先市场地位。而在协作性的企业中,基于团队的奖励对组织的绩效具有十分重要的作用,使人们意识到只有团队协作,自己也才能获益。尽管从激励效果来看,奖励团队比奖励个人的效果要弱,但为了促使团队成员之间相互合作,同时防止上下级之间由于工资差距过大导致低层人员心态不平衡的现象,所以有必要建立团队奖励计划。有些成功企业,用在奖励团队方面的资金往往占到员工收入的很大比重。对优秀团队的考核标准和奖励标准,要事先定义清楚并保证团队成员都能理解。具体的奖励分配形式归纳为三类:一类是以节约成本为基础的奖励,比如斯坎伦计划,将员工节约的成本乘以一定的百分比,奖励给员工所在团队;另一类是以分享利润为基础的奖励,它也可以看成是一种分红的方式;第三类是在工资总额中拿出一部分设定为奖励基金,根据团队目标的完成情况、企业文化的倡导方向设定考核和评选标准进行奖励。

2. 薪酬设计的隐性报酬原则

从宏观角度而言,报酬由两种不同性质的内容构成:金钱报酬和非金钱奖励(直接报酬和间接报酬、物质报酬和心理报酬)。金钱报酬属于有形的外在报酬,主要包括:直接报酬和福利。直接报酬由工资和奖金构成。福利由生活福利、有偿假期、个人福利和公共福利等内容组成。非金钱奖励属于内在的附加报酬,它是基于工作任务本身但不能直接获得的报酬,属于隐性报酬,分为职业性奖励和社会性奖励。职业性奖励又可以细分为:职业安全、自我发展、和谐工作环境和人际关系、晋升机会等;而社会性奖励由地位象征、表扬肯定、荣誉、成就感等因素构成。这是一种内在的激励方式。外在的金钱激励方式虽然能显著提高效果,但是持续的时间不长久，处理得不好，会产生反作用；而内在的心理激励，虽然激励过程需要较长的时间，但一经激励，不仅可以提高效果，更主要的是具有持久性。对于高层次的人才和知识型的员工，内在的心理报酬很大程度上左右着工作满意度和工作成就感。因此，企业组织可以通过工作制度、员工影响力、人力资本流动政策来执行内在报酬，让员工从工作本身中得到最大的满足。这样，企业减少了对好的薪资制度的依赖，转而满足和推动员工，使员工更多地依靠内在激励，也使企业从仅靠金钱激励员工的加薪再加薪的循环中摆脱出来。

四、薪酬制订的基本过程

1. 明确薪酬策略

结合公司战略发展的要求，确定公司的人力资源战略，进而确定薪酬策略，完善公司的薪酬管理体系。薪酬策略是薪酬分配的总方针，在与外部市场薪酬水平对比方面，主要分为"领先、跟随、滞后"三种策略。确定薪酬策略时应注意这样一些要求：首先，薪酬水平能够吸引和留住人才；其次，薪酬能够起到较好的激励作用，提高公司的整体工作效率；再次，薪酬的投入能够为企业带来更大的收益；最后，薪酬决策要科学合理。依据公司"以人为本"的价值观和以业绩为导向的薪酬观，按照公平性、竞争性、激励性、经济性、合法性的原则，关注中高层和骨干员工，并结合零售业人才流动频繁的特点，确定公司应该采用"领先"和"跟随"并行的薪酬策略：对于核心员工应采用"领先"策略，使核心员工的薪酬在外部竞争中占有优势，在内部与普通员工拉开档次，充分体现激励性和公平性；对于一般员工应采取"跟随"策略，兼顾薪酬的经济性和竞争性。这便建立起对内有公平性和对外有竞争力的薪酬体系，在一定程度上能够稳定员工队伍。

2. 评估岗位价值

评价岗位，主要包括岗位分析和岗位评价两部分。岗位分析又称工作分析，任务是在设计组织结构的基础上，进行部门各个岗位职责的梳理和分析，主要从工作内容、任职资格、管理权限、所需经验和能力、知识等多个方面，编写岗位说明书，最后形成公司的组织结构图及其中所有岗位说明书等文件，这是薪酬制度建立的基础。

岗位评价是确定报酬因素，选择评价方法，组成行业专家组对岗位价值进行评价的方法。目前评价的方法主要有28因素法、海氏评价法等，这是保证内在公平的关键一步，以具体的数值来表示每一职务对公司的相对价值。

经过岗位评价这一步骤，无论采用哪种方法，总可以得到表明每一岗位对公司相对价值的顺序、等级、分数或象征性的金额。岗位工作的完成难度越高，对公司的贡献也越大，对公司的重要性也就越高，就意味着它的相对价值越大。若公司内所有岗位的薪资都按经过科学评估的岗位价值大小定薪，便能在一定程度上保证公司薪资制度的内部公平性。

3. 确定薪酬档次

岗位评估获得的各岗位相对价值的数值并不就是各个岗位承担者真正的薪资额，还需要结合外部市场的薪酬数据，并据以转换成实际的薪资值，才能确定每个岗位的薪资水平。

在结合外部数据进行转换前，还要先将岗位评价的分数进行分档，根据分数值差值幅度以及岗位级别的变化，使用分段取点的方法，在150分至950分之间，将其分为五档，这样就确定了薪酬档次。比如，管理类职系就分为"初级、中级二、中级一、高级、资深级"。

4. 寻找外部数据

由于不同地区基本生活费用、地方文化、生活便捷程度等方面的差异，所以不同地区应该有不同水平的薪酬，即使其他条件相同，不同地区同一薪点的薪酬客观上也存在着差异，所以即使岗位价值评分相同，相应的薪酬也有差异，这就更加需要对各地区的薪酬数据进行调查，主要需寻找本地区，本行业，尤其是主要竞争对手的薪资数据。参照同行或同地区其他公司的现有薪资来调整该公司对应工作岗位的薪资，可以保证公司薪酬分配的外在公平性。

获取薪酬数据的途径主要包括：(1) 查阅统计部门、劳动部门、工会等公开发布的资料，图书馆中年鉴等统计工具书；(2) 通过抽样采访或网络问卷进行收集；(3) 通过同行业其他企业的招聘信息中了解；(4) 通过来本公司应聘的求职者了解；(5) 向专业的调查机构咨询。

5. 设定薪酬等级

在确定了薪酬档次之后，结合外部的薪酬数据，就可以确定薪酬等级了。

薪酬的计量基准一般有薪档和薪酬系数，薪酬系数是岗位评价分值的最高分与最低分之间的倍数，相对而言，薪酬系数更具有科学性。设计薪酬等级时要考虑公司的规模。

公司将其确定的岗位价值结果转换为"薪酬值＝薪酬基数×薪酬系数(其中，薪酬基数确定的因素主要有企业所在的行业特征、地区生活水平、企业自身经营状况等，对近期的工资进行测算，最终确定合理的薪酬基数)"，本案例中的薪酬基数经核算为 600 元；将众多类型的岗位薪酬归并组合成若干档次，形成几个薪档系列(例如管理职系可以分为五个档次)。通过这一步骤，就可以确定公司内每一职务具体的薪酬范围，保证员工个人薪酬的公平性。

薪酬等级的每一等级可按照"小步快跑、大步慢跑"的规则设立，即越底层升级越快，级差较小，越往高层由于晋升越慢，责任越大，级差越大。制订出薪级分布表并根据"薪酬值＝薪酬基数×薪酬系数"予以赋值后，就要开始核定薪酬结构。

6. 设计薪酬结构

确定了总体薪酬，还需要根据不同的激励需要设定总薪酬中需要包括哪些项目，也就是薪酬的结构。以零售行业来说，可以做如下考虑。

(1) 零售业的高管层，他们对企业的整体运营结果负责，所以，可以主要采用年薪制。其年薪收入主要包括基本年薪、绩效年薪、年度超额奖金以及福利等；

(2) 中层管理人员和一般职能管理类员工的工资可以采用月薪制，主要薪酬项目可包括基本工资、绩效工资、福利、年终奖金等；

(3) 对于销售人员，其收入与销售业绩相对容易挂钩，所以其工资项目可以包括基本工资、销售提成、绩效工资、福利、年终奖金等；

(4) 对于商品生产人员，其收入可以与其产量挂钩，工资构成可包括基本工资、计件工资、绩效工资、福利、年终奖金等。

7. 核算薪酬数额

在具体的薪酬计算发放环节也有许多问题需要考虑，比如具体每个薪酬项目在整体薪酬中的比例如何设定，奖金是按月发还是按季或按年发等，不同的设计体现的激励方向和力度都不相同。

8. 薪酬预算与控制

薪酬制度一经建立，就应严格执行，发挥其应有的功能。要通过预算等方式进行控制，在确定薪酬调整比例时，要对总体薪酬水平做出准确的预算。可以在人力资源部建好薪酬台账，借助数学和统计学进行预算。比较常用的方法是根据薪酬费用比率推算合理的薪酬费用总额，其公式为：

$$\begin{aligned}\text{薪酬费用比率} &= \text{薪酬费用总额}/\text{销售额}\\ &= (\text{薪酬费用总额}/\text{员工人数})/(\text{销售总额}/\text{员工人数})\end{aligned}$$

薪酬控制是指为确保既定方案顺利落实而采取的种种措施。常用的方法主要包括控制员工人数、通过薪酬总数、最高薪酬、最低薪酬水平和薪酬结构进行薪酬控制等。

在薪酬预算和控制的过程中,还有必要和员工进行及时的沟通和有效的宣传,尽量让员工满意。

五、薪酬设计的常用方法

1. 职务评价法

国外企业通常采用职务评价法来设计一个组织系统的薪酬等级,在我国近些年的薪酬制度改革中,许多企业也运用了这一方法。职务评价的主要目的在于确定一个职位的相对价值。这一过程需要对多个职位进行正式的、系统的比较,并确定职位之间的相对价值,从而最终确定工资或薪酬等级结构。职务评价的一个基本程序就是将一个职位与其他职位进行比较。当企业知道如何确定基准职位的薪酬水平,并能使用职位评价的技术确定企业中与这些关键职位相关的所有其他职位的相对价值时,企业就能公平地确定其企业中所有职位的薪酬水平。

(1) 分级(排序)法　排序法是职务评定方法中较简单的方法之一。该方法根据各项职务对企业的重要性,从高到低将各项职务予以一一排列。排序的依据,是该职务整体上的重要程度,而非某些个别组成部分的重要性。可供采用的排序方法有多种。

(2) 岗位分类法　岗位分类法是一种简单易行、使用广泛的方法,主要是以责任大小、能力和技能、知识、职责、工作量和经历等方面的要求为依据,将企业的各类职务分别定级,然后将各种级别排列成为一个体系。在使用这种方法时,需要把所有的职位分成几个职位组。如果每个职位组里的职位都大致相似,那么这一职位组就叫做职级;而如果这个职位组包含的职位除了复杂程度相似以外,其他方面都不同,那么这一职位组就叫做职等。

(3) 要素比较法　要素比较法是一种综合性的数量方法。该方法是通过将排序法和计分法组合一体而成。要素比较不仅确定了哪项职务对企业更加重要,而且还确定了重要多少,从而使得更容易将薪酬要素的价值转化成货币工资。

薪酬要素用来确定多种职务所共有的工作价值。这些要素是根据职务分析确定的。例如,对仓库和制造场所的职务来说,体力要求、可能遇到的风险以及工作环境就可以作为薪酬要素,并给予较大的权数。而对大多数办公室和文书性质的职务来说,上述因素就无足轻重。因此,在确定薪酬要素和权数时,必须以职务的性质和特点为依据。

(4) 计分法　计分法是最为广泛采用的职务级别评定方法,它比排序法和分类法要复杂得多。它是一种更为量化的职位评价技术,要求确定两个方面的问题:① 多个报酬要素,每个要素分成几个不同的等级;② 这些要素在每个职位中所占的比重。评价者确定与职务有关的薪酬要素后,并给予这些要素以不同的权数或分数,然后把所有的薪酬要素的分数加和,从而得到每个职位的总分值。

(5) 计算机化的职务评价　使用要素比较法、计分法这些量化的工作评价方法非常耗时,需要积累每一项职位报酬要素的数量程度方面的信息,这是一个冗长乏味的过程。

计算机支持的职位评价系统(CAJE)可以简化职务评价的过程。这种方法能够简化职务分析过程,使职位描述及时得到更新,增加职位评价的客观性,同时减少评价者用于开会的时间,并减轻系统维护人员的负担。CAJE包括电子录入、对通过报酬要素调查问卷得到的信息进行处理以及形成自动化的职务评价结果和薪酬报告。

2. 海氏工作评价系统法

海氏(Hay)工作评价系统又叫"指导图表——形状构成法"(Guide Chart—profile),是由美国工资设计专家艾德华·海(Edward Hay)于1951年研究开发出来的。他有效地解决了不同职能部门的不同职务之间相对价值的相互比较和量化的难题,在世界各国上万家大型企业推广应用并获得成功,被企业界广泛接受。

海氏工作评价系统实质上是一种评分法,是将付酬因素进一步抽象为具有普遍适用性的三大因素,即技能水平、解决问题能力和风险责任,相应设计了三套标尺性评价量表,最后将所得分值加以综合,算出各个工作职位的相对价值。根据这个系统,所有职务所包含的最主要的付酬因素有三种,每一个付酬因素又分别由数量不等的子因素构成。

(1) 技能水平　技能水平,是指使绩效达到可接受程度所必须具备的专门业务知识及其相应的实际操作技能。具体包含三个层面:

① 有关科学知识、专门技术及操作方法,分为基本的、初等业务的、中等业务的、高等业务的、基本专门技术的、熟练专门技术的、精通专门技术的和权威专门技术的八个等级;

② 有关计划、组织、执行、控制及评价等管理能力,分为起码的、有关的、多样的、广博的和全面的五个等级;

③ 有关激励、沟通、协调、培养等人际关系技巧,分为基本的、重要的和关键的三个等级。

这三个成分的每一种组合分值即为该职位技能水平的相对价值。其中各数值的相对差异,遵循心理测量学所谓15%韦伯分级定律。

(2) 解决问题能力　解决问题能力是与工作职位要求承担者对环境的应变力和要处理问题的复杂度有关,海氏评价法将其看做是"技能水平"的具体运用,因此以技能水平利用率(%)来测量。进一步分为两个层面:

① 环境因素,按环境对工作职位承担者的紧松程度或应变能力要求,分为高度常规的、常规性的、半常规性的、标准化的、明确规定的、广泛规定的、一般规定的和抽象规定的八个等级;

② 问题难度,按解决问题所需创造性由低到高分为重复性的、模式化的、中间型的、适应性的和无先例的五个等级。

(3) 风险责任　风险责任是指工作职位承担者的行动自由度、行为后果影响及职位责任大小。

① 行动自由度是工作职位受指导和控制的程度,分为有规定的、受控制的、标准化的、一般性规范的、有指导的、方向性指导的、广泛性指导的、战略性指导的和一般性无指导的九个量级;

② 行为后果影响分为后勤性和咨询性间接辅助作用,与分摊性和主要性直接影响作用两大类、四个级别。

风险责任分为微小、少量、中级和大量四个等级,并有相应的金额范围。

技能水平、解决问题能力和风险责任这三个因素,在加总评价分数时实际上被归结为两个方面:

技能水平与解决问题能力的乘积,反映的是一个工作职位人力资本存量使用性价值,即该工作职位承担者所拥有的技能水平(人力资本存量)实际使用后的绩效水平;而风险责任则反映的是某工作职位人力资本增量创新性价值,即该工作职位承担者利用其主观能动性进行创新所获得的绩效水平。

综合加和时,可以根据企业不同工作职位的具体情况赋予两者以权重。职务评价的最终结果可用以下计算公式一般表示为:

$$W_i = \gamma [f_i(T,M,H) \cdot Q] + \beta [f_i(F,I,R)]$$

式中，W_i——第 i 种工作职位的相对价值；

$fi(T,M,H)\cdot Q$——第 i 种工作职位人力资本存量使用性价值；

$fi(F,I,R)$——第 i 种工作职位人力资本增量创新性价值；

γ、β——第 i 种工作职位人力资本存量使用性价值和增量创新性价值的权重，$\gamma+\beta=1$。

一般情况下，γ、β 的取值大致有三种情况：

① $\gamma=\beta$，如会计、技工等工作职位的情形（平路型）；

② $\gamma>\beta$，如工程师、营销员等工作职位的情形（下山型）；

③ $\gamma<\beta$，如总裁、副总裁、经理人员等工作职位的情形（上山型）。

T——专业理论知识（科学知识、专门技术及操作方法）；

M——管理诀窍（计划、组织、执行、控制及评价等管理诀窍）；

H——人际技能（有关激励、沟通、协调、培养等人际关系技巧）；

Q——解决问题能力；

F——行动自由度；

I——职务对后果形成的作用（行为后果影响）；

R——职务责任（风险责任）。

3. 宽带薪酬

(1) 宽带薪酬的定义　宽带薪酬始于20世纪90年代，是作为一种与企业组织扁平化、流程再造等新的管理战略与理念相配套的新型薪酬结构而出现的。

所谓“宽带薪酬设计”，就是在组织内用少数跨度较大的工资范围来代替原有数量较多的工资级别的跨度范围，将原来几十个薪酬等级压缩成几个级别，取消原来狭窄的工资级别带来的工作间明显的等级差别。但同时将每一个薪酬级别所对应的薪酬浮动范围拉大，从而形成一种新的薪酬管理系统及操作流程。宽带中的“带”意指工资级别，宽带则指工资浮动范围比较大。与之对应的则是窄带薪酬管理模式，即工资浮动范围小，级别较多。目前国内很多企业实行的都是窄带薪酬管理模式。

在宽带薪酬体系设计中，员工不是沿着公司中唯一的薪酬等级层次垂直往上走，相反，他们在自己职业生涯的大部分或者所有时间里可能都只是处于同一个薪酬宽带之中，他们在企业中的流动是横向的，随着能力的提高，他们将承担新的责任，只要在原有的岗位上不断改善自己的绩效，就能获得更高的薪酬，即使是被安排到低层次的岗位上工作，也一样有机会获得较高的报酬。

(2) 宽带薪酬的特征和优势　与传统的等级薪酬模式相比，宽带薪酬模式具有以下特征。

打破了传统薪酬结构所维护和强化的等级观念，减少了工作之间的等级差别，有利于企业提高效率以及创造学习型的企业文化，同时有助于企业保持自身组织结构的灵活性和有效地适应外部环境的能力。

引导员工重视个人技能的增长和能力的提高。在传统等级薪酬结构下，员工的薪酬增长往往取决于个人职务的提升而不是能力提高，因为即使能力达到了较高的水平，但是在企业中没有出现职位的空缺，员工仍然无法获得较高的薪酬。而在宽带薪酬体系设计下，即使是在同一个薪酬宽带内，企业为员工所提供的薪酬变动范围也可能会比员工在原来的五个甚至更多的薪酬等级中获得的薪酬范围还要大，这样，员工就不需要为了薪酬的增长而去斤斤计较职位晋升等方面的问题，而只要注意发展企业所需要的那些技术和能力就可以获得相应的报酬。

有利于职位轮换，培育那些新组织的跨职能成长和开发。在传统的等级薪酬结构中，员工的薪酬水平是与其所担任的职位严格挂钩的。由于同一职位级别的变动并不能带来薪酬水平上的变化,但是这种变化使得员工不得不学习新的东西,从而工作的难度增加,辛苦程度更高,这样,员工不愿意接受职位的同级轮换。而在宽带薪酬制度下,由于薪酬的高低是由能力来决定而不是由职位来决定,员工乐意通过相关职能领域的职务轮换来提升自己的能力,以此来获得更大的回报。

有利于提升企业的核心竞争优势和企业的整体绩效。在宽带薪酬体系中,上级对下级员工的薪酬有更大的决策权,从而增强组织的灵活性和创新性思想的出现,有利于提高企业适应外部环境的能力。

(3) 宽带薪酬的劣势

实施宽带薪酬,会使员工晋升较以往更加困难。传统薪酬制度下的职位级别多,员工比较容易得到晋升,然而宽带薪酬制度下的职位级别少,员工很可能始终在一个职级里面移动,长时间内员工只有薪酬的变化而没有职位的晋升。而在我国,职位晋升对员工来说也是一种相当重要的激励手段,尤其对于知识员工或薪酬达到一定水平的员工来说更是如此,晋升机会减少可能导致员工士气低落而失去进取热情。

在宽带薪酬模式下,经理在决定员工工资时有更大的自由,因而使人力成本有可能大幅度上升。美国联邦政府的经验表明,在宽带结构下,薪酬成本上升的速度比传统工资结构下要快得多。

(4) 宽带薪酬设计的两个要素

① 市场竞争性。内部公平性是指设计薪酬管理时一定要考虑公司内部级别系统是否合理和公平,通常的方法是通过进行岗位分析和岗位评价,设计合理可行的级别体系。现在比较流行的岗位评估方法有三因素和四因素法,通过岗位评估,算出各岗位的点数,通过点数比较各岗位之间的大小。

根据岗位评估结果形成的自然级别作为设计企业级别的基础,企业级别的形成有可能是自然级合并的结果,多级自然级合并就形成宽带薪酬级别。不同的薪酬管理方法在评估后形成自然级别的方法也不完全相同,到底哪些级别和哪些级别合并这也与不同的企业有关系,是由企业的类型、岗位特点、岗位分布状况和数量等因素决定。没有一家企业是完全一样的。

中国大多数国有企业采用一岗一薪制,缺乏激励机制。外资企业多数是宽带薪酬管理,但是在销售、制造、IT、制药等不同类型企业的宽带薪酬的“宽度”都不完全相同。例如:在制药型企业,人员分布最多的是销售和生产人员,这是两种不同的人员群体,人力资源顾问会根据它的特点提出在一个体制下两种不同的宽带薪酬结构。宽带薪酬管理的特点是匹配于扁平化的管理结构、不强调资历、提倡职业发展和成长,所以,它的特点与外资企业的文化也相吻合,如果在国内企业推行宽带薪酬管理,企业也必须考虑如何建立与之相适应的企业文化。

不过,在中国的外资企业宽带薪酬管理也和外国不完全一样,这可能也是中国特点。跨国公司,在它的国外机构,工作 20 年以上的销售人员、高级工程师也许比总经理工资都高,但是,在中国这种现象并不普遍存在。

在中国,宽带薪酬管理能解决一个问题,就是一种岗位不仅仅只有一个级别,根据岗位职业发展通路,有不同的级别,这就可以解决国有企业的“一岗一薪”问题。

② 内部公平性。人力资源管理顾问在薪酬管理方面咨询时,经常从外资企业管理的角度看待国内企业管理,结果证明行不通。以下是一些解决国内企业内部公平性的经验。

● 澄清组织结构和报告关系　很多企业工作流程和它的组织结构及报告关系完全不符合。在设计薪酬管理方案前,先让管理层讨论澄清企业组织结构和报告关系。不清晰的组织结构和报告关系会影响企业内部公平性。

● 为每一个岗位建立清晰的岗位职责 岗位职责中的"职责"是指职务和责任的意思，责任的大小决定了员工的岗位级别的高低。但是在大多数国内企业中，企业只讲员工做什么，不谈员工责任。中国企业家基本上都有任职文件，文件中对岗位职责也有规定，但是，实际上说的是职，而不是责。如果企业没有建立明确的岗位职责体系，花多少钱设计宽带薪酬管理都不解决问题。不明确的岗位职责会影响企业的内部公平性。

● 选择一种岗位评价方法 内部公平性最核心的部分是说用一种岗位评价方法评价岗位的价值或贡献，基本上所有评价方法都是通过评估因素来判断岗位的贡献和责任。岗位贡献和责任越大，岗位级别越高。它是决定公平性的最重要的因素。

● 建立公平的级别体系 宽带薪酬管理的基础是要首先建立一个公平的内部级别体系。但是，这正是内资企业人力资源管理中最薄弱的环节。应该通过岗位评估的结果设计出内部级别矩阵，建立企业内部相对公平的内部级别体系。在国内企业，通常企业级别是：总经理级、主任级、副主任级、科员级等，非常简单，实际上不同的部门主任之间，科员之间的责任大小也有差异，这样的简单级别往往产生不公平感。

● 先不要看市场，先让内部的薪酬分配相对公平 有些企业，自己内部还没有建立相对公平的分配机制，就去与市场比较。结果是越弄越复杂，工资成本增长了，不满意的呼声没有减弱。例如，对某家企业做过一次调查，这家公司请了一家咨询公司做了薪酬和绩效管理方案，在咨询项目开始前对员工进行过一次关于对公司薪酬管理的观点和态度调查。方案实施半年多，对该公司又做了一次问卷调查，调查员工对薪酬方案实施后的观点和态度，这次调查结果与项目开始前的调查结果作对比，不但没有改进，反而更糟糕。

思考题：

1. 工资与薪酬的区别。
2. 简述薪酬体系设计的基本流程及影响因素。
3. 简述一种薪酬制度设计的方法，并结合实际，阐述其在企业实践中的应用。

第十三章 员工福利

□ 学习目的

通过对本章内容的学习，应了解和掌握如下问题：

- 了解员工福利的定义、内容、特点及重要性、发展趋势
- 了解我国福利制度的特点及存在的一些问题
- 掌握法定福利、企业福利的主要构成内容
- 掌握员工福利规划的定义及意义
- 掌握影响员工福利规划与设计的因素
- 掌握福利管理的定义、重要性、原则及流程

□ 引入案例

通用公司一辆价值 2 万美元的轿车从生产线上组装完毕后，成本会计师将会告诉你在成本中将有 1 200 美元用于员工的健康保险。与同一辆轿车的钢材成本——500 美元相比，健康保险成本核算对成本的影响是很大的。与在美国的一些外国汽车制造商(有更加年轻、更加健康的员工并且几乎没有退休员工)低达 100 美元的福利相比，通用公司的福利成本高得惊人。

在 20 年中(1955—1975 年)，员工福利几乎以 4 倍于员工工资或消费价格指数的速度增长。相比较来说，1963—1987 年期间，福利成本的增长速度有所下降(福利成本的增长速度是工资增长速度的两倍)。事实上，在 1993—1995 年期间，福利成本稳定在平均每个全日制员工 1.45 万美元左右。

从上面的例子我们可以看出，员工福利在企业产品的生产成本中所占的比重相当大，它在企业人工成本中的分量更是不可忽视。目前，主流的薪酬管理思想已经把福利与基本工资和奖金并称为薪酬体系的三大支柱，并且开始从战略的高度对福利进行研究，把福利作为企业人力资源战略的工具，福利已不再是过去的“小额优惠”了。

第一节 员工福利概述

一、员工福利的定义和内容

员工福利是一个综合性的概念，是企业基于雇佣关系，依据国家的强制法令及相关规定，以企业自身的支付能力为依托，向员工提供的、用以改善其本人和家庭生活质量的各种以非货币工资和延期支付形式为主的补充性报酬和服务。

员工福利的内容可以分为两大部分：法定福利和企业福利。法定福利是政府通过立法要求企业必须提供的，例如，我国职工的法定福利包括员工集体生活设施(食堂、浴室等)、集体文化娱乐设施(员工俱乐部、员工活动中心等)、员工困难补助、必要的补贴(探亲待遇、上下班交通补贴、冬季取暖补贴等)、社会养老保险、工伤保险、失业保险等。企业福利是企

业在没有政府立法要求的前提下主动提供的，例如工作餐、旅游、通信补贴、公积金等，见图13－1。

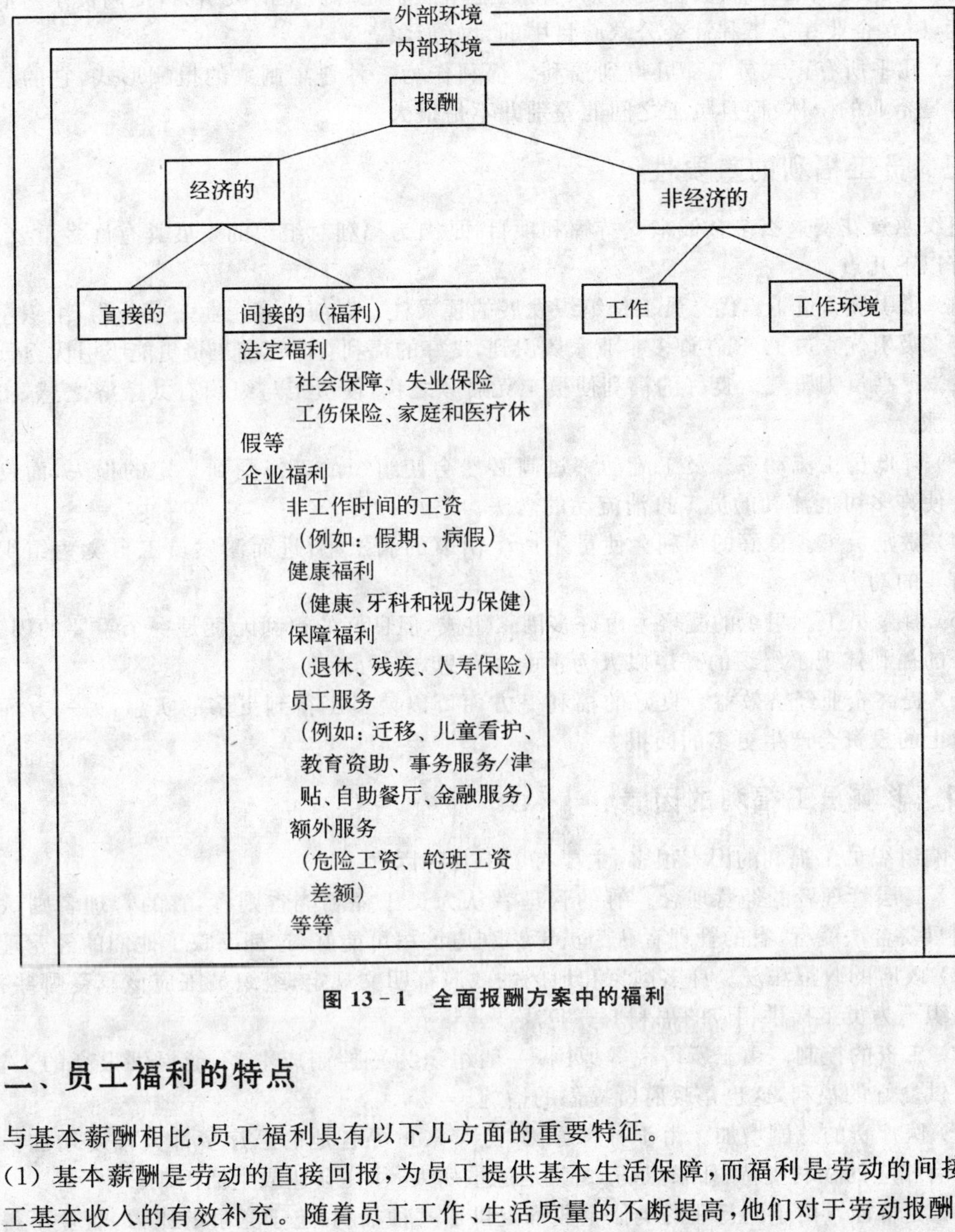

图13－1　全面报酬方案中的福利

二、员工福利的特点

与基本薪酬相比，员工福利具有以下几方面的重要特征。

（1）基本薪酬是劳动的直接回报，为员工提供基本生活保障，而福利是劳动的间接回报，是员工基本收入的有效补充。随着员工工作、生活质量的不断提高，他们对于劳动报酬的需要也越来越呈现出多元化的趋势。相对于基本薪酬的基本保障作用而言，福利具有满足员工多方面、多层次需要的作用，除了满足员工经济和生活需要外，还可满足员工安全需要、休闲需要、学习与发展的需要，等等。

（2）基本薪酬往往采取货币支付的方式，而福利通常采用各种保障计划、休假、服务以及实物支付和延期支付的方式。换言之，福利要占用企业的资金，但通常并不直接以货币支付给员工，员工只是从福利中间接受益。例如，公司可能每年花费两万元为全体员工购买健康保险，员工并没有直接得到钱，但确实获得了健康保险的福利。

(3) 基本薪酬属于可变成本,而福利通常都有类似固定成本的特点,因为它与员工的工作时间之间并没有直接联系。也就是说,福利并不直接与工作效率相联系,因而并不能立竿见影地刺激员工提高绩效。然而,优越的福利待遇能增强企业对员工的吸引力,提高员工对职位的满意度,树立企业在员工和社会公众心目中的良好形象。

(4) 几乎所有正式员工都可得到福利。福利作为一种普惠制式的报酬形式,它的享受对象通常是企业的全体,而且员工之间的差别并不是很大。

三、员工福利的重要性

组织愿意花费这么多金钱来支持福利项目,是因为福利对组织的发展具有许多重要意义,主要有以下几点。

(1) 吸引优秀员工。优秀员工是组织发展的顶梁柱。以前许多企业一直认为,组织主要靠高工资来吸引优秀员工,现在许多企业家认识到,良好的福利有时比高工资更能吸引优秀员工。

(2) 提高员工士气。良好的福利使员工无后顾之忧,使员工与组织有共荣辱之感,士气必然会高涨。

(3) 降低员工流动率。员工流动率过高必然会使组织的工作受到一定的损失,而良好的福利会使许多可能流动的员工打消流动的念头。

(4) 激励员工。良好的福利会使员工产生由衷的满意感,进而激发员工自觉为组织的目标而奋斗的动力。

(5) 凝聚员工。组织的凝聚力由许多因素组成,但良好的福利无疑是一个重要的因素,因为良好的福利体现了组织的高层以人为本的经营思想。

(6) 提高企业经济效益。良好的福利一方面可以使员工得到更多的实惠,另一方面用在员工身上的投资会产生更多的回报。

四、影响员工福利的因素

影响组织员工福利的因素很多,主要有以下几种因素。

(1) 高层管理者的经营理念。有的管理者认为员工福利能省则省,有的管理者则认为员工福利只要合法就行,有的管理者认为员工福利应该尽可能好,这都反映了他们的经营理念。

(2) 政府的政策法规。许多国家和地区的政府都明文规定,组织员工应该享受哪些福利。一旦组织不为员工提供相应的福利就算犯法。

(3) 工资的控制。由于所得税等原因,一般组织为了控制成本,不能提供很高的工资,但可以提供良好的福利,这也是政府所提倡的措施。

(4) 医疗费的急剧增加。由于种种原因,近年来世界各地的医疗费都大幅度增加。员工一旦没有相应的福利支持,如果患病,尤其是危重病人,往往会造成生活困难。

(5) 竞争性。由于同行业的类似企业都提供了某种福利,迫于竞争的压力,企业不得不为员工提供该种福利,否则会影响员工的积极性。

(6) 工会的压力。工会经常会为员工福利问题与企业资方谈判,有时资方为了缓解与劳方的冲突,不得不提供某些福利。

第二节 法定福利

法定福利是国家通过立法强制实施的对员工的福利保护政策,包括社会保险和各类休假制度。

一、社会保险

社会保险是国家通过立法手段建立的，旨在保障劳动者在遭遇年老、疾病、伤残、失业、生育及死亡等风险和事故，暂时或永久的失去劳动机会，从而全部或部分丧失生活来源的情况下，能够享受到社会给予的物质帮助，维持其基本生活水平的社会保障制度。

社会保险制度在19世纪80年代出现，是当时工业化生产方式带来如工伤、失业、疾病等问题，而原有的家庭保障职能弱化，国家出面对工人的利益给予保护的产物，也是国家强制推行的对工人的福利政策。社会保险具有以下特点。

(1) 强制性。社会保险是国家立法强制实施的社会政策，被保险人必须参加，承保人必须接受。

(2) 保障性。社会保险是一项收入补偿制度，其目标是保障被保险人的基本生活。

(3) 公益性。与商业保险不同，社会保险不以赢利为目的，注重社会效益。

(4) 普遍性。工薪劳动者或全体公民都可以参加社会保险。

(5) 互济性。社会保险基金通过收入再分配的手段筹集和建立，当被保险人发生风险时，可以享受社会保险待遇。因此，社会保险具有风险共担、互助互济的作用。

社会保险的目的是风险的补偿和预防，现代社会经济生活的风险决定了社会保险的内容。对于我国企业职工来说，主要是养老保险、医疗保险、失业保险、工伤保险和生育保险。

法定福利主要包括以上五大险种以及住房公积金(图13-2)，下面将详细介绍这几种福利项目。

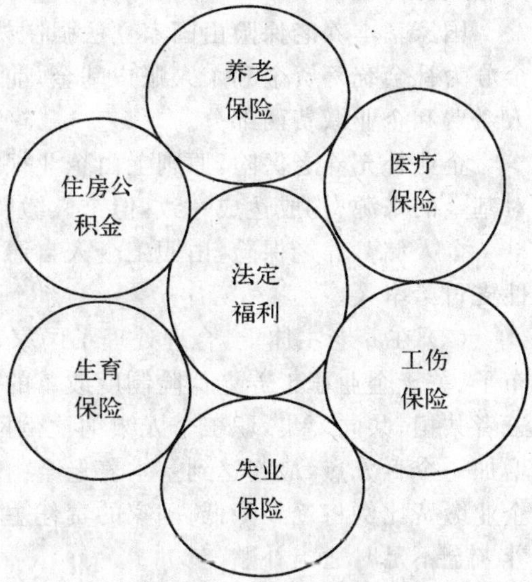

图13-2　法定福利的构成

(一) 养老保险

1. 养老保险的含义、特点

(1) 含义　养老保险制度是社会保险制度的重要组成部分，也是社会保障制度的重要保障项目之一。它是指国家通过立法规定，对因年老而丧失劳动能力者或退休者提供一定数额生活费用，以维持其基本生活的一项收入保障制度。

要准确、完整地理解养老保险制度含义，必须把握养老保险与养老保障的区别，主要有以下两点：第一，养老保险体现的仅是社会保障内容的某一部分。一般来说，养老保障是指社会、家庭、社区，为老年成员的生活提供安全保证，它包含两方面内容，一是养老的经济保障，二是养老的情感满足、生活服务保障。养老保险指的是第一方面内容。第二，养老保险仅是社会保险发展过程中的某一阶段。养老保险就其发展成熟程度可分为三个阶段，即家庭养老保险、社区养老保险、社会养老保险。养老保险指的是第三个发展阶段。

(2) 养老保险制度的特点　养老保险是社会保险制度中受保者身份最稳定、享受时间最长、费用开支最大的项目，是一个国家社会保障制度完善与否的重要标志之一。与其他社会保险项目相比，它具有以下显著特点。

① 养老保险是一种最普遍的险种。从国际上看，许多国家都把发展养老保险作为建立社会保障制度的重要突破口，几乎所有实行社会保险的国家，都设置了养老保险。

② 养老保险对象的范围广、时间长。因年老退休是每个劳动者一生中都会遇到的，而劳动者一旦拥有享受养老保险的权利，其资格一般均可延续至其死亡。因此，养老保险的对象事实上是全体劳动者。

③ 养老保险基金数额大，尤其是在人口老龄化高峰期，其开支更是巨大。因此，通常的模式是由国家、企业(单位)、个人共同承担养老金的支出。

④ 养老金的给付和积累的时间长，因此其缴费和支付标准一般都需与物价和工资等变动因素挂钩，这里涉及养老基金的保值、增值问题。

2. 养老保险制度的改革

(1) 在养老层次上，实行国家、企业、个人三维保险　1991 年，国务院颁布了《关于企业职工养老保险制度改革的决定》，《决定》对过去单一的企业养老保险制度的缴费方式进行了改革，规定企业养老保险制度由国家基本养老保险、企业补充养老保险、个人储蓄养老保险三部分组成。

国家基本养老保险由国家立法强制执行，以保障职工退休的基本生活为目的。这部分基金分为社会统筹资金和个人账户基金，前者来源于企业交纳的基本养老保险费，后者来源于个人缴费和企业缴费两部分。

企业补充养老保险，原则上由企业根据自身经济承受能力，在与本企业职工协商的基础上对基金的来源、构成达成一致，但个人缴费部分不得超过供款总额的一半。

个人储蓄养老保险，由职工个人自愿参加，或多或少地向社会保险机构缴纳，退休时一次性支付给本人。

(2) 在养老主体上，合理处理了国家、企业、个人三者的责任关系　1991 年 6 月，国务院颁布了《关于企业职工养老保险制度改革的决定》，明确规定企业基本养老金由国家、企业、个人三者共担，共同筹集，职工个人缴纳比例刚开始可以不超过本人标准工资的 3%，但每两年应增加一个百分点，最终达到基本养老金由企业和个人各负担一半；随着个人缴费比例的提高，企业缴费比例将逐年降低；国家的责任主体作用主要体现在企业所缴养老费税前列支以及在养老金不足时适当补贴。

(3) 在筹资模式上，实行社会统筹和个人账户相结合的部分积累制　所谓部分积累制，即现收现付制与完全积累制两种方式的结合，一方面对已经退休人员的养老金继续实行现收现付筹资；另一方面，对在职员工建立一定比例的积累基金，为应对老龄化时期作准备。1997 年，国务院颁布了《关于建立统一的企业职工基本养老保险制度的通知》，统一了全国养老保险的实施办法，新的养老保险制度为每个劳动者设立一个与其身份证编码相同、终身不变的个人养老保险账户，把个人和单位缴费中的个人部分都记入账户，到退休时按个人账户的累计储存额计发养老金。

(4) 在管理体制上，提高社会化、规范化程度　首先在养老金的筹集和发放上逐渐减少对企业的依赖，朝专门保险机构过渡；其次，在养老金的管理上，努力改变以往管理人员素质较弱的不足，对管理人员进行必要的培训，同时，不断改进管理技术手段，提高管理效率。

(二) 医疗保险

1. 医疗保险的含义、特点

(1) 含义　所谓医疗社会保险是指社会劳动者因为疾病、受伤等原因需要诊断、检查和治疗时，由国家和社会为其提供部分或全部的医疗费用和医疗服务的一种社会保险制度。

(2) 特点

① 覆盖面广，发生率高。医疗社会保险覆盖的范围是法定范围内的所有劳动者，包括不

同地区、不同行业、不同经济形式中的所有人员，它和其他社会保险项目密切交织在一起，被保险人不论是享受生育保险、养老保险、工伤保险及失业保险，只要发生生育、受伤、疾病等都必须同时享受医疗保险。因而发生率很高。

② 互济性强。在医疗社会保险中，主要采用"大数法则"和社会统筹基金的方式来实现医疗保险的目的。这种方式体现了很强的互济性。社会成员的互济性是指人们在彼此有医疗需要时互相接济。每一个社会成员在医疗保险体系中，既处于受助地位，又处于"自助人"地位。医疗社会保险充分体现了"一人为众，众为一人"的互济原则。

③ 平等性。所谓平等性是指社会成员享受医疗社会保险服务时权利和义务的均等性。这种平等性表现在任何一位社会成员，当需要医疗服务和帮助时，都能均等地获得这些权利和机会；每个社会成员缴纳社会保险费用时是平等的；每个社会成员接受社会医疗保险服务的质量是平等的。

④ 社会化程度高。医疗社会保险费用的筹集和支出都需要有一种社会化程度很高的医疗社会保险机构来承担。而社会保险机构的保险费筹集模式必然也是社会化程度很高的一种模式。比如大多数国家都采用社会统筹的筹资途径，医疗社会保险打破了单位式的医疗保险模式，使劳动者都参加医疗保险。其社会化程度主要体现在：服务对象的社会化，即面向全体劳动者；资金筹集的社会化；服务管理社会化。

⑤ 基金统一管理。医疗社会保险基金是社会成员的"救命钱"，为了保证其安全、合理、有效的使用，必须建立一个统一的社会保险机构来进行基金统一管理并加以监督。由于医疗社会保险统筹基金是社会统筹的基金，因而需要一个社会化的、统一的、权威的机构来管理这笔基金的收取和支付，从而改变过去那种政出多门、体制不顺、效率低下、管理不力、漏洞百出的局面，从一定程度上防止了医疗保险基金的流失。

2. 医疗社会保险的作用

医疗社会保险作为社会保险的一项重要内容，在社会、经济生活中扮演着重要的角色。

(1) 它关系到经济社会发展与居民的健康；

(2) 保证社会再生产；

(3) 提高劳动者的生产积极性。

2000年国务院发布《关于完善城镇社会保障体系的试点方案》。目前，我国正在积极推进多层次医疗保障体系建设，基本医疗保险是核心和基础。此外，根据不同人群的特点还需要建立职工大额医疗费用补助、公务员医疗补助、企业补充医疗保险、商业医疗保险及社会医疗救助等。

(三) 失业保险

失业保险是指国家通过立法强制实行的，由社会集中建立基金，对因失业而暂时中断生活来源的劳动者提供物质帮助的制度。失业保险的开支范围有：失业保险金、领取医疗保险金期间的医疗补助金、丧葬补助金、抚恤金；领取失业保险金期间接受的职业培训补贴；国务院规定或批准的与失业保险有关的其他费用。享受失业保险待遇的条件是：所在单位和本人按规定履行缴费义务满一年，非本人意愿中断就业，已办理失业登记并有求职要求，同时具备以上三个条件者才有申请资格。

失业保险基金来源于四个部分：失业保险费，包括单位缴纳和个人缴纳两个部分，这是基金的主要来源；财政补贴，这是政府负担的一部分；基金利息，这是基金存入银行和购买国债的收益部分；其他资金，主要是指对不按期缴纳失业保险费的单位征收的滞纳金等。我国于1999年1月20日颁布的《失业保险条例》规定，企事业单位按本单位工资总额的2%缴纳失业保险费，职工按本人工资 1%缴纳失业保险费。失业保险金的给付期限，最长为 24 个月，最短为 12 个月。其中累计缴费时间满 1 年不足 5 年的，给付期最长为 12 个月；满 5 年不满 10 年的，给付期最长为 18 个月；10 年以上的，给付期最长为 24 个月。对连续工作满 1 年的农民工，根据其工作时间长短支付一次性生活补助。

失业保险具有如下几个特点：一是普遍性。它主要是为了保障有工资收入的劳动者失业后的基本生活而建立的，其覆盖范围包括劳动力队伍的大部分成员。因此，在确定适用范围时，参保单位应不分部门和行业，不分所有制性质，其职工应不分用工形式，不分家居城市、农村，解除或终止劳动关系后，只要本人符合条件，都有享受失业保险待遇的权利。二是强制性。它是通过国家法律、法规强制实施的。不履行缴费义务的单位和个人都应当承担相应的法律责任。三是互济性。筹集的失业保险费不分来源渠道，不分缴费单位的性质，全部列入失业保险基金，在统筹地区内统一调度使用以发挥互济功能。

我国的失业保险制度是在 1986 年正式建立的。1986 年，国务院颁布了《国营企业职工待业保险暂行规定》，明确规定对国营企业职工实行待业保险制度。此外，2001 年劳动和社会保障部下发《关于推动社区就业工作的若干意见》，同年，劳动和社会保障部发布《关于开展再就业援助行动的通知》。这些政策法规的出台，标志着我国失业保险制度建设进入到一个新的阶段。

（四）工伤保险

工伤保险是指国家和社会为在生产、工作中遭受事故伤害和患职业性疾病的劳动者及其亲属提供医疗救治、生活保障、经济补偿、医疗和职业康复等物质帮助的一种社会保障制度。

1996 年颁布了《企业职工工伤保险试行办法》，该办法建立了基金体制，首次将工伤保险作为一个单独制度，并将工伤预防、工伤康复和工伤补偿有机结合起来，打破了传统的工伤保险“企业自我保险”的格局，标志着我国工伤保险制度建设进入了一个新的历史时期。

我国根据各行业的伤亡事故风险和主要危害程度划分职业伤害风险等级，据此征收行业差别费率。在实行差别费率的情况下，政府还要根据各行业或企业的安全生产状况和费用收支情况，定期调整收费率，调整的幅度为本行业标准费率的 5%～40%，这种通过定期调整企业所缴纳的保险费率的机制，体现了对于企业的安全工作进行奖励或惩罚的原则，有利于促进企业重视安全生产，加强安全生产工作。

（五）生育保险

生育保险是国家通过立法，对怀孕、分娩女职工给予生活保障和物质帮助的一项社会政策。生育保险提供的生活保障和物质帮助通常由现金补助和实物供给两部分组成，旨在通过向职业妇女提供生育津贴、医疗服务和产假，帮助她们恢复劳动能力，重返工作岗位。我国生育保险制度创建于 20 世纪 50 年代初期。《中华人民共和国劳动保险条例》对生育保险有关待遇作了明确规定，生育保险的主要内容包括：提供产假、产假期间的工资和医疗服务等。

1994 年 12 月 1 日颁发的《企业职工生育保险试行办法》，作为《劳动法》的配套文件，规定生育保险的对象和范围包括城镇各类企业的女职工，并对生育保险基金的筹集原则及提取比例、统筹层次、支付和管理作出了明确的规定。基本上肯定和采纳了生育费用社会统筹的模式，提出由企业按其工资总额的一定比例向社会保险经办机构缴纳生育保险费，建立生育保险基金。生育保险费由当地人民政府根据实际情况决定，但最高不要超过工资总额的 1%。企业缴纳的生育保险费列入企业管理费用，职工个人不缴纳生育保险费。女职工生育期间的检查费、接生费、手术费、住院费和医疗费，都由生育保险基金支付，超出规定的医疗服务费和药费由职工个人承担。产假期间按照本企业上年度职工月平均工资计发生育津贴，由生育保险基金支付。

需要指出的是，由于多方面的原因，生育费用社会统筹至今在很多地区还没有实施，具体的对策和相关的法律法规还有待进一步研究。2002 年 9 月 1 日实施的《中华人民共和国人口与计划生育法》将进一步维护女职工的合法权益。

（六）住房公积金

住房公积金计划是依据国家的政策法令所建立起来的一项由国家所承办的、单位和个人共同承担缴费责任的强制性住房储蓄计划。

为推动我国住房体制改革的进一步深化和发展，解决改革中遇到的一些困难，1999 年 4 月 3 日，国务院颁布了《住房公积金管理条例》，制订了住房公积金建立、运作和实施的各项具体规定。2002 年 3 月 24 日，根据《条例》的具体实施过程中所出现的问题进行了进一步的修订。

一般来说，住房公积金计划对于企业是一种具有强制性和义务性的缴费计划，企业有为其员工在住房公积金管理中心办理公积金缴存和支取手续，建立员工个人的住房公积金账户，缴纳住房公积金费用以及每月为员工代扣代缴住房公积金费用等责任。按《条例》的规定，目前企业和个人每月住房公积金的缴存比例不得低于员工本人上一年度月平均工资的 5%，计入职工的公积金账户。职工在购买住房时，可以使用公积金。没有动用的公积金或公积金账户有剩余资金的，在员工退休时按规定返还给员工。

二、法定其他福利

(1) 公休假日。公休假日是劳动者工作满一个工作周之后的休息时间。我国实行的是周 40 小时工作制，劳动者的公休假日为每周 2 天。《劳动法》第 38 条规定：用人单位应当保证劳动者每周至少休息 1 天。

(2) 法定休假日。法定休假日即法定节日休假。我国法定的节假日包括元旦、春节、国际劳动节、国庆节和法律法规规定的其他休假节日。《劳动法》规定，法定休假日安排劳动者工作的，应支付不低于工资 300% 的劳动报酬。除《劳动法》规定的节假日外，企业可以根据实际情况，在和员工协商的基础上，决定是否放假以及加班工资。

(3) 带薪年休假。我国《劳动法》第 45 条规定，国家实行带薪年休假制度。劳动者连续工作 1 年以上的，享受带薪年休假。国家事业单位和公务员带薪年休假制度也早已存在，工作人员有 10 年、20 年和 20 年以上工龄的分别休假 7 天、10 天和 15 天，各单位可根据实际情况进行调整，并非硬性规定。

休假的目的在于使员工有一段时间离开繁重的工作，获得身心的休息，以便更好地投入到工作中去。带薪休假政策的一个关键问题在于，假期是否可以累计和转换。也就是说，如果组织给予员工每年 10 天的带薪休假福利，如果第一年没有使用这一权利，10 天的假期是否可以顺延到第二年。如果组织规定带薪休假可以顺延，但是由于某些原因，到第二年，该员工的工作很忙也很重要，组织不能安排其休假，那么组织是否要对这个员工进行补偿，如果补偿，怎么补偿？允许员工建立这种类似“假日银行”的做法一方面会给组织带来潜在的高额成本，另一方面也无法达到休假的根本目的。所以，大多数企业对员工可以累计的休假天数会有上限的规定，超过一定天数后，未休假的时间将不再累计。

(4) 带薪事假、带薪病假、带薪产假。带薪事假是指雇员因某些事由请假不超过一定的期限，雇主仍给付一定的薪金，并为其保留工作岗位。带薪病假实质上属于医疗保险待遇范畴，带薪产假实质上属于员工生育保险的范畴，但由于病假、产假期间工资仍由雇主支付，因此被视为员工福利的内容。

第三节 企业福利

企业福利是指企业自主建立的，为满足职工的生活和工作需要，在工资收入之外，向雇员本人及其家属提供的一系列福利项目，包括货币津贴、实物和服务等形式。企业福利计划比法定福利计划种类更多，也更加灵活，主要包括以下几种。

一、企业补充保险计划

与强制性的法定社会保险不同，补充保险计划是由企业自主设立，对雇主而言，这是纯粹的员工福利。企业补充保险包括补充养老保险、补充失业保险、补充医疗保险等。

(1) 企业补充养老金计划。法定养老保险是社会保障的一部分，是法律所要求的退休福利。由于各方面的原因，法律所规定的养老金不会太高，很难保证劳动者在退休以后过上富裕的生活，为此，很多国家都鼓励企业在国家法定的养老保险之外，施行企业的补充养老保险计划。

企业补充养老保险计划或企业年金是企业补充保险计划的核心部分，是企业根据自身经济条件为本企业职工建立的一种辅助性的养老保险，是由国家宏观指导，企业内部决策执行的。企业补充养老保险并无固定模式可循，但有一些共同点：① 视企业经济能力而定，经济条件好的多补充，经济条件差的少补充或不补充；② 鼓励为本企业多作贡献，补充退休金随本人的工资和工龄而定，离开企业不转移关系；③ 费用一般由企业自主负担，也有由企业和职工双方负担的；④ 基本采取完全积累模式，用以投资增值，国家一般会提供政策支持和税收方面的优惠。

在比较注重退休福利的欧美国家，企业通过补充养老计划对退休员工的收入保障起到了举足轻重的作用。在我国，法律规定的养老金水平还不可能太高。在我国的外企、民企现行的薪酬福利体制下，员工在退休之后从国家社保机构所领取的退休金和在职期间的收入相比存在着巨大的差距，我国企业的员工较之欧美员工一般退休年龄较早，多数企业又没有为员工设立补充养老计划，退休后的收入锐减就成了一个令人焦虑的严重问题。

1995 年 12 月，国务院在已有的企业职工养老保险制度改革规定的基础上，颁布了《关于建立企业补充养老保险制度的意见》，对企业建立补充养老保险计划做出了相应规定。这一方案指出了社会养老保险体系的三大支柱：国家基本养老保险、企业补充养老保险、个人储蓄商业性养老保险。企业年金是指企业和职工在依法参加法定养老保险的基础上，自愿建立的补充养老保障计划，亦为一项缴费固定型企业养老保险计划。政府积极鼓励有条件的企业为员工建立补充养老金，并进一步建立健全企业年金的运作法规。

(2) 集体人寿保险计划。人寿保险是人身保险的一部分。人寿保险以人的寿命为保险标的，人寿保险可以分为生存保险、死亡保险和生死“两全”保险。生存保险是以被保险人在保险期满时仍然生存为给付条件的人寿保险；死亡保险是以被保险人的死亡为保险终止的人寿保险，其又分为定期寿险和终身寿险，定期寿险的保险期限是某一特定的期间，终身寿险的保险期限是被保险人的一生；生死“两全”保险的两全，是指当被保险人在保险期内死亡、或在保险期满时仍生存，保险人均负有理赔或支付保险金的义务。大多数企业都要为其员工提供团体人寿保险，这是一个适用于团体的寿险方案。企业可以以较低的费率购买到相同的保险，而且团体方案通常适用于所有员工(包括新进员工)，而不论他们的健康或身体状况如何。在多数情况下，企业会支付全部的基本保险费，承保金额相当于员工两年的薪酬收入，而附加的人寿保险则要由员工自己承担。在我国，已经有不少企业开始为员工办理集体人寿保险。

(3) 健康医疗保险计划。健康医疗保险的目的是减少当员工生病或遭受事故时本人或其家庭所遭受的损失。这种企业补充保险形式主要出现在美国等一些经济发达国家。在这种情况下，企业通常以两种方式提供这方面的福利：集体投保或者加入健康维护组织。

集体投保是指企业向保险公司支付一笔费用，作为保险费，当员工或其家庭发生某些事故时，保险公司可以部分或全部赔偿其损失。从长期来说，企业所缴的保险费应该等于保险公司向员工支付的赔偿金与保险公司的管理费用之和。此外，企业还可以采取加入健康维护组织的方式来为员工提供健康医疗保险服务，健康维护组织在美国比较普遍，它是一种保险公司和健康服务提供者的结合，它提供完善的健康服务，包括对住院病人和未住院病人提供照顾等等。同时和其他保险一样，它也有固定的缴费率，但是这种做法通常会有助于降低企业的保险成本。

二、企业补充性住房计划

在我国，住房福利一直是员工所关注的一项重要福利。一方面是由于在人类生存的基本需求消费中，"住"即住房消费是继衣着、食品消费之后的第三件要事，而且在总体的基本生活消费中住房消费占有较大的比重；另一方面则在于特殊的社会、经济背景，在高福利、低工资的计划经济时代，住房曾经是国有企业的一项最为重要的员工福利项目，国有企业的福利分房是使其优越于集体、民营等其他企业的优势之一，企业分房也是大多数员工获得住房的主要来源。虽然经过了由福利分房到住房商品化的住房保障制度改革，但长期历史传统的沉积、中国房地产市场的不成熟以及住房保障体系的不完善等种种因素，使得住房计划目前仍是各企业吸引和留住员工的重要福利项目之一。

补充性住房计划是指企业根据自身的经营发展情况，除国家法定的住房公积金计划之外，自愿建立的用于解决员工住房问题的计划。这类计划通常表现为：补充性住房公积金、现金住房补贴、低息或无息住房贷款、利息补助计划、低价格的集体购房计划以及由公司提供公寓或宿舍等。在我国，企业实行住房公积金制度，雇主和员工都要按照员工工资的一定比例缴纳住房公积金，计入职工的公积金账户。职工在购买住房时，可以使用公积金。没有动用的公积金，或公积金账户有剩余资金的，在员工退休时按规定返还给职工。

一般来讲，补充性住房计划是由企业自主选择、管理和实施的，因此在补充性住房计划中，企业要承担除供款外其他更多的设计与管理责任，具有企业特色的补充性住房计划往往能够使企业在劳动力市场上获得更大的竞争优势，吸引到更多优秀的应聘者，而且可以通过精心设计的住房计划保留住企业的核心员工，降低员工的流动率。但同时，由于补充性住房计划的选择要依赖于企业自身的经营状况，因此也存在一定的不确定性。

三、员工服务福利

除了以货币形式提供福利外，企业还为员工或员工家庭提供旨在帮助员工克服生活困难和支持员工事业发展的直接服务的福利形式。

(1) 员工援助计划。这是一种治疗性福利措施，针对员工酗酒、赌博、吸毒、家庭暴力或其他疾病造成的心理压抑等问题提供咨询和帮助的服务计划。基本模式有四种：① 在内部模式中，有公司自行雇佣全部援助人员；② 在外部模式中，公司与第三方签订合同，由第三方提供员工援助服务所需的工作人员和服务内容，提供服务地可以是第三方的上班地点、本公司的上班地点或者是其他地点；③ 在合作模式中，多个公司集中资源共同制订一个员工援助计划；④ 在加盟模式中，第三方与公司签订合同，但第三方将合同转包给一个地方性的专业机构，而不是利用自己的员工来执行合同。如果实施员工援助计划的第三方在客户公司所在地没有办公地点，就通常采用加盟模式向客户公司的员工提供服务。

(2) 员工咨询计划。类似于员工援助计划。雇主从一个组织中为其员工购买一定的咨询时间，可由雇员匿名使用。在那里可以得到的服务范围包括：夫妇和家庭冲突问题的解决、丧亲之痛的缓解、职业生涯咨询、再就业咨询、法律咨询以及退休咨询等。其中再就业帮助计划是针对下岗和被解雇了的员工提供技术和精神支持，帮助雇员寻找新的工作。具体服务包括：职业评价、求职方法培训 、简历和求职信的写作、面试技巧以及基本技能的培训等。这些服务是作为雇员福利来提供的，目的是使雇员在她或他个人或家庭生活出现问题时，可以将工作表现保持在一个可接受的水平上。

(3) 教育援助计划。教育援助计划是针对那些想接受继续教育或完成教育的员工实施的一种很普遍的福利计划。教育援助计划分为内部援助计划和外部援助计划两种。内部援助计划主要是指企业内部的培训。例如，一些企业尝试在企业内部开设自己的大学课程，如 MBA 课程，并聘请大学教师来企业讲课等。外部援助计划主要指的是学费报销计划，学费的报销可以采取全额报销或部分报销的方式，也可以采取每年给予固定金额的补助等不同的方式。

(4) 家庭援助计划。企业向雇员提供的照顾家庭成员的福利，主要是照顾老人和儿童。由于老龄化和双职工、单亲家庭的增加，员工照顾年迈父母和年幼子女的负担加重了，因此，为了保障员工安心工作，企业向员工提供家庭援助计划福利，主要有老人照顾服务和儿童看护服务。从企业的角度来说，老年照顾服务之所以如此重要，原因是帮助员工照顾他们年迈的家人会提高员工的工作绩效。企业提供的老年照顾服务主要包括弹性工作时间、长期保健保险项目以及公司资助的老年人照顾中心等等。儿童看护服务可以根据公司介入程度的不同划分为多种形式。企业参与程度最低的一种儿童看护帮助是：企业向员工提供或帮助员工查找有关儿童看护服务方面的一些信息。较高参与程度的企业可以对那些已经购买了儿童看护服务的员工提供补贴。最高参与程度的企业可以直接向员工提供工作场所中的儿童看护服务。多项调查显示，提供儿童看护服务的企业，员工的缺勤现象大大减少，生产率也有一定程度的上升。

(5) 饮食服务福利。很多企业为员工提供免费或低价的工作餐、休息间的免费饮料、餐费报销、免费发放食品、集体折扣代购食品等形式的饮食服务。这种做法对员工的好处是显而易见的，对企业来说，意味着员工不需要花费很长的就餐时间。那些不提供饮食服务的组织可能就要为其不完善的工作设施付出补偿性的差别工资，或者提供饮食补助。

(6) 健康、娱乐、文体旅游服务。健康服务是员工福利中被使用最多的福利项目，也是最受重视的福利项目之一。健康、娱乐、文体旅游服务包括举办各种有意义的集体文体活动(晚会、舞会、郊游、野餐、讲座、报告会、体育竞赛等)、企业自建文体设施(体育场、游泳池、健身房、阅览室、书法、棋、牌、台球等活动室)，等等。

(7) 交通服务福利。企业接送员工上下班的班车服务、补贴或报销市内公交费、个人交通工具(自行车、摩托车或汽车)购买的低息(或无息)贷款以及补贴。

(8) 金融性服务福利：信用储金，存款户头特惠利率、低息贷款、预支薪金、额外困难补助金等。

四、其他正在被广泛采用的福利项目

(1) 额外金钱收入：比如在年终、中秋、端午、国庆等特殊节日的加薪、过节费、分红、物价补贴、小费、购物券等。

(2) 超时酬金：超时加班费、公休假日值班费或加班时优待的饮料、膳食等。

(3) 生产性福利设施：舒适的办公环境等。

(4) 其他生活性福利：洗澡、理发津贴，降温、取暖津贴，优惠价提供本企业产品或服务等。

以上所论述的福利计划都属于全员性的福利计划，即所有员工都可以平等享受的福利。事实上，企业还有为不同职位和不同需要的员工提供的特殊福利和特困福利。前者是指针对企业中的高层人才设计的，如高层经营管理人员或具有专门技能的高级专业人员等，这种福利的依据实际上是贡献率，是对这类人员的特殊贡献的回报。常见的特种福利有：高档轿车服务、出差时星级宾馆待遇服务以及股票优惠购买权、高级住宅津贴等。后者是为特别困难的员工及其家庭提供的，如工伤残疾、重病员工的生活补助等，主要以员工的需要为基础进行分配。

进入21世纪以后的企业员工福利出现了以下两个重要的发展趋势：第一，弹性福利计划大行其道并且日趋完善；第二，组织开始寻求与其战略目标、组织文化和员工类型相匹配的福利模式。

随着福利种类的增多和福利覆盖范围的扩大，摆在企业面前的福利计划的种类越来越多。但是，并非所有的福利计划都适合任何组织中的任何员工群体。从实际情况来看，有很多福利计划是和组织的目标、价值观乃至经营战略相违背的。因此，在制订企业的福利计划时，不仅仅要考虑现在流行什么样的福利计划，更要对自己的组织进行深入分析，知道组织的价值观是什么，组织的目标是什么，组织的员工队伍是如何构成的，未来的组织要经历什么样的变革等等。在回答这些问题的基础上，考虑所要设计的福利计划是否有助于完成这些组织目标。如果有助于组织目标的实现，还要考虑公司是否具备实施这种福利计划的能力。

第四节　员工福利的规划、设计与管理

目前，企业对员工福利的重视程度越来越高，福利开支在整个薪酬支出中的比重也越来越大，员工福利已成为企业的一项重要制度安排。为了保证员工福利实施的效果，就需要企业对员工福利进行精心的规划、设计和管理。

一、员工福利规划的概述

由于福利支出在企业中已成为一项重要的开支，而且员工福利的激励作用也逐渐受到重视，因此任何企业都不可能，也不应该盲目地来实施员工福利，而是应当根据企业的情况和员工的特点来向员工提供福利，这样才能保证福利制度的持续性和有效性，员工福利规划就是达到这一目的的重要手段和有力工具。

1. 员工福利规划的定义

员工福利规划是人力资源规划的一部分，是企业结合自己的发展目标以及对未来各影响因素的预测和分析后，基于特定的阶段对未来一定时间内员工福利的发展走向和具体路径所作的全面、规范、系统的计划。员工福利规划应随着企业的发展进行动态调整，是静态的目标和动态时间相对应的计划，是员工福利发展的指导纲领。员工福利规划有助于员工福利的改善，有助于吸引、激励和留住员工，有助于企业人力资源管理水平的提高。

2. 员工福利规划的三个阶段

(1) 政府的强制和引导福利阶段。阶段目标：增强员工对养老、疾病、失业、工伤等社会风险的抵御能力。

(2) 企业的普遍福利阶段。阶段目标：满足员工范围更广、层次更高的福利要求。

(3) 员工的个性福利阶段。阶段目标：提高员工自身个性化福利需求的满意度。

企业可根据自己的福利现状来决定当前所处的福利阶段，以对员工未来的福利进行规划，应考虑到员工福利的现状、企业的发展目标、企业的经济实力、企业在劳动力市场上的竞争力、企业内部的激励性和凝聚力等各个因素。

3. 员工福利规划的意义

(1) 有助于员工福利的改善 有了明确的目标、有了发展方向，使其有的放矢，就会加速员工福利的发展进程；员工福利规划是在统筹考虑各种因素和问题的基础上制订出的，充分考虑到员工的需求和切身利益，有助于员工福利的改善。

(2) 有助于吸引、激励和留住员工 尽管具体需求各有差异，但员工福利是员工共同的需求，关系到员工的切身利益，对引才、用才和留才等人力资源管理职能都有重要的影响。做好员工福利规划必将有助企业吸引、激励和留住员工。

(3) 有助于企业人力资源管理水平的提高 员工福利规划是人力资源规划的一个组成部分，员工福利是人力资源管理工作的一项内容，引才、用才和留才又是重要的三项人力资源管理职能。员工福利规划有助于员工福利的改善，有助于企业吸引、激励和留住员工，所以必将促使企业人力资源管理水平的提高。

二、员工福利规划与设计应考虑的因素

1. 企业发展战略

在规划员工福利的未来发展时，应该从企业发展战略的层面进行思考，既要考虑企业长期和短期的发展目标，又要分析企业所处的特定的发展阶段。如果企业的员工福利规划是一个僵化的福利机制，不能激发员工的工作热情和创造力，不能提高员工对企业的忠诚度，与动态的企业的发展战略不相符合，不能有助于企业发展目标的实现，那么员工福利对于企业而言只是数量上的概念，即一大笔开销，此外没有任何更深层次的意义。

2. 员工福利现状

员工福利现状包括本企业的福利现状、竞争对手的福利现状和市场上的福利现状。企业在制订本组织具体的员工福利规划时，弄清企业员工福利项目设置、管理措施、员工满意度等现实状况，是制订员工福利规划的基础工作。因此，应利用科学的评价方法对本企业内部员工福利的种类、效果和成本、员工满意度等相关信息进行分析。在此基础上，再了解竞争对手的福利设置情况和收集尽可能多的市场上员工福利的相关信息，为做好本企业的员工福利规划积累尽可能多的信息资源。

3. 国家政策法律

随着社会的发展和进步，人们遇到的各种生活风险，如养老、失业、工伤、医疗风险等也日益社会化，通过国家立法和政府规章来保障人们的切身利益、增强社会成员特别是劳动者对各种社会风险的抵御能力是大势所趋。因此，了解国家相关的政策法规是企业制订员工福利规划应该考虑的一个重要因素。

4. 员工个性需求

针对员工的福利，必须考虑员工的福利需求。只有这样，才能发挥福利的激励作用，才能

增强员工对企业的忠诚度和员工之间的凝聚力。但员工的需求因性别、职业、年龄、婚姻状况等差异而各不相同。如年龄偏大的员工可能对养老保险、医疗保险和补充保险等福利更感兴趣,已婚员工对家庭生活福利和闲暇时间更感兴趣,而年轻人则希望有更多的文化教育机会。可以通过进行员工福利需求调查的方式了解员工个体的福利需求。员工个体对福利的需要和偏好会随着员工队伍构成的不断变化以及员工自身生涯的发展阶段而处于不断变化之中。企业应做好动态跟随战略,把员工福利需求调查作为一项持续不断、经常进行的工作,以便及时了解员工的福利需求发生的变化。

5. 对外的竞争性

员工福利是企业支付给员工的间接薪酬,是现代大薪酬体系的一个组成部分,包括带薪休假、社会保险、福利服务、退休计划、教育津贴和房屋贷款等。员工福利具有薪酬系统共同的特征,如刚性。因此,员工福利同工资、奖金一样,水平的高低也会影响员工的流动,进而影响企业的竞争力。要想通过员工福利系统为组织创造价值,员工福利系统必须是经得起"考验"的,对外具有竞争性,这样才能激起员工更大的工作热情、增加员工对企业的忠诚度。

6. 企业经济实力

员工福利作为一项间接薪酬,同直接薪酬一样,其水平受企业经济实力的影响。规划和设计员工福利未来的发展方向和历程必须考虑企业的支付能力,而企业的支付能力又取决于企业的经济实力。员工福利规划与设计必须考虑企业的经济实力,福利水平必须与经济实力相适应。福利水平太低,不能起到激励人才和留住人才的作用,会影响企业的人才战略,进而会影响企业整体目标的实现;如果福利水平超过企业的经济实力,不但不能帮助企业实现人力资源战略,反而降低企业的竞争力。一般来说,高福利水平需要以企业雄厚的经济实力作为支撑,通常存在于高利润率的组织、大型组织、工会化的组织和劳动力成本比较低的行业中。单就企业组织而言,高的福利成本是在企业处于发展成熟期才有能力支付的,是为了保持本组织持续、高水平的竞争力而采取的吸引人才、激励人才和挽留人才的发展战略。而当企业在初创期和成长期时,企业的经济实力一般不强,员工福利的项目种类不会太丰富、水平不会太高。

三、如何做好员工的福利规划和设计

1. 减轻员工赋税的负担

每年公司员工的调薪幅度总是众所瞩目的焦点,原因在于员工一年来对公司的贡献就看这一次的薪资调幅是否符合其期望,决定留任或是另谋高就。然而加薪是否真的会增加员工的年度净所得吗?从另一个角度来看,加薪代表的是所得的增加(亦即开源),然而加薪难免会有预算上的限制,而且员工可能因为加薪之故造成年度所得税率向上调整,反而增加赋税的负担,企业若是可以从员工赋税的减少来着手规划员工福利(亦即节流),也就是所谓的薪资福利化,此举不但有双重加薪的效果,而且可以充分满足员工所需。

2. 增加企业招募的优势

一般求职者在决定是否加入另一家企业时,其考虑的因素多半是公司的知名度、工作本身是否有挑战性与薪资福利等。一般而言,企业的知名度往往能够吸引优秀的成员,进而创造丰厚的利润,方能回馈社会,打响企业的知名度;工作的挑战性与薪资福利都可以将其纳入员工福利规划,由此观之,求职者在找寻工作时,不见得都是向钱看齐,因此只要企业妥善做好福利规划,不仅可以避免外部恶性人才竞争,而且还可以将人事预算作最有效率的运用。

3. 加强核心员工的留任意愿

在企业逐渐将不具核心竞争的业务转型为外包之际,组织内部人员的精简是可以被预期的，此时存在于组织内部的核心人员便是未来企业创造价值的精英分子，可增强企业的核心竞争力，进而创造更高的附加价值。根据80—20定律，组织内部资源应该倾向给20%创造企业80%利润的成员，因此所要着重考虑则是组织内部核心人员(key-man)的福利给予(包括财务性与非财务性)，建立一套符合企业特性的福利规划不仅可以适度地提升员工的士气，再者也可以留住核心员工为公司奋斗。

4. 避免年资负债

每到岁末年初，企业主最伤脑筋的就是加薪的问题，这的确是两难的问题，加薪的幅度过大将会对于企业的营运成本造成沉重的负担，倘若加薪的幅度过小，将造成人员的流失。的确，加薪绝不仅仅只是账面上每月薪资的增加而已，其他如退休金金额的增加(配合未来个人退休账户的实行，此部分的金额势必大幅增加雇主的负担)、员工请领退休金与加班费的计算基础均增加不少，企业主除加薪外，难道没有其他法宝作为酬偿员工的方法吗？此时具有竞争性的员工福利规划就应运而生了，最常见的如员工分红入股、退休与医疗保险、购房购车贷款与教育补助等。尽管有些实施竞争性的员工福利规划的企业其薪资水准未必为同业之最，然而求职者为何却趋之若鹜地投入，最大的原因即其福利规划所创造出的价值远超过一般企业加薪的价值。

四、员工福利的管理

1. 员工福利管理的含义和内容

员工福利管理是指为了保证员工福利实现预期的效果而采取各种管理措施和手段对员工福利的具体内容进行控制或调整的活动。

员工福利管理应至少包括方案制订、财务预算、管理机构、人员配备、成本控制、调整变动和效果评估等内容。

2. 员工福利管理的重要性

(1) 各项发展目标需要有效的管理来实现。要想使美好的理想变成客观的现实，必须通过管理来保证，借助有效的管理来实现。制订相应的制度对员工福利进行管理，才有可能使员工福利的各项目标得以实现。

(2) 各种福利项目需要有效的管理来理顺。福利项目种类复杂多样，涉及全体员工，各种福利的形式、发放标准和设定的水平等都不同，如果不进行系统、高效、有秩序的管理，会影响企业业务的正常运转。而通过相应的管理机制和手段，对各种福利项目进行规划和设计，就可以理顺福利项目的管理。

(3) 规划的各阶段需要有效的管理。对于员工福利规划的管理而言，应该针对各个规划阶段的内容、目标和特点采取相应的措施：如在政府的强制和引导阶段，强调员工福利管理的合法性和社会化；在企业的普遍福利阶段重视福利需求调查和加强有效沟通；而在员工的个性化福利阶段要注意员工的参与和管理方式的灵活等。员工福利规划的三个阶段，何时从第一阶段上升到第二阶段，又如何晋升到第三阶段，也需要通过员工福利管理来把握。通过管理系统，对现状进行评估，结合企业的经济实力、员工的满意度、制度的激励性等来决定是否晋升到更高级别的规划阶段。这将直接影响福利成本、企业各项目标的实现，从这层意义上来说，员工福利管理扮演着重要的角色。

(4) 员工福利成本需要有效地控制。福利成本呈刚性增长规律，如果企业不加以控制，其巨大的支付压力定会影响企业的竞争力。通过理顺员工福利各项目之间的关系，减少无谓的浪费，以实现有效管理。通过提高员工福利的效率，本身就减少了管理成本，有利于对总成本的控制。

(5) 实施效果需要有效的管理来评估改善。福利实施的效果究竟是否达到事先的预想，是否需要对计划进行调整和改变，需要对实施结果进行客观的评估和评价，而对员工福利的评估、评价本身就是员工福利管理的一部分。

3. 员工福利管理应遵循的原则

(1) 平等性。员工福利管理的平等性一是强调所有员工都应享有员工福利；二是所有员工享受的员工福利水平应差别不大，有差别也在很小的范围内。平等性主要强调的是"同"，员工拥有同样的权利、接受同样的管理方式和模式，不会因级别的差别和所在部门的差异有太大的区别。

(2) 激励性。员工福利管理的平等性与员工福利管理的激励性并不矛盾。通过设置符合员工需要的福利项目、改进员工福利管理的方式方法、改善员工福利的效果及增加员工对福利的满意度等，一样可以达到激励员工的效果。因此，员工福利管理过程中，要重视和强化管理的激励功能。

(3) 经济性。企业作为一个经济组织，追求利润最大化是其根本目标，应该每分钱都花在"刀刃"上，企业在强调竞争力和激励性的同时也要重视经济性，而尽量降低员工福利的管理成本，提高管理效率则是经济性原则在员工福利管理中的具体体现。

(4) 透明性。员工福利具有福利性和普遍性的特点，它同工资、奖金一样虽同属薪酬系统，但又有所区别。区别之一就是它们的机密程度不同，许多企业将工资、奖金列为商业秘密范畴，而对员工福利都一致采取透明化的原则。这样设置一是为了让员工全面了解福利体系，以便从中获益；二是为了更大范围地听取员工的意见，以改进员工福利的管理工作。

(5) 先进性。先进性是对员工福利管理的方法和手段的技术要求，是指员工福利管理的方法和手段应用科学技术的最新成果，体现时代特征，及时更新管理方法和手段，尽可能提高员工福利的管理效率。

(6) 动态性。为了更好地实现福利目标，以适应现实经济环境的变化，必须实施员工福利的动态管理，尤其是适应劳动力结构以及员工生活方式的变化等。员工福利管理的动态性一方面体现在员工福利规划与设计必须是动态的；另一方面体现在管理理念、方法和手段的创新性、时代性和现代化方面。要在了解最新管理理念的基础上，结合具体情况灵活使用，并最大限度地享受科学技术进步带来的成果，提高管理效率。

4. 员工福利管理的流程

(1) 处理福利申请。在一般情况下，员工会根据公司的福利制度和政策向公司提出享受福利的申请，而企业此时就需要对这些福利申请进行审查，查看申请是否合理。

(2) 明确具体的福利目标。每设计一个具体的福利制度都应有特定的目标。该目标不仅要考虑企业的规模、支付能力、竞争对手的情况、与企业的经营战略是否一致、企业的薪酬策略等因素，还要考虑员工的近期需要和远期需要，是否能调动员工的积极性。

(3) 福利基金的筹集，是企业员工福利管理的重要内容。员工的福利基金是企业依法筹集的、专门用于员工福利支出的资金，管理者在进行福利管理时，必须确定基金的来源渠道。不同的国家、地区的企业有不同资金来源，一般有三种筹集渠道：按规定从企业财产和收入中提取，企业自筹，向员工个人征收。我国企业也必须按照法律的规定来提取或筹集员工福利基金。

(4) 员工福利的成本控制。企业在福利选择时，应进行成本核算，必须考虑以下因素：首先，福利项目的成本越高，节约福利成本的机会就越大。其次，福利项目的增长趋势非常重要，即某些福利项目成本在当前是可以接受的，但其增长率可能导致企业在未来承受巨大的成本。最后，只有当企业在选择将多少钱投入某种福利项目具有非常大的自由度时，遏制福利成本增长才会有作用。企业可以通过其销量或利润估算出最高的、可能支出的总福利费用，以及年福利成本占工资总额的百分比，确定主要福利项目的成本，确定每一年的福利项目成本，制订相应的福利项目成本计划。

(5) 福利的组织与实施。员工福利要对员工的行为和绩效产生影响，就必须使员工认为福利是全面薪酬的一部分。但是很多企业即使做出了很多努力为员工提供福利，员工们都没有意识到组织到底提供了什么福利，或者是根本没有意识到组织为此付出了多么高的成本。此外，虽然员工非常看重得到的福利，但是这并不意味着他们对企业所提供的每项福利计划都很满意。因此，企业有必要设计一种完善的福利沟通模式，一方面告诉员工可以享受哪些福利待遇；另一方面告诉员工他们所享受福利待遇的市场价值。

思考题：

1. 员工福利的特点是什么？员工福利的重要性是什么？
2. 阐述员工福利的定义和内容。
3. 阐述法定福利的内容。
4. 阐述企业福利的内容。
5. 什么是养老保险？其存在的弊端有哪些？
6. 阐述员工福利改革和发展趋势如何。
7. 阐述员工福利规划的定义及其意义。
8. 阐述员工福利管理应遵循的原则。

第五篇 员工和劳动关系管理

第十四章　劳动关系

□ 学习目的

通过对本章内容的学习，应了解和掌握如下知识点：

- 劳动关系的概念、内容、处理原则及改善途径
- 劳动合同的概念、内容及其不同处理方式
- 工会的作用和集体谈判的各种事项
- 劳动争议的含义和劳动争议的处理途径

□ 引入案例

某企业员工在公司工作期满一年之后，觉得工资与自己的能力和付出不匹配，于是先后找了他所在部门老大，HR部门老大及两个老总进行了工资谈判，谈判结果是大家都认可他的能力，可是都以拿公司现有的薪酬制度来回答他，也就是说在目前的薪酬制度之下，他的工资已经基本上无调整的可能，要调整也要等新的薪酬制度出来以后再进行调整。于是他在合同到期之时因为工资原因拒绝续签劳动合同，在拒签之后HR部门老大找他谈过话，并指明由于HR已经发了劳动合同续签通知书，而且他也签字确认知晓此事，所以拒签之后的结果是由他自己负责。所以两个多月以来公司高层和HR部门未曾主动与他拒签劳动合同一事进行沟通，但又默认他在公司继续工作，对此他非常不满，认为这是公司及HR部门不诚信的表现，然后就流露出骑驴找马的念头。

为了扭转该员工脑海中关于HR部门不诚信的念头，HR部门员工杨某试图去向他解释，但毫无效果。与该员工道别之后，杨某一直在思考这个案例：如果换成是我，我该如何处理？想来想去，杨某的处理办法如下。

(1) 薪酬方面：按公司现有的薪酬制度，近期不可能调整该员工的岗位工资，而且调整幅度过大反而会对公司其他员工造成负面影响或负面的导向(导致员工认为只要我去谈判，工资就会得到相应的调整)。因此我也不会同意调整该员工的岗位工资，但可以考虑在另外的费用补贴上增加该名员工的实际收入，譬如增加该员工其他费用报销额度(如住房补贴、交通补贴或通信补贴)；二则我会在公司级的培训计划之内增加此名员工的送外培训机会，这对员工来说也算是一种隐性的成本收入。

(2) 劳动合同方面：在得知该员工拒签劳动合同之后，就马上找该员工沟通，确定了工资是造成此名员工拒签的理由之后，立刻向老总汇报此情况，再一次把工资问题摆出来并提出自己的解决方案，由老总来决定此人值得留或不留？如老总觉得没必要，那么马上通知此员工办理离职手续，并从其部门内部调职位相近的员工接手工作。

(3) 在员工提出问题之后，HR部门解决问题要干脆利落，不能拖泥带水，否则负面影响会远远大于问题本身对员工的影响。

劳动关系包含的内容极其复杂，对劳动关系的处理是否得当直接关系到组织的运行状况。组织劳动关系的融洽与否，对组织的人力资源管理有着深刻的影响。对于组织人力资源管理

者和其他管理者来说，劳动关系的管理是一项挑战。不管是普通员工还是管理者都要了解劳动关系的基本概念、劳动关系的处理、劳动合同事项、劳动争议的处理等基本内容。

第一节　劳动关系概述

劳动关系是人力资源管理工作中所涉及的基本的经济关系，在组织人力资源战略中具有重要地位。劳动关系是组织中劳动的雇佣方和被雇佣方之间就劳动力的使用而发生的关系，在不同的国家有着不同的称谓。如欧美称劳工关系或产业关系，也可以称劳资关系、雇佣关系；日本称劳使关系；我国理论界一般称为劳动关系。劳动关系涉及的领域广泛，包括劳动用工、劳动管理和监督和劳动者权益保护等方面。劳动关系对劳动者、组织和整个社会都有着深刻的影响。对劳动者而言，工作条件、工作性质、薪酬福利待遇，将决定他们的生活水平、个人发展的机会。

一、劳动关系的概念

1. 劳动关系的概念

劳动关系有广义和狭义之分。广义的劳动关系是社会劳动关系，即人们在社会过程中发生的一切关系，包括劳动力的使用关系、劳动管理关系和劳动服务关系等。我们通常指的劳动关系是由劳动法定义的狭义的劳动关系，即指劳动者与用人单位在运用劳动力、实现劳动过程中形成的一种社会关系。以下所提劳动关系如没有特别说明，都是指狭义的劳动关系。

2. 劳动关系的特征

(1) 劳动关系是在实现劳动过程中所发生的关系。在社会劳动关系发生的其他关系，如商品买卖关系，都不是由劳动法定义的劳动关系。(2) 劳动关系的双方当事人，一方是劳动者，另一方是提供生产资料的企业。(3) 劳动关系当事一方的劳动者，必须是劳动关系的另一方即所在组织的成员，并遵守组织的内部劳动规则。

3. 劳动关系的构成要素

(1) 主体。主体是劳动关系的参与人，包括组织的所有者或其委托代理人、组织的经营者与员工及其工会组织。(2) 客体。客体指主体的劳动权利和劳动义务所共同指向的对象。客体既包括实物，如劳动时间、劳动报酬、福利保险、福利保障及劳动环境等；也可以是行为，如员工对企业有关事宜的参与等。(3) 内容。内容是主体双方的权利和义务。

二、劳动关系的内容

劳动关系的内容是指劳动关系主体双方依法享有的权利和承担的义务。具体见表 14－1。

表 14－1　劳动关系的内容

劳动关系主体	权　　利	义　　务
组　织	依法录用、调动和辞退职工；决定组织的机构设置；任免组织的行政干部；制订工资、报酬和福利方案；依法奖惩职工等	依法录用、分配、安排职工的工作；保障工会和职代会行使其职权；按职工的劳动质量和数量支付劳动报酬；加强对职工思想、文化和业务的教育、培训；改善劳动条件，搞好劳动保护和环境保护等

续 表

劳动关系主体	权 利	义 务
员 工	① 经济权利,包括劳动权、获取报酬权、劳动保护权、福利保障权、对企业经济行业的选择和建议权等 ② 政治权利,包括知情权、推荐权、选择权、监督权、参与管理决策权等 ③ 思想文化权利,包括组织精神文明活动建设的参与权、接受文化教育和技能培训的权利等	保证按质、按量完成生产任务和工作任务;学习政治、文化、科学、技术和业务知识;遵守劳动纪律和规章制度;保守国家和企业的机密等

此外,组织劳动关系内容按员工与组织结合的不同阶段划分,主要包括以下内容。

(1) 组织与员工结合的双向选择方面。主要指组织与员工的互择权,组织能在多大程度上自由选择经营管理人员和一般的员工,管理人员和普通员工能在多大程度上自由选择自己的就业组织。处理这方面的关系涉及合同的签订、解除等。

(2) 组织与员工结合后双方的责、权、利关系。相对于组织而言,员工一般处于弱势地位。所以,这一关系中的主要问题是如何保障员工的合法权益,包括员工的正当受益权、劳动保护权、社会保障权、民主权、参与权和个人尊严权等。

(3) 组织与员工分离过程中及此后的责、权、利关系。主要指员工被辞退或员工辞职时双方应有的权利和责任,包括事先得到通知权、申诉权、补偿权等。在我国目前社会保障体系尚不健全的情况下,特别要依法保护员工这方面的合法权益。

三、处理劳动关系的原则

(1) 兼顾各方利益的原则。“不患寡而患不均”。要使组织内各方保持和谐合作的关系,就必须兼顾各方的利益,而不是强调一方而损害另一方的利益。因此,组织的管理人员在处理各方面关系以及分配员工既得利益时要实事求是,让各方都得到他们的应得利益以提高其满意度。

(2) 协商为主解决争议的原则。当组织内部劳动关系紧张而发生争议时,应以协商的办法来解决,不宜采取极端行为,如怠工、罢工、游行和开除等,以避免形成对立和造成较大损失。此外,在能够通过协商调解的方法解决争议时,就不应通过劳动仲裁机构或法庭解决,以避免投入过多的时间、人力和财力,减少矛盾冲突和感情伤害。

(3) 以法律为准绳的原则。正确处理组织内部劳动关系一定要以国家有关法律为依据。因此,组织各方都应认真学习劳动法及相关的法律法规,依法办事。凡是涉及组织各方责权利关系的应尽量签订契约、合同或规章制度、章程,出现问题应及时咨询法律专家。按法律规定协调各方关系,可以减少许多因不合理要求而造成的争端。

(4) 劳动争议以预防为主的原则。组织经营管理人员在关心组织生产经营活动同时,应当做好人力资源的开发与管理,协调好各方面关系的工作。因此,管理人员应当经常分析劳动关系、了解员工的情绪,预见可能发生和存在的问题,及时沟通并采取有效措施解决矛盾,避免到了矛盾已经激化才去处理。

(5) 明确管理责任的原则。处理劳动关系是经营管理工作中的重要内容之一,应当明确各层次管理人员改善劳动关系的责任。如有必要,可设立专门的机构负责。

四、改善劳动关系的途径

组织改善内部劳动关系可以通过以下途径解决。

(1) 立法。通过完善法律,明确劳动关系中各方的权、责、利,并在相关法律的基础上加以调整。

(2) 建立三方机制。三方机制是指政府、雇主组织、工会组织进行集体协商对话。具体来说,应在省级以上建立劳动部门、工会和企业家协会的三方机制,对劳动关系的重要问题进行沟通。

(3) 发挥工会及党组织的作用。工会与基层党组织可以代表职工与组织协调劳动关系,兼顾职工与组织的利益,避免矛盾激化。

(4) 培训主管人员。组织主管人员的工作作风、业务知识、法律意识常常与劳动争议的产生和劳动关系的紧张有关。通过对主管人员的培训,能增强他的劳动关系意识,掌握处理劳动关系问题的原则及技巧。

(5) 提高员工的工作、生活质量。这是改善劳动关系的根本途径。提高员工的工作、生活质量内容主要包括:参与管理、职务设计、周期性安排"培训—工作—休息",尽量满足个人的合理要求,使员工感受到工作的意义。

(6) 鼓励员工参与民主管理。员工参与民主管理可以使员工参与组织的重大决策,尤其是涉及广大员工切身利益的决定,这样可以更好地使经营管理者在作出重大决策时充分考虑员工的利益。

第二节 劳动合同

劳动合同是市场经济条件下调整劳资关系的有效途径。随着劳动关系主体的明晰化、劳动关系行为的契约化、劳动关系的规范化和法制化,劳动合同在劳动关系管理中越来越重要。

一、劳动合同的概念和类型

劳动合同,又称"劳动契约"或"劳动协议"。

1. 劳动合同的概念

《劳动法》第16、17条规定:"劳动合同是劳动者与用人单位确定劳动关系、明确双方权利和义务的协议。""劳动合同依法订立即具有法律约束力,当事人必须履行劳动合同规定的义务。"为了进一步理解劳动合同的概念,需要明确以下几点:(1) 劳动合同是劳动关系双方主体之间的劳动协议;(2) 劳动合同是劳动关系双方当事人之间关于劳动权利和义务的约定;(3) 劳动合同一经签订便具有法律效力。

2. 劳动合同的种类

劳动合同的类型按照不同的标准划分。结合管理中的实际情况,主要有以下几种划分方法。

(1) 按照劳动合同的期限划分,可以分为有固定期限的劳动合同、无固定期限的劳动合同和以完成一定工作为期限的劳动合同。

(2) 按照产生劳动合同的方式划分,可以划分为录用合同、聘用合同和借调合同。

(3) 按照用工的形式划分,可以划分全日制劳动合同和非全日制劳动合同、兼职劳动合同和非兼职劳动合同、农民轮换工的劳动合同和学徒劳动合同。

二、劳动合同的内容

从劳动合同的立法和实践来看，劳动合同的内容由以下三方面构成：必备条款、可备条款和约定条款。

1. 必备条款

又称法定条款，指劳动立法要求企业劳动合同必须具备的条款。必备条款可以分为一般必备条款和特殊必备条款两种。一般必备条款是劳动立法规定的各种企业劳动合同必须具备的条款。主要包括：合同期限，劳动内容；劳动保护和劳动条件，工资和劳动报酬，劳动纪律和劳动合同终止的条件。特殊必备条款是劳动立法规定的某些劳动合同必须具备的条款。劳动立法针对一些企业的特点，要求其劳动合同除了具备一般必备条款以外，还必须具备特殊必备条款。例如，我国有关劳动法规规定，中外合资企业劳动合同和私营企业劳动合同应同时包括工人工时和休假等这样的特殊条款。

2. 可备条款

指劳动立法规定可以具备的条款。可备条款在劳动合同中也很重要，但立法不宜做强行规定，而只是提示双方当事人给予必要的重视或作必要的约定。可备条款包括试用期、商业保密和第二职业。

3. 约定条款

劳动合同除了以上两类条款以外，还包括经过双方当事人自愿协商而形成的约定条款。如在我国，劳动者的住房、子女入托和上学问题都可以由企业和劳动者双方提出并经过协商后在合同中加以约定。

三、劳动合同的订立

劳动合同的签订是指劳动者与企业(组织)行政之间，就劳动合同的条款经过协商一致，达成协议，并以书面形式明确双方权利义务的法律行为。

1. 劳动合同的订立原则

劳动者和组织管理者在订立劳动合同的过程中所必须遵循的基本原则。

我国《劳动法》第17条规定："订立和变更劳动合同，应遵循平等自愿的原则，不得违反法律、行政法规的规定。"具体来说为了保证劳动合同订立工作的顺利进行，企业在劳动合同订立时应遵循以下几个基本原则。

(1) 平等自愿的原则。所谓平等，是指在订立劳动合同时，管理者与劳动者双方的法律地位是平等的，双方在表达对劳动权利和义务的意见时，所起的法律效力是一样的。所谓自愿，是指合同的订立完全处于双方自己的意愿，不存在任何一方的意志强加于另一方的情况。

(2) 协商一致的原则。协商一致是指劳动者和管理者平等地坐在一起，就劳动合同的各项条款各自发表意见，充分协商，最终达成完全一致的意见。

(3) 互利互惠的原则。组织与劳动者的关系就其本质上来说是一种经济利益关系，因此双方当事人在劳动合同订立时，必须在经济利益上保证双方当事人的互利互惠，没有互利互惠这个前提条件，劳动合同不可能达成协商一致。

(4) 符合法律的原则。这就是要求劳动合同的订立要符合有关法律的规定，主要表现为：合同的主体要符合法律的规定；合同的内容要符合法律的规定；合同的订立程序要符合法律的规定。

2. 劳动合同的订立程序

劳动合同的订立程序，是指劳动合同在订立过程中必须履行的手续和必须遵循的步骤。

根据《劳动法》的有关规定以及订立劳动合同的实践，签订劳动合同的程序一般为：

(1) 提议。在正式签订劳动合同前，劳动者或用人方提出签订劳动合同的建议，称为要约，如用人方通过招工简章、广告、电台等渠道提出招聘要求，另一方接受建议并表示完全同意，称为承诺。一般由用人方提出和起草合同草案，提供协商的文本。

(2) 协商。双方对签订劳动合同的内容进行认真磋商，包括工作任务、劳动报酬、劳动条件、内部规章、合同期限、保险福利待遇。协商的内容必须做到明示、清楚、具体、可行，充分表达双方的意愿和要求，经过讨论研究，最后达成一致意见，重新草拟合同文本。

(3) 签约。双方认真审阅合同文本，确认没有分歧后，劳动者与用人单位的法定代表人(负责人)或者其书面委托的代理人签订劳动合同。劳动合同由双方分别签字、盖章，并加盖用人单位印章。订立劳动合同可以约定生效时间，没有约定的，以当事人签字或者盖章的时间为生效时间。当事人签字或者盖章时间不一致的，以最后一方签字或盖章的时间为准。

四、劳动合同的履行及变更

1. 劳动合同的履行

劳动合同订立以后，就要涉及合同的履行问题。

● 劳动合同履行的含义。劳动合同履行指劳动合同订立以后，劳动者和管理者双方当事人按照合同条款的要求，共同实现劳动过程以及相互行使权利和义务的过程。

● 劳动合同履行的类型。劳动合同履行，又可分为全部履行和不适当履行两种。

(1) 全部履行是指合同双方当事人履行合同中规定的全部义务和全部权利，这是劳动合同履行的理想模式。

(2) 不适当履行是指合同双方当事人或其中一方当事人只履行合同中规定的部分义务，或只实现合同中规定的部分权利。从立法角度来说，要尽量避免或减少劳动合同的这种不适当履行，或尽量减少合同条款的不履行程度和比例。只有这样，才能保证合同这一有效的契约手段或法律行为发挥其应有的、约束双方当事人的作用。

(3) 劳动合同履行的原则。为了减少劳动合同的不适当履行，促进合同的全部履行，劳动立法对劳动合同履行的原则进行了必要的规定。主要有：

① 实际履行的原则。即要求合同双方当事人要按照合同规定的实际标的来履行自己的义务和实现自己的权利，不得以其他标的或方式来代替。② 亲自履行的原则。即要求双方当事人要以自己的行为履行合同规定的义务和实现合同规定的权利，不得由他人代为履行。③ 正确履行的原则。即要求当事人要按照合同规定的内容，原原本本地全面履行，不得改变合同的任何内容和条款。这一原则是实际履行、亲自履行、全面履行三方面内容的综合体现。④ 协作履行的原则。即要求双方当事人在合同的执行过程要发扬协作精神，要互相帮助，共同完成合同规定的义务，共同实现合同规定的权利。

2. 劳动合同的变更、解除和终止

(1) 劳动合同的变更。① 含义。劳动合同的变更是指合同双方当事人依法对已经生效但尚未履行或尚未完全履行的合同内容和条款进行修改或增减的行为。② 类型。劳动合同的变更一般包括两种类型：法定变更和协议变更。法定变更是指在法律规定的原因出现时，经当事人一方提出，可以变更劳动合同。协议变更是指双方当事人经协商一致，达成协议，对劳动合同进行变更。需要注意的是，协议变更也必须符合法律的规定。③ 条件。涉及劳动合同变更的条款，一般应具备以下条件：尚未履行或尚未完全履行的有效条款；依法可以变更的条款；直接引起合同变更的条款。④ 程序。劳动合同的变更，必须遵循一定的程序，一般包括:A. 一方当事人向另一方当事人提出变更合同的请求;B. 被请求方按期向请求方做出答复,一般为15天;C. 双方协商,达成书面协议;D. 备案。

(2) 劳动合同的解除。① 含义。劳动合同的解除,是指劳动合同在期限届满之前,双方当事人或其中一方提前终止劳动合同效力的法律行为。② 类型。劳动合同的解除可分为法定解除和协商解除。法定解除指依据法律、法规或劳动合同规定可以提前终止劳动合同的情况。协商解除指双方经协商一致而提前终止劳动合同的法律效力。《劳动法》第24条规定:"经劳动合同当事人协商一致,劳动合同可以解除。"③ 条件。劳动合同解除的条件可以分为两种情况,企业解除合同的条件和劳动者解除合同的条件。

劳动者解除合同的条件也主要表现在以下两方面:一是预告解除,要求劳动者提前30日以书面形式通知企业,表明解除合同的意愿。二是即时解除。属于下列情形之一的,劳动者可以随时通知企业解除劳动合同关系:① 在试用期内的;② 企业以暴力、威胁或者非法限制人身自由的手段强迫劳动的;③ 企业未按照劳动合同约定支付劳动报酬或者提供劳动条件的。

(3) 劳动合同的终止。① 含义。劳动合同的终止,是指劳动合同期限届满或双方当事人约定的终止条件出现,双方当事人之间劳动关系终结,彼此之间原有的权利和义务关系不复存在。② 原因和条件。劳动合同终止的条件和原因有以下几方面:合同期限已满;合同目的已经实现;合同约定的终止条件出现:当事人死亡,劳动者退休,企业不复存在。③ 劳动合同终止的注意事项。虽然《劳动法》没有规定终止合同是否需要提前通知,但一般而言,终止合同应在合同期满日提出,而不是期满后一段时间才提出。一些地方根据实际情况,规定终止劳动合同,且用人单位应提前30日通知劳动者。同时用人单位终止劳动合同的,应当向劳动者出具终止劳动合同的书面证明,并办理有关手续。

此外,《劳动法》也没有明确规定对于终止劳动合同,用人单位是否应给予一定经济补偿金。劳动部对此做出解释:用人单位可以不支付劳动者经济补偿金,但国家另有规定的除外。实践中,一些地方性法规规章规定终止劳动合同,用人单位应当支付经济补偿金。

第三节 工会的作用与劳动谈判

一、工会的作用

工会是在劳动关系的矛盾发展过程中产生和存在的劳动者组织。工会作为劳动关系中劳动者的代表,其基本活动是围绕着争取和维护劳动者的权益,如提高工资、减少工时、改善劳动条件等而开展的。在市场经济社会中,工会是作为市场经济的有机构成部分而存在的。脱离劳动关系,工会就失去了存在的基础;反之,没有工会,便构不成一个完整的劳动关系。工会在维护劳动关系中起到了重要的作用。

1. 西方国家工会的作用

在西方,工会是工业化的产物,已有200多年的历史。在西方国家的劳动力市场上,劳动者在寻求工作的讨价还价中往往处于劣势,劳动者只有通过工会联合起来增加同资方讨价还价的力量。其中,工会的作用是代表劳动者的利益,平衡雇主的经济实力。即以组织的形式联合起来与资方进行集体谈判,以维护劳动者的权益。

在西方国家,劳动者完全处于劳动力市场中,劳动力市场的供求状况在很大程度上决定了劳动者寻求工作的结果(形势)。经济繁荣时期(经济快速增长)、劳动力相对短缺的情况下,劳动力市场对劳动者是有利的。但一般情况下，劳动力市场处于买方市场，雇主与雇员相比处于优势地位。工会的作用是代表劳动者的利益，抗衡雇主。为了维护劳动者的利益，工会还扮演了更为复杂的角色：它在公众、政府机构和政党中寻求同情，因此工会具有一定的政治特色。但工会作用最核心的部分是在必要的时候，将员工联合起来与资方进行集体谈判。

2. 我国工会的作用

在我国，工会是职工自愿结合的工人阶级的群体组织。劳动法对工会在调整劳动关系中的职权作了相关规定。

(1) 工会代表职工与企业签订集体合同。集体合同作为市场经济条件下协调劳动关系的重要法律制度，为市场经济国家普遍采用。我国劳动法规定：企业职工一方与企业可以就劳动报酬、工作条件、工作时间、休息休假、劳动安全、保险福利等事项，在平等协商一致基础上签订集体合同。集体合同由工会代表职工与企业签订。依法签订的集体合同对企业和企业全体职工均具有约束力。职工个人与企业订立的劳动合同中劳动条件与劳动报酬等标准不得低于集体合同的规定。

(2) 工会有权对劳动合同的履行进行监督。我国劳动法规定：用人单位解除劳动合同，工会认为不适当的，有权提出意见。如果用人单位违反法律、法规或劳动合同，工会有权要求重新处理。劳动者申请仲裁或提起诉讼的，工会应当依法给予支持和帮助。用人单位因濒临破产进行法定整顿期间或者因生产经营状况发生严重困难，确需裁员时，必须提前30天向工会或全体职工说明情况，听取工会或职工意见，向劳动行政部门报告、备案，才可解除劳动合同。

(3) 工会有权对延长工作时间进行监督。企业要延长工作时间，必须与工会协商，征求工会的意见。

(4) 工会有权参与劳动争议的调解与仲裁。工会代表参与组成企业劳动争议调解委员会，行使调解权。

劳动法规定，在用人单位内部可以设立劳动争议调解委员会。它由职工代表、用人单位代表、工会代表三方组成。在企业中，职工代表由职工代表大会(或职工大会)推举产生；企业代表由厂长(经理)指定；企业工会代表由企业工会委员会指定。调解委员会主任由企业工会代表担任，其办事机构设在企业工会委员会。

工会代表参与组成劳动争议仲裁委员会，行使仲裁权。劳动争议仲裁委员会由劳动行政主管部门、同级工会、用人单位三方代表组成，劳动争议仲裁委员会主任由劳动行政主管部门的负责人担任。

二、集体谈判

集体谈判是劳动者代表(通常为工会及其代表)为了维持和改善劳动条件、劳动待遇等而与管理者或雇主为明确双方之间的权利、义务关系而进行的协商和交涉活动。在一般情况下，企业集体谈判主要涉及两方：一方是工会；另一方是企业管理者或其组织。工会组织代表劳动者作为一方当事人，即工会组织和企业管理者或其组织具有企业集体谈判的主体资格。

1. 集体谈判的意义

集体是一种劳动法律制度，是市场经济条件下调整和规范劳动关系的一种行之有效的基本形式和手段。它是市场经济条件下劳动关系双方的力量对比和平衡的结果，是稳定和协调劳动关系的客观要求。

(1) 集体谈判是规范企业劳动关系的基本形式和手段。我国经济体制改革的直接目标是建立现代企业制度。现代企业制度的作用决定了应在其下实行集体谈判制度。现代企业制度要能适应现代经济发展的要求并能产生较大的经济效益,不仅要有明确的产权制度和企业法人制度,而且要解决现代企业制度中的劳动关系问题,实现后者的一个基本的选择就是实行集体谈判制度。

(2) 集体谈判制度是保障劳动者权益的重要手段。集体谈判是在市场经济条件下劳动关系的矛盾协调过程中产生的,集体谈判首先是劳动者在维护自己劳动权益斗争中的一种手段,是劳动者以工会作为自己的代表,就工资、工时、劳动条件等有关劳动标准问题,运用谈判手段与雇主或管理方达成契约,以此方式来保护自己的劳动权益。劳动者以有组织的集体的面目出现,使得劳资之间的力量对比相对处于比较平衡的状态,从而也使劳动关系相对比较稳定和平衡。

(3) 集体谈判是市场经济条件下普遍实行的劳动法律制度。集体谈判是市场经济条件下劳动关系双方的力量对比和平衡的结果,是稳定和协调劳动关系的客观要求。在西方市场经济国家,它已成为调整劳动关系的最基本的法律制度。我国的《劳动法》和《工会法》都明确了集体谈判的具体要求和规定。

2. 集体谈判的原则

企业集体谈判的根本目的和主要优点在于稳定和协调企业劳动关系,维护劳动关系双方主体的合法权益,规范双方的行为,实现企业劳动合作。为了实现这个目标,在集体谈判实践中,应遵守以下几个基本原则。

(1) 主体独立原则。主体独立是指集体谈判的双方,在身份上和地位上都是独立的。在集体谈判中,承认劳动者的权利主体独立,是进行集体谈判的前提条件。

(2) 权利对等原则。指在谈判中双方就有关劳动权益及有关问题通过协商共同做出的决定。

(3) 工会代表原则。在谈判中劳动者一方的权利是由工会代表行使的。作为集体劳动权益问题的交涉,只能由劳动者的代表——工会来进行,它行使的是集体劳动权益。集体谈判所要解决的是雇主与整个企业员工的关系。所以,必须要由员工自愿结合而成并切实得到工人信任的工会组织来代表和行使集体劳动权益。

(4) 双方合作原则。这是集体谈判的一个方法原则和目的原则。集体谈判应以双方合作为原则,以促进企业和员工共同发展为目的,因此双方必须相互理解和相互妥协。在现实劳动关系中,劳动者处于劣势,所以,如何更好地保障劳动者的权益,是集体谈判中主要解决的问题。

(5) 合法性原则。这一原则要求企业集体谈判的范围、劳动标准、谈判程序等都必须符合国家法律和法规。如我国《劳动法》和《工会法》等在这方面做了明确的规定。

3. 集体谈判的内容

集体谈判是关于劳动条件和就业条件等的协商过程。因此,谈判标准的确定和实施以及谈判双方应履行的权利义务应是谈判的基本内容。一般而言,集体谈判的内容有以下几个方面。

(1) 实质性规则。指就业待遇,包括工资、工时、休假等可以转化货币性的待遇。工会在集体谈判时经常是以此为主要目的。其中最重要的内容是规范包括加班工资在内的工资以及在什么时候这些工资被使用的问题。此外,有对按成果付酬计划下的最低收入水平的规定,对在特殊工作条件下工作,如轮班或在非正常条件下工作的津贴规定。一般来说,这些条件每年都根据生活费用的变化,在同其他职业和组织的工资水平以及组织或行业的生产率和赢利能力进行对比的基础上重新议定。

(2) 程序性规则。指从管理权和决策权的运用方面进行谈判的内容。这一规则通过界定各类事项应如何处理以及资方、员工和工会各自的预期角色，为组织中劳资双方之间的关系提供某种确定性。程序性规则所关注的是关于决策、员工参与以及员工代表参与组织事务的规范问题，在一定程度上它比实质性规则方面的经济规则更为重要，员工分享的不仅是金钱，更重要的是权利。

(3) 工作安排。集体谈判中对工作安排的详细规定主要同组织层次的谈判联系在一起。有关工作安排规范了员工工作的职责范围，特别是在寻求把工资同生产率联系在一起的集体谈判中，就有必要对工作做出界定，因为一旦出现工作变化，工资就要发生相应变化，所以在谈判中就要包括像员工的定员水平、工作之间的弹性、时间弹性以及承包等方面的内容。

第四节　劳动争议与处理

在市场经济社会中，劳动争议作为双方利益矛盾的一种表现方式是必然存在的。怎样处理劳动争议、缓和劳资关系，是人力资源管理中的一个重要问题。

一、劳动争议及其特点

1. 劳动争议的含义

劳动争议，也叫劳动纠纷，它是指劳动关系的双方主体及其代表之间在实现劳动权利和履行劳动义务等方面所产生的争议或纠纷。

2. 劳动争议的特点

(1) 劳动争议的当事人是特定的。劳动争议的主体是彼此存在劳动关系的用人单位和劳动者。(2) 劳动争议的范围是限定的。在我国，劳动争议的范围限定在法律规定的范围之内。只要属于法律规定范围内的劳动争议，当事人都可以向当地劳动争议仲裁委员会申诉。(3) 不同的劳动争议适用不同的程序。一般来说，劳动争议处理的程序包括协商、调解、仲裁和诉讼。根据我国法律，劳动争议发生后，当事人首先应当通过协商解决；不愿协商或者协商不成，可以向本企业劳动争议调解委员会申请调解；调解不成的，可向劳动争议仲裁委员会申请仲裁。同时，当事人也可直接向劳动争议仲裁委员会申请仲裁。对仲裁不服的，可向人民法院起诉。目前，我国劳动争议处理制度的基本体制是自愿选择企业调解，仲裁是劳动争议诉讼的前置程序，发生劳动争议的职工一方在三人以上，并有共同理由的，应当推举代表参加调解或者仲裁活动。

二、劳动争议产生的原因

劳动争议的产生源于当事人一方或当事人双方对现有劳动关系的一系列有关规定的不同看法和对未来劳动关系更新的不同观点。通常从以下几方面来分析其产生的原因。

1. 单位行政方面的原因

(1) 单位行政负责人向职工提供不符合法律要求的劳动条件，如劳动保护条件未按国家规定的标准执行；

(2) 单位行政负责人对职工利益漠不关心，片面强调企业利益；

(3) 单位行政负责人对职工的矛盾处理不公平、不合理；

(4) 单位行政负责人有以权谋私的倾向和行为；

(5) 单位行政负责人态度粗暴，处理劳动关系的综合能力差。

2. 职工方面的原因

(1) 某些职工漠视集体利益，坚持个人的不合理要求；

(2) 某些职工对单位行政给予的正确处分不服从；

(3) 职工对劳动法律的理解与单位行政领导的理解存在差异；

(4) 职工有拉帮结派倾向；

(5) 职工受国外企业或国内同行业企业的影响，要求更新原有的劳动合同。

3. 劳动立法方面的原因

(1) 某些劳动法律规定脱离实际；

(2) 某些劳动法律未与其他相应的法律配套；

(3) 某些劳动法律没有随环境条件变化作及时调整；

(4) 某些劳动法律规定维护了企业行政领导的特殊利益；

(5) 某些法律带有明显的片面性或执行中的不适用性。

三、劳动争议的主要内容

劳动争议的内容是多方面的，总的来说，主要表现在以下 10 个方面。

(1) 有关工资、津贴和奖金等问题；

(2) 有关集体合同的执行、解除和终止以及重新谈判等问题；

(3) 有关个人劳动合同的执行、解除、变更和终止等问题；

(4) 有关工人的录用辞退、辞职和工作变动等问题；

(5) 有关工会的成立、运作管理和代表权的承认等问题；

(6) 有关工作安全和劳动卫生等问题；

(7) 有关工作时间和休息、休假等问题；

(8) 有关就业培训和职业训练等方面的问题；

(9) 有关劳动保险、劳动福利以及女职工、未成年劳工特殊保护等方面的问题；

(10) 有关社会宏观因素和企业外部环境等问题，如通货膨胀、失业、社会保障、外国投资、政治因素和税率等。

四、劳动争议的处理

(一) 劳动争议处理的基本原则

根据我国《劳动法》的规定，处理劳动争议时，应遵循以下原则。

1. 调解和及时处理原则

调解是处理劳动争议的基本手段，贯穿于劳动争议处理的全过程。它是指争议双方当事人在自愿的前提下，由劳动争议处理机构在双方之间进行协调和疏通，目的在于促使争议双方相互谅解，达成协议，从而结束争议的活动。通过调解解决劳动争议，可以消除双方当事人之间的敌对情绪，有利于融洽双方之间的关系。同时，由于劳动争议关系到双方当事人的切身利益问题，所以必须及时、迅速地对其进行处理。劳动争议调解委员会对案件调解不成，应在规定的期限内及时结案，避免当事人丧失申请仲裁的权利；劳动争议仲裁委员会对案件先行调解不成，应及时裁决，人民法院在调解不成时，应及时判决。

2. 在查清事实的基础上依法处理原则

劳动争议处理机构在调解处理劳动争议的过程中，应当对争议的起因、发展和现状进行深入细致地调查。在此基础上，严格按法律规定进行处理。达成的调解协议以及做出的裁决和判决不得违反国家现行法规和政策规定，不得违背国家利益和损害当事人双方的合法权益。

3. 平等公正原则

这一原则主要体现在两个方面：一方面劳动争议当事人双方法律地位平等，具有平等的权利和义务，任何一方当事人不得有超越法律规定的特权；另一方面劳动争议处理机构应当公正执法，要保证双方当事人行使权利，对双方当事人在适用法律上一律平等，对任何一方都不偏袒、不歧视，对被侵权或受害的任何一方都同样予以保护。

(二) 处理劳动争议的方法

根据我国《劳动法》的规定，目前处理劳动争议有调解、仲裁和司法审判三种方法。

1. 调解

(1) 调解的特点。劳动争议的调解是指调解委员在查明事实、分清责任、促使争议当事人在法律法规的基础上和在相互谅解的基础上达成协议的处理方法。对劳动争议的调解必须以双方当事人自愿为前提，不得强行调解。

(2) 调解机构。调解机构是用人单位内部的群众性组织，既不是司法部门，也不是行政机关。

根据《企业劳动争议处理条例》第7,8,9条规定，企业可以设立劳动争议调解委员会，负责调解本企业的劳动争议。劳动争议调解委员会由下列人员组成：职工代表、企业代表、企业工会代表。职工代表由职工代表大会推举产生；企业代表由厂长、经理指定；企业工会代表由企业工会委员会指定。企业代表的人数不得超过调解委员会成员总数的1/3，调解委员会主任由企业工会代表担任，调解委员会的办事机构设在企业工会委员会。

(3) 调解程序。

① 申请。当事人在其权利受到侵害之日起30天内向调解委员会提出申请，并填写《劳动争议调解申请书》，发生争议的职工一方在三人以上，可视为集体劳动争议。② 受理。调解委员会接到调解申请后，首先审查发生争议的事项是否属于劳动争议，只有属于劳动争议的纠纷才能受理；其次应征询对方当事人的意见，对方当事人不愿调解的，应做好记录，在三日内以书面形式通知申请人。调解委员会应在四日内做出受理或不受理申请的决定，对不受理的，应向申请人说明理由。③ 调查。调解委员会受理调解申请后，必须着手进行事实调查。调查的主要内容包括：劳动争议产生的原因、发展经过和争议问题的焦点；劳动争议所引起的后果；劳动争议的当事人双方的意见和要求；所涉及的有关人员及有关的其他情况；其他职工对争议的看法等。④ 调解。在调查的基础上，劳动争议调解委员会应以会议的形式对争议实施调解。调解委员会主持双方当事人参加调解会议；简单争议，可指派1至2名调解委员调解。在会议上，调解委员在听取双方陈述之后，依法进行调解。如果当事人双方协商一致，可以达成调解协议；如果双方未达成协议，当事人可以自劳动争议发生之日起60日内，向仲裁委员会申请仲裁。

2. 仲裁

劳动争议仲裁是由劳动争议仲裁委员会在查明事实、分清责任的基础上根据国家法律法规对纠纷事实和当事人责任的认定和裁决。

(1) 特点。第一，"强制性原则"，即只要劳动争议一方当事人提出仲裁申请就能引起劳动争议仲裁程序的开始。第二，"先调解后裁决原则"，即仲裁庭处理劳动争议应先行调解，在查明事实的基础上进行调解，调解不成才进行裁决。第三，"裁审衔接制"，即当事人对仲裁不服时，可依法向法院提起诉讼。

(2) 劳动争议仲裁组织机构。劳动争议仲裁机构是各县、市、市辖区所设立的劳动争议仲裁委员会。仲裁委员会是国家授权、依法独立处理劳动争议案件的专门机构，它是由劳动行政主管部门、同级工会、用工单位三方代表组成，仲裁委员会主任由劳动行政主管部门的负责人担任。劳动行政主管部门的劳动争议处理机构是仲裁委员会的办事机构，负责办理仲裁委员会的日常事务。劳动争议仲裁委员会是一个带有司法性质的行政执行机关，其生效的仲裁决定书和调解书具有法律效力。

(3) 劳动争议仲裁的程序。

① 由劳动争议当事人向劳动争议仲裁机关提出申请，要求依法裁决，保护自己的权益。

② 劳动争议仲裁机关在收到当事人申请仲裁的书面材料后，进行认真审查后，对于符合条件的劳动争议案件，在收到申诉书后的 7 日内，做出决定立案审理。

③ 仲裁委员会立案受理劳动争议后，按劳动法及有关条例规定，成立仲裁庭。仲裁庭由三名仲裁员组成。仲裁庭成员应认真审查申诉、答辩材料，调查、搜集证据，查明争议事实。

④ 在调查取证的基础上，开庭审理。仲裁庭对劳动争议首先进行调解，力求当事人双方自愿达成协议。对经调解达成协议的案件，仲裁庭应制作仲裁调解书送达当事人双方。调解书一经送达即产生法律效力。如经调解后不能达成协议，则要进行辩论。仲裁庭最后应根据调查结果和有关法律及时做出裁决，仲裁决定必须在 7 日内完成。当事人如对仲裁决定不服，自收到裁决书之日起 15 日内可向人民法院起诉。期满不起诉的，裁决书发生法律效力。仲裁庭处理劳动争议，应从组成仲裁庭之日起 60 日内结案，对于案情复杂需要延期的，要报仲裁委员会批准后方可适当延长，但不得超过 30 日。

3. *劳动争议审理*

(1) 概念。劳动争议审理是指人民法院对不服仲裁而提起诉讼的劳动争议依法进行审理并作出判决。

(2) 人民法院对劳动争议的管辖。一般实行地域管辖，通过实行原告就被告的原则。

(3) 人民法院对劳动争议的审理程序。根据《民事诉讼法》规定，劳动争议的审理实行二审终审制，由各级人民法院的民事庭受理，包括劳动争议案的起诉、受理、调查取证、审判和执行等一系列诉讼程序。举证责任与劳动争议仲裁的举证责任相同。

思考题：

1. 劳动关系包含哪些内容及各项内容的特点是什么？
2. 劳动合同和集体劳动合同的区别及他们各自应该包括哪些内容？
3. 劳动合同的不同处理方式中应注意哪些问题？
4. 工会在处理劳动关系中应该发挥什么样的作用？
5. 劳动争议的处理方式及如何妥善处理劳动关系中出现的问题？

第十五章　员工安全与健康

□ 学习目的

通过对本章内容的学习，应了解和掌握如下知识点：

- 理解员工安全与健康的有关概念
- 了解健康安全与健康管理工作的地位和作用
- 描述管理层如何创建安全的工作环境
- 找出可以用来控制和消除健康危害的措施
- 描述促进健康的组织服务和计划
- 解释雇员帮助计划在人力资源管理中的角色
- 找出帮助员工应对压力的一些方法

□ 引入案例

在IBM公司，普通的职业病已得到基本控制，如今员工的精神健康、心理压力、身体保健等问题愈来愈成为管理者关注的重点。对IBM的管理层来说，营造一个满足员工需求、保持员工工作干劲、提高员工工作效率的环境，不仅仅是其应该履行的责任，也是为公司创造更具竞争力的优势去吸引和保留高素质的人才的手段。

"保健计划"就是IBM公司为员工组织的一项有利于身心健康的活动。所谓"保健计划"就是为员工设计健康、保健方面的活动和计划来改变员工的行为，从而帮助员工形成一个理想的、健康的生活方式。保健计划的重点在于预防，它的主题可能随着不同国家、不同地区员工需求的不同而不同。总的来说包括常见病的预防和处理；有关运动、饮食、生活方式的健康教育；肝炎、性病、结核等传染性疾病的预防；如何放松情绪，缓解压力；女性保健；眼保健；皮肤病预防；居家安全与健康；交通安全等不同层面的教育。简而言之，就是通过医学基础知识和保健常识的教育和普及来提高员工的保健意识、保健能力、健康水平及生活质量，以达到公司的工作目标。

通过以上"保健计划"的实施与开展，不仅丰富了员工的保健常识，提高了员工的士气与干劲，同时也减少了员工事故、病假和旷工带来的费用支出。

IBM公司的保健计划，反映了组织对于员工安全与健康问题的关注。事实上，员工的安全与健康问题严重影响着组织的效率和员工工作生活的质量，并增加组织额外的经营管理费用。员工安全是指保护员工不受与工作相关事故的伤害，员工安全大致可以分为设备的安全和人员的安全，这两者密切相关。员工健康是指员工不患由工作引起的生理或心理疾病。

员工的安全与健康管理指的是为了保证员工的安全与健康而采取的各种措施。它主要涉及国家或地区的安全方针和政策；企业或组织具体的计划、执行、控制过程；对安全与健康管理效果的评估等。组织必须要重视员工安全与健康管理，组织的直接管理人员主要负责保持一个安全卫生的工作环境，对人员、设备、环境、作业过程、事故及职业病等多方面实行管理，而人力资源管理人员则为员工提供专业的协助，并负责协调和监督具体的安全与健康方案，在整个管理过程中体现出组织的安全文化。在员工健康安全管理过程中，要注重达成组织与员工的共识，注重协调好组织与员工之间的关系。

第一节　创造一个安全的工作环境

一、工作安全管理概述

1. 工作安全管理概念

工作安全管理是指分析和研究生产劳动过程中存在的各种不安全因素，从技术、组织、管理上采取有效措施，解决和消除安全隐患，防止事故的发生。组织中发生事故有三类基本原因：偶然事件，不安全的环境，以及员工的不安全行为。由于偶然事件或多或少处于组织的管理控制之外，因此工作安全管理主要是针对不安全的环境和员工的不安全行为。

(1) 不安全的环境。不安全环境是事故的一个主要原因。不安全环境包括两类：一类是工作环境，另一类是工作本身。不安全的工作环境包括：① 设备本身的缺陷或设备防护不当；② 作业环境、场所的缺陷（如基建、照明和通风等）；③ 作业方法或作业安全防护不当；④ 不安全的物流与储存等。

(2) 不安全的员工行为。由人引发的不安全行为是事故的主要原因。无论工作环境多么安全，除非员工希望安全地行动，否则总有事故发生。常见的员工不安全行为包括：① 不使用个人防护用具；② 在不安全速度下操作或工作；③ 使用不安全设备或不安全地使用设备；④ 在装载、放置、混合时使用不安全的程序；⑤ 在悬吊重物下处于不安全的位置；⑥ 走神、开玩笑、辱骂、争吵或恶作剧。

产生不安全行为的原因是复杂的，是各种主客观因素共同作用的结果。主观因素包括个人心理、生理、技能等，客观因素包括工作特殊性、管理、教育培训和环境等。此外，员工的年龄与工作服务期、知觉-运动能力、职业兴趣、工作经验和熟练程度、工作态度和工作满意度等也是造成员工不安全行为的诱因。

2. 安全管理工作的重要性

全面有效地开展员工安全管理工作的一个必要条件就是要得到企业高层领导的重视，要使其了解员工安全管理工作的重要性。提高各级管理者尤其是主要行政领导或业主对安全工作的重视程度，解决和落实安全管理工作中的机构设置、人员配备、安全生产所需费用问题，减少不安全行为或不安全的环境因素。可从以下几方面来考虑安全管理工作的重要性。

(1) 节约企业成本。员工安全管理的实现需要一定的物质成本和人力成本，但这与因事故而支付给员工的各种赔偿金相比是很少的。而且一旦工作中发生了事故，组织可能会因此失去熟练工人，也可能要增加招聘和培训新员工的费用，更严重的还会因企业的安全环境不好而导致其他员工流失，影响组织的生产效率和发展。

(2) 国家相关法律和政策的规定。企业的经营活动和员工安全管理方面的工作都要受到相关政策的限制。违反相关规定的行为都要受到制裁。我国已出台的《安全生产法》、《职业病防治法》和《安全生产违法行为处罚办法》等法规是确立员工安全管理工作的重要性的可靠保证。

安全是人类与生俱来的要求，生命的生存原则首先就是安全。人类处在其生存环境中，只有在安全条件下才能生存发展得好。安全第一，预防为主，组织要始终将员工的安全放在第一位。安全是每一个人的责任，每位员工对工作中的安全负有基本的责任。

二、创造一个安全的工作环境

1. 提高安全意识,消除事故心理

人的认识是行动的先导,只有提高安全意识,才能使员工具有自觉的安全行为。大部分组织设有安全认知项目来提高员工的安全素质,增强安全意识,规范安全行为,防止工伤事故的发生。这些项目需要运用各种不同的媒介,如安全教育、商业化电影、录像带以及其他诸如宣传小册子等。这对教育与促进员工遵守安全工作程序都是十分有用的。

(1) 明确主管的关键角色。主管的主要责任之一就是与员工进行安全工作必要性的沟通。在对新员工进行最初教育时,应该反复告知安全的重要性,并不断强调工作程序的合理性,阐明劳保服装和用具的正确使用方法及潜在的危险。而且组织应该在培训期间,就要确保对员工的理解能力进行验证,并且鼓励员工在关注安全问题时保持主动性。因为培训本身并不能确保安全工作的实施,主管必须在工作中督察员工,并加强安全操作指导。如果发现不安全行为,主管应立刻采取行动找到原因,主管还应该在工作小组中培养员工在安全工作方面发扬团队精神。

(2) 制订前瞻性的安全培训计划。大多数的安全培训计划强调紧急救助设备和个人安全设备的使用。事实上,很多组织提供的安全培训是不在工作安全的范围之内的,例如在家中,在高速公路上遇到危险时如何急救的培训等。这是因为很多组织已经意识到,许多发生在工作场所外的伤亡事件,其次数比发生在工作中的还要多,这些都可能会增加组织的保险费、赔偿费等成本。因此,组织最好在制订安全培训计划时就要求员工参与其中,这样员工就可以针对特殊安全与健康的主题、指导方法和适当的教授技巧提供有价值的观点。更重要的是,当员工自觉参与安全培训课程的设计时,对安全培训的接受程度就会提高。

(3) 加强安全教育 消除员工违章心理。组织应该实施安全教育,以消除员工产生习惯性违章的心理因素。员工常见的心理因素包括以下几种。

① 侥幸心理:在实际工作中认为严格遵守(规程)制度过于繁琐或机械,即使偶尔有一些违章行为也不会造成事故。

② 取巧心理:在工作现场,一些员工贪图方便,怕辛苦,往往不按制度执行,擅自将几项操作内容合并操作,不分项办理工作或未等安全措施做好就开工,以及在工作中不使用合适的安全工具就工作的违章行为。

③ 偷懒心理:认为多一事不如少一事,在工作中甘愿当副手,不愿意认真学习专业知识和操作技能。工作中班长或负责人让干什么就干什么。在工作中不认真履行自己的职责,该监督时不监督,导致少了一道安全防护关口。

④ 逞能心理:员工在现场工作时,想当然,自以为是,出风头,盲目操作,认为自己技高一筹,逞能蛮干,这些都是造成事故的隐患。

⑤ 帮忙心理:在工作中往往会出现员工在操作中开关或刀闸的送拉不到位,或人手不够的情况,这时就会请旁边的检修人员帮忙,而帮忙者往往碍于情面或有表现欲望,在不了解设备的情况下,盲目地去帮忙操作,而造成事故。

⑥ 冒险心理:在实际工作中经常会出现一些开工前未能预想到的困难。有些员工不认真分析实际情况采取必要措施,而是大胆地去冒险工作,而造成事故。

⑦ 自负心理:在工作中出现故障或异常时,工作人员不是立即停止工作,检查自己在工作过程中是否存在问题,而是自以为是,认为一定是设备存在问题,而强行工作,造成事故。

⑧ 从众心理:班组里有人违章没有出现问题,大家就对这样的违章习以为常,也跟着别

人去违章操作，从而造成事故。

⑨ 盲目心理：在师父带徒弟的过程中，师父有习惯性违章行为，徒弟不加辨识，全盘接受，这样就成为习惯性违章行为的继承者和传播者。

⑩ 好奇心理：在工作中引进一些新设备，新工具，因平时难得一见，出于好奇心理，有些人就会在对设备不熟悉，性能不了解的情况下动手去操作实践，这样就极容易发生意外事故。

2. 明确安全管理的职责

组织要实行安全目标管理，落实安全生产责任制。根据国家及行业的要求并结合企业的实际确定本企业的安全生产管理目标，尽可能使其目标指标化、具体化，有较强的可操作性和利于考核。然后将目标层层分解下达，直至每一个班组和每一个人，并逐级签订目标管理责任书。年终进行考核，做到奖罚兑现，以此促进安全生产。

作为企业领导者和业主，主要职责是加强管理和教育，认真贯彻执行党和国家制订的“安全第一，预防为主”的方针以及有关法规，严格执行国家、行业的标准，采取有力措施为雇员提供安全健康的工作环境和条件，努力消除一切危险的和不利于健康的因素。如提供无缺陷的设备和工具，制订无缺陷的操作程序，提供空气流通、阳光充足、温度适宜、无尘毒和放射污染的工作环境等，确保安全生产，及时整改隐患。如果危险和不利于健康的因素仍不能排除，则应采取防护措施或监测报警措施。如为员工提供必需的防护用品工作服、工作鞋、安全帽、安全带、护目镜等等，在易燃易爆气体和有毒气体易扩散的场所安装气体监测装置和报警仪等等，并对在有尘毒和放射污染的环境下工作的员工定期进行身体检查，发现职业病要及时治疗。

作为人力资源部门，在员工安全与健康管理中应该负有如下职责：组织正规的安全培训，协调安全与健康项目，建立安全报告体系，提供事故调查的专业技能，提供事故防范的专业技能，制订保密权限程序与员工身份认证体系，培训经理处理有关安全棘手情形。此外人力资源部门还需要制订完善的以岗位责任制为中心的各项安全管理制度和操作规程以及安全标准，进行严格的管理，认真执行。对违反劳动纪律、违反操作规程和违法乱纪者予以追究，由此而发生事故造成人员伤亡和财产损失的，要严格按照规章制度进行严肃查处。

作为员工，主要职责就是要自觉接受安全知识和安全技能的教育培训，做到遵章守纪，安全生产，自我保护。

3. 合理地进行人员配置和人员选拔

安全和人的素质密切相关，不同的岗位对人的生理和心理素质的要求有高有低。选择合适的员工并对其进行专业岗位的安全培训，对他们的作业过程进行有效的管理，是保证安全的必要条件。

在招聘新员工时，要根据其自身的身体和心理素质看其是否能胜任所应聘的岗位。根据人的生理特点、身体条件、性格特点、嗜好、特长、文化程度等，配置到合适的岗位。如女雇员一般不宜从事重体力劳动，有高血压和心脏病的人不宜从事高空作业，有酗酒嗜好或安全意识不强的人不宜从事特种工种和危险工种的作业等等。对雇员进行“事故倾向者”甄别，避免雇用事故倾向者，或者将事故倾向者调整到危险性小及不重要的岗位上去。

人员配置的具体步骤：

(1) 调查员工的健康安全状况；

(2) 收集企业岗位的用人标准并进行安全分析；

(3) 岗位分析；

(4) 制订员工岗位任用安全标准；

(5) 职业适应性测试;

(6) 提供上岗前的安全教育和培训。

4. 强化安全规则

关于安全的具体规则和规定可以通过主管、布告栏通知、员工手册和粘贴在设备上的标志等方式来告知。安全准则也可以通过日常的安全会议,新进雇员指导和标准操作流程手册来加以强调。这些安全规则一般都鼓励员工表现出下列安全行为:

(1) 使用合适的安全设备,如安全眼镜、绝缘手套、绝缘垫等;

(2) 无论何时在直接接触电路器件前,确保所有电源都是关闭、切断的,确保任何人都不能将电源打开;

(3) 不要将设备用于不合适的应用中,如果未按厂家规定的方式使用设备,则设备所提供的保护措施将大大削弱。

企业的制度,一方面规定了员工的工作内容;另一方面规定了员工怎样去实现工作流程。制度对员工在什么岗位上要做什么事情都规定得很好。但如果员工在做这些工作的时候没有受一个客观、合理的工作流程引导,那就会被一种偏执的、任意的工作流程所取代。这样的话,容易导致事故的发生,后果将不堪设想。最直接的影响就是员工的工作过程可能会失去监督,而优良的工作流程,会使员工趋利避害;能限制员工的主观随意性、做事的隐蔽性;能加强监督,保证能力稍微欠缺的人选择效率最优的手段。如果一个企业出现了有制度不依,执行制度不严谨的情况,那就应当认真地审视工作流程是否健全合理。一个优化的制度应当具有能动实施的动力和手段,而工作流程是这种动力和手段的主要来源。

工作流程的制订应防止以下几点:

(1) 工作流程是流水账式的,对实际工作缺乏指导意义;

(2) 工作流程的分解与工作目标之间缺乏必然联系;

(3) 流程的节点及其责任人、目标、工时等关键内容定义不清,无统一的标准,容易造成相互推诿。

要普遍对员工进行安全生产知识、技能、政策法规等方面的培训和安全生产重要意义的宣传教育,不断提高员工的安全意识、安全知识和技能以及法制观念,从而减少事故。事实证明这是非常必要的,由于员工安全意识不强、技术素质差、不懂蛮干或侥幸心态是事故发生的主要原因。

5. 建立健全安全评估与监督系统

"安全评估系统"是组织生产系统的一个重要单元,其主要目标是评估组织内部安全卫生的表现,以减少伤害和疾病的发生,为员工们提供安全的工作环境。该系统一般包括下面几个部分:

(1) 安全风险评估;

(2) 安全健康事件调查与分析;

(3) 紧急应变准备;

(4) 守则与工作许可;

(5) 个人防护用具;

(6) 工业卫生;

(7) 医疗服务;

(8) 一般宣传;

(9) 承包商管理;

(10) 人类工程;

(11) 其他安全健康应遵守的事项(包括高空作业安全、工厂行走安全和机械锁定等)。

强化安全生产管理与监督,除了政府要对企业的安全生产进行强制性的监察外,企业内部也要加强管理与监督,经常性地组织安全、工会、生产等有关部门进行定期或不定期的或专业性的安全生产检查,发现问题及隐患,发整改通知书,限期进行整改或纠正。各基层生产单位或生产班组要按时进行日、周、月的检查。为使安全检查有目的和系统的进行,可先制订安全检查表和检查计划,检查时按表进行。暂时整改有困难的,要制订有效的监控措施进行监控。对安全生产威胁大的要令其停产整顿。

6. 妥善处理职业安全事故

发生职业危害和伤亡事故,给伤残员工及家庭造成痛苦,精神、生活上增添负担,也给社会带来不稳定因素。企业和组织在事故发生以后,应该遵循相关的法律法规妥善处理,从中吸取教训,深刻反思,避免同类事故的重复发生。管理者在参与事故调查和处理中担负着重要职责,他们需要到事故现场调查采访员工,并完成分析报告,提出事故整改对策或建议。

常见的事故处理对策包括以下几个方面。

(1) 人力资源管理专业人员需要对工作条件进行评估,对工作岗位进行分析。如果类似的事故一再发生于同一部门中,安全教育培训计划就有重新制订的必要。

(2) 对所有员工采用多种方法在不同的时间进行安全培训。电视、广播、因特网上的资源都可以用来进行安全培训。

(3) 编写时事通讯,更换安全海报,传递安全信息都是可行的办法。随着越来越多的员工进行远程办公,工伤范围又有了新的变化,这需要企业人力资源部门为远程办公者提供培训课程。

(4) 对于已经受伤的员工,提供轻负荷的工作岗位。

(5) 发放安全激励奖金,对隐瞒事故者给予处罚。

7. 努力营造企业安全文化

企业安全文化是在追求人类安全生存发展中所形成的安全价值观以及安全行为准则的总和。它对人的安全观念、安全意识、安全态度乃至安全法律、安全措施等有着深刻广泛的影响,安全生产是社会健康发展的前提。安全生产关乎每一个行业,安全问题无处不在,而企业是现代社会经济的细胞和基本单元,是安全生产的行为主体和责任主体。

企业安全文化建设实际上就是把安全文化这一抽象的概念具体应用到企业的生产与管理实践中去,使企业在生产过程中有完善、科学的安全管理和工作规范;培育企业员工先进的安全理念和共同的价值取向,塑造企业员工的安全行为方式,有一支高素质的职工队伍;使安全生产深入人心,形成保护人身健康、尊重人员生命的文化氛围,提高管理绩效,实现安全生产目标。

建设企业安全文化是近年来人们对安全管理方式与制度的创新,是一种新型的安全管理科学。从企业安全文化的功能和作用可以清楚地认识到企业安全文化建设是搞好企业安全生产工作的根本途径。

第二节　创造一个健康的工作环境

一、员工健康管理概述

1. 健康管理的概念

健康管理是指对个人或人群的健康危险因素进行全面监测、分析、评估以及预测和预防的全过程。其宗旨是通过外部力量的介入来促使个人及集体了解自身的健康状况,并安排有限的资源来达到最大的健康改善效果。

健康管理的主要特征是使用外部力量来克服人们对于自身健康状况容易产生的盲目乐观的情绪，消除人们在维护自身健康过程中的惰性。其具体做法是评价个人的健康状况，为个人提供有针对性的健康指导和治疗，最终使个体或群体保持可能实现的最佳健康状态。企业健康管理就是应用现代医学科技和信息技术从社会、生理、心理角度来系统地关注和维护企业员工健康。

健康管理一般包含以下的流程：(1) 收集健康信息；(2) 建立健康档案；(3) 明确需控制的疾病危险因素；(4) 针对性地提供健康改善方案；(5) 外部介入监督方案的执行；(6) 方案效果的评估和修订。

2. 工作健康管理的目标

工作健康管理的最终目标是创造一个健康型组织。健康型组织是最近国内外关于组织变革和发展的一种重要思想。这种理念来源于西方组织管理学界最近兴起的"生物型组织"的概念。"生物型组织"理论认为，每个组织都是一个生命体、生物体或生命单位，而生命体、生物体、生命单位都有一个共同特点，就是它们都有自己的一套保健免疫系统，从而可以首先确保自己的生命存在，继而才能确保自己各项功能的正常发挥和运转。

健康型组织的特点是员工能感到自身在组织中的价值，并且可以自己处理可能产生的各种冲突。一个健康型组织的标准包括各个方面的指标：除了组织内员工的健康之外，还包括组织生产力、效率、竞争力，以及财政指标等方面的健康。一个健康型组织不但要在工作场所中最常见和最典型的项目，比如安全、舒适、健康筛选、营养、禁烟等项目上有所努力和建树，还必须致力于建设影响工作场所的文化，营造良好的人际关系，促进员工的学习和发展，增强工作中的价值、意义和目的。

在今天这样的重视个人价值和人才竞争的社会，要创造一个健康型组织离不开对个体的个性化关怀，以及组织对个体独特性的理解及协调。因此，一个健康的组织必定需要投入大量的精力和努力，来让拥有不同背景、技能和能力的人们为了共同的组织目标而在一起工作。有专家认为，建设健康型组织，一是高层管理者要带头改变观念；二是人力资源管理者要学好心理学，做好员工的压力管理与情绪管理；三是从组织发展战略的高度，建立基于胜任特征模型的人力资源开发模式；四是掌握科学的健康型组织的理论、手段和开发技术，增加组织的核心竞争力；最后是在中层管理干部和员工中灌输健康型组织的管理理念和服务技术。

3. 员工健康管理的意义与作用

(1) 员工生理健康管理的重要性。21 世纪，经济与科技的竞争已经日益转化为人力资本的竞争，人力资本理论指出，人力资本主要包括知识资本、技能资本、健康资本和流动与迁移资本。在现实中，很多企业都配有人力资源管理部门，负责员工的在职培训、绩效考核与工资报酬等方面的人力资源管理实践。但是多数企业对员工健康的关注程度远远低于对在职培训等问题的关注程度。然而，随着现代社会的发展，员工的整体健康状况对企业的生存与发展已经越来越重要。为了增强企业的市场竞争能力，为了更好地配合现实的人力资源管理，企业应当对员工的健康状况给予足够的重视，并对员工整体的健康资本进行适度投资，也就是健康管理。

随着医学模式的转变，疾病谱的改变和人口老龄化的来临，急性传染病已不再是危害人们身体健康的祸首，取而代之的是慢性非传染病与亚健康状态。现代社会里的健康可以通过坚持健康的生活方式等预防保健的途径获得，而不像 20 世纪 30 至 40 年代时，疾病主要依靠医疗科技的进步而得以避免或减少。因此，当代企业已经进入一个可能实现成功的健康管理的时代，可以满足员工对自身健康的普遍追求。

然而职业压力和不健康的生活方式导致中国企业的员工增加了很多疾病甚至安全隐患。据《中国青年报》的调查结果显示，中国企业48％的员工处于“亚健康状态”。亚健康带来的直接后果就是工作效率低下、创造劳动价值减少。这不仅仅是企业的损失，更是社会的损失。目前在中国的现状是，虽然国家已经实施社保，并提供医疗保障，但是现有医疗保障只能满足员工最基本的医疗需求，只有当员工生病之后才能使用，当员工处于“亚健康”状态时，社会保障不能提供任何解决方案。在参加医保的前提下，企业为了降低开支，不会考虑为员工提供健康管理计划来减少亚健康以及高危人群的比例，因为这要增加额外的投入。然而员工的亚健康状态和疾病是导致企业员工医疗保健开支增加的主要原因，同时这些疾病和亚健康状态也是导致员工工作效率下降的主要原因，所以说员工的亚健康状态最终导致的还是企业效率的损失。

企业的健康管理机制能够及早找出隐藏在员工中的可能引发疾病的危险因素，并加以预防和解决。这对于企业来说至关重要。企业采用健康管理机制可以更清晰地了解员工目前的健康状况，预防患病，让员工保持良好的身体状态，减少缺勤，同时这项服务能体现公司的关怀，留住精英人才，并降低精英人才的健康风险。

(2) 员工心理健康管理的重要性。一般而言，心理健康是指个体的心理活动处于正常状态下，即认知正常、情感协调、意志健全、个性完整和适应良好，能够充分发挥自身的最大潜能，以适应生活、学习、工作和社会环境的发展与变化的需要。

长期以来，企业一直比较注重员工的生理健康，而忽视其心理健康问题，对职业心理保健投入很少。但是，员工的心理问题极大地影响着企业的绩效及个人的发展。有些企业狭隘地理解工作场所的健康，将企业的努力仅仅放在生理健康上，特别是仅仅致力于减少那些威胁到员工生理健康的条件，他们错误地认为这会对提高组织健康起到至关重要的作用。然而这种做法造成的结果往往是，把大量的成本花在少部分最危险的员工身上，而忽略了大量其他的员工。

在经济高速发展，人才激烈竞争的现代社会，很多企业会发现自己面临着一些新的棘手局面：即使企业已经提供了安全健康舒适的办公条件，员工却仍然出现各种健康问题如心脏病、高血压、肠胃问题、肌肉骨骼问题、心血管问题、甚至猝死；员工的压力、职业倦怠、工作与生活不平衡、人际冲突，以及其他的一些不健康工作环境导致的问题，造成企业物资或人才的重大损失；健康医疗等方面的成本费用提高、生产力的下降、员工士气低落等。这些状况都向企业敲响了警钟：加强员工的心理健康管理非常有必要，如果事先不能建立预警机制，管理层和人力资源管理部门往往在这些问题发生的时候会措手不及，处于被动状态。

(3) 企业实施员工健康管理的作用。企业实施员工健康管理的作用体现在以下几个方面。

① 能够有助于企业降低总体医疗保健费用。美国企业的健康管理经验表明，健康管理对于任何企业及个人都有这样一个规律：90％和10％。具体地说就是90％的个人和企业通过健康管理后，医疗费用降到原来的10％；而10％的个人和企业未做健康管理，医疗费用比原来上升90％。背后的道理很简单：实施了健康管理的企业，其员工的患病率、住院率明显降低，绝大部分的疾病风险都以各种方式被消灭在萌芽状态；即使万一患病，也会因为“三早”(早检查、早诊断、早治疗)而很快得到痊愈。因此，企业在员工医疗保健方面的支出总额明显下降。

② 能够减少间接经济损失。由于实行了健康管理，企业员工不仅减少了自身患病的概

率，并且会通过对家人生活方式等方面的积极影响而降低他们的患病可能性。这样，企业健康管理既减少了员工的病假工时，又减少了其为照顾家人健康的事假工时，从而大大减少了因此而给企业带来的间接经济损失。

③ 有助于吸引优秀员工。企业的发展离不开高层企业家和优秀员工的加盟，在健康日益成为人们追求的重要目标之一的时代，企业的这项福利措施无疑会吸引许多既追求事业成功也重视自身健康的优秀人才。这必将成为企业参与市场竞争的利器之一。

④ 能够显著提高员工的劳动生产率。有关研究的数据显示，实施员工健康管理的企业中员工人均年产出总值提高了50%以上。人力资源专家经过调研找到了原因：一方面，实施健康管理的企业员工更能感受到企业对他们的关怀，更富有归属感和工作热情，这项福利更能吸引优秀的员工加盟企业，这样自然就会为企业注入更多的创新思路；另一方面，通过健康管理的实施，企业员工的身心更健康，精力更充沛，员工之间更加团结互助，而这能直接提高企业的劳动生产率。

4. 员工健康管理的主要模式

目前，我国企业的健康管理服务主要由健康管理企业来提供，其模式主要有两种：一种是以大型医药集团为依托的健康管理公司。如三九数字健康管理有限公司。该企业在三九集团的背景下，联合三九医院、三九连锁药店，结合三九远程医疗系统，建立起一个连续的、全面的健康管理系统。它从个人健康信息的建档管理、分析、实施，到生病时的针对性治疗，再到治疗后的病情康复追踪，提供全方位的健康管理服务。

三九数字健康管理有限公司为企业提供的服务包括以下10项：为企业提供健康普及讲座1次；免费为企业提供一名就近医院的健康咨询医疗顾问，员工平时有健康问题可以随时咨询；为员工建立健康档案，提供企业职业病防护方案和流行疾病预防方案；企业员工到合作医院看病免收普通挂号费(常见病)；代办大医院看病挂号、专家号(大病)，联系住院；定期邀请大医院专家专门会诊；优惠提供体检、疫苗接种、健康讲座服务；代办购买公司消毒、保健、防护用品；代办买药；代办商业医疗保险。其他服务：为企业领导聘请私人医生，为普通员工家庭提供家庭医疗顾问，家庭老弱看护等等。

另一种是一些小型的健康管理机构。这种小型机构没有前者那样良好的预防保健服务网络基础，故其服务内容相对单一些，通常重点是放在“养生与保健”上。即在建立了健康信息档案并进行评估分析后，主要通过各种调养手段改善参加者的身心状况。

对于以上两种企业健康管理的主要模式，不同的企业应当根据本行业特点、本企业经济实力和员工健康状况选择适合本企业的健康管理模式。与企业健康管理相关的具体职责应该由企业中的人力资源部来担纲。总体而言，企业实施健康管理与企业投资在职培训类似，是对企业整体人力资本中的健康资本的一种投资，这种投资确实能为企业带来丰厚的利润回报与良好的社会效益，是值得企业大胆尝试的一项管理创新。

二、创造一个健康的工作环境

1. 员工健康管理的流程

员工的健康关乎企业未来发展的潜力，因此企业必须将员工的健康指标纳入到人力资源管理的各项工作中，形成一套完整的员工健康管理流程。比如，企业可以将应聘者的健康指标作为“面试”的最后一道关卡，以此作为衡量其是否能担当工作强度和工作压力的重要考核指标；其次企业也可以在针对员工的培训中增加“健康培训”；第三，企业可以将健康考核纳入到考核体系，综合员工自评、互评、员工的家人朋友等各方面的信息对员工心理健康状态进行评估，据健康考核结果以及工作岗位的要求，及时调整员工的工作岗位。最后，企业可以将健康指数纳入晋升体系，把健康考核的结果作为晋升的参考依据。企业完整的员工健康管理流程包括如下步骤：

(1) 收集企业健康信息。企业健康管理信息需要通过健康体检来获得。医生建议正常的人应该从 30 岁开始有固定的健康检查，因为人的荷尔蒙在 35 岁到达顶峰，之后开始走下坡。因此专家建议，30～45 岁的人，每年必须检查一次。45 岁以上的人，半年检查一次。正确的做法是，由临床医生根据企业员工的性别、年龄、职位和工作性质的特点，"量体裁衣"制订出符合人体生理和病理变化依据的体检项目。维护正常健康需求，及早发现体内隐患。

(2) 建立健康档案。体检结束后每一位员工的体检结果都应该建立永久性的电子健康档案，这一方面为分析企业主要的疾病危险因素提供了工作基础，另一方面也为检验企业健康管理实施的效果提供了原始数据。

(3) 明确需要控制的疾病危险因素。这个过程是一个对企业员工的健康信息进行综合分析的过程，通常以企业体检团报的形式体现。根据体检项目数量以及体检人数的不同，一个体检团队在体检后通常会发现十数种到数十种的疾病危险因素，但是这些因素的危险性、普遍性和可控性是不同的，而企业能够为企业健康管理提供的资源也是有限的，这就要求我们能够在这些因素中找出那些同时具备危险性和普遍性，而且通过实施企业健康管理能够控制和改善的因素，从而予以关注和实施针对性的健康管理。

(4) 针对性地提供健康改善方案。与针对个人的疾病危险因素而提出的健康改善方案不同，企业健康管理是从企业可执行性的角度来提出改进措施。从造成员工健康状况不佳的企业因素来说，可以分为以下两类。

一是较难改变的因素。包括工作压力因素，即在激烈的竞争环境中，员工不得不承受巨大的工作和精神压力，这是一种社会问题，即便这是很多慢性病的最主要成因之一，也很难改善；工作环境因素，即现代人们工作在一个封闭的环境中，空气质量、光线、辐射等使得工作环境较差，虽然有很多企业在这方面做了大量的工作，但是就某一具体企业来说，工作环境还是一个很难改变的因素；工作性质因素，即很多慢性病的形成同工作性质有关，例如设计人员不得不长久地坐在电脑前工作，销售人员不得不经常应酬等，这种因素对健康的损害能够被人们认识，却很难改变。

二是能够改变的因素。包括缺乏必要的健康教育，对于危险因素的形成和发展，以及个人良好生活习惯的形成，大多数人缺乏必要的知识。而对于企业来说，邀请相关的专家专门针对本企业所需要控制的疾病危险因素来进行健康知识讲座，是一个能够做到的事情。这些能改变的因素主要有几点。① 缺乏持续性的治疗和指导：每位员工在了解了自身的健康状况后，有时需要得到持续的医疗服务和指导来改善健康状况。但是一方面由于很多的疾病危险因素在真正转变为疾病之前往往没有感觉，从而在一段时间后容易被本人所忽视；另一方面员工通常也缺乏获得这种服务和指导的外部条件。即便企业已经安排了常驻的医务人员，但是由于这些医务人员本身的局限性和职能安排，并不能向员工提供必要的治疗和健康指导。② 缺乏外部的提醒机制：人是存在惰性的，即便意识到身体健康出现了问题，并且得到了很好的个人健康改善方案，时间一长没人提醒也会逐渐放弃执行，例如周期性的复查、持续的健身、持续的治疗等。企业内部由于没有相应的职能设置，无法提供这种提醒服务。

经过一系列的分析，在明确了企业内部需要控制的疾病危险因素和形成这些因素的企业可改善的原因后，我们就能够有针对性地提出企业健康管理的方案。

(5) 方案实施效果的评估和改善。企业健康管理的实施方案的效果主要从三个方面来进行衡量：是否得到企业员工的接受和欢迎；总体的健康状况是否得到改善；疾病危险因素的控制做得如何。

由此可见，作为新型福利计划的企业健康管理与单纯的个人体检是不同的。作为企业，员工的接受度，体检之后的健康状况改善以及后续的跟踪分析和相应的配套福利措施都是保证这个福利计划行之有效的基础。

2. 员工健康管理的举措

健康是一个人的力量之源、生命之本。健康作为一种非可再生资源，不管是对个人还是对企业来说，都是一种非常宝贵的资源。健康的企业需要健康的员工，为员工制订健康计划，可以从以下几方面着手。

为确保员工的生理健康，企业可以采取的措施主要包括：

(1) 建立员工活动室、健身室，使员工在工作之余加强自身的身体锻炼；

(2) 定期为员工进行健康检查，办理医疗保健卡，做到防患于未然；

(3) 为员工举办健康知识讲座，普及健康保健知识；

(4) 为员工提供合理的营养工作套餐，保证员工的饮食营养健康；

(5) 开展员工体育趣味竞赛，调动员工参加体育锻炼的积极性；

(6) 建立员工健康档案，时刻关注员工的健康变化；

(7) 合理安排工作量与工作时间。

企业不仅要关注员工的生理健康，提高员工的身体素质，同时也要加强员工心理素质的培养。这方面企业能够采取的措施包括：

(1) 建立员工心理咨询室，为员工提供心理帮助；

(2) 每周由专业的心理咨询老师，提供职业生涯规划、人际关系、两性关系等个别辅导；

(3) 协助舒解压力，进行身心调节，并协助处理婚姻问题及家庭亲子关系；

(4) 提供各项测验，协助员工了解自我成长；

(5) 建立在上下级之间畅通的信息沟通渠道，鼓励员工与自己的上级沟通，及时让企业高层了解到员工的真正需求；

(6) 建立透明、公平、公正、公开的竞争机制，减少员工心理负担；

(7) 建立“积极、开放、宽容、乐观”的企业文化氛围；

(8) 完善对员工的激励机制，尤其注重对员工的精神激励。

3. 员工压力管理

过大的压力已经成为损害员工健康、降低工作效率进而侵蚀企业当前竞争能力和持续发展潜力的不可忽视的因素。缓解员工压力可以从以下几个方面考虑。

(1) 优化员工的工作环境。研究表明工作时，人们喜欢有相互交谈的机会，特别不喜欢在空间上把人隔开的工作。同时研究也发现拥挤的工作环境对工作绩效有负面影响，特别是复杂任务的负面影响更大。因此，要精心设计工作环境，优化工作环境，既保证员工在工作时相互交流和沟通，又不因相互太近使员工感到心理上的不适，更不应相互干扰或妨碍，影响工作效率。工作环境的优化又包括两个方面：“硬”(物理) 工作环境的优化和“软”(人际) 工作环境的优化。

物理工作环境的优化主要是指创造良好的工作环境，减轻或消除恶劣工作条件可能给员工带来的不适。从人体舒适度的需要出发，关注空气、噪声、光线、温度、整洁、绿化、装饰、拥挤度等方面，给员工提供一个悦目、爽心、舒适的工作空间，有利于达到员工与工作环境相适应，提高员工的安全感和舒适感，还有助于员工身心潜能的发挥。员工休闲设施的设立，比如设立阅览室、吸烟室、视听室、按摩室、咖啡室、玩具室等，让员工在休息时间能够获得放松心理的免费服务。

人际环境的优化主要是指通过和谐企业文化的建立，促成企业内良好人际关系的形成。乐于与人交往，和他人建立良好的关系，是员工心理健康的必备条件。良好的人际关系能促进每个人的共同发展，钩心斗角、互相猜忌的人际关系不但阻碍了员工的职位发展，往往也会给员工的心理造成极大的损伤。人是社会性的人，对工作中人际交往的需要强烈，管理者不能只关心员工工作效率的提高，任务的完成，还应关心员工除工作之外的其他心理需要。

企业可以通过以下措施优化人际环境。领导关心下属，尊重员工，欣赏和鼓励员工的创造；创造民主的气氛，给员工更多的自由和自主权，提供让员工和管理者直接对话甚至让员工发泄不满或怨气的机会；员工之间建立和谐、融洽、相互支持、友好合作的关系，达到思想的沟通、信息的交流、感情的共鸣，排解烦恼，诉说苦闷，降低心理压力；开展适当的竞争。研究表明，人们更倾向于优先选择竞争的行为方式，竞争可以使员工努力工作，但也可能导致彼此排斥、敌意和不合作。因此，管理者在鼓励员工竞争的同时，要防止员工为竞争而不合作，甚至出现敌对的行为，引导员工在实现共同目标的前提下适当竞争。

（2）加强员工应对心理健康问题能力的培训。由于员工的心理健康问题并不都是员工的个人问题，其产生与企业的变化及工作等也是密切相关的。企业在加强员工对心理健康问题的抵抗能力之时，需做到以下两点。

① 加强技术能力培训。由研究发现，不少员工之所以产生工作压力，进而转化为心理疾病，是因为其长期处于面临超越自己能力范围而不能处理的工作所造成的。因而，通过培训，提高员工的工作技能，使之工作起来更为得心应手，从而减少员工完成工作的能力压力，是提升员工心理健康素质的重要手段之一。

② 实施心理培训。如开设有关心理卫生的课程或定期邀请专家作讲座、报告，树立员工对心理健康的正确认识，让员工学会缓解压力、应对挫折、保持积极情绪、进行自我调节，同时鼓励他们遇到心理问题时积极寻求帮助。

4. 采取措施缓解员工压力

企业应该及时采取有效措施预防或缓解员工心理压力。

① 尽量给予员工工作的自主权。研究发现，需要员工参与决策，自主决定工作计划和工作进程，并对工作结果负责的工作更能激发员工的工作积极性，增强他们的责任感，发挥他们的创造性。因此，为了使工作更富刺激性和更有价值，要向员工提供其自己参与决策和自我决定工作计划、工作方法、工作程序、工作节奏的机会。

② 工作时间安排的合理化。工作时间安排要做到使员工提高单位时间的工作效率，有利于员工的生理和心理健康，防止疲劳的发生，有利于员工在家庭、社会中起到应起的作用。

③ 避免长时间工作。众多研究表明，员工长时间紧张工作不仅会事倍功半，而且有损身心健康。因此要实现工作和休息轮流交换，搞好劳逸结合，以使员工消除疲劳和紧张，提高工作效率。

④ 适当的工作负荷。工作负荷过大会造成员工精神上的过分紧张，产生较大压力，并因为难于实现而产生挫折感，影响工作积极性。因此，我们在提供有一定挑战性工作的时候，要注意工作负荷的适当性，使提供的工作切合员工的实际能力和愿望，这样的工作应是他们借助一定的内外部条件，通过自己的努力能够做好的。

综上所述，虽然工作中的紧张普遍存在，对员工的影响较大，但通过工作设计完全可以克服。高效的管理者必须重视研究、克服员工的紧张问题，以增进员工的身心健康，提高员工的工作绩效。

5. 员工帮助计划(EAP)

要建立一个安全健康的组织,企业必须有一套免疫机制来确保自身的健康、有效、和谐运行,员工帮助计划正好为现代组织提供了一套量身订制的保健免疫机制。

(1) 员工帮助计划概述。员工帮助计划是由组织为其成员设置的一套系统的、长期的精神福利与心理援助支持项目。通过专业人员对组织进行诊断和建议,对员工及其亲属提供专业指导、培训和咨询,帮助其解决心理和行为问题,提高企业绩效及改善组织气氛和管理。

员工帮助计划起源于20世纪20年代。当时美国一些企业注意到员工酗酒问题影响个人和企业绩效,于是有的企业聘请专家帮助员工解决这些问题,建立了职业酒精依赖计划,这是EAP的雏形。到了60年代,美国社会急剧变动,酗酒、吸毒、药物滥用等问题日益严重,家庭暴力、离婚、精神抑郁越来越影响员工的工作表现,于是很多职业酒精依赖计划项目进一步扩大范围,把服务对象扩展到员工家属,同时项目增多,内容也更丰富。

如今员工帮助计划已发展成一种综合性服务,内容包括压力管理、职业心理健康、裁员心理危机、灾难性事件、职业生涯发展、健康生活方式、法律纠纷、理财问题、饮食习惯、减肥等方面。美国作为员工帮助计划的发源地,目前有1/4的企业为员工提供常年的员工帮助计划服务,在员工超过500人的企业中基本上都提供员工帮助计划服务。

20世纪80年代以来,员工帮助计划在英国、加拿大、澳大利亚、日本等发达国家也都有长足发展和广泛应用。1996年,英国大约有600家员工帮助计划公司为80万名员工提供过该项服务。日本企业近年来在应用员工帮助计划时,则创造了一种被称为“爱抚管理”和“产业心理咨询”的模式,在企业设立放松室、发泄室、茶室等,以缓解员工的紧张情绪。到90年代末,世界财富500强中,90%以上的企业都建立了员工帮助计划项目。20世纪90年代后,一些国家的政府对员工帮助计划的态度越来越积极,认为员工帮助计划不仅给企业带来收益,也给整个社会带来好处。因而EAP在政府部门和军队也得到了广泛应用。

但是对大多数中国企业来说,员工帮助计划还是一个崭新的概念。这一计划在我国首先出现在港澳台地区,其中台湾积体电路制造股份有限公司员工帮助计划的实施曾受到业界的广泛关注。在我国内地,员工帮助计划最早出现在竞争最激烈的IT业。2001年,联想公司在心理专家的帮助下,率先实施了国内首个完整的EAP项目——联想客户服务部的员工帮助计划。如今国内相关的员工帮助计划服务机构,如雨后春笋般开始涌现,这表明中国员工帮助计划的发展逐渐迈向了专业化和商业化的道路。

(2) 员工帮助计划的作用。组织应用员工帮助计划的实践证明,这一方案的实施有助于发现员工的心理问题以及与之相关的组织气氛、企业文化等方面的问题,它对企业的人力资源开发和管理具有重要意义,主要作用体现在以下几个方面:

① 降低成本,提高生产率,增强组织凝聚力。这里节约的成本主要包括节省招聘费用和培训开支;

② 减少错误解聘和赔偿费用;

③ 降低缺勤(病假)率和工伤事故率;

④ 降低管理人员的负担;

⑤ 提高组织的公众形象;

⑥ 改善组织气氛;

⑦ 提高员工士气;

⑧ 提高留职率(尤其对关键职位员工);

⑨ 改进生产管理;提高生产效率。

此外员工帮助计划还有助于提高员工个人生活质量和个人幸福度,保持社会和谐安宁。

(3) 员工帮助计划的服务项目。据国际员工帮助计划协会提供的资料,目前员工帮助计划能够提供的服务可分为以下七类:

① 管理员工问题,改进工作环境,给组织的领导者、员工及其家属提供有关 EAP 服务的教育宣传;

② 为组织提供保密和及时的观察及评估服务,以保证员工的个人问题不会对他们的业绩表现带来负面影响;

③ 运用建设性的对话、激励和短期干预,让相关员工认识到个人问题和工作表现之间的关系;

④ 介绍员工到专门的内部或外部机构,以更好地进行专业咨询、治疗、帮助和跟踪服务;

⑤ 为组织提供咨询,帮助其与 EAP 提供者建立和保持有效的工作关系,例如那些提供治疗、管理和经营的 EAP 服务商;

⑥ 确保提供的服务与组织和员工的需求相契合;

⑦ 确认 EAP 在组织和个人表现中的有效性。

思考题:

1. 政府、企业、员工,谁应该对工作场所的安全与健康问题负责?

2. 有不安全的工人吗?假定有容易出事故的工人,应采用哪些有效的人力资源管理方法来处理这个问题。

3. 员工帮助计划对于建设健康型组织有哪些重要意义?

4. 企业可以采取哪些措施帮助员工缓解心理压力?

第六篇　新经济条件下的人力资源管理

第十六章 跨文化人力资源管理

□ 学习目的

通过对本章内容的学习，应了解和掌握如下知识点：

- 了解文化与文化差异的基本内涵
- 掌握跨文化人力资源管理的内涵与模式
- 了解跨文化企业的自身特点
- 掌握构建跨文化人力资源管理系统的关键点

□ 引入案例

在澳大利亚东海岸的大城市布里斯班，有一家大公司，有趣的是该公司的员工来自23个不同的国家和地区。由于语言、风俗习惯、价值观等千差万别使员工平时的沟通很不顺畅，误解、抱怨和纠纷不断。于是人力资源部的培训经理就对这些员工进行集中培训，当然工作语言是英语。考虑到这些员工大多是新雇员，培训经理首先向他们介绍公司的发展历程及现状，并向他们解释员工守则及公司的惯例，然后作问卷调查。该调查要求这些员工列出公司文化与其母公司所在国的不同之处，并列举出自进公司以来与同事在交往中自己感觉到的不同的态度、价值观和处事方式等，还要写出各人对同事、上司在工作中的心理期待。

问卷结果自然五花八门，其中最有趣的是，来自保加利亚的一位员工抱怨说，她发现所有其他同事点头表示赞成，摇头表示反对，而在保加利亚刚好相反，所以她很不习惯。因为业务关系，公司新聘了一位斐济小伙子。他写道，公司总裁来了，大家为了表示敬意纷纷起立，而他则会条件反射地坐下，因为在斐济表示敬意就要坐下。

培训经理将问卷中的不同之处一一分类以后，再让这些员工用英语讨论，直到彼此能较好地相互理解在各方面的不同之处。

经过培训，这些员工之间的沟通比以前顺畅多了。即使碰到障碍，也能自己按照培训经理的做法自己去解决了。

随着经济活动在全球范围内的展开，不同经济区域之间，不同国家之间，以及同一国家内不同地区之间的人际交往和经济交往越来越频繁，尤其是跨文化企业的迅速发展，使全球经济越来越不可分割。

但是不同文化背景的人群在信仰与行为方面有差异，这是无法回避的客观现实，因此跨国公司在全球经济活动中，遇到的一个重要课题就是人力资源的跨文化管理问题。那么何为跨文化人力资源管理？正如斯特里斯·康奈所说："造成文化差异的根本原因就是距离。在不同的国度，与不同的人群缩短文化的距离，就是跨文化的经营，跨地域的管理。"

第一节 文化差异

一、文化

1. 文化的含义

“文化”一词，其拉丁文的原意为耕作、培养、教育、发展、尊重。公元8世纪以后，逐步演化为个人素养、整个社会的知识、思想方面的素养；艺术，学术作品的汇集；并进一步被引申为一定时代、一定地区的全部社会生活内容。最先给文化下定义的是英国的人类学家泰勒，他认为，文化和文明就其广泛的人种学而言，是一个复杂的整体，包括知识、信念、道德、法律、风俗及作为社会成员的人所获得的才能与习惯。

到了现代，关于文化这一概念的定义更加多样。据学者们统计，到20世纪初，仅用英语下的定义就达160多种。按照《现代汉语词典》的解释，文化是指“人类在社会历史发展过程中所创造的物质财富和精神财富的总和，更特指精神财富，如文学、艺术、教育、科学等”。这是一种广义的定义，而《辞海》中除给文化一个与此十分相近的定义外，还明确地给出一个狭义的定义，即“社会的意识形态，以及与之相适应的制度与组织机构”。美国《朗曼现代英语字典》对文化的定义是“思想的艺术性及其他的活动以及这些(活动)的产物”。

这些定义还是比较宽泛。我们应从企业管理研究的角度来探讨狭义的、更为专业的文化实质。美国著名的组织行为学家薛恩给文化下了一个颇为复杂的定义，他说：“文化就是某一特定的人群，在学会如何对付适应外界和整合内部中遇到的问题时，所发明、发现或开发出的一套基本性假设的模式，这套模式一直运作良好而被视为有效，因而它被当作感知、思考和感觉那些问题的正确途径而传授给该人群的新成员。”

按照马克思主义的观点，文化是人类在社会中为了生存和发展，通过体力和智力劳动，以适应和改变自然界而创造的物质财富和精神财富的总和，包括生产工具、生产方式、科学技术、政治制度、社会组织、哲学、文学艺术、宗教信仰、风俗习惯等。

比较管理学和跨文化管理学从商业的角度，而不是从纯文化人类学的角度去认识文化。目的在于应用其研究成果去制订有效的组织战略和结构，在不同的文化环境中有效地使用人力资源。各种企业和组织必须懂得文化为什么和怎样形成了它现在的形式，因为它们要在不同文化环境中发挥功能。因此比较管理学和跨文化管理学更侧重于“解释文化”和“理解文化”的研究，以使这些组织更加清楚地了解它们所处的文化环境。

许多管理学家对文化比较一致的看法是：文化就是人们的生活方式和认识世界的方式。人们总是遵循他们已经习惯的行为方式，这些行为方式决定了他们生活中特定规则的内涵和模型，社会的不同就在于它们文化模式的不同。从一般意义上说，文化可以定义和表示为人们的态度和行为，它是由代代相传的对于存在、价值和行动的共识，文化由特定的群体成员共同形成，它形成了社会与人们共同生活的基础。社会生活在很大程度上依赖于人们的共识，这种共识就构成了特定的文化。

2. 文化的构成

薛恩在其名著《组织文化与领导》中，将文化分解为三个层面：表层、中层和核心层。在创建组织文化时，人们是由基础往顶层砌筑的；但在认识它时，却是由可见的表象，逐层深挖到它隐含的基础去的。这三个文化层面如下所述。

(1) 表层。表层的文化包括一些可见的事实，如企业的使命说明、口号、标语、有关创始人的故事说明、礼仪、规章制度等可以感知的软件和硬件。

(2) 中层。包括群体或组织共同信奉与提倡的精神、原则等，是对表层所含内容的解释与说明。

(3) 核心层。指那些人们外显行为的基本假设和理念，如人生观、世界观和价值观等。

这三个层面不应分割开来对待，而应视为一个整体，每一个外层都是其内层的反映，核心层是反映其基本理念的共同价值观。许多跨文化专家从文化的三层次角度出发，把文化比喻成"冰山"。一座浮在海洋上的冰山，一般只露出10%的体积，其余90%都隐藏在海面之下，随时可能对船只构成威胁。而文化正如一座冰山，浮出水面的冰山小角显而易见，如打招呼、使用名片、办公室的穿着、社会礼仪、风俗习惯、社会传统等等。如果你是一个敏锐的文化观察者，通常都不会引起严重的跨文化问题。但是一座冰山的大部分都深藏在海面以下，而这部分才是造成船难的原因。在我们与文化背景不同的人相处时，引发问题的诱因也多为文化中被深藏的一面，如藏于文化表面下的价值观及信仰、思考及沟通模式等。这些看不见的文化差异，往往在跨文化沟通中造成了"船难"。

二、文化差异

1. 霍夫斯泰德的文化差异

对文化差异在组织管理领域进行比较和全面分析，是由荷兰林堡大学的组织人类学教授霍夫斯泰德进行的。1980年，他出版了《文化产物：在与工作有关的价值观上的国际差异》一书，认为国家之间文化上的差异主要体现在四个纬度上，即权力距离、个人主义和集体主义、男性化和女性化和不确定性避免。

(1) 权力距离(大/小)。权力距离指的是一个社会对权力分配不平等的接受和认可的程度。权力距离愈大的社会，就愈认可组织内权力的巨大差异。权力与不平等是任何社会的基本现实，没有一个社会是平等的，但一些社会比另一些社会更加接受不平等，这样的社会就具有"权力距离大"的文化特征。

在权力距离大的社会中，组织成员认可组织内权力的巨大差异，对权威表现出极大的尊敬。称呼、身份、地位发挥着重要的作用。在领导与被领导之间存在着不可逾越的鸿沟，并使组织内部等级森严，职位分明，少数人独立而多数人依赖。这样的国家有马来西亚、菲律宾、印度等国家。

相反，权力距离小的社会尽可能减少这种不平等。上级仍拥有权威，但下级并不恐惧和敬畏。领导与被领导之间没有多大的界限，具有微弱的等级关系，彼此依赖、关系和谐、相互接近。典型的国家有奥地利、以色列、瑞典、爱尔兰等国家。权力距离大小是有差异的，除了上面有代表性的极端外，多数国家处于两极之间的某个位置。

(2) 不确定性避免(强/弱)。不确定性避免是指具有某种文化的人们对不确定和未知情景感到威胁的程度。

强不确定性避免意识表现为：不确定性被认为是一种威胁，人们对此非常焦虑和不安，害怕事物的发展和变化，认为时间就是金钱，内心有努力、拼命工作的欲望，在工作中应尽力避免冲突与竞争。这类国家的人民倾向于服从传统的思想与道德规范，强烈地需要一致意见，有一种强烈的保守思想，缺乏创新意识，做任何事情都须遵守规章制度。

弱不确定性避免意识表现为：不确定性是可以被接受的，对事物的发展与变化持积极的态度，不认为时间就是金钱，也不认为拼命工作是一种美德，在工作中偏好利用竞争来达到个人的目的，容忍偏离大众的思想与道德规范。这类国家的人们有一种强烈的创新意识，认为规章制度应越少越好，当规章制度已不再适合时，应当立即予以废除。

(3) 个人主义和集体主义。个人主义社会是指人与人之间的关系较为淡薄的社会，人们只顾及他自己及其直系家属。而集体主义社会则相反，人们一出生就结合在强大而紧密联系的内部集团之中。这种集团为他们提供终身的保护，而他们反过来也毫无疑问地忠诚于自己的集团。

个人主义倾向较强的社会中，每个人都有强烈的自我意识、一切都以自我为中心。组织结构是松散的，个人独立于组织或机构，个人以算计的方式与组织打交道，个人对集体有较少的感情依赖，宁愿相信自己而不相信集体。西方社会的国家大多属于这种类型。

集体主义倾向较强的社会中，组织结构是严密的。个人往往从思想道德的角度处理与组织的关系，个人对集体有强烈的感情依赖，人们极信任组织，愿意为组织的成长与发展出力。东方社会大多数属于这种类型。

(4) 男性化和女性化。男性化所代表的文化维度是社会中两性的社会角色差别清楚，男人应表现得自信、坚强，注重物质成就；女人应该表现得谦逊、温柔，关注生活质量。女性化所代表的文化维度是指社会中两性的社会角色互相重叠，男人与女人都表现得谦逊、恭顺、关注生活质量。

2. 东西方的文化差异

跨文化经营管理往往需要克服不少困难才能取得成功，文化差异问题便是其中最为常见、持久的困难之一。以往在跨文化经济活动中关于文化差异问题的研究主要分为两种：一种是具体分析某一民族文化的基本假设，表现出来的价值观念、信仰、态度、行为准则、时间与空间以及表象一层的穿着打扮、饮食习俗等；另一种则是试图将各种民族文化进行归纳分类，以便进行更为抽象的比较研究。下面以东西方跨文化经济活动中的文化差异为例进行分析。

从亚里士多德开始，"人是理性的动物"这一假设就深深扎根于西方主流文化中，并形成了现代管理理论的基础。理论上把人作为理性动物，管理上则以理性的原则来服务、调节和控制自然人性。东方文化对人的理解则保留了人性中非理性的一面，理论上过多地强调人伦观念及家族式的等级观念，强调以社会和谐为本位的人文精神，实践中便以伦理观念冲击理性原则，造成人际关系的复杂与混乱。因此，在跨国经济活动中，东西方文化存在着重大的差异性，具体表现在以下几个方面。

(1) 个人本位和群体本位。在理解和判断人与人之间的关系问题上，东西方文化之间存在个人本位的竞争观与群体本位的和谐观的差异。

西方文化是以自我实现为价值取向，以个人利益为根本出发点，强调个人行动的自由、权利、竞争和独立。这种价值观在国际商务活动中表现为从事商务工作的人员具有很强的个人奋斗意识和竞争意识。

中国的企业文化往往更加强调个人利益服从群体利益，企业利益服从国家利益，个人的成就由企业和国家共同分享。尽管我国的市场经济体系逐步完善，市场竞争渐趋激烈，但是在社会经济生活中，人们还是以"和谐"为原则。这种价值观的差异在跨国经营中很有可能产生文化冲突。

(2) 时间有限与时间无限。在国际商务活动中，东西方文化在人与自然观念上的差异还表现在对待时间的态度上。

以西方文化为特征的时间观念，视时间为大自然所固有之物，是一个人从生到死有限的资源，为了充分利用人生有限的时间，商务活动的每个环节都应制订详细计划，时间单位被划分得很细，而且严格按照时间执行计划。

东方文化的时间观则把时间看做是无穷尽、无限度的资源，强调事务的完成和人的参与，而不是紧扣死板的时钟。在中国，提前完成工作或超额完成计划是一种应该受到表扬和值得提倡的行为，而在西方，则被视为是计划性不强或违反既定的工作计划程序和规定，这就是时间观差异的典型表现。

(3) 制度与人情。在雇员与企业的关系上，以什么作为合作共事的准则，东西方的文化差异也是非常明显的。

西方文化是契约文化，他们非常重视契约的精确性，也非常尊重契约的权威，契约一旦生效就会严格执行。西方文化反映在国际商务管理方面，经常表现为轻视人情和传统习俗，只尊重规则和制度，一切服从合同和计划。

可是在东方文化的传统中，更注重的是信誉和信任，所注重的则是人伦情谊关系，追求心理上的认同与和谐，对于企业规则和契约往往认为是由于相互之间缺乏理解和信任的补充约束。而这种差异的背后实际是价值观的差异，是重规章制度还是重人情的差异。

三、文化差异对跨文化经济活动的影响

企业跨国经营已成为当今世界经济中的普遍现象，文化差异处理不好会引发文化冲突，由文化差异所引起的文化冲突也必然会影响到跨国企业生产经营活动的全方位、全系统和全过程。

随着跨文化企业经营区位和员工国籍的多元化，这种日益增多的文化冲突就会表现在公司的内部管理上和外部经营中。在内部管理上，人们不同的价值观、不同的生活目标和行为规范必然导致管理费用的增大，增加组织协调的难度，甚至造成组织机构低效率运转；在外部经营中，由于文化冲突的存在，使企业不能以积极和高效的组织形象去迎接市场竞争，往往在竞争中处于被动地位，甚至丧失许多大好的市场机会。

另一方面，文化冲突使跨文化企业全球战略的实施陷入困境，不同背景的文化冲突影响跨国经营企业长远发展战略和全球发展战略的实施。全球战略是国际企业发展到高级阶段的产物，它对跨文化企业的经营管理提出了更高的要求。为保证全球战略的实施，跨文化企业必须具有相当的规模，以全球性的组织机构和科学的管理体系作为载体。这是一个国家的企业在世界范围内提高经济效益、增强全球经济竞争力的重要步骤。

据国外管理学家的调查研究显示：在企业跨国经营活动中 35%～45%的企业是以失败告终的，其中约 30%是由于技术、资金、政策等方面的原因导致的，而约 70%是由于文化差异而引发的。另外据统计，中国的境外投资企业有 6 200 家，投资达 74 亿美元，遍布全球 160 多个国家和地区，已经成为发展中国家中最大的对外投资国。但是，中国 67%的境外企业投资不赚钱。因此，是否重视文化差异，进而是否能够适应不同文化，对于跨国企业经营活动的成功与否起至关重要的作用。

第二节　人力资源管理中的跨文化管理

一、管理与文化

20 世纪初，管理成为科学。在管理科学发展的过程中，对于人在企业中的地位和作用的认识，经历了三次飞跃：追求物质经济利益的“经济人”；处于社会关系中的“社会人”；为价值

观所支配的“文化人”。相应的，管理理论也经历了三次变迁：以追求利润率为目标的科学型管理；以行为科学为依据的协调型管理；以群体价值为中心的“企业文化论”。人们在长期的管理实践中逐渐认识了管理与文化的关系。

1. 管理是一种文化

每一个国家都会在自己的文化背景基础上形成独特的管理文化。管理文化是指管理哲学、管理指导思想及管理风格，如果说日本管理文化以忍耐型经营、公司至上、个人流动性低、支持集体主义等为特点，则美国管理文化以个人决策、个人负责、高度个人流动性、支持独立等见长。

管理文化在很大程度上影响管理效率，如美国汽车工业遭到日本汽车工业的强有力挑战，美国人发现其原因之一就在于日本人从设计到产品上市只要很短的时间，而美国人由于产品开发、设计、生产都是各自为政，且相互存在竞争关系，所以“内耗”时间长，产品上市时间竞争不过日本。

2. 文化是管理的手段

在企业管理过程中，企业文化成为一种管理的手段：企业文化是用来培训职工、增加凝聚力的良好手段；也是对职工进行激励的动力之一；是企业进行改革创新、适应环境的思想基础；是公司对外宣传、提高声誉的工具。文化这种“软”管理的作用是近年来企业管理的变化之一。

3. 文化与管理共生具有性

管理随文化发展而发展，文化的发展方向、水平、模式影响和决定管理的发展，而管理的发展又反过来影响文化。如企业文化在一定的文化背景下形成，形成后的企业文化就成为文化的“亚群”、“亚文化”，丰富了文化的内涵。东西方管理可以运用相同的管理技术，但其管理思想、管理哲学截然不同，其根本原因就在于其所依存的东西方文化不同。从文化与管理的共生性上说，世界上不存在最佳的管理方法、思想，只有与文化背景、企业成长情况最佳匹配的管理。企业的成功或失败经常归因于企业文化，因此，根据外在环境的变化适时变革企业文化常被视为企业成功的基础。

二、跨文化管理

随着企业越来越多地走向国际市场，如何避免跨国企业管理中出现的不同文化的冲突所带来的不利影响，充分认识并有效地利用跨文化管理这一经营手段，对于企业开展国际化经营无疑具有十分重要的意义。

1. 跨文化管理的含义

跨文化管理学是20世纪70年代后期在美国逐步形成和发展起来的一门新兴的边缘学科。它研究的是在跨文化条件下如何克服异质文化的冲突，进行卓有成效的管理。其目的在于如何在不同形态的文化氛围中，设计出切实可行的组织机构和管理机制，最合理地配置企业资源，特别是最大限度地挖掘和利用企业人力资源的潜力和价值，从而最大化地提高企业的综合效益。所谓跨文化管理，又称为交叉文化管理，是指涉及不同文化背景的人、物、事的管理。企业开展跨国经营，也就意味着从一种文化的经营跨越到另一种文化的经营。不同的文化背景决定了公司不同的经营战略，也决定了子公司不同的业务往来方式，所以跨文化企业也称跨文化公司。正如管理学大师彼得·德鲁克所言：跨国经营的企业是“一种多文化的机构”，其经营管理基本上就是一个把政治上、文化上的多样性结合起来而进行统一管理的问题。这表明，跨国经营企业的出现并迅速发展壮大，乃是跨文化管理问题产生的深刻根源。

2. 跨文化管理的核心

跨文化管理的核心是解决文化冲突。为了解决文化冲突，需要在管理过程中寻找超越文化冲突的企业目标，以维系不同文化背景的员工共同的行为准则。跨文化企业的经营管理过程，既表现为不同文化间的冲突或离散过程，又表现为不同文化间的交汇或融合过程。异质工作团队的现实，使得文化的冲突和离散不可避免，而现实利益与目标的同向选择又使得文化融合成为可能。实际上，在跨文化企业的现实运行中，文化冲突与文化融合表现为同一过程。

3. 跨文化企业的特点

(1) 跨文化企业的文化特点。跨文化管理比其他企业文化管理要困难和复杂得多，这是由跨国企业的企业文化特点决定的。

① 价值观和信念的多元性。与其他企业相比较而言，跨文化企业所属成员一般都具有多元化的价值观念和复杂的信念结构，由此决定了他们具有不同的需要和期望，以及与此相一致的满足其需要和实现其期望的迥然不同的行为规范和行为表现。这不仅增加了企业管理的难度，而且也使得共同的新的企业文化的建立比人们想象的要困难得多。即使全新的企业文化形成之后，跨文化企业中的所属成员仍然保留着各自文化所特有的基本价值观和信念。因此，跨文化企业所形成的那种全新的企业文化一般都含有多样化的价值观和信念。

② 行为方式上的冲突性。跨文化企业的所属成员因为来自不同的文化背景，所以即使全新的跨文化的企业文化形成以后，这种企业文化内部在一定程度上仍然保留特征各异的各种民族文化模式，这就使得同一个跨文化企业存在着"大同小异"的行为规范和习惯。这些行为规范和习惯有些是互补的，而有些则是相互矛盾的。同样的要求和规定，不同文化的成员很可能按照不同的行为方式执行，从而产生不同的结果。比如，同样是沉默，来自一种民族文化的成员可能以此来表示支持和理解，而来自另一种文化的人们则以此表示漠不关心，还有的文化很可能意味着反对。更有甚者，某些管理人员甚至会表现出一定程度的"民族中心主义"或民族优越感，用居高临下的态度甚至鄙视的言行举止对待东道国的企业员工，从而引起纠纷和冲突。

③ 经营环境的复杂性。跨文化企业的经营环境与其他企业相比要复杂得多。除去社会制度等方面的显著差异以外，企业成员在管理目标的期望上、经营观念上、管理协调的原则上，以及管理人员的管理风格上均存在明显的差异。这些差异无形中就会导致企业管理中的混乱和冲突，使决策活动、决策的执行和统一行动变得更加困难。即使建立起了跨文化的企业文化，这种差异和困难在一定程度上仍然将会继续存在。

④ 文化认同和融合的过程性。与其他企业相比，跨文化企业要想建立和形成自己的企业文化所需时间周期长、代价大，整个过程也更复杂曲折。这主要是因为，跨文化企业中存在着差异较大甚至相互冲突的文化模式，因此，来自不同文化背景中的人们无论是心理世界还是外部行为系统都存在着显著的差异。这些差异只有逐步被人们相互理解和认识，进而产生关心、同情和认同心理，然后才能逐渐取得共识，并最终建立起共同的全新企业文化。这是一个较漫长的过程。

(2) 跨文化企业面临的文化差异。

① 母公司和子公司之间存在着文化差异(母国和东道国之间的差异)。跨文化企业海外子公司的生产经营必须适应东道国的法律、法规。东道国的法律体系是影响企业生产活动最直接、最主要的因素。东道国还从生态环境、雇佣制度、工作保障和社会保障、分配制度等方面，对企业施加影响。有时还会针对外国公司制订一些包括关税、反倾销、进出口许可证等特殊的法规。曾有一家美国公司花费了大量的时间和金钱制订了一项计划，以大幅度裁减在欧

洲的雇员，但在计划即将实施的时候发现自己精心制订的计划在当地是违法的，最后不得不放弃，为此付出了沉重的代价。另外商业习惯和管理方法是长期形成的经营习惯，它们虽不像法律那样有约束力，可是一旦违反，便会给双方带来不快和误解，导致交易的失败。

② 在母国的总公司本身存在着文化差异。由于掌管公司所有权的股东们本身就是由不同国籍的精英和富豪组成，由这些股东所组成的董事会在挑选高级管理人员时，并不以某一国的业务经营为目标，而是考虑到如何在全球范围内合理地利用自然资源、资金、技术乃至人力资源。因此也就很自然地在全球范围内实行经理人员的优化组合，这使他们在整个企业中选拔和任用最适当的人选来担任重要的岗位，而不考虑其国籍。由于那些在母公司中，对整个跨文化企业的运作具有重要决策权力的高级管理人员由不同国籍的人所组成，他们之间和他们与母公司当地员工之间就必然存在着文化差异。

③ 子公司之间存在着文化差异。跨文化企业海外子公司的中、高级主管人员，有相当一部分的当地人。执行总裁、财务主管、技术主管、业务计划和生产方面的主管多为母国人。因为由母国人担任，由于他们了解整个公司的国际化经营战略，熟悉产品技术，再加上有与母公司管理人员相同的价值观，避免了在协调和合作方面产生问题，而且还有利于对技术和信息的保密。但销售、劳动关系、公共关系等职能范围的工作，容易受当地文化的影响，因而需要服从当地的习惯。选用当地人担任这些部门的管理人员，将有利于业务的展开。但由于海外子公司中同时存在这两种人就不可避免地存在文化差异。

④ 个体文化差异。年长者和年轻者、男性和女性、上级和下级、不同部门的员工之间都可能存在文化差异。企业管理者如果能洞察每个人身上的文化特点，并且审慎分析，对症下药，就会得到良好的管理效果。

(3) 跨文化企业面临的文化冲突。文化是具有相同的教育和生活经验的许多人所共有的心理程序。这种程序使一种文化背景下的人在同来自另一文化背景下的人交往时，往往会按照自己的文化模式去理解和评价他人，这样做的危险是人们常常错误地理解和解释来自另一文化环境中的人，从而容易引起文化冲突。跨文化企业由于跨越了不同的文化，必将遭遇到各个层次的文化差异，而不同文化之间存在的差异必将产生相互对立和相互排斥的现象，这种现象就是所谓的文化冲突。在一个具体的跨文化企业中，产生文化冲突的原因主要有以下几种。

① 种族优越感。指认为自己的文化价值体系比其他文化价值体系优越，而这种优越感可能不知不觉在企业的管理者身上表现出来。如果一位跨文化企业的管理者以此种观点来对待东道国的雇员，他的行为可能遭到抵制，从而产生冲突，这样他就无法有效地管理人力资源和企业。

② 不恰当的运用管理习惯。文化背景对人的行为会产生“价值定向”的作用，这就使不同国家、不同民族之间具有不同的价值准则和行为规范。因此在某一国家被证明最好的管理方法不一定在另一个国家也是最好的管理方法。不恰当的利用管理习惯可能产生不好的效果。

③ 沟通误会。沟通是人与人之间或群体之间进行交流和传递信息的过程。但是由于人们对于时间、空间、事物、友谊、风俗习惯、价值观等的不同认识，造成了沟通的难度，如果不能很好地理解和交流就有可能导致沟通误会，甚至演变成文化冲突。

(4) 文化冲突对跨文化企业的影响。文化冲突对跨文化企业的影响是多方面的，往往会产生以下几种结果。

① 极度保守。文化冲突影响了外派经理与当地员工之间的和谐关系，这使得经理们也许只能按照呆板的规章制度来控制企业的运行而对员工更加疏远，与此同时，员工会对工作变得更加不思进取，经理的行动计划实施起来也会更加艰难，结果是双方都不可能有所作为，他们

之间的社会距离进一步加大。

② 沟通中断。经理与职工的社会距离加大，自然会影响彼此间的沟通。当这个距离大到一定程度，自下而上的沟通就会中断。结果是经理人员无法了解真实的下情，企业的管理将变得更加困难，双方的误会也会越来越深。

③ 非理性反应。经理人员如果不能正确理解不同的文化存在的差异，就可能对来自不同文化背景的职工采取情绪化或非理性化的态度。这种非理性的态度很容易遭到员工非理性的报复，结果是误会越来越深，对立与冲突更趋剧烈。

④ 导致市场机会的损失和组织机构的低效率。跨文化企业遭遇的文化冲突会表现在公司的内部管理上和外部经营中。在内部管理上，人们不同的价值观、不同的生活目标和行为规范必然导致管理费用的增大，增加组织协调的难度，甚至造成组织机构低效率运转。在外部经营中，由于文化冲突的存在，使跨文化企业不能以积极和高效的组织形象去迎接市场竞争，往往在竞争中处于被动的地位，甚至丧失许多大好的市场机会。

⑤ 可能使跨文化企业全球战略陷入困境。如果文化冲突现象严重，以致组织程序紊乱，信息阻塞，各部门职责不分，相互争夺地盘，海外子公司与母公司的离心力加大，使得母公司对子公司的控制难上加难，从而造成跨文化企业结构复杂，运转不灵，反应迟钝，这就极有可能使跨文化企业的全球战略陷入困境。

正如美国学者 D.A. 利克斯所说："大凡跨文化企业大的失败，几乎都是仅仅因为忽视了文化差异所导致的结果。"文化的因素对企业实行跨文化经营、管理的影响是全方位、全系统、全过程的。在这种情况下，跨文化经营管理者所需要解决的不仅是一般的组织结构、资金投向、投资收益等问题，更重要的是，要解决在跨文化条件下所产生的各种矛盾和冲突，协调文化差异，以促进人力资源的产出效益。

三、跨文化人力资源管理的模式

在对跨文化企业面临的文化挑战进行分析的基础上，我们可以得出结论：文化差异是跨文化企业不可避免的事实，文化差异又必然会产生文化冲突，文化冲突的存在将加大企业跨国经营的难度，甚至可能导致企业跨国经营的失败。跨文化人力资源管理是跨文化企业跨文化管理的重要内容，从各国跨文化企业管理的实践来看，在怎样处理跨文化人力资源管理的问题上，有三种基本模式：本国中心论，客国中心论，全球中心论。

1. 本国（母国）中心论

(1) 本国中心论的含义。本国中心论模式也被称为"民族中心模式"。在这种模式下，母公司人员认为自己的科学技术最发达，管理方法最先进，管理经验最丰富，有将本国管理方式在国外照搬的趋向。

其人事政策的核心是：各子公司的中上层管理和技术岗位都由母国人员担任；东道国雇员只占据低层次的和辅助性的岗位；在人事考核上，一般采取母公司的标准作为子公司员工评价和晋升的标准；在人员薪酬上，对外派人员支付额外的报酬和奖励而不是按照东道国的薪酬标准来支付等等。

由于子公司经理与母国公司不存在文化差异，便于子公司与母公司之间沟通信息，因此坚持本国中心论的跨文化企业通过两种方式实施对母公司的管理：一种是激进式，即通过母公司外派人员担任东道国的高级岗位，把母公司的文化习惯全盘移植到东道国的子公司中，让东道国的员工逐渐适应并接受外来文化，并按母公司文化背景下的工作模式来运行日常业务。

另一种是渐进式，仍然由母公司外派人员担任东道国的高级岗位，但并不试图在短时间内迫使当地的员工服从母国的人力资源管理模式，而是凭借母国强大的经济实力所形成的文化优势，对东道国员工进行逐步的文化渗透，使母国文化在不知不觉中深入人心，东道国员工逐渐适应，最终成为该文化的执行者和维持者。当母国和东道国之间的文化差异较小时适宜采用激进的方式。

一般来讲，本国中心论模式适合于用无差异策略推广单一产品的特大型跨国公司，即人力资源管理政策由母公司统一制订，各海外子公司只是严格地执行这些已经标准化的政策。运用该模式的跨文化企业必须拥有强劲的经济实力，在世界上有巨大的影响，其企业文化已被世界各国广泛认识并且能够被其他民族所接受。典型例子是美国麦当劳公司。

(2) 本国中心论的优势和不足。从上面的讨论可以看出，采取本国中心论模式的跨文化企业事实上有“民族文化优越感”，即认为在本国文化中形成的管理模式比在东道国文化中形成的管理模式先进，他们用母公司的管理模式、规章制度来完全代替分公司的管理模式、规章制度，并由此来克服文化差异带来的文化冲突，解决跨文化管理问题。

本国中心论的优势主要体现在以下方面。

① 母公司对子公司拥有很大的控制权，两者在决策上能够保持高度一致，母公司的政策和决议在分公司较易贯彻执行。

② 由于东道国员工只能占据较低层次的职位，因此对东道国雇员的要求不高，容易在当地招聘到合适的员工。

③ 由于子公司采取与母公司完全相同的管理模式和规章制度，所以对母公司外派人员不需要进行额外的培训。

本国中心论的不足主要表现在以下方面。

① 由于东道国和母国存在文化差异，在子公司内仍然会存在文化冲突现象，从而可能无法与母公司保持一致。

② 东道国员工的职业生涯发展受到很大的限制，提升不到高级管理岗位，不利于调动东道国雇员的积极性，甚至可能造成人才的浪费。

③ 由于重要的决策都在母公司做出，这可能使外派人员的职业生涯发展受到很大的限制，常常难以吸引到最优秀的人才到海外任职。

2. 客国(东道国)中心论

(1) 客国中心论的含义。客国中心论的基本思路是承认文化有差别，认为本国的管理模式未必适合东道国，因此主张入乡随俗。

该模式核心的人事政策包括：不以母公司的人事政策为标准，各海外子公司遵循东道国的人力资源管理习惯；在人事安排上，除了少数高层管理职位和技术职位由母国公司人员担任以外，其余岗位一般倾向于在东道国招聘和选拔合适的人选，在招聘和选拔的过程中，一般也遵循东道国当地人才的选拔标准，但是否具备利用母国公司国家语言成为一个必要条件；在人事考核上，子公司有自己的一套考核指标；在人员薪酬上，对外派人员按照母国公司的标准支付额外的报酬和奖励，对东道国员工按照当地补偿标准。IBM 公司采用这种模式获得了很大成功，他们非常强调人才本地化战略，这样可以很好地避免文化冲突，顺利开展业务。

(2) 客国中心论的优势与不足。采用客国中心论人力资源管理模式，可以使跨文化企业在生产、销售等方面更好地适应东道国市场的要求，也能够减少母国和东道国文化之间的冲突，有效利用东道国的人力资源。该模式具有下列优势。

① 东道国人员本国语言娴熟，熟悉本国法律制度，深知本地的市场需求和本地劳动力的供给情况，有多年形成的人际关系，能够增强公司与东道国政府打交道的能力，提高了在东道

国经营管理的效率。

② 允许东道国员工担任子公司的较高层职务，能够调动当地员工的积极性，吸引优秀的人才加盟。

③ 大量使用东道国雇员，可以降低公司的工资成本。

④ 有利于东道国经济安全、增加就业机会、加速与国际接轨，从而得到东道国当地政府的大力支持。

该模式具有下列不足。

① 母公司对子公司的控制力较低，有时母公司和子公司的利益会产生冲突。

② 尽管东道国员工能够担任一些中高层职务，但是最高层的职位还是由母公司的外派人员担任，东道国员工的职业生涯发展机会仍然有限。

③ 对东道国当地雇员的要求较高，随着跨文化企业的发展，本地国际化人才不足以满足跨文化企业的需求。

3. 全球中心论

(1) 全球中心论的含义。该模式认为最佳的管理方式和最佳的管理人才应该是没有国籍色彩的，其主张在选择海外子公司的管理模式时，应该根据实际情况制订适合的管理模式。

该模式核心的人事政策包括：在人事安排上，倾向于在世界范围内挑选优秀的雇员，只要能力出众，就有可能成为最高领导；在人事考核上，按对整个企业贡献大小的全球标准来衡量雇员的业绩，并决定其能否获得提升；在人员薪酬上，采用全球相似的标准，只是根据地域差别进行必要的调整；这类企业的组织结构往往高度复杂，通常采用因地制宜的全球化标准，根据本地和全球的目标来设立激励机制；在跨文化企业总部和子公司或各个子公司之间有着良好的沟通渠道。

(2) 全球中心论的优势与不足。全球中心论模式是一种理想的模式。在实践中，由于管理非常复杂，所需要的信息量极大，成本实在太高，加之一些国家的政策和法律规定跨文化企业的管理人员必须本地化，这使该模式的实施在政治上有一定的风险。

全球中心论的优势主要体现在以下几个方面。

① 由于人才的选拔是在世界范围内进行，因此，挑选面更广，也更易挑选到更好的人选。

② 因地制宜地选择企业的人力资源管理模式，有利于吸收两种模式之间的长处，取长补短，更好地适应东道国的需求。

全球中心论的不足包括：

① 由于一些国家制订了相关的法律规定，要求跨文化企业管理人员本地化，因此在实施中有一定的政治风险。

② 对人才的要求较高，有时很难在世界范围内找到真正合适的人才。

③ 由于实行全球相似的薪酬标准，加之培训费用的大幅增加，使得企业的管理费用居高不下。

跨文化企业跨文化人力资源管理几种模式的划分并不是绝对的，在实践中具体选择哪种跨文化人力资源管理模式应由企业根据实际情况来灵活掌握。

四、跨文化人力资源管理系统的构建

1. 跨文化企业选拔与招聘子系统

许多学者都认为，跨文化企业选聘外派人员的失败会给企业带来重大的损失，对外派人员进行正确的选聘能够有效地提高外派的成功率。因此，成功的跨文化人力资源管理首先得从成功的人员选聘开始。

(1) 文化差异对选聘的影响。下面我们分别从霍夫斯泰德归纳的五个文化维度入手来谈一谈文化差异对选聘的影响。

在高权力化程度的国家,从事管理工作的理想人选条件是来自社会上层和(或)毕业于名牌大学、有较高的学历,这些特点注定他们具有先天的或内在的领导素质。评判你是什么样的人,你所在的名牌团体比你的表现更重要;在低权力化程度的国家,管理人员的选聘则更多地依据他的个人表现及工作业绩。

在高不确定性避免程度的国家,对新加入者的选聘主要依据他们适应组织并忠诚于组织的潜力、资历的深浅、对组织的长期承诺及管理专长等;在低不确定性避免程度的国家,对管理人员的选聘主要是依据他过去的工作表现及其受教育程度。

集体主义导向的组织倾向于从其喜爱的群体中选聘经理,最通常的情况是其喜爱的群体是庞大系统或庞大家族的朋友;相比之下,在个人主义占主体的国家中,人们通常认为对家庭和朋友的偏袒是不公平的,也是不合法的。在这种社会中,大多数人相信人员的选聘应依据公平的条件。公平的条件意味着相同的条件普遍适用于所有的候选人。其文化理念是,公开竞争会使最优秀的人得到工作。

在高男性化程度的国家,工作有明显的性别区分。因此招聘时,不同的工作对男女的侧重点是不一样的。工作是人们生活的非常重要的核心。他常常能接受到其他城市或到其他国家一年以上的任职;在低男性化程度的社会,工作与性别无关,工作并非人们生活的核心,人们要求更多的闲暇和较长的休假时间。

(2) 跨文化企业人员来源。跨文化企业配备人员无外乎三个来源:母国人员、其他国人员和东道国人员。

① 从母公司派遣驻外人员。企业在跨国经营的初期,这种方法是非常重要的。因为母公司的外派人员比东道国或第三国人员都更了解母公司的经营意图。但是如果所有驻外人员都从母公司派出也有困难。一方面不可能有那么多人才,尤其是母公司在国外发展了许多子公司时,这样花费开销会很大。另一方面,这些外派人员很可能会盲目地将本国管理方法移植到东道国去,再加上有些国家法律要求跨国企业招聘东道国管理人员,这样势必会产生一些政治风险。

② 从东道国选聘人员。选聘东道国人员有许多好处。首先它能克服语言上的障碍,减少跨文化培训费用;其次能够节省工资成本,帮助当地解决就业问题,从而与东道国建立良好的政治、外交关系;但是招聘东道国员工也有不足之处,如当地的经理人员已经习惯了本国工作方法,可能很难适应总公司的要求,在母公司和子公司之间起到桥梁的作用。

③ 其他国来源。企业在全球范围内合理地调配和使用人力资源,能克服企业内过分注重经理人员国籍的现象,避免近亲繁殖和高层管理者的狭隘,从而使公司更好地挖掘其跨国经营的潜能。在这种政策下,海外经理除了母国人、东道国人以外,还有其他国人员。其他国人一般是职业的、专门从事国际商务的经营管理人员,他们熟悉多国文化、精通两种以上的语言,又熟悉各国商务惯例,具有丰富的跨文化管理经验,而且一般不带有民族偏见。能克服母国人或东道国人常常带有的民族倾向,有很强的敬业精神。但是这种选聘方法花费的成本较高,并且很可能受当地法律政策的限制。

(3) 跨文化企业人员选聘的标准。① 对驻外人员的选聘标准。跨文化企业驻外人员指母国外派人员或第三国人员。具体来说,在母国或第三国选聘人员时,影响跨文化企业外派成功与否的关键因素除了专业与技术能力外,还包括动力、社交能力、家庭状况和语言能力。尽管专业和技术能力是国际任职的先决条件，但其他因素对于成功而言也具有同等重要地位。A. 技术与管理技能，由于海外任职通常赋予经理更多的任务和更大的责任，候选人只有具备优秀的技术、管理与领导才能才会有更大成功的可能性；B. 动力，这种动力可能来自对公司国际使命的责任感、对任职国家文化的兴趣以及与招聘者职业生涯的发展阶段相吻合，优秀的经理几乎都不会接受他们认为对其职业生涯不利的任职；C. 社交能力，良好的社交能力有助于候选人对不同的文化标准、价值观和信仰十分敏感，有助于他们灵活地调整其行为和态度来适应新的文化环境；D. 家庭状况，包括配偶愿意到国外生活的程度、可能派遣的地区对配偶的职业生涯和子女教育的影响以及配偶的交际能力；E. 语言能力，具备良好语言技能的经理更容易、更好地发挥其技术与管理技能，能更快地增进对当地文化的理解。当然对具体的外派任职而言，外派成功的关键因素并不是同等重要的。每个成功因素的重要性取决于四个方面的条件：任职的时间长短、文化相似性、需要与东道国雇员必要的沟通以及工作复杂性和责任，每种条件都影响到选拔标准。

② 对东道国人员的选聘标准。跨文化企业招聘当地员工，必须随时了解东道国对雇佣劳动的法律规定和社会习俗。选聘标准除了要注重他们的能力、经验之外，还要考虑各个国家的不同文化背景因素。如美国很注重雇员的技术能力，而在印度、韩国、拉丁美洲等国家和地区则常常出现重视裙带关系、轻视技术的现象。按照西方人的观点，积极主动、毛遂自荐的申请人可能得到比较高的评价，但在一个高度集体主义的文化中，这种独特的行为方式使其很难与其他员工融洽相处。

(4) 跨文化企业人员选聘的方法。跨文化企业在选聘人员时广泛使用面谈、标准化测试、评估中心、简历、工作试用、雇员推荐等方法。大多数跨文化企业综合运用若干选拔方法来进行选聘，其中面谈被认为是使用最广泛并且最有效的方法，考评中心次之。招聘其他国员工除了一般通用的报纸和其他媒体广告、中介机构、网络等传统的渠道外，还有两种主要的方法：① 在东道国的著名商学院招聘来自其他国的留学生；② 招聘国外的本国人员，即出生在外国但拥有东道国国籍的人员。例如，一家英国跨文化企业聘用了一个在加拿大出生的中国人管理其在中国的分公司。在东道国招聘当地工人和经理需要跨文化企业的招聘部门了解和适应当地习惯。例如，外国公司在美国采用典型的美国招聘方式（即在报纸上登广告和进入大学校园）就很可能取得更大的成功。

2. 跨文化企业培训子系统

(1) 文化差异对人员培训的影响。在高权力化程度的国家，对雇员的培训强调服从（听命令）和忠诚度。在低权力化程度的国家，培训主要是针对个人能力，方式比较灵活。中国是高权力程度的国家，因此在中国开展业务的跨文化企业发现，在西方经常采用的那种学员高度参与的培训方式在中国不适用。在这种情况下，跨文化企业的人力资源经理就需要开发出适应当地文化特点的培训技术。

在高不确定性避免程度的国家中，雇员的培训重点在于提高专业化程度以避免竞争，寻求安全感。在低不确定性避免文化中，则更强调适应性培训，鼓励雇员的创新意识。

在高个人主义导向的国家中，培训集中于个人成就所需要的一般技能，职业生涯规划依然是个人的责任，而这些个人目标可能与完成当前的组织使命或参与的管理开发不一致。在高集体主义导向的国家中，培训内容侧重于公司所需要的技能，员工被动地接受组织安排的培训。

在高男性化程度的国家中，工作上得到认可被认为是主要的激励因素，因此培训的内容与个人的职业生涯取向有关，雇员很重视个人的发展。在低男性化程度的国家中，由于工作并不构成人们生活的核心，人们愿意享受更多的闲暇时间，并注重生活质量，因此培训的内容、形式均由工作单位来决定，与企业有关。

(2) 跨文化企业人员培训的内容。跨文化企业的人员培训按培训对象不同大体上分为两种类型：一种是对母国或第三国驻外人员的培训(主要是外派时的预先培训)；一种是对从东道国招聘的管理人员、技术人员及其家庭成员所提供的培训。前一种培训通常是文化意识培训和语言培训，目的是使外派人员了解他们将赴任国家的文化环境，增强对东道国工作和生活环境的适应能力。后一种培训主要是关于管理方法、管理技术和公司文化的培训，目的是使东道国雇员的管理水平尽快达到公司要求的标准。

① 对驻外人员的培训。母国派往海外子公司的经理人员有时必须能够根据当地的具体情况独立地进行分析和决策，使跨文化企业总部的战略意图能够实现。因此为了帮助驻外人员顺利适应新的工作，出发前还得进行针对性的培训：文化意识培训、初步访问、语言培训等。

A. 文化意识培训。文化价值观是一种比较持久的信念，可以确定个人、群体或社会选择怎样的生存状态、行为模式和交往准则。因此它很容易引起文化冲突，如种族优越感、不恰当的管理习惯、沟通误会等问题。接受跨文化培训是防止和解决跨文化冲突的有效途径。从以上的分析中可以看出，驻外人员必须能够适应所在国的环境并没有孤独感，只有这样他们的工作才能有效率。文化意识的培训可以采取多种方式进行，主要有文化教育，即请专家以授课方式系统介绍东道国文化的内涵与特征；环境模拟，即通过各种手段从不同侧面模拟东道国的文化环境；文化研究，即通过学术研究和文化讨论的形式，组织学员探讨东道国文化的精髓及其对管理思维、管理风格和决策方式的影响；组织各种社交活动，让学员与东道国的人员有更多接触和交流的机会。

B. 初步访问。将驻外人员派往所在国做初步的访问是预先培训的另一种有效方法。计划周全的海外旅行可以给候选人及其配偶一个亲身体验的机会，使他们可以判断自己对驻外任职的适合性和兴趣。这样的旅行还有助于向驻外候选人介绍所在国的环境，并帮助他们在出发前做好充分的准备。把初步访问和文化意识培训结合起来是出发前培训项目的有效组成部分。如果在任职国已有驻外人员的话，那就让这些驻外人员与他们接触一下，现有的驻外人员对即将驻外人员的热情接待以及彼此之间的相互交流等。这样可以帮助他们对跨国任职具有积极的态度，从而决定接受任职。

C. 语言培训。语言培训项目一般包括所在国家语言和公司语言。熟练掌握所在国语言和公司语言，母国人员就能够在子公司与总部之间起到沟通和桥梁的作用。这也可以增加他们在子公司中的威信，因为有外语能力的母国人员比没有外语能力的人员了解的信息更多。所在国的语言训练主要是加强口语和听力的训练，这种训练可以请大学的教师或所在国语言专家对跨文化企业人员进行培训，使他们能够在短期内强化语言训练，提高口语和听力的水平。目前许多跨文化企业也向驻外人员及其家属提供进一步的语言培训。

母国外派人员赴任后可对其继续进行一些在岗培训，如持续1～3个月的有关文化和语言方面的培训。另外母公司人力资源管理人员、派遣部门的经理以及国外人力资源部门之间应保持联络，以确保向驻外人员提供实际的帮助。

② 对东道国人员培训。对东道国人员的培训主要涉及对管理人员和一般人员的培训。

东道国的管理人员是母国公司人员与当地人员之间沟通的桥梁，他们熟悉本国的社会经济、政治、文化、法律环境及商业行情；具有良好的人际交往、沟通的能力；有助于跨文化企业同当地顾客、政府机构、雇员、当地工会等建立融洽的关系。但是如果他们对母公司的总体经营战略、经营哲学与管理风格不了解，会影响他们在工作中与母国人员的合作、协调关系，甚至可能会导致母公司全球战略实施的失败。

一般来讲，能成为跨文化企业雇员的人基础素质较高，但他们可能缺乏类似的工作经验，对跨文化企业的先进技术和管理方式不适应。所以培训的主要目的是为了解决企业内部由于不同文化背景、经营观念、管理方式带来的沟通困难和不协调。东道国管理人员培训的主要内容是技术能力、管理能力、业务能力，母国总部的战略、企业文化等方面的培训，使其与母公司利益、目标保持一致。

跨文化企业对东道国人员的培训一般由各个海外子公司负责，公司总部起监督作用，并向他们提供培训资料，组织各海外子公司交流培训经验。如果企业生产的是标准产品，生产和营销工作比较类似，那么可以由公司总部统一负责培训事项，一般跨文化企业都有一个统一的培训中心，统一进行培训工作。例如麦当劳的脱产培训主要是在芝加哥完成，那里是对分店经理和重要职员进行培训的基地。许多跨文化企业也很重视到母公司或母国的培训机构进修的机会，一方面可以加深东道国经理人员对母国、母公司文化的了解，另一方面特别是对发展中国家的管理人员而言能到发达国家、地区进修也是一种激励方式。

一般员工受教育程度、国际化程度和开放性程度较低，同时受传统文化影响的程度比较深，所以在对他们的管理上也要注意文化差异，做好跨文化管理工作。因此海外子公司经常聘用当地人员担任中层管理人员，由他们直接管理一般员工，减少与一般员工的文化冲突。

对一般员工的培训，一般就近通过学校或公司自己的培训部门进行集中培训。培训内容侧重于生产知识和劳动技能的培训；良好的工作习惯和工作态度的培养；企业文化的熏陶，介绍公司发展历史、经营理念等。如果是对少数技工进行关键技能培训时，也可以采用送到母国相关部门培训的方式。

(3) 跨文化企业人员培训的形式。按照地点划分，跨文化企业的人员培训可以分为以下三种。

① 外部培训。培训的地点不在自己企业内部，而是委托社会培训机构办理或选送职工到企业外部接受培训。外部培训不是为特定组织安排的，其目的是用来扩大经理的视野，例如工商管理学院开设的有关跨文化企业转移价格的讲座，专业培训公司提供的沟通技能和人际关系技能培训。

② 内部培训。在企业统一安排下，利用企业内部专设的培训教室，在工作时间以外，利用企业的生产设备、仪器所进行的培训活动称为企业内部培训。现在很多跨文化企业开始建立自己的“大学”，例如摩托罗拉公司在1987年将培训部改为摩托罗拉大学，在全球范围内摩托罗拉的雇员可以从600门课程中进行选择，这些课程在全球14个地点开设。内部培训计划是跨文化企业根据自己的需要而制订的，这种培训的效果更为明显和直接。

③ 在职培训。在职培训通常是为了满足个别经理的要求和他们的特殊工作而设计的。在职培训强调实践性，一般由更有经验的上级监督和指导。由于在职培训可以在工作中进行，时间约束性小，更适合外派人员对文化差异的调节。

3. 跨文化企业薪酬管理子系统

跨文化企业能否按国际标准并结合当地实际情况向来自不同文化背景的员工提供适当的报酬，这是跨文化企业调动驻外人员和其他员工的积极性，在国际市场上增强竞争力的关键性问题。

(1) 文化差异对人员报酬的影响。在高权力化程度的国家中，报酬体系应与公司中的等级观念相一致，最高收入与最低收入的员工在报酬水平上差距比较大；在低权力化程度的国家中，应采取比较平等的报酬体系，最低收入与最高收入之间差距比较小。

在高不确定性避免程度的国家中，主要根据资历和专长来确定报酬；在低不确定性避免程度的国家中，则主要根据个人表现来确定报酬。

在高个人主义倾向的国家中，报酬体系强调奖励个人的工作成就；在高集体主义导向的国家中，报酬体系的建立应以员工集体业绩或以员工资历为基础。

在高男性化程度的国家中，在工作上得到认可被认为是主要的激励因素。人们宁愿工作更长的时间，也不愿意放弃任何增加收入的机会；在低男性化程度的国家中，人们更愿意享受更多的闲暇时间，各种水平的薪金差别较小。

(2) 跨文化企业员工报酬的内容及其构成。一般来讲跨文化企业对不同来源的员工制订不同的报酬方案，其目的是以适当的成本来吸引不同文化背景的优秀员工。

① 母国(或第三国)外派人员的报酬

母国或第三国外派人员的薪酬包括基本工资、奖金、津贴和非货币化报酬等内容。

基本工资代表一定数量的现金薪酬部分，是确定奖金和福利等其他薪酬因素的基准。基本工资的确定主要有三种方法。

A. 原在国(母国)基准法。这是国际上通行的做法，即外派人员的基本工资与其在国内的工资一致。采用原在国(母国)基准法的优点是，向在不同国家任职的相同国籍的驻外人员提供了平等的待遇；便于他们在不同国家流动时调整工资。采用原在国(母国)基准法的不足是，使跨文化企业内部占据相同职位，具有不同国籍的人员工资水平不一样，容易产生不满；当东道国工资水平更高时，这种做法缺乏激励性。

B. 所在国(东道国)基准法。即让外派员工的基本工资与东道国的工资结构挂钩。该方法的优点包括：驻外人员能够得到与当地人平等的待遇(如果东道国的工资高于母国工资，该方法就能够有效地吸引母国人员或其他国人员)，该方法便于操作。该方法的不足之处是：国籍相同但派遣地不同的驻外人员之间存在差异，严格地按照该方法会导致驻外人员争相要求被派往待遇优厚的地方；如果东道国的工资水平比母国高，驻外人员回国时会遇到工资调整的麻烦。

C. 折中法。即根据原在国工资的一定比例来确定一个基准额，再根据所在国工资的一定比例来确定提高的数额，两者相加，便是外派员工的基本工资。这样做集中了以上两种方法的优点，同时又使缺点最小化。

奖金指对外派人员及其家属在海外工作时遇到的不便和所做出的牺牲给予的补偿，它包括流动工作奖金、满期工作奖金等。

A. 流动工作奖金。驻外人员通常会收到一份奖金作为接受出国任职和跨国流动的奖励，或作为对在国外任职过程中所遇到的艰苦条件的补偿。这类报酬一般只支付给母国人员。流动工作奖金一般以工资的百分比支付，通常为基本工资的5%～40%。

B. 满期工作奖金。目的是鼓励母公司外派人员整个合同期间都在海外工作，通常在合同期满时才发放。这种奖励适合于建筑业、石油业以及那些在特定时间或特定工程中需要员工始终坚持在国外工作的行业，还适合于那些在较艰苦地区工作的员工。

津贴是薪酬的重要组成部分。跨文化企业为了维持员工报酬的内部公平性，在整个公司范围内执行统一的与工作性质相适应的基本工资，同时也根据员工所在地的情况，补偿数额不等的津贴。常见的津贴有生活费津贴、住房津贴、探亲津贴、子女教育津贴、搬家费、配偶补助津贴等。以下对津贴的具体形式加以简要介绍。

A. 生活费津贴。该津贴通常最受关注，它涉及对母国和所在国之间支付差额费用，如用于解决通货膨胀造成的差别。这种津贴通常很难确定，公司可利用一些服务组织机构帮助确定。

B. 住房津贴。该津贴的目的是使驻外人员能够保持在母国时的住房水平。这些津贴通常根据估计的或实际的情况来支付。

C. 探亲津贴。指跨文化企业支付给外派人员的回国旅费。其目的是帮助驻外人员恢复其与家庭、生意伙伴的联系，使他们避免在国外任职结束回国时出现不适应的情况。

D. 子女教育津贴。为驻外人员的子女提供教育经费。教育津贴包括学费、学习语言课程的费用、入学费、课本和文具用品费、交通费、食宿费以及校服费等。

E. 搬家费。通常包括搬迁、运输和储存的费用、临时生活费、电器或汽车购买(或出售)的补贴等相关的费用。

F. 配偶补助。越来越多的跨文化企业也向员工配偶提供补助，以保护或抵消驻外人员的配偶因驻外而损失的收入。并且有些公司开始为驻外人员的配偶提供国外工作的机会。

非货币化报酬指从精神上给予员工的报酬。例如，职务提升、上级的器重、来自顾客或下级的肯定与尊重、学习新知识及培养新能力的机会、出色地完成工作任务的自我满足感等等。随着人们需求层次的进一步提高，非货币化报酬将可能起着更为重要的作用。

② 东道国员工的报酬。跨文化企业在为东道国制订报酬政策时，必须考虑到当地劳动力市场的工资情况，有关劳动报酬方面的法律规定。同时还要与母公司的整体经营战略相一致。总的来说东道国员工的报酬有四部分：工资、奖金、福利和非货币化手段。

东道国员工的工资一般情况下按劳动成果来确定数额。跨文化企业既可以采用固定岗位工资制，也可采取计时、计件工资制，使工资随劳动量的变化而变化。国际企业的工资水平通常高于国内企业，否则它无法吸引到优秀的人才。

奖金指对员工超额劳动的奖励，是一种不确定性报酬。企业决定是否发放奖金及发放数额多少有多个依据，如个人表现、团体表现及整个企业的经营状况等，而这些依据又和跨文化企业的企业文化也有一定的关系。

福利是企业给予员工的额外补贴，一般不以货币形式表现，而是颁发实物、提供各种免费服务或者为员工解决具体的生活困难。不同国家，对于员工的养老金、社会保障、医疗保险和其他各种福利的管理规定存在很大的差异，跨文化企业应视情况而定。

非货币化报酬一般包括：和海外雇员同等的晋升机会、充分的授权、一定的职业发展空间、海外培训的机会、带薪休假、一定的闲暇时间、弹性工作时间、领导帮助设计职业生涯规划等。

(3) 跨文化企业人员报酬的支付手段。跨文化企业在制订报酬时，必须考虑是支付母国货币、东道国货币还是某种币值坚挺的第三国货币。这是由于以下原因所决定的，一要避免汇率波动导致的问题。如果驻外人员的全部报酬都以母国货币支付，当母国货币相对于东道国货币贬值时，驻外人员的实际收入就会下降，从而引发抵触情绪。二要满足驻外人员在母国储蓄的愿望。如果驻外人员的全部报酬都以东道国货币支付，当东道国实行外汇管制时，他们用母国货币在母国储蓄的愿望就会落空。三是从减轻税负的角度去考虑的。有的国家规定对外籍人员从当地取得的收入纳税，如果以东道国货币支付薪金，就会加重驻外人员的税收负担。

基于以上考虑，跨文化企业对外派员工和东道国员工都采取综合性支付的方式。驻外人员的报酬一部分以东道国货币支付，其数额大致等于职工原来在母国国内用于消费的收入加上海外生活费津贴、国外服务津贴和在东道国应交纳的税款等，另一部分以母国货币支付，借记在指定账户上代为储存起来。对东道国员工则通常以当地货币为主，辅助少量币值坚挺的外币作为奖励性报酬。

4. 跨文化企业考评子系统

无论跨文化企业所面对的多元文化环境如何，都必须处理这样一些人力资源管理问题：

鉴别哪些人应该被奖励、晋升、降职、开发、提高、留用、解雇等。这些活动都需要对企业人员进行考评。如何对来自不同文化背景的人员进行考评是跨文化人力资源管理所面临的重大挑战之一。

(1) 文化差异对人员考评的影响。在高权力化程度的社会中，考评指标的设定存在困难，由于存在较强的等级观念，下属人员一般不参与考核指标的制订；在低权力化程度的文化中则相反，由主管和下属员工一起制订考评指标及工作任务，考评方式则完全可以使用360°考评方法。

在高不确定性避免程度的社会中，由于员工不愿意承担有挑战的工作，这为考评指标的设定带来了困难，通常是根据资历专长与忠诚度来设定考评指标；在不确定性避免程度比较低的社会中，则主要根据个人业绩表现来设定指标。

在高度个人主义倾向的社会中，主要是针对员工个人的工作绩效进行评价，业绩评价体系是正式的、公开的；在集体主义倾向比较高的社会中，普遍认为对员工集体的考评比对员工个人的评价更为重要，业绩评价体系倾向于非正式和较为秘密的方式。

在高男性化程度的社会，考评指标男女有别；在低男性化程度的社会中，这种性别差距较小，企业根据工作表现来对员工进行考评。

(2) 跨文化企业人员考评主体和客体。适当的考评主体和客体，是关系绩效考评有效性的一个基本问题。一般来讲，考评者对被考评者的业绩表现应有足够的时间和能力进行观察和客观评价。考评主体和客体有以下几种组合：

① 上司对下属员工进行考评；

② 下属员工考评顶头上司；

③ 同事之间互相考评；

④ 通过自我鉴定、自我考评；

⑤ 外部利益相关者，如客户、股东、外部董事、公众等对组织成员进行考评；

⑥ 组成专门的考核委员会对个人绩效、特别是工作团队进行考评。

这些组合各有利弊，在实际操作中可以将各种方法组合起来实行“360°”全方位的考评。

跨文化企业内部，由于员工来自不同的文化背景，看问题的角度不尽相同。为了保持考评的公正性，跨文化企业在进行考评时，尤其是在对母公司外派人员考评时，必须全方位进行。考评主体应当既有东道国被考评者的直接上级、下级、同事或者客户，也应当有来自母国的直接上级。

由上可以看出，准确地考评来自不同文化背景的员工难度较大。跨文化企业通常采取以东道国当地评价意见为主，以公司总部的评价意见为辅的方法。如果公司总部负责确定最终的正式评价结果，也需要征求一下曾在被评价对象工作的国家和地区工作过的员工的意见，这样可以减少评价的偏差。

(3) 跨文化企业人员的考评指标。在对东道国员工和母国或第三国外派人员进行考评时，由于员工来自不同文化背景，考评指标也应有所差别。对东道国人员的考评指标应该由东道国人员设计一套合适的系统，或者直接参照东道国同行业类似企业的标准。对外派人员的考评指标就要相对复杂一些。跨文化企业通常以海外子公司的投资收益率或利润作为指标来评价管理人员，这是一种只注重短期经济效益的评价方法，将诱导管理人员产生短期行为，因为这样会忽略了海外子公司的长远发展，把对海外公司管理人员的评价与对海外公司的评价混为一谈。

为了克服对外派经理在绩效管理方面的困难，专家们建议采取以下几个步骤改进考核标准。

① 使评价标准与企业的战略目标相适应。例如，如果企业目标是进入市场获取长期的竞争优势，那么，采取短期的财务业绩评估就会失去现实意义。

② 调整合适的评估标准。高层经理需要认真考虑其国际经营的所有目标，并需要出访经营地区以更加清楚地理解驻外人员所面临的问题与环境，也可以从新近回国的经理那里获得有关当地环境的知识。

③ 将多种渠道评估和不同时期评估相结合。国际环境的复杂性要求国际评估要比国内评估掌握更多的信息。因此，高层管理应有多种信息来源。因此对确定外派人员的考评指标时，除了海外公司的投资收益率和利润外，还应考虑到他们在实现公司战略目标、维护公司信誉、扩大公司影响、同东道国政府搞好关系等一系列因素。同时还要根据东道国的文化特征进行一些修改，以增强考评体系的适应性。

(4) 跨文化企业员工的考评方法。跨文化企业考评的方法和国内企业大同小异。传统的考评方法有：

① 定性描述考评法，包括评语法、关键事件法和考核清单或对照表法；

② 量表考评法，包括行为锚定量表和行为观察量表；

③ 目标管理考评法等。

随着经济全球化的发展，跨文化公司将会面临多元文化的挑战，因此在人力资源管理中必然要融入文化因素。

思考题：

1. 文化差异和文化冲突对跨国经营的企业会产生哪些影响？
2. 跨文化的人力资源管理模式有哪几种？每种模式各自的优点和缺点是什么？
3. 跨文化人力资源管理系统包括哪些子系统，与国内人力资源管理有哪些异同点？

第十七章　网络化人力资源管理

□ 学习目的

通过对本章内容的学习，应了解和掌握如下知识点：

- 比较网络时代的人力资源管理与传统的人事管理
- 描述人力资源在网络经济中起的作用
- 描述网络经济对人力资源的管理与开发起的作用
- 掌握网络化人力资源管理实践的特点
- 了解企业人力资源管理信息系统

□ 引入案例

2000 年 3 月 18 日，由教育部高校学生司主办、清华同方股份有限公司承办的全国高校毕业生就业信息网作为“虚拟会场”的平台。该网站提供有全国高校毕业生统计数据查询和 300 余家毕业生就业重点保障单位的人才需求信息查询等服务。仅 18 日一天，总访问量达 50 多万次，最大峰值达 3 000 次/分钟，共有近万人注册并提交简历。这预示着网络招聘突破了人才集市的时空界限，使人才在网上真正地流动起来。上网求职比起传统的赶会递自荐信，不仅查询方便，信息量大，选择面广，不受时间地点限制，而且还可以节省一大笔打印费，也免去了奔波之苦，它在很多环节上体现出传统招聘形式所不具备的优越性，成为企业的主要招聘手段。

上述案例说明，网络的出现对组织的人力资源管理实践具有深远的影响。作为生产要素之一的人力资源在网络经济中起着特别重要的作用，成为经济增长的重要源泉，是经济结构优化的重要因素和企业的兴盛之本。同时，网络经济对人力资源的管理与开发也起着相当重要的影响和推动作用，并对其提出了新的要求，即建立适时的培训机制、激励机制和约束机制，创造一种崭新的企业文化。

第一节　网络时代的人力资源管理与传统人事管理比较

进入 21 世纪，人类加速了知识的开发和应用，另一方面经济和社会的发展也越来越依赖于知识。因为人是知识开发和应用的承担者，是任何经营活动不可缺少的要素，是经营过程中的第一资源，因此，人力资源对于企业来讲，越来越重要。日本著名企业经营大师松下电器的创始人松下幸之助曾对员工说过：“到外面去，如果人家问你们企业的产品是什么，你应该回答，松下电器企业是造就人才的，也是生产电器产品的，但首先是造就人才的，造物之前先造人。”

网络时代的企业要在这种背景下获得一定的竞争优势，就必须建立一个由全球各地区组织而成的网络，这个网络应该使全球范围内的产品、人员、信息等迅速传递到各个链接点，从而满足各地的需求。这种全球化给企业带来巨大的挑战,它要求企业的管理者必须以一种新的全球思维方式重新思考企业的人力资源的角色,尤其是在这种网络化的背景下,对人力资源进行高效的管理,变得任重而道远。网络时代的人力资源管理与传统人事管理的差异主要体现在以下几个方面。

1. 概念上的差异

传统的人事管理,也就是计划经济体制下的人事管理,主要是以政府及其所属的劳动人事部门为核心,人才由政府统一配置。地方、企业与个人处于服从、被动的地位,这种人事管理是相对稳定的,与计划经济体制相适应。这种管理模式曾有利于中央和地方政府集中有限的人力、财力建设社会主义的物质基础和技术基础,对国民经济的恢复发挥积极作用。人事管理过程包括"进、管、出"三个环节。管理过程强调事而忽视人,人的调进调出被当作管理活动的中心内容。管理过程受政治影响较大,强调听从安排,否定个人的需要和个性,扼杀了劳动者的积极性和创造性,极大地束缚了生产力。随着市场经济的发展,其弊端更加突出,现代人力资源管理的发展与流行便顺理成章。

而网络时代的人力资源管理更加重视整个社会人力资源的供需平衡和协调发展,是一种有关资源配置的战略管理活动。网络时代的人力资源积极与其他部门相协调,共同为企业创造效益。它强调以人为中心,除了具备传统人事管理的内容外,还具有进行工作设计、规划工作流程、协调工作关系等职能。与传统的人事管理相比,现代的人力资源管理是一种更深入和更全面的新型管理形式。

2. 招聘方式的差异

由于传统的人事管理基本上是一种业务管理,其人事的重大决策权集中在政府行政部门,所以在员工招聘方面没有完全的自主权。它仅在需要时发挥作用,因而只是在人手不够时补充员工,所以招聘工作主要着力于企业当前需要。

网络时代的人力资源管理招聘是利用计算机网络进行的,企业可以在网上公布招聘信息,并在线浏览求职者的信息。互联网使人才需求信息成为公开的消息,企业可以在不离开办公室的情况下,广泛地展开人才搜索。计算机网络招聘主要包括吸引人才、分析人才、联系人才以及最后达成协议等几个环节。这些环节是通过网上信息发布、网上人才测评与分类、在线联系或电子邮件,并利用人才招聘的一些管理软件处理相关事宜等手段来完成的。计算机网络招聘利用互联网交互性和实时性的特点,可以不受时间、地域的限制,向任何一台计算机终端的应聘者发出招聘信息,应聘者也可以随时随地与招聘企业联系,获取需要的最新信息。

许多大型企业、跨国公司已把网上招聘作为主要形式。在网上找工作已成为全国大部分高校校园的流行语,上网的大学生反映,上网求职比起传统的招聘会求职、递交自荐信的方式有很多好处,不仅查询方便、信息量大、选择面广、不受时间地点限制,而且还可以节省费用,提高了效率。

3. 培训方式的差异

传统的培训由于时间和地点的限制,一般都是选定一段时间,把员工集中到室内或室外进行,这将耗费大量的人力、物力和财力。另外一个培训师一次可以指导的学员数量是有限的,同样的培训课程每一次都要重新准备,所以传统的培训方式存在效率较低的缺陷。当然,集中授课的培训方式也有一定的优越性:这种互动式的学习可以让培训师发现学员是否需要更多的帮助。此外,这种培训方式可以使参加者的精力集中在培训课程上。

网络时代的企业培训打破了传统培训的限制,各地的员工可以利用计算机网络,在本地接受异地培训而无需身临其境。企业将培训内容发布在企业内部网站上,员工可以根据自己的需要，不受时间、地点的限制，在互联网上寻找适合自己的培训内容进行自主学习，以拓宽知识和技能的深度和广度。员工之间可以进行在线探讨、交流，企业还可以提供在线疑难解答。这样企业和员工都可以及时得到培训绩效的反馈，有利于及时改进培训内容和目标。但是网络培训的自助式课程往往会被工作打断，并且网络培训要求组织建立良好的网络培训系统，这需要大量的资金，中小企业由于受资金限制，往往无法花费资金购买相应的培训设备和技术。

4. 沟通方式的差异

传统的人事管理中，上下级的沟通主要是通过面对面谈话的方式，这种沟通方式有很多优点：比如反馈及时，可以借助表情等非肢体语言，有些建议容易被人接受。但是这种方式也有弊端：人际沟通中的人为障碍，可能会使沟通浮于形式，没有起到真正的上下沟通、交流的作用。

网络沟通主要借助互联网进行，它避免了面对面的诸多不便，给沟通工作提供了很大便利，网络促使信息快速、直接、广泛、有效地传播和融合。利用网络沟通，还可以更好地营造企业文化，增强企业凝聚力，激发员工的进取心和创造力，促进企业经营管理水平的提高。总之，互联网给企业上下级间的沟通增添了一条新的途径，也给上下级间的沟通带来了传统人事管理所达不到的效果。

由以上比较结果可以看出，网络时代的人力资源管理的发展源于传统的人事管理，又在某种程度上取代了后者。两者的主要区别在于：传统的人事管理基于单纯的人事观点，是一种人事行政型、控制型和封闭型管理。网络时代的人力资源管理基于人事经营观点，并利用国际互联网，使其具有战略型、开发型和开放型的特点。

第二节　人力资源在网络经济中的作用与影响

随着新世纪的开始，人类进入了一个以知识为主宰的全新经济时代。由于网络的普及应用和发展，信息的处理和传递突破了时间和地域的局限。这种方式正在使整个世界发生天翻地覆的变革，不仅改变了人们的思维和生活方式，也影响了整个社会经济的发展。目前的网络已经不再是一种单纯的技术，它是一种新的经济力量，是国家经济和区域经济增长的主要动力，是国家经济基础设施的一部分。从这个角度讲，未来的经济应该是一种网络经济。

网络经济的一个显著特征是人力资源在生产要素中起着特别重要的作用，人力资源管理已日益成为企业管理的重要内容。在传统的工业社会中，制造业大部分的成本是机器设备的成本。而现在的企业，尤其是新兴产业，如 IT 产业，绝大部分成本是人工成本。在新的经济形态下，人决定了技术，人决定了企业，人决定了发展，价值创造的基础更加侧重于人力资本。因此，在新形势下，人力资源的管理既要受到网络经济的影响，同时也影响着网络经济的发展。

1. 人力资源是网络经济增长的重要源泉之一

经济增长是指国民生产总值或国内生产总值在总量上的扩张。为了清楚地反映出每一要素在经济增长中的贡献水平，经济学家们建立了经济增长模型。在这一模型中，一般采用三个要素，即资本、劳动力和技术进步。这实质上是人力资源不同侧面的表现，其量的多少、质的高低取决于人力资源的数量及素质。人力资源的素质高低决定企业产品的质量优劣和劳动生产率的高低，以及投入与产出的比例。在网络经济时代，企业的成败实际上取决于对人的管理，怎样求才、知才、用才、育才是每个成功企业管理者的必备素质。

2. 人力资源是网络经济结构优化的决定因素

经济发展既表现为经济的增长，也表现为经济结构的优化。经济结构是否优化是衡量经济发展与否的重要因素。在分析一个国家经济结构是否优化时会发现,这不只取决于该国自然资源的状况,更取决于人力资源结构是否优化。人力资源结构的优化不仅表现为静态的人力资源结构能与经济结构保持协调一致和相对平衡,而且表现为动态上人力资源结构能与经济发展所需经济结构相适应。经济结构的调整往往是从调整人力资源结构开始的,采取的手段又大多是强烈的市场化手段,即政府调整经济结构时,先指明经济结构运行的方向,引导具有相应素质的劳动者首先进入这一经济领域,并获取相应的高收入,从而强制或诱导其他劳动者转岗改行,接受新经济领域的素质培训,向这一经济领域配置相应的人力资源,直至人力资源处于饱和状态,经济结构得到有效调整。

3. 人力资源是网络经济下企业的兴盛之本

任何企业都拥有三种基本资源,即物力资源、财力资源和人力资源。对于企业来说,物力资源和财力资源是企业的有形资源,是衡量企业的重要尺度,但它具有有限性。而人力资源正好与之相反,是一种无形资源,具有相对无限性,是可再生资源。企业可以通过教育、培训和开发等活动提高人力资源的品质,增加人力资源的数量,用人力资源代替非人力资源,从而减轻企业发展过程中非人力资源稀缺的压力。同时企业为提高产品质量、降低成本和在市场上占据优势,纷纷改进工艺,运用先进机器设备,而这些又需要高素质的人力资源来完成。所以,人力资源开发的好坏,在很大程度上决定企业的兴衰。

第三节　网络对人力资源开发与管理的影响

一、对人力资源管理职能各参与者的影响

随着网络技术的出现,信息流突破了部门的限制而延伸到企业内外的各个角落,使得人力资源管理的业务流程与再造成为可能,人力资源管理休系也将因此而突破封闭的模式,企业各级管理者及普通员工也能参与到人力资源的管理活动中来。

与传统人力资源管理系统不同,网络人力资源管理是从“全面人力资源管理”的角度出发,利用网络技术为人力资源管理搭建一个标准化、规范化、网络化的工作平台,在满足人力资源部门业务管理需求基础上,还能将人力资源管理生态链上不同的角色联系起来,使得网络人力资源成为企业实行全面人力资源管理的纽带。

1. 对于 CEO 的影响

首先,借助网络技术,CEO 对人力资源部门的认识,可以实现从“成本中心”到“利润中心”的转变。当 CEO 们真正意识到了人力资源经营的重要性,并掌握了人力资源经营效果的评价方法,他们就会成为人力资源管理的需求发起者,而不只是在潜意识中认为人力资源管理很重要。CEO 能通过人力资源部门的帮助,自助式地获取企业人力资源的状态信息。在条件允许的情况下,CEO 还能获得各种辅助其进行决策的人力资源经营指标。

其次,利用网络人力资源平台,CEO 还可以在网上直接进行处理某些人力资源管理活动的流程,从而提高了效率。

2. 对于职能经理的影响

对职能经理而言,网络是其参与人力资源管理活动的工作平台,通过这个平台,职能经理可在授权范围内在线查看所有下属员工的人事信息,更改员工考勤信息,向人力资源部提交招聘、培训计划,对员工的转正、培训、请假、休假、离职等流程进行审批,并能在线对员工进行绩

效管理。

3. 对于普通员工的影响

对普通员工,他们最关心的是有没有一套公开、完善的人力资源管理体系,以及这套管理体系的执行度。大多数人都会倾向于选择一个有序、透明的工作环境。所以让员工共享更多的信息,是增进员工与人力资源部门之间信任度的重要因素。

网络时代,员工可以利用网络化人力资源管理平台,在线查看企业规章制度,组织结构,重要人员信息,内部招聘信息,个人薪资状况,个人福利状况,个人考勤休假情况,注册内部培训课程,提交请假或休假申请,更改个人数据,进行个人绩效管理,与人力资源部门通过电子邮件进行直接沟通等等,这些措施有助于减少员工的抱怨,提升员工对人力资源部门工作的满意度。

二、对人力资源组织的影响

在传统的金字塔式组织结构中,强调命令、控制,以及清晰地描述员工的任务,因此组织对员工的期望是明确的,员工的晋升路线也是垂直的,晋升意味着责任的增加、地位的提高和更高的报酬;人力资源管理的全部信息都集中在组织的最高管理层。

网络时代由于信息沟通及处理的便捷性,公司的管理层次将大大减少,所以扁平式、矩阵式、网络状的结构将变成多数公司的组织结构模式。项目管理小组和在线合作将成为工作中最常见,也是最有效的一种工作方式。组织将鼓励员工扩大自己的工作内容,提高员工的通用性和灵活性。正如GE的前任CEO杰克·韦尔奇所说,确保组织在未来成功的关键,在于有合适的人去解决最重要的业务问题,无论他处在企业的哪一个等级和组织的何种职位,也无论他处在世界上的任何角落。

三、对人力资源管理各职能的影响

1. 对人员招聘的影响

网络时代,网上招聘因其手续简便、行动迅速、受众目标性强、反馈及时成为传统媒体招聘的有力竞争对手。在网络时代的今天,从职位需求分析、工作分析、职位说明书的制订开始,经过初选、面试、考核等过程,到人员录用并进入公司的新员工档案库为止的一系列管理工作,可以通过网络实现。

一旦原有职位产生空缺,部门经理即可在线输入职位招聘申请,同时系统会自动将其职位说明书中的任职条件、主要职责等信息从人事数据库中提取出来,以便修改和确认;如果是工作增加而产生新的职位需求,则由部门经理作职位需求分析、工作分析和制订职位说明书,并经人事经理或上级进行在线修改和确认。职位招聘申请提交并审批通过后,系统立即在网上发布招聘信息,使招募工作及时进行。人力资源部经理也可以先直接进入网络人力资源管理系统的内部人才储备库挑选合适候选人,对符合其职业生涯发展计划的,可以优先录用。

招聘信息在网上发布之后,应聘者在网上输入的应聘信息,将直接转入网络人力资源管理系统的应聘者数据库,同时与招聘相关的管理工作的整个过程都会在网上完成,包括确定候选人、面试考官、面试时间和地点、面试或笔试题目、面试评价表等,并通过网络进行互动式管理。

网络人力资源系统会自动通知面试候选人面试时间地点,自动通知面试考官出席面试,并将面试或笔试题目、面试评价表、面试候选人简历传给面试考官。面试结束后,面试考官在线输入录用意见(同意或不同意)。

当面试候选人面试通过后,系统自动产生录用审批表,交上级审批。应聘者一经录用,他的基本资料便会从网络人力资源管理系统中的应聘者数据库直接转入公司员工档案库，这样对一个应聘者从面试候选人到新员工的流程就完成了。

2. 网络对绩效评估的影响

网络将遥远的距离拉近，主管可以很快地看到每个来自各地的下属定期递交的工作反馈。员工考核及述职也在网络中实现，在线评估系统实时录入公司所有员工评估资料，其强大的处理功能将出具各种分析报告，为公司的管理提供及时的依据。员工的工作地点已经不是很重要了，只要具备工作条件，他只需按计划去完成工作就可以了，员工的满意度将大大提高。

在线评估系统实时录入公司所有员工评估资料，其强大的后台处理功能将出具各种分析报告，为公司的管理改进提供及时的依据。系统提供360°全方位在线式评估方法。对于评估结果，系统自动根据权重和评分进行统计，并将结果和薪酬以及人才培养计划挂钩。

3. 网络对员工培训的影响

网络时代员工培训的形式更加多样化，已经不再是简单的我说你听。网络的资源极其丰富，鼓励员工充分利用网络资源进行岗位培训，成为许多公司的一个培训方向。通过网络的形式进行员工培训，不但可以提高效率，更可以节约成本。企业的人才培训可以请专家来公司讲课，也可以让员工脱产外出学习，但这两种方法都是小范围的，而且费用较高，因此仅适用于公司高层人员。对于基层人员的培训，因人员较多，相应费用较高，但以网络为基础的虚拟学习中心可以大大节约费用。通过开发远程教育系统，人力资源部门可以选择最好的，性价比最佳的培训公司实施培训。

四、人力资源管理职能应对网络化的策略

1. 转变人力资源部门角色

人力资源部门要成为变革的催化剂，设法让组织成员愿意接受变革，让企业文化能持续去推动变革的进展，引导员工逐步实现企业的经营目标。同时人力资源部门还要成为企业战略的伙伴，这意味着必须将长期性的人力资源规划与企业战略规划紧密结合，使企业目标的实现都与人力资源的工作息息相关。人力资源部门不能只是被动地执行命令，而是要在企业战略目标的制订、战略计划的执行过程中提出建设性意见。如果不能帮助业务部门解决实际的问题，人力资源部门要成为企业经营管理的战略伙伴就无从谈起。

2. 建设一支职业化的人力资源管理队伍

人力资源的从业人员只有对企业存在的问题、发展方向、面临的挑战和机遇有清醒的认识，才有可能为各业务职能部门提供有益的帮助。长期以来，人力资源从业者一直处于“尴尬”境地，在许多人印象中，他们是既不懂技术、又不懂管理的，他们甚至不用关心企业业务的发展状况。

事实上企业的人力资源经理人将逐渐从过去那种行政、总务、福利委员会的角色，转变成为员工教育的推动者、高层主管的咨询顾问、战略业务伙伴、管理职能专家和变革的倡导者等，从传统的行政支持转变为企业经营管理的合作者。他们将是具备人力资源专业知识和经营管理知识的通才。生产流程的重新设计、组织结构的重新调整、管理与评估系统的重新建立、企业价值观的重新树立等活动，不仅与职能部门管理人员有关，而且和人力资源管理也息息相关，有的本身就是人力资源管理问题。

所以，人力资源部门要为业务部门提供增值服务，人力资源专业人员要了解企业的经营目标，了解各业务部门的需求，了解企业职能、产品、生产、销售、企业使命、价值观、企业文化。人力资源管理者必须清楚地知道，为了实现企业战略目标，员工应该具备哪些基本的技能、知识

和态度，同时还要深入企业的各个环节来调动和开发人的潜能。

3. 转变人力资源管理者的思维

互联网对人类社会最大的冲击是速度，速度已经成为这一时代的第一要素。无论是人力资源战略规划的制订、执行，还是新的战略战术的采用；无论是吸引人才、留住人才措施的出台，还是用人、育人观念与实践的变革，哪个企业领先其他企业半步，那个企业就会赢得竞争的胜利；哪个企业在行动上慢了半步，就会处于被动状态，甚至会在竞争中被淘汰。因此，人力资源管理者必须培养敏捷的思维，加快思考的速度、传递信息的速度、行动的速度，以便能够对外部环境的变化做出快速反应。

4. 实施人性化管理

随着互联网的发展与应用，人们生活和工作的地点越来越无法截然分开，传统的管理方式显然无法适应环境的变化。信息技术使员工与管理者、员工与员工之间的互动沟通成为可能，因此人力资源管理方式需要发生根本的变化，员工自我管理的方式将被大多数企业采用。在组织中追求"共同参与、共同发展、共同分享"是十分必要的。一般来说，人性化的人力资源管理制度主要贯彻在以下几个方面。

(1) 对组织各种人力资源开发与管理政策、制度的制订者而言，应该全面认识员工的特点及其表现，并在其制订的各种制度中予以体现。

(2) 对组织各种人力资源开发与管理政策、制度的实施者而言，应该灵活地、人性化地把握制度实施过程。

(3) 对组织全体员工而言，应该积极参与企业各种活动。

目前通用公司和摩托罗拉等许多企业经常举行诸如"解决问题会议"等活动。旨在征求员工的意见，尊重员工的思想，了解员工的心理需求和行为特点等，在此基础上制订并修改相关人力资源开发与管理制度，形成人性化的人员管理制度。

第四节 网络化人力资源管理实践领域

人力资源管理职能在下面几个领域可以采用网络化管理方式。

1. 网络化招聘

与传统的招聘方式相比，网络化招聘的优势十分明显，集中表现在这样几个方面：

① 扩大了招聘范围。互联网具有全球性、交互性、实时性的特点，使企业有可能在世界上任何一台计算机终端上找到其潜在的合格人选；② 增强了招聘信息的时效性。企业可以全天候地向潜在的应聘者发出招聘信息，而应聘者也可以随时随地与招聘企业联系，同时，企业可以根据需要及时更新招聘岗位，传递最新信息；③ 降低了招聘成本，网络化招聘不受时间、地域、场所等条件的限制，供需双方足不出户即可进行直接交流，这样既节约了传统招聘活动中的各种开支，又可以节约人力资源管理部门的精力和时间，不必向"猎头公司"等中介组织支付高昂的服务费用。

当然，网络化招聘也存在一些缺陷，主要问题有以下几个方面。

① 由于缺乏面对面的直接交流，网络招聘很难深入地了解应聘者的个性心理、口头表达能力、风度修养、外在形象、逻辑思维、操作能力、应变反应能力、求职态度与动机等方面的信息；② 有些优秀人才可能因为不经常使用网络，或在网上未能接触到相应的招聘信息而与招聘企业失之交臂；③ 有的地区因网络技术或经济发展水平限制，上网较为困难，从而限制了网

络招聘作用的发挥；④ 容易接收虚假信息，由于网络化招聘较为简单、便捷，相互沟通是间接进行的，应聘者有时缺乏责任感，应聘材料容易出现虚假、失实的情况。

因此，企业应不断改进网络招聘的硬件条件，完善相关服务。如建立一个富有吸引力的，不断更新的网站，以提高点击率；与综合性网页、专业性人才招聘网页以及专业人士经常光顾的网页进行链接，吸引人才的注意；选用合适的自动测试、分析、处理相关招聘信息的软件；通过视像技术与应聘者面谈；提高在线测试内容的有效性；加强对应聘者实际工作能力的考察；加强与应聘者的互动沟通；完善网下的招聘服务工作等。

2. 网络化培训

利用企业局域网，组织可以开展有针对性的培训活动，对员工进行企业文化和知识技能等方面的培训。企业将培训的内容发布在企业网站上，员工可以根据自己的需要寻找合适的内容，比如教学课件习题、复习资料、相关内容链接等，进行自主学习。培训师可以通过交互方式对员工的学习情况进行评估、反馈或在线答疑；学员间也可以进行在线研讨，相互交流。

网络化培训比较符合成人学习的特点，其优点主要表现在：

① 不受时间、地点和教学条件的限制，员工可以更好地安排学习、工作和生活时间，自主掌握学习进度，使学习更为灵活、方便；② 多媒体的应用和交互式的特点使培训的形式更加生动活泼，还可以提供一种虚拟的实践情景，员工甚至可以在线操作，从而有利于激发员工的学习兴趣和学习欲望；③ 可以更好地结合组织需求和员工个人特点，为员工量身定做培训内容与方案，提高培训的针对性与适应性；④ 学习的管理和激励具有较强的自主性与灵活性，而成人往往喜欢在一种非正式、无威胁的环境中进行学习和思考；⑤ 可以通过链接的方式，在互联网上找到更多的相关资料或背景介绍，员工可以根据自己的情况，拓宽学习的广度与深度；⑥ 学员和企业都可以及时得到学习情况的反馈，有利于双方及时改进培训内容和要求；⑦ 由于培训内容可以很方便地不断更新，可以提高员工对变化的适应能力，培养一种学习型的人格特征；⑧ 可以降低培训成本。如培训的场地、教材、教学设备、教师讲课费、交通费等都将节省和取消。更重要的是员工可以利用业余时间进行学习，从而大大节省了工作时间和培训成本。

当然，网络化培训也会出现一些问题，如员工学习的自觉性不强，企业缺乏有效、及时的控制；对培训内容和网页的设计要求较高，难以兼顾企业的需要和员工的学习兴趣；缺乏师生间的情感交流与人际沟通等等。

3. 网络化沟通

网络使企业的信息沟通更为快捷、广泛、有效，企业内部的信息交流、情感融合也更为通畅。组织可以在内部网上贴出各方面的情况介绍，还可以建立员工的个人主页，开设 BBS 论坛、聊天室、建议区、公告区以及企业各管理层的公共邮箱。

网络化沟通方式有助于克服人际沟通过程中的一些人为障碍，使企业的上行、下行及横向沟通更为通畅，为企业员工参与管理、反映问题、发表评论和提出建议提供了更为方便的渠道和途径。这样的沟通方式有利于企业良好心理气氛的建立，有利于员工创造性、自主性、责任感以及自我意识的提高，有利于员工工作生活质量的提高。

4. 网络化绩效考核

网络化绩效考核在一定程度上可以克服人际知觉和判断上的偏差，它可以远距离进行工作实绩和工作情况的客观评价，避免了人与人之间的心理影响，减少考核中的主观因素。这对于建立规范化和定量化的员工绩效评价体系，代替以经验判断为主体的绩效考评手段有很大的作用，能使员工绩效考评更为公正、合理、科学。

网络化考核也可以使远距离考核成为可能，考评方式也更为灵活。在线考核系统可以实时录入组织中所有员工的工作情况及评估资料；主管可以及时看到来自各下属定期递交的工作报告，并及时进行指导监督；员工的工作进展介绍和员工述职也可以通过网络来进行；员工的绩效考评可以由被评估者本人和其主管在网上完成，如果员工对考评结果不予确认，还可以同高层管理人员及人力资源管理部门进行沟通，以查明其原因及合理性。

第五节　人力资源管理信息系统

一、人力资源信息系统的定义和作用

1. 人力资源信息系统的定义

人力资源信息系统（HRIS）是获得人力资源决策所需相关和及时信息的有组织的方法。它通常利用计算机和其他先进技术，处理反映企业日常经营活动的数据和以信息的形式加以组织的数据，来促进决策过程。

一个人力资源管理信息系统提供的信息应该具有以下四个特征：

(1) 及时性，即提供的信息应该包含最新的信息；

(2) 准确性，即提供的信息必须准确无歧义；

(3) 相关性，即管理者能够获得与特定情况相关的信息；

(4) 完整性，即管理者必须能够获得完整的，而不是部分的信息。

如果缺少上述特征之一，都会降低 HRIS 的有效性，并使决策过程复杂化。

2. 人力资源管理信息系统的作用

HRIS 在组织中主要有两个作用。第一个作用是通过对员工及人力资源活动信息的编制，来提高效率。许多人力资源活动通过自动化的 HRIS 可以更有效率地完成，并且可以抛弃大量的纸上作业。例如，一旦采用在线数据录入的方式，就会达到减少所需要存储的表格和手工录入的工作量。

第二个作用是可以提高人力资源决策的效率。HRIS 使人力资源计划和管理决策的做出，可以在很大程度上依赖那些相关信息，而不是仅仅依靠管理人员的观点与直觉。例如，一项原来靠手工操作而费时较长、并需要相关知识背景的分析，在使用了 HRIS 丰富的检索与分析功能之后，由一个专业员工在很短的时间内就可以完成。

二、人力资源信息系统的内容

完善的企业人力资源信息系统包括三大类内容。

一是关于企业战略、经营目标及常规经营计划信息。根据这些内容可以确定企业人力资源计划的种类及框架。

二是企业外部的人力资源供求信息及对这些信息的影响因素。例如：劳动力市场上各类人员的供求情况、相应政策法规的变化等。

三是企业现有的人力资源的信息。企业现有的人力资源信息主要包括两个方面：工作信息和雇员信息。工作信息列出了实现组织的战略目标所需要的工作数目和类型、每项工作所需要的员工数目以及完成每项工作所需要的资格。雇员信息列出了一个员工的受雇日期、薪金历史、绩效评分等的信息。

由于信息管理及信息基础设施的建设尚不完备，我国企业建立完善的人力资源信息系统尚有困难，所以许多企业把重点放在对企业现有的人力资源信息的建设上。企业现有的人力资源信息主要包括两个方面：工作信息和员工信息。工作信息列出了实现组织的战略目标所需要的工作数目和类型、每项工作所需要的员工数目以及完成每项工作所需要的资格。员工信息列出了一个员工的薪水、工作经历、绩效评分等信息。

三、人力资源信息系统的建立

建立人力资源信息系统，事先要进行周密的筹划，并要考虑以下因素的影响：一是企业发展战略及现有规模；二是管理人员对人力资源有关数据要求掌握的详细程度；三是企业内信息复制及传递的潜在可能性；四是人力资源管理部门对本系统的运用程度及期望程度；五是社会上其他企业人力资源信息系统的建立及运用情况。

建立一个人力资源信息系统，需要考虑四个步骤。

1. 成立项目小组

通常情况下，项目小组的成员包括来自组织中几个不同部门的代表，如人力资源部门与数据处理部门等。项目小组需要总体把握使用者的要求，明确这个系统的期望功能，而且还要了解此信息系统的安装过程，通过吸收来自众多不同部门的经理及其他代表的意见，努力使所营造的 HRIS 能够充分发挥其潜力，为使用者服务。

2. 研究现有系统并制订信息的优先顺序

首先要对现有信息系统进行评价和分析。在全面理解现有信息系统后，就要确定所需信息的优先顺序。要求每位管理者都制订自己的优先顺序清单，这些清单最终汇总成整个组织的统一清单。

3. 系统的设计

这部分的工作包括：分析现有记录、报告和表格，以确定对人力资源信息系统中数据的要求；确定最终的数据库的数据内容和编码结构；说明用于生产和更新数据的文件保护和计算过程；规定人事报告的要求和格式；决定人力资源信息系统技术档案的结构、形式和内容；确定工资福利及其他系统与人力资源信息系统的接口要求。

4. 系统的实施

完成上述工作之后，建立的 HRIS 就可以运行了，但是要为系统的运行创造条件。要确定空间位置，选择计算机设备，准备好其他系统运行的必备条件，还要对使用该系统的人员进行培训，以确保准确、有效地操作系统。

四、人力资源信息系统的使用

HRIS 在组织中有许多作用，最基本的作用是使工资表和奖惩活动自动化。有了 HRIS，员工的工作时间记录就被输入此系统中，而相应的工资扣除和个人工资调整也在最后的工资支付中体现出来。而且，许多其他的人力资源活动也会受到 HRIS 的影响。此外，人力资源管理部门以外的组织成员能够更容易地接触到 HRIS 的许多信息，这样可以使人力资源管理部的行政职能变得更加分散化。

因为 HRIS 中的许多信息都具有高度的机密性和敏感性，所以组织必须采取严密的措施确保使用者接触 HRIS 仅限于规定权限内的相关信息，敏感的和机密的材料只应被人力资源管理部或具体规定的个人接触到。不仅要在人力资源信息系统内部建立控制机制，防止 HRIS 中机密信息的泄露，而且要建立强有力的 HRIS 使用制度，违反该制度的任何员工都必须受到严厉的惩罚。

思考题：

1. 网络时代人力资源管理与传统人事管理之间存在哪些区别？

2. 人力资源在网络经济中起着怎样的作用？

3. 网络经济对人力资源管理职能的履行产生哪些影响？企业需要在哪些方面做出调整？

4. 人力资源管理信息系统的建立需要考虑哪些因素的影响？这一系统对于提高组织人力资源管理的效率具有哪些作用？

第十八章　人力资源外包

□ 学习目的

通过对本章内容的学习，应了解和掌握如下知识点：

- 能够描述人力资源外包的基本内涵
- 找出现代企业人力资源管理中普遍存在的问题
- 描述人力资源外包所具有的优势及风险
- 找出人力资源外包风险的规避措施

□ 引入案例

某一电视台由于某单项节目需要，会聘请一些相关临时工作人员，如编导、化装、灯光等。由于无法确定节目制作的完成时间，公司也无法和这些临时演员签订固定期限劳动合同，同时由于电视台内部政策也限制了无法签订以完成一定任务为期限的劳动合同。人力资源经理便想到了人力资源派遣用工，经向上边汇报，想法得到了批准。人力资源经理在联系好人力资源外包服务机构后，一并通知了这些临时工作人员开会签约，但当人力资源经理讲解完之后，会场一片骂声，签约会变成了声讨人力资源经理的员工诉苦会议，一个好的解决方案便这样夭折了。

人力资源外包简单而言，即指公司委托第三方人力资源管理外包服务机构代为处理公司部分人力资源工作。通常企业把一些重复的、繁琐的、事务性的工作、不涉及企业秘密的技能培训工作、高层次人才招聘的物色工作、福利管理、人才激励策略等工作外包给专业机构，而对其他一些涉及公司机密的职能依然会由企业内部的人力资源部门管理。从广义的角度来说，任何以购买或付费的方式将企业内部人力资源活动交由企业外部活动机构或人员完成的做法，都可以视为人力资源外包。但是人力资源外包毕竟是属于一种新生事物，而且在外包中人力资源派遣用工方式由于涉及人们的身份，特别需要注意事先的沟通，不仅要得到高层的支持和认同，还要多和当事部门及当事人员沟通，否则就会出现引入案例中的情况。

第一节　人力资源外包概述

20 世纪 80 年代以来，在信息化和经济全球化的驱动下，企业的竞争环境急剧变化，巨大的利润压力促使企业进行资源整合、公司重组、流程再造、职能外包等管理创新，力求使企业增强自身的灵活性和快速反应能力，同时又注意整合企业的内外部资源，以增强自身的核心竞争力。为适应以上变化，人力资源职能正由“事务型”向“战略型”转化。在企业整体战略的指导下，与财务职能、营销职能等相结合，充分发挥战略管理的作用。人力资源外包正是在企业精简、成本控制的组织变革的背景下出现的一种新型的人力资源管理模式。

哈默尔和普拉哈拉德于 1990 年在《企业的核心竞争力》一文中，首次提到了“外包”这个词。所谓“外包”就是企业把某个项目交给专门从事这种工作的服务商，通过外包那些自身缺少能力的部分,企业可以专注于创造价值的核心竞争力。例如:耐克、锐步、爱立信等,都将产品的生产部分外包,而专注于设计和市场营销方面。近几年来,人力资源管理也成为全球快速扩张的外包业务领域之一。

一、企业人力资源外包的主要内容

理论上人力资源管理的各项职能都可外包,即企业可以把包括招聘、考核、培训、薪酬等事务性和社会性的人力资源管理事务都外包出去,也可以将人力资源战略规划等高难度和高专业化的职能外包。但事实上,并不是所有的人力资源管理职能都适合外包。因为就不同的企业而言,人力资源管理的不同职能对企业的意义不同,外包的程序也不同,其中工资发放、福利、培训等是三种常见的外包职能。

根据统计,目前较常见的人力资源外包细分项目有:① 代办员工的录用、调档、退档手续、社保开户变更手续、年检手续、外来人员综合保险;② 受用人单位委托招聘派遣岗位所需人才;③ 代办人才引进、居住证、就业证手续;④ 代理户口挂靠及档案委托管理相关人事手续;⑤ 提供各类商业保险、福利及培训方案,规章制度设计、薪酬设计等;⑥ 提供人事政策、法规咨询、调解劳动争议等;⑦ 调查员工满意度,调查薪资、拟定岗位描述;⑧ 人力资源规划。

当然,企业在选用人力资源管理业务的外包项目方面应仔细考虑。诸如如何吸引、激励和留用人才之类的核心工作很难外包,而这类工作又经常体现在人力资源管理的各项职能中,即便是一些事务性工作的外包,也不是所有事情都由外包公司来做。

所以,作为外包服务商,在很大程度上,只是给客户提供一个后台支持。外包后还是需要企业去监督外包服务商的服务质量和水平,同时也需要企业人力资源部门集中精力去做那些核心的工作,用较多时间去规划、沟通等。

二、企业人力资源外包的主要优势

企业选择人力资源外包的主要优势包括以下方面。

1. 使企业更加专注于自己的核心业务

通过外包,可以让企业更加专注于自己的核心业务,这也是企业所谋求的最大利益。企业可以将人力资源管理中那些事务性、程序性的工作付诸外包管理,与专业的外包管理机构建立合作伙伴关系。通过外包服务供应商为企业提供更加全面、更加专业和优化的人力资源管理方案,以确保企业经营重点的突出和绩效的提高。随着信息时代的到来,现代人力资源管理已从一般的行政管理职能转变为战略性的经营规划职能。人力资源外包后,可以帮助人力资源部门从业人员从日常的繁琐的事务性工作中解脱出来,把精力集中在企业高层次的战略规划职能上,真正成为企业的战略伙伴。

2. 能为员工和管理者提供更满意的服务

人力资源管理的目标是要实现员工和企业的“双赢”。企业更多的是把员工当成内部顾客来对待,希望让员工更快地了解到工资、福利等方面的信息,能够更快的对员工所提出的问题给出答案,而通过外包服务公司能够给员工提供更满意的服务,因为这一切对企业的人才储备和人才战略至关重要。从另一角度来看,企业的高层管理者面临法规、政策、金融、技术、公司治理等风险,而那些专业的咨询服务机构所提供的优质的人力资源管理服务,正好是管理者们所需要的。

3. 降低企业的运营成本

在整个人力资源管理服务过程中,成本并不仅仅是付给雇员的工资福利费用,还包括企业配置的电脑硬件、软件系统费用，办公费、管理费和培训发展费用。另外，还有员工离职所带来的一些风险。除此之外，人力资源部门还存在一个时间成本，即人力资源部门通常花费60%～80%的时间用于进行行政管理类的工作，仅有不到20%的时间担当企业战略伙伴，支持员工利益和担任相关人力资源问题顾问等。这些时间如果计算成钱的话，也是一笔很大的费用。所以，企业对成本的估计远低于它的实际成本，人力资源外包服务可以提高人力资源管理程序的效能，从而降低相关的各种成本。同时，由于信息技术时代的到来，企业人力资源职能的成功运行，需要加大技术投资力度，如：实施或更新ERP系统，提供电子化人力资源管理程序，开发相关应用软件和平台，建立数据仓库和知识管理系统等。这些方面都需要企业进行大量投资，而外包协议为企业提供了一种获取和持续性拥有最新技术的途径，不仅可以让外包服务供应商持续性提供最新系统和技术，而且企业可以避免这些投资，经营成本也将因此全面降低。

三、企业人力资源外包的风险

作为一种新型的人力资源管理方式，人力资源外包除了能够帮助企业节约资源，使企业更加注重核心能力之外，同时也存在一些潜在的风险，总体而言这些风险主要表现在以下方面。

1. 有价值的商业机密的泄露

企业通常会把招聘、绩效考核、薪酬管理等工作部分或全部外包，这些工作中诸如吸引人才的政策、薪酬的标准、薪酬的结构等，均属于企业的商业机密。外包后，这些有价值的信息就完全暴露给服务提供商。由于服务商的人员素质、职业道德以及管理水平等原因，可能存在多种泄密的机会和途径，无论是有意或无意，都可能导致企业的竞争对手获得这些信息，从而调整自己的人力资源政策，以优势条件争夺到某些稀缺的人力资源，从而导致企业处于被动的状态。这种泄密的风险可能是企业人力资源外包面临的最大挑战，导致企业安全经营风险的增加。

外包时企业与外包商在合作过程中有关企业的信息透露是必然的。例如在培训过程中，那些具有战略意义的项目，如企业文化建设、团队建设、产品技术创新、企业的经营理念、竞争对手的基本情况、根据调查得出的市场需求和发展趋势等一系列内容，在外包过程中一旦泄漏将给企业带来不堪设想的后果。另外，在我国，目前尚无完善的法律法规去规范人力资源管理外包行业的运作，如果出现外包商因经营不善而倒闭，那么企业的合法权益将得不到保护。这些不确定的因素和随时都有可能发生的问题都给企业增加了经营安全上的风险。

2. 可能导致企业内部矛盾激化

对于企业的员工而言，人力资源外包具有特别的敏感性。因为外包意味着可能有一定数量的员工人事关系将会被转移，他们会为此感到困惑、愤怒或者留恋不舍。有些员工会本能地表示反对，因为他们对这些变革带来的动荡感到不安，对未来充满疑问，这些疑问包括：① 个人方面：我能继续保有现在的工作吗？假如我被转移我会遇到怎样的变化？假如我不接受服务商的安排，我会得到怎样的对待？会影响我原先的雇佣条件吗？② 福利条件方面：我需要签署新的雇佣合约吗？转移后，会影响我的退休金吗？③ 事业发展方面：假如我被转移，对我的发展有何影响？转移后，我将继续做现在的工作还是其他新派的工作？

毋庸置疑，外包对员工来说，确实是一种变革，原先的管理流程、职责分工、汇报关系以及个人的职业发展定位都会有不同程度的改变。较之其他外包业务，人力资源外包对员工的影响很大，所以在外包之前，要首先解决好员工的认识问题，否则不仅不能使企业轻装上阵，反而会使企业处于一种动荡不安、人心惶惶的状态中，引发企业内部激烈的矛盾冲突，从而影响到企业的整体利益。

3. 企业潜在的高额成本支出

从表面上看,人力资源外包后企业确实因为减少了人员、机构设置等原因而节约了开支,降低了运营成本,但是,外包过程潜在的高额成本依然存在,主要表现在:① 外包过程中企业需要花费大量的时间帮助和辅导服务商,以增进对企业的了解,方可制订出适合本企业的方案。例如高层培训等外包后,企业必须要让外包顾问对企业的每个岗位设置,岗位描述,以及对每个人员的评估和核心技能等是否达到要求进行全方位的了解,才可设置合理的培训课程。因此外包机构的顾问必须常驻企业,并且需要企业提供大量的经常性的帮助。这其中花费的时间成本,并不比支付给内部的人力资源工作者的更少。② 企业选择外包的原因之一,是想从服务商那里获得专业化的好处。但是,这个过程是很复杂的,外包后并不能保证立即能从服务商那里获得这种好处,因为服务商需要对企业的外包业务进行重新整合,所以,可能存在时间推迟带来的潜在转换成本;同时,由于服务商提供的服务方案不一定能满足企业的需要,这将导致在方案执行过程中,可能因为错误的导向引致企业的相关损失。这些潜在成本的支出,可能大大超过外包带来的实际利润,倘若如此,就存在人力资源外包是否可行的问题。

4. 可能阻碍企业内部其他系统的运行效率

企业演进理论认为,企业内部系统间存在着交互式的、相互维持的作用、共同专业化的关系,它们之间在某种程度上可以通过增加一个系统的投资而提高其他系统的运行效率。人力资源外包通过减少系统的方式来完成任务,可能会在一定程度上阻碍其他系统的运行效率。再者,人力资源外包后,其他业务系统将面临从内部到外部、从熟悉到陌生的全新局面,很难在短时间内提高运行效率。

5. 经营效率下降的风险

外包对于企业及员工而言确实是一种变革,原先的管理流程、职责分配、汇报关系及个人的职业发展定位都会有不同程度的改变,自然他们产生各种顾虑和猜疑也是在所难免的,然而这些猜疑和顾虑的存在,会直接或间接地影响员工的工作情绪,使得企业的生产、销售等各环节的效率下降。具体表现在这样两个方面。

(1) 员工在信息方面相对管理层而言要封闭一些,有些员工对这些变革整日处于猜疑而不能集中精力于自己的本职工作的状态,有些可能会不安于企业的这项变革而离职。这些顾虑和猜疑主要集中在两个方面:一是在事业前途和发展方面的顾虑,一种可能是不变现在的工作;另一种可能是假如被转移,则担心遇到怎样的变化,假如不接受转移给外包商的安排,又顾虑得到怎样的对待。二是在福利待遇上的顾虑,担心外包会不会影响原先的聘用条件,假如被聘者被转移,又考虑现行所有的奖励计划会有什么变动,转移后会不会影响,还有退休金,等等。以上顾虑的存在会加剧企业内部人员的流动,会导致新一轮矛盾的加剧和内部冲突,其不利于企业各部门开展业务。

(2) 不仅员工会因为种种原因对这些变革产生顾虑,企业的高管层也可能在是否要外包以及外包会不会提高企业效益这一问题上驻足不前。高管层可能会对外包商的能力与专业水准心存质疑,他们对万一外包业务失败而造成的麻烦局面感到畏缩。还有在外包业务转移的过程中也会产生大量的工作,如此则不但不会使企业高管层享受因外包而带来的好处反而使他们不能集中精力于主营业务而把大量的时间和精力花费在繁琐的重复性的事务之中。这样企业的效率是很难提高的。

6. 来自外包服务商自身的风险

人力资源外包是一种新型的管理方式,服务机构从业人员的素质、层次参差不齐,企业很难界定好坏；而且到目前为止，外包服务的价格还没有统一的标准，全部是自行定价，所以企业也无从考证外包是否物有所值。企业希望通过外包追求价值增值的初衷，可能因为服务商的职业道德和机会主义倾向而无法实现。

四、人力资源外包的运作模式

企业人力资源外包是一个复杂的系统，在明确外包内容的前提下，选择适当的外包形式，按照一定的外包模式运作，才能实现人力资源管理的有效运行。

1. 外包准备阶段

首先企业根据发展目标和人力资源部门的实际情况，确定人力资源的内容，选择人力资源外包形式。对于小企业和人力资源部门较薄弱的企业来说，适宜采用人力资源大外包或人力资源综合外包；对于具有一定能力的企业来说，可以采用整体人力资源外包；临时有困难的企业则适用部分外包；愿意保留人力资源职能的企业，可以采取人力资源工作小外包。其次，进行人力资源管理项目内部运作与外包的成本和效益分析。最简单的办法是计算现有工作人员完成某项选定的人力资源活动成本（如薪酬、福利、办公设备及其使用）及效果，将此成本与效果对比外包的成本与效果，因此来决定是否进行该项目的外包。最后当作出了人力资源外包的决定后，要确定人力资源外包规划。对人力资源外包的类型、实施步骤、服务商的选择等做出规划。

2. 选择外包商

根据不同人力资源职能外包的要求进行商务分析。企业对能够提供外包的服务商进行调查，全面了解其服务特色；分析服务商的资质，例如，服务商的执业证书、服务商能够提供的技术和设备先进程度、服务商使用的程序和报告、执行合约时间表及收费结构等；组织企业内外专业人员和有关领导，对服务商进行招标和论证；由企业人力资源部门会同有关领导确定选择服务商。在选择服务商过程中，应注意下列问题：① 外包公司的信誉如何，如他们能否对客户的相关资料予以保密，与该项任务不相关的人员（公司内外）是否不能共享或者翻阅相关的资料；② 外包公司是否具备客户企业所要外包领域的相关专家及成功案例；③ 调查他们以前的客户，了解该公司的服务水平及客户对他们的评价结果。

3. 与外包公司签订外包合作协议

在与外包公司签订外包合作协议时，① 编写信息全面的计划书，比较详尽地介绍公司情况，说明公司人力资源外包的具体要求，服务与咨询建议、应遵守的规定、财务收费标准等；② 与选定服务商进行谈判，按计划书要求，对服务项目及价格、服务范围、服务质量、服务人员的工作能力等进行谈判，力争达到双赢的目的；③ 在协议中必须明确双方相应的责、权、利，以及出现例外情况如何处理的问题；④ 要指定相应的外包工作负责人和相关的联系方式，明确合作期间的定期联系和相互通报体系；⑤ 要明确相应的违约责任及双方约定的条款等等；⑥ 签订外包合作协议，在准确核定计划书要求和谈判条件并由律师仔细审阅合同后签署协议。

4. 监督实施

在外包实施过程中，要强调内部员工与外包服务商代表的配合，通过书面和谈话等形式及时沟通双方所需的信息，建立一种和谐的关系。企业与外包服务商，从合同执行期开始，双方就是一种战略合作伙伴关系。因此，企业内部的接受服务和联系人员与服务商的人力资源管理代表要坚持随时沟通的原则，积极主动地相互配合双方必须花时间去建立和维护良好的关系。相互监督严格按照双方确定的时间表执行，才能保证合同的顺利进行，使外包项目达到最佳效果，实现人力资源职能水平专业化。企业把一些重复的、繁琐的、事务性的工作、不涉及企业秘密的技能性培训工作、高层次人才招聘的物色工作、社会福利管理等人力资源管理工作外包给专业机构，转变人力资源部门的职能，把握企业发展方向，必将对企业产生良好的效果和影响。但在人力资源管理外包过程中，必须处理好计划的完善性及可行性、选择合适的外包服务供应商、执行与沟通等关键问题，确保人力资源外包的顺利进行。

第二节 人力资源外包实施过程中的潜在风险

人力资源外包对于企业增强其竞争优势具有显著的效应，然而，实施外包并不轻松，它是一种高风险的策略。如果盲目追随潮流，忽视其中的风险分析及防范，则不仅无法给企业带来预期的优势和效益，反而会让企业蒙受巨大的损失。这方面的潜在风险主要有来自外包商选择的风险和管理成本增加的风险。

一、来自外包商的风险

由于人力资源管理活动的复杂性，外包商与企业在签订外包合同时不可能面面俱到，还需企业与外包商不断地就外包过程中出现的问题进行沟通交流。因为外包并不意味着某项人力资源管理业务不重要，更不是人力资源管理者责任的免除。企业在实行外包战略时，需要对外包关系加以妥善管理，才能真正从中获益。外包内容的确定、外包商的选择、外包业务的监控和未外包业务的管理等，特别是外包和未外包业务的整合协调以及涉及企业经营机密的业务外包，都是需要企业人力资源管理人员根据企业战略发展规划认真考虑的问题。除此之外，还要考虑企业特性对于人力资源外包的影响，如何根据企业发展战略和企业文化确定人力资源外包事宜，使外包能系统地提高企业的战略竞争能力，是企业实施人力资源外包战略的关键。

1．选择外包商的风险

一方面，选择合适的外包商是外包企业能否取得成功的关键性因素，但由于信息的不对称，企业无法真正了解外包商的经营业绩、社会声誉、发展状况、成本结构等与自己利益息息相关的信息，这样企业进行外包时就需要花费大量的时间和较多的资金对各外包商的情况进行比较、分析、选择，继而进行业务洽谈、合同签订。

另一方面，目前在我国虽然有较多的外资外包商，但是由于政治、经济、文化上的差异，他们常常出现“水土不服”的现象，而国内的外包公司则存在着从业人员素质参差不齐、专业化程度不高等诸多问题。

由于信息的不对称和外包市场的不成熟两个方面的原因，企业在选择外包商时一定要慎重，否则就有可能造成“一着不慎，满盘皆输”的难堪局面。

2．处理与外包商关系时的风险

企业在与外包商合作过程中，必须要在“控制”和“放任”之间找到一个平衡点。如果过于强调外包商的独立性，过高地估计相互之间的关系，降低监管力度，这虽然给了外包商很大的运作空间，但是同时也容易造成对外包商的失控，使企业在合作中处于被动的地位，不利于企业开展业务，调动员工工作的积极性。如果过多地监视对方，也容易引起外包商的不满情绪，使其觉得企业对他不信任，从而导致在合作过程中，以不诚实和不负责的态度来处理业务，这样受损失的只能是企业本身。

实践中企业与外包商之间关系的平衡点很难找到，如果两者关系处理不当就有可能把问题复杂化，进而中断双方合作，造成不必要的损失。

二、管理成本增加的风险

人力资源管理是一个复杂过程，由招聘、选拔、培训、绩效考核和薪酬管理等环节组成，这些环节几乎涉及企业每个部门、每个员工的业绩状况和工作表现。企业内部人力资源管理部门的人员获取这些资料的成本相对较低，而一旦实施外包以后情况就不同了。由于外包商不熟悉业务和员工的情况，因此他必须花大量的时间和财力去了解和获取这些信息，并且即使花了时间和精力也不一定能够完全准确地掌握与人事有关的信息。在此过程中企业会因此增加许多管理成本。

1. 招聘环节

招聘是企业吸收和获取人才的保证，是确保组织生存与发展的一项重要的人力资源管理活动，它有两种实现方式：外部招聘和内部招聘。

(1) 内部获取的方式能够对组织员工产生激励作用，所获得人员的素质比较可靠，同时由于晋升或调职者在组织内已经工作一段时间，所以对组织目标和组织结构有所了解，对内部人事情况与工作环境熟悉，因此在新工作的接受过程中节省时间，而且不需要一般性的职前培训。这种方式的缺点是，所获得人才在观念、思维方式和眼界方面可能狭窄，缺乏创新与活力，在甄选过程中容易引起员工之间的竞争等。

(2) 外部招聘的优点是有利于因事求才，广招贤人。同时具有工作经历的外聘人才，往往能够带来其他组织的工作经验和理念。但其弊端也显然易见，比如新员工进入角色慢，适应期较长，也可能会影响内部员工的工作积极性，外聘人才与用人单位员工之间因缺乏相互了解，往往会存在沟通和配合的困难。

为了克服这些弊端，企业往往会采取内外招聘相结合的办法。但如果将招聘职能外包，招聘方式中的内部招聘对于外包商而言，其成本相对较高。因为他必须花相当长的时间去熟悉企业的业务和每个员工的业绩状况；必须花大量的精力去熟悉员工过去和现在的政治素质、职业道德素质等情况。他们来企业进行调查，难免会使员工产生厌烦和抵触情绪。这样企业的经营成本在内部招聘环节上无形中就提高了。

2. 培训环节

培训是开发现有人力资源和提高人员素质的基本途径，招聘到合格的优秀人才并不等于就拥有了优秀的员工。因此开发员工潜力，规划员工的发展计划就成为企业取得竞争优势的有力措施。

但是在培训中有些项目是需要企业内部的专业人员和其他辅助人员的共同参与才能完成的，因为他们比外部人员更熟悉本企业的情况，对员工具有很好的示范效果和亲和力。另外培训还应该根据绩效考核的结果，针对不同员工的实际情况实施，这些绩效考核结果(包括政治品德、职业道德、工作成绩、工作能力、工作态度等)的获取，需要与企业的每个职能部门保持联系。因此从这两个角度来看，如果企业将培训职能外包，在企业与外包商协调的过程中，其经营成本会大大提高。

3. 薪酬管理环节

薪酬是指员工在从事劳动、履行职责并完成任务之后所获得的经济上的酬劳或回报，由基本工资(基本薪资)、绩效工资(奖金)等组成。基本工资是组织付给员工为其完成工作任务的基本现金报酬，是工资管理的最基本的部分，确定之后一般比较稳定。但绩效工资是直接与员工业绩(包括生产数量、销售额、工作表现、加班情况等)挂钩的薪酬形式,随着员工的绩效的变化而变化。外包商要取得员工的工作业绩资料就必须与相关业务部门保持紧密的联系。特别是薪酬对于每个员工而言,都是非常敏感的,一旦反映不准确,则会挫伤员工的积极性,这样外包的经营成本在薪酬管理环节上无形中又提高了。

第三节 人力资源管理外包风险的规避

以上外包实施过程中诸多风险的存在,大大地降低了企业人力资源管理职能外包的绩效,那么企业如何既能享受外包带来的好处,又能规避风险使企业的损失降到最低呢?

1. 精心策划外包项目

企业在进行人力资源管理外包决策时,首先要考虑的是外包的内容。我国尚无相应的、完善的法律法规来规范与管理外包公司的运作。因此在企业准备实施人力资源管理外包之前,必须先界定清楚某一职能是否真的适宜外包。通常对于企业来说安全性是首先要考虑的,要坚持不能把关系企业核心发展能力的工作外包出去的原则。对于人力资源管理来讲,工作分析、岗位描述、员工招聘、培训与发展、薪酬、福利、劳动关系和人力资源管理信息系统等职能是可以考虑进行外包的。比如企业对员工进行的各类在职培训,就企业本身而言一般是没有能力来全部完成的。再如国家法定的福利制度,如养老保险、失业保险、医疗保险、住房公积金等事务性工作完全可以外包出去。

2. 选择合适的外包商

企业选择外包商时应从以下两个方面来考虑:首先要考虑外包的价格,因为人力资源管理外包的目的之一就是为了节约成本,如果成本较大,甚至大于由企业内部自己承担业务的成本,那还不如取消外包。其次是服务机构的信誉和质量。企业在对涉及企业机密、员工满意度、工作流程等敏感性人力资源管理工作(如薪酬设计、人力资源管理信息系统等)选择服务机构时,必须确信其可靠性,否则企业机密一旦泄露给竞争对手,必将对企业产生极其不利的影响。

3. 签订详细周密的外包协议

由于企业与外包商的非行政隶属关系,因此必须用具有法律效力的外包合同来约束双方的行为,这是企业和外包商合作的基础,是维持双方合作关系的可靠凭证,是直接关系到外包是否成功的关键因素。通过谈判所形成的详细周密的外包合同必须包括以下内容:外包的具体业务、承接各种业务的价格、双方的职责范围、合作的期限、工作的进度、预期所要达到的目标、因违规协议而应受到的处罚等项目。

4. 加强与外包商的沟通

为了更好地管理人力资源,增强员工的满意度,企业内部必须配备必要的人员作为交流的媒介,强化外包商与内部员工的沟通。企业与外包商的合作是一个相互沟通、相互交流信息的过程,外包商在开展业务时会因为不熟悉业务和人员而需要企业各部门及时提供信息作为开展业务的依据,而企业的业务发展也离不开外包商。

5. 加强管理层与员工的沟通

针对员工的顾虑和猜疑,企业管理层应做好充分的沟通,给予员工正确的引导,让他们理解外包并不等于工作机会的丢失,相反的是外包将意味着企业更加重视每一个员工的发展,并会依据企业未来发展的需要以及个人的兴趣爱好为他们制订个性化的发展方案以帮助他们能够尽快地胜任另一个更有挑战、更有意义的工作岗位。强调外包业务的正面意义并积极投入相应的资源，采取措施打消员工的顾虑。

6. 妥善安置冗余雇员

企业将某些人力资源管理职能外包后，原来负责该项业务的人力资源应该得到妥善安排。这样做，一方面可以为专业人力资源公司输入新鲜的血液，壮大专业人力资源管理的队伍，另一方面，由于转雇的员工对原企业了解，在协调双方业务方面具有得天独厚的优势。

第四节 人力资源外包策略

人力资源管理的这些业务活动根据与企业战略的相关程度又可分为两部分：一种是战略相关性业务，另一种是事务性业务。战略相关性业务指的是与企业战略有较密切相关性的人力资源管理业务，一般包括：人力资源规划、组织设计、招聘和培训。事务性业务指的是日常事务性的人力资源管理业务，一般包括人事档案管理、薪酬管理和绩效考核业务。

结合上述的分类，人力资源外包策略可以分为三种策略：事务性业务外包、战略相关性业务外包和完全外包。

1. 事务性业务外包

企业只外包人力资源事务性业务，如人事档案管理、薪酬管理和绩效考核业务，而保留其余的人力资源业务活动，如人力资源规划、组织设计、招聘和培训。这是一种最普遍的人力资源的外包形式。

这种策略是一种"购进"策略。购进人力资源管理的专业人员服务来满足企业自身对人力资源事务性业务管理的需求。这种外包策略的目的是使企业把资源专注于那些直接对企业的竞争优势作出贡献的活动上，这样人力资源部门可以更好地加强自己创造附加值的活动。日常事务性的人力资源管理工作像人事档案管理、薪酬管理和绩效考核业务，由于这部分业务较少从本质上对企业的核心价值产生影响，因此将它们外包给社会上的人力资源管理的专业服务公司或顾问人员就理所当然。在这种情况下，双方通过签订合同来规定事务性外包活动所需要达到的服务水平以及在不同的服务水平下的外包支付费用。

2. 战略性相关业务外包

企业只外包人力资源战略相关性业务，如人力资源规划、组织设计、招聘和培训，而保留人力资源事务性的业务。在这种外包策略中，企业自己完成人事档案管理、薪酬管理和绩效考核业务并完成企业人力资源管理日常性的工作。

第二种外包策略是一种"引进"策略，引进服务承包商的专业队伍（如一些管理咨询公司）来根据企业的发展战略制订人力资源发展规划，协助企业进行业务流程设计，进而进行组织设计，制订人才招聘保留计划，进行专业化的职业技能培训等等。在这种情况下，企业与服务承包商形成紧密的合作关系，以便在业务进程中不断地利用其资源，而企业仍负责人力资源管理的日常性事务。相对于第一种外包策略而言该种外包方式的风险性较大。

3. 完全外包

企业外包所有人力资源管理方面的业务，从人力资源规划、组织设计、招聘、培训、人事档案管理、薪酬管理和绩效考核业务全部外包，由服务承包商管理企业的人力资源策略。

这种外包策略是一种"完全外包"策略，由于该种外包方式风险性巨大，一旦不成功，将导致企业经营的完全失控，因此，有学者认为该种策略仅是一种理想中的模式，还有待于进行进一步的探讨。

第五节　人力资源外包的未来发展

人力资源外包虽然到目前为止尚未被人们广泛认识，但是它对我国企业和我国经济的发展，具有至关重要的意义。虽然，我国人力资源服务业的发展水平还有待进一步提高，但是人力资源外包的发展空间很大。随着我国企业对人力资源外包服务认知度的提高，以及人力资源外包服务中介机构的发展，人力资源外包服务的需求也将大幅增加。目前，我国人力资源外包市场的平均增长速度，已经超过了我国 GDP 平均增长速度的 1.5 倍。因此，人力资源外包将会具有更广阔的发展前景。有关学者指出我国人力资源外包业发展的机遇和挑战主要包括以下方面。

一、人力资源外包业面临的机遇

首先，国外人力资源外包管理的思想会逐步影响我国。加入 WTO 以后，我国同国际的交流更加频繁，这不仅表现在商业领域，同时也发生在思想领域。在国外尤其是欧美发达国家，人力资源外包发展较早也较成熟，人力资源外包的思想早已深入人心。随着我国与国际的交流的增多，人力资源外包的思想一定会影响我国的企业管理人员，会使得我国的企业管理人员，尤其是高层管理人员会逐渐地接受这种新事物。这无疑会给我国的人力资源外包的发展带来良好的机遇。

第二，国外人力资源外包公司给我国带来了先进的经验。随着我国加入 WTO，国外的企业已源源不断地进入中国，这其中也有开展人力资源外包服务的跨国公司，如翰威特等都已开始在中国内地运作。这些跨国公司在中国经营必将使用本土人员，这就为我国培养了这方面的人才，同时我们也可以借鉴他们先进的经验。我国一些开展人力资源外包服务的机构在招聘高级人力资源管理人才时，可从开展人力资源外包服务的跨国公司中挖掘人才。

第三，跨国公司需要较多的人力资源外包工作。随着我国加入 WTO，许多跨国公司在我国进行本土化经营。由于国情和文化的差异，跨国公司在中国的本土化经营必将需要较多的人力资源外包服务。另外，欧美发达国家的人力资源外包发展较早也较成熟，使得这些国家的许多企业早已经习惯了人力资源外包，到了我国也必然寻求外包。这些需求的增加必将带动我国人力资源外包企业的快速发展。

第四，跨国公司对我国人力资源外包工作会提出新的要求。由于欧美发达国家的人力资源管理外包在 20 世纪 90 年代已经得到了广泛的发展，人力资源外包市场已经发展得相当成熟。而我国的人力资源外包才刚刚起步，国外的许多外包业务我国的许多机构现在可能还未开展，如薪酬调查、雇主品牌形象设计、领导及管理技能开发等。另外，虽然有些业务已经开展，但与那些跨国公司的要求相比还有一定的差距。这必然会促使我国的人力资源外包从业人员努力学习与研究来提高自己的业务水平，来为中外客户提供更多更好的人力资源外包服务。

第五，竞争的加剧促使企业人力资源工作外包。我国加入 WTO 以后，国外的产品进入我国时所交的关税大大降低，使得我国的企业面临更大的竞争压力，尤其是像汽车业、金融业等在国际竞争中处于劣势的行业。而竞争的加剧使得成本的压力更加沉重。人力资源成本历来被视为重大的成本中心，在企业精简裁员、组织重构的风潮中，其必然成为降低成本的焦点。由于科技的发展、自动化程度的提高使得许多企业员工总数减少，而许多新兴的高科技企业员工人数较少，这使得企业的单个员工的人力资源管理费用不断提高。由于人力资源专业服务机构能够同时为多家客户提供相同的服务，所产生的规模效益能在一定程度上降低单个客户支付的成本。在人力资源外包能为企业降低成本的诱惑下，必然会促使更多企业寻求人力资源外包。

最后，人才掠夺的加剧促进人力资源外包公司的发展。我国加入 WTO 以后，与国际的交往更加频繁，人员往来更加便捷，信息共享、人才共用将会表现得更加明显，国际的人才争夺会进一步加剧。同时，许多跨国公司进入我国境内进行本土化经营，也会对我国进行人才掠夺。我国的企业能否在经济全球化的竞争中取胜，人才是关键。虽然国内的许多企业已将传统的人事部门改成了人力资源部，但是对人才的管理还相当落后，许多企业对高级人才的流失束手无策。像翰威特、北大纵横、北京可思等企业管理顾问公司的出现，使许多企业对控制人才流失、提高人力资源的管理水平有了希望。这些顾问公司可以为我国的企业在人才管理方面出谋划策，帮助企业进行人力资源管理。

二、人力资源外包面临的挑战

同样我国的人力资源外包业也面临着巨大的挑战。

首先，与欧美发达国家相比，我国的人力资源外包起步晚、水平低。加入 WTO 以后，国外的许多大型公司会更加容易地进驻我国。一些从事人力资源外包的公司实力非常强大，是国内同类公司无法相比的。

第二，跨国公司对人力资源外包要求较高。我国加入 WTO 五年以后，国外的银行、商业服务业、旅游、保险以及电信等行业进驻我国的限制都将被取消。将会有越来越多的跨国公司进入我国进行本土化经营或进行产品销售。这些跨国公司在自己国内可能早已习惯了人力资源外包，以及国情与文化的差异，他们对我国的相关法律法规也缺乏了解，到我国之后许多企业可能要求人力资源外包。但是，在欧美发达国家人力资源外包服务的水平远远高于我国，这是不争的事实。如何满足跨国企业的人力资源外包的高要求对我国开展人力资源外包业务的企业是一个很大的挑战。

经济的全球化以及加入 WTO，给我国的人力资源外包业带来机遇的同时，也带来了挑战。我国的人力资源外包机构应抓住机遇，积极应对挑战；与国外公司进行合作，不断地学习国外先进的外包经验；利用良好的人才策略，挖取跨国公司的人才精英为己服务；努力创新外包服务，切实提高自己的服务水平。

现代美国著名的管理大师彼得·杜拉克曾指出："在 10 年至 15 年之内，任何企业中仅做后台支持而不创造营业额的工作都应该外包出去，任何不提供向高级发展的机会和活动、业务也应该采取外包形式。"应该说，人力资源外包这种管理方式，是信息产业发展的结果，是社会高速发展，专业分工细化的体现，也是社会文明进步的标志之一。外包已经成为企业在市场竞争中制胜的重要手段。但是，由于外包风险的存在，很可能使企业在注重于自己的短期核心业务时，丧失企业一些长期的发展机会，所以，企业在做外包决策时，必须首先正确评估外包的优势与风险，谨慎决策，才能积极主动地应对各种可能的变化。

思考题：

1. 人力资源外包对企业而言有哪些重要的战略意义？
2. 人力资源外包对企业而言存在哪些潜在的风险？
3. 人力资源外包的风险如何规避？
4. 未来我国的人力资源外包业存在哪些发展的机遇，面临哪些挑战？

参考文献

[1] 董克用，叶向峰.人力资源管理概论.北京：中国人民大学出版社，2003.
[2] 李中斌，张向前，郭爱英.人力资源管理.北京：中国社会科学出版社，2006.
[3] 林忠，金延平.人力资源管理.大连：东北财经大学出版社，2006.
[4] 金延平.人力资源管理.大连：东北财经大学出版社，2003.
[5] 于秀芝.人力资源管理.北京：中国社会科学出版社，2006.
[6] 杨顺勇，王学敏，查建华.现代人力资源管理.上海：复旦大学出版社，2006.
[7] 葛玉辉.人力资源管理.北京：清华大学出版社，2006.
[8] 叶龙，史振磊.人力资源开发与管理.北京：清华大学出版社、北京交通大学出版社，2005.
[9] 彭剑锋.人力资源管理概论.上海：复旦大学出版社，2003.
[10] 马新建，等.人力资源管理与开发.北京：石油工业出版社，2003.
[11] 张德，等.人力资源管理.北京：中国发展出版社，2003.
[12] 颜春杰.新编人力资源开发与管理.北京：社会科学文献出版社，2004.
[13] 雷蒙德·A.诺伊，等.人力资源管理基础.雷丽华，译.北京：中国人民大学出版社，2005.
[14] [美]洛赛(Losey M.)，麦辛吉(Meisinger S.)，尤里奇(Ulrich D.).人力资源管理的未来.傅继军，董丽平，译.北京：高等教育出版社，2006.
[15] [英]约翰·布里顿，杰弗里·高德.人力资源管理——理论与实践.徐芬丽，吴晓卿，孙涛，等译.北京：经济管理出版社，2005.
[16] 陈京民，韩松.人力资源规划.上海：上海交通大学出版社，2006.
[17] 李宝元.现代企业人力资源管理精要.北京：经济科学出版社，2005.
[18] 王丹.人力资源管理实务.北京：清华大学出版社，2006.
[19] 徐光华，暴丽艳，张晔林，等.人力资源管理实务.北京：清华大学出版社，2005.
[20] 江卫东.人力资源管理理论与方法.北京：经济管理出版社，2002.